伊藤塾
呉明植 基礎本シリーズ
GO AKIO BASIC SERIES

6 Go! Series

憲法
Constitution

第2版

弁護士
伊藤塾首席講師
呉明植 著
GO AKIO

弘文堂

第2版　はしがき

　本書の初版の刊行から、約4年が経った。この間、従来の判例の変更を含む多くの重要な判例が新たに出され、また、社会情勢の変化に伴っていくつかの新たな議論が生じた。

　今回の改訂では、これらの最新判例や新たな議論を補填したのに加え、初版の記述を全体的に再検討し、多くの加筆・修正を施した。単なる情報のアップデートにとどまらず、より理解しやすく使いやすい一冊になったものと自負している。

　今日、立憲主義的な社会体制は、いよいよ危機に瀕している。国家機関として憲法に拘束されるはずの内閣は、憲法53条後段に基づく国会の開会要求を平然と無視して憚らない。与党は、基本的人権の本質を宣言し憲法の最高法規性の根拠を定めた97条を、無意味な条文として改正により削除しようとしている。立憲主義的な秩序を停止する緊急事態条項の新設を目指す一部の勢力は、コロナ禍の下、政治的な発言力を日々強めている。——その他にも、思わず眩暈を覚えるような事態が、刻々と生成され続けている。

　そのような状況にあって、私は、20年以上にわたって司法試験の受験指導界に身を置き続けてきた者として、また、市井の一法律家として、受験生の方々に、これまで以上にしっかりと近代立憲主義の理念を伝えていかなければならないと本気で考えている。

　初版はしがきでも触れたとおり、近代立憲主義は、本来、政治色や党派性のない、およそ人類の共有財産というべき政治思想である。本書では、試験対策上の知識やテクニックだけでなく——もちろんそれらはきわめて重要だが、それらだけでなく——憲法の根底に流れる近代立憲主義の理念についても、随所にちりばめて私なりに記述し説明した。1人でも多くの方々が、近代立憲主義の理念を理解し、それに共鳴し、近代立憲主義を支える志の高い立派な法律家となってくださることを、心から願ってやまない。今後も、私はそのためのあらゆる努力を惜しまない。

　初版に引き続き、本書が、法律家を目指して日々誠実な学習を重ねている受験生諸氏への、そして、多様な声が響き合うポリフォニックな世の中の実現を目指す全ての方々への、ささやかな一助となることを願う。

　2022年3月

呉　明植

初版　はしがき

　今日、憲法を語ることは非常に難しい。

　日本国憲法は、かつて、一部の原理主義的な人々によって、彼らの信じる特定の政治思想を実現するための政争の道具として利用されたという苦い過去をもつ。そのためであろうか、憲法と聞くとすぐに特定の政治色や党派性を感じ取り、敬遠したがる人々が世間には多いように思われる。訴訟で当事者が憲法を持ち出すと、如実に嫌な顔をする裁判官すらいる。

　私は、こうした現状は、不幸だと思う。日本国憲法や、それを支える近代立憲主義の理念は、本来、政治色や党派性のない、保守もリベラルも関係のない、きわめてニュートラルな、およそ人類の共有財産というべきものだからである。

　私は、全ての人々に日本国憲法や近代立憲主義の理念を学んでほしいと、日々願っている。講義と実務に追われる毎日にあって、本書は、そうした動機にも支えられて執筆された。ひとりひとりが憲法を学ぶことを通じて、全ての人が真に個人として尊重され、また自らとは相容れない思想をもつ他者をも真に個人として尊重し、何とかお互いに折り合える点を見つけながら、それぞれの個人が自分自身にとってのオリジナルな幸福を発見しそれを追求できる世の中となることを、私は本気で夢見ている。

　本書は、伊藤塾において私が行っている予備試験対策・司法試験対策用の入門講義をベースとして、全くの初学者の方、および学習上の壁に突き当たった中級者の方を想定して執筆した入門書である。

　憲法学の泰斗である芦部信喜先生が他界された 1999 年以降、憲法学はきわめて早いペースで進化を続けている。各種資格試験対策として必要な憲法の学習内容も、この 10 年余りで大きく変わった。

　そうした中にあって、本書は、従来の私自身の受験指導を自ら再検討し、これからのあるべき受験指導を考える叩き台の 1 つとなることをも願いつつ、執筆された。今後、読者の皆さんからのご批判をいただきつつ、よりよいものにしていければと願っている。

　本書が、法律家を目指して日々誠実な学習を重ねている受験生諸氏への、そして、多様な声が響き合うポリフォニックな世の中の実現を目指す全ての方々への、ささやかな一助となることを願う。

　　2018 年 3 月

　　　　　　　　　　　　　　　　　　　　　　　　　　呉　　明植

1　本書の特長

(1)　必要な論点を網羅

本書は、法科大学院入試や司法試験をはじめとした各種資格試験対策として必要となる論点を全て網羅している。

憲法上の論点は無数にあるが、法科大学院入試や司法試験をはじめとした各種資格試験対策としては、本書に掲載されている論点を押さえておけば必要十分である。

逆にいえば、本書に掲載されていない論点を知識として押さえておく必要は一切ない。万一それらの論点が出題された場合には、現場思考が問われていると考えてよい。

(2)　判例・通説で一貫

本書は、一貫して判例・通説の立場を採用している。

実務が判例・通説で動いている以上、また、試験官の全員が共有しているのは判例・通説である以上、各種試験対策として重要なのは、あくまでも判例・通説である。

もちろん、判例・通説を理解するためには他説の理解が必要となる場合もある。本書でも必要に応じて他説を紹介しているが、それはあくまでも判例・通説を理解・記憶するための手段にすぎない。また、「有効な無駄」として最新の学説を理解していくことも有用であるが、最新の学説を理解するには判例・通説に対する深い理解が不可欠の前提となる。

何事にも、刻むべきステップがある。まずは、本書を通じて判例・通説をしっかりと理解・記憶してほしい。そして、あえて繰り返せば、試験対策としてはそれで必要十分である。

(3)　コンパクトな解説とつまずきやすいポイントの詳述

試験対策として1つの科目に割くことのできる時間は限られている。そこで、本書ではできる限りポイントを押さえたコンパクトな解説を心がけた。

しかし、その一方で、初学者や中級者がつまずきやすいポイントについては、講義口調で詳細な解説を付した。

また、試験対策として必要な場合には、一般的な講義では語られることのない踏み込んだ内容も適宜かみ砕いて詳述した。

本書のメリハリを意識して、限られた時間を有効に活用してほしい。

(4)　書き下ろし論証パターンを添付

試験は時間との戦いである。その場で一から論証を考えていたのでは、到底時間内にまとまった答案を仕上げることはできない。典型論点の論証を前もって準備しておくことは、試験対策として必要不可欠である。そこで、論述式試験での出題可能性が高い論

点について、「予備校教育の代名詞」ともいわれる「悪名高き」論証パターンを巻末に添付した。

ただし、理解もせず、単に論証を丸暗記するのは、試験対策として全く意味がないばかりか、余事記載を生じさせる点で有害ですらある。ベースとなるのはあくまでも本編の記述の理解であることは忘れないでいてほしい。

なお、私としては現時点で私に書ける最高の論証を書いたつもりであるが、もとよりこれらの論証だけが唯一絶対の論証であるはずもない。これらを叩き台として、各自でよりいっそうの工夫を試みてほしい。

(5) ランク

本文中の項目や論点のまとめ、巻末の論証には、重要度に応じたランクを付した。時間の短縮に有効活用してほしい。

各ランクの意味は以下のとおりである。

A	試験に超頻出の重要事項。しっかりとした理解と記憶が必要。
B⁺	試験に超頻出とまではいえないが、Aランクに次ぐ重要事項。理解と記憶が必要。
B	最初は読んで理解できる程度でもよい。学習がある程度進んだら記憶しておくと安心。
B⁻	記憶は不要だが、1度読んでおくと安心。
C	読まなくてもよいが、余裕があれば読んでおくとよい。

(6) 詳細な項目

憲法を理解・記憶し、自分のものとするには、常に体系を意識して学習していくことがきわめて重要である。そこで本書では、詳細な項目を付した。

本文を読むときは、まず最初に必ず項目を読み、自分が学習している箇所が憲法全体の中でどの部分に位置するのかをしっかりと確認してほしい。また、復習の際には、項目だけを読み、内容の概略を思い出せるかをチェックすると時間の短縮になるであろう。

(7) 全体が答案

いくら憲法の内容を理解・記憶していても、自分の手で答案を書けなければ試験対策としては何の意味もない。そして、答案を書けるようになるための1つの有効な手段は、合格答案を繰り返し熟読することである。

この点、本書は「憲法とは何か」という一行問題に対する私なりの答案でもある。接続詞の使い方や論理の運びなどから、合格答案のイメージを自ずとつかみ取っていただ

けるはずである。

2　本書の使い方

(1)　論述式試験対策として

　論述式試験は、各種資格試験における天王山であることが多い。たとえば司法試験において、いかに短答式試験の成績がよくとも、しっかりとした答案を書けなければ合格は絶対にありえない。

　本書を繰り返し通読し、理解と記憶のブラッシュアップに努めてほしい。

　また、論述式試験で最大の配点がある「あてはめ」を鍛えるには、判例を読むのが最善の方法である。本書で紹介した判例のうち、重要なものについては、ぜひ判例百選などの判例集を読み込んでいただきたい。

(2)　短答式試験対策として

　短答式試験対策として、細かい知識を全て押さえようとして自滅してしまう受験生が多い。

　しかし、短答式試験の合否は、実は細かい知識で決まるのではない。重要なのは、あくまでも知っていて当然の基礎知識である。勝負は、必要な基礎知識を絞り込んだうえで、それらをいかに堅固な知識とするかにかかっている。

　本書のメリハリを意識して、基礎知識をしっかりと押さえていってほしい。

(3)　学部試験対策として

　法科大学院入試においては、学部成績が重視されることが多い。

　まず、学部の授業の予習として本書を熟読してほしい。そのうえで先生の講義を聞けば、先生の講義を面白く聞くことができ、自ずと学習のモチベーションがあがるはずである。

　また、先生が本書の立場と異なる学説を採っておられる場合には、先生とは異なる立場で執筆した答案に対する成績評価を先輩等から聞いておいてほしい。自説以外を認めない先生だった場合には、まさに「有効な無駄」として、先生の学説を学部試験前に押さえておけばよい。

　先生の学説と本書の判例・通説との違いを意識すれば、よりいっそう判例・通説の理解が進むであろうし、学問としての憲法学の深さ・面白さを味わうことができるはずである。

(4)　本書の補足・訂正など

　重要な最新判例や誤植などの情報は、適宜、拙ブログ「伊藤塾講師　呉の語り得るこ

と。」や、弘文堂のウェブページにアップする予定である。時々チェックするようにして
いただきたい。

3 今後の学習のために

(1) 演 習

　いくら法律の内容面を理解し記憶したとしても、実際に自ら問題を解くことを怠って
いては何の意味もない。

　演習問題としては、やはり予備試験・司法試験の過去問が最良である。日本を代表す
る学者や実務家が議論を重ねて作成したこれらの過去問を解くことは、理解を深め、知
識を血の通ったものとするうえできわめて有用といえる。

　予備試験・司法試験の過去問集は、短答式・論述式を通じて複数の出版社から発売さ
れているので、各1冊は入手しておいてほしい。

　ただし、短答式試験の過去問については、現在の司法試験が始まった平成18年から
の数年間は、難問・奇問の類が目立つ。これらの古い過去問は無視するか、受験生の正
答率が特に高いものだけをピックアップして演習しておけば十分である。

　また、論述式試験の過去問集に載っている参考答案は、どの過去問集でも玉石混交で
あるから、批判的な検討も必要である。

(2) 判 例

　憲法を学習するうえで、判例はきわめて重要である。手頃な判例集として、別冊ジュ
リスト『憲法判例百選』（有斐閣）は必携の書である。初学者用の判例集としては、『伊
藤真の判例シリーズ　憲法』（弘文堂）もある。

　これらの判例集に掲載された判例を本文で引用した際には、たとえば**最判平成24・
6・17**というようにゴシック文字で表記し、かつ、巻末の判例索引において各判例集の
該当箇所を明示した。ぜひ有効に活用していただきたい。

　また、判例のうち重要なものについては、原文を読むと勉強になる。法学部や法科大
学院でインターネット上の判例検索サービスを利用することができる場合には、大いに
活用してほしい。

　判例についての解説としては、『憲法判例百選』の解説がとても役に立つ。力がつい
てきたら、ぜひ解説も精読してほしい。

(3) 参考書

　試験対策のうえで最も有用な参考書は、『憲法判例百選』の解説部分である。

　また、論述式試験との関係では、小山剛『「憲法上の権利」の作法』（尚学社）がスタ

ンダードな参考書であり、おすすめである。木村草太『憲法の急所』（羽鳥書店）も、切れ味鋭い刺激的な一冊である。

⑷ **体系書**

　通読用の体系書としては、伊藤塾呉クラスの指定基本書でもある安西文雄ほか『憲法学読本』（有斐閣）を最もおすすめする。人権の位置づけ等、本書の立場とは異なる内容も多いが、判例の解説・分析が丁寧かつ適切であり、また、最新の問題意識も随所にちりばめられている。本書と併用すれば、より楽しく憲法を学べるはずである。

　近時出版された体系書としては、渡辺康行ほか『憲法Ⅰ　基本権』（日本評論社）が面白い。ドイツの三段階審査に則して憲法学の体系を再構築しようとした野心的な基本書であり、知的刺激に富む一冊である。

　いっそう腰を据えて憲法を学びたい向きには、高橋和之『立憲主義と日本国憲法』（有斐閣）をすすめる。全体が「個人の尊重」の理念に貫かれた格調高い体系書であり、また、ハイレベルな議論が非常に丁寧に解説されている。読みこなせれば、憲法解釈に対する確固としたバックボーンを与えてくれる良書である。

　芦部信喜『憲法』（岩波書店）は、定番中の定番であり、憲法学習者にとってのバイブル的な基本書である。著者の芦部信喜先生は 1999 年に他界されたが、その後も高橋和之先生による補訂を通じて、その内容はアップデートされ続けている。ただし、同書は、一見すると初学者用の平易な入門書に見えるものの、実は一言一句の背景にある含蓄が非常に深く、その内容はきわめて高度かつ難解である。私自身、受験生時代から現在に至るまで、実に 20 年以上にわたって同書を愛読しているが、最近になってようやくその真の意味を理解できたと思える記述も多い。一般的な評価とは異なり、実はかなりの上級者向けの基本書なのである。購入しておいて絶対に損はないが、少なくとも憲法の基礎的な議論をしっかりと理解したうえでチャレンジしてみてほしい。

参考文献一覧

　本書を執筆するにあたり多くの文献を参照させていただきました。その全てを記すことはできませんが、主なものを下に掲げます。本文中にこれらの文献の文章表現を引用させていただいた箇所もありますが、本書はいわゆる学術書ではなく、学習用の教材ですので、その性質上、学習において必要な部分以外は引用した文献名を逐一明記することはしませんでした。

　ここに記して感謝申し上げる次第です。

芦部信喜（高橋和之補訂）『憲法［第7版］』（岩波書店・2019）

芦部信喜『憲法学Ⅰ・Ⅱ・Ⅲ［増補版］』（有斐閣・1992・1994・2000）

芦部信喜『憲法判例を読む』（岩波書店・1987）

安西文雄＝巻美矢紀＝宍戸常寿『憲法学読本［第3版］』（有斐閣・2018）

浦部法穂『憲法学教室［第3版］』（日本評論社・2016）

木村草太『憲法の急所―権利論を組み立てる［第2版］』（羽鳥書店・2017）

小山　剛『「憲法上の権利」の作法［第3版］』（尚学社・2016）

高橋和之『立憲主義と日本国憲法［第5版］』（有斐閣・2020）

戸波江二『憲法［新版］』（ぎょうせい・1998）

野中俊彦＝中村睦男＝高橋和之＝高見勝利『憲法Ⅰ［第5版］・Ⅱ［第5版］』（有斐閣・2012・2012）

長谷部恭男『憲法［第7版］』（新世社・2018）

樋口陽一『憲法［第3版］』（創文社・2007）

棟居快行『憲法フィールドノート［第3版］』（日本評論社・2006）

渡辺康行＝宍戸常寿＝松本和彦＝工藤達朗『憲法Ⅰ　基本権』・『憲法Ⅱ　総論・統治』（日本評論社・2016・2020）

『注釈憲法（1）』（有斐閣・2000）

『注釈日本国憲法（2）・（3）』（有斐閣・2017・2020）

『概説　憲法コンメンタール』（信山社・2018）

『憲法判例百選Ⅰ・Ⅱ［第7版］』（有斐閣・2019）

『最高裁判所判例解説』（法曹会）

第7章　地方自治————389

第8章　憲法保障と憲法改正————396

論証カード 一覧

憲法総論

第 1 章

憲法入門

およそ法を学ぶにあたっては、最初にその法の全体像を把握しておくことが重要である。

そこで、まずは「憲法入門」として、憲法の全体像を説明しよう。

1. 憲法の役割 **A⁺**

1 「悪法も法なり」？

最初に、簡単な事例を想定してみよう。

たとえば、国会が「内閣に対する批判的言論を行った者は、懲役10年に処する」という内容の法律を制定したとする。その際、ある国会議員は次のように語った。

いわく、「我々は、主権者たる国民から選挙によって選ばれた国民の代表者である。国民は、代表者である我々国会議員によって構成される国会のつくった法律を誠実に守る義務がある。それが、法治国家というものだ」と。

さて、この国会議員の発言は正しく、上記の法律は効力を有するのだろうか。

2 憲法に反する法律の効力

その答えは、もちろん NO である。

確かに、国会は、民主主義の下、全国民を代表する機関であって（43条1項）、日本で唯一、法律を制定することができる機関である（41条後段）。そして、法律によって、国民に一定の制限を課すことも認められている。

しかし、日本国憲法は、98条1項において、「この憲法は、国の最高法規であつて、その条規に反する法律……は、その効力を有しない」と定める。憲法に違反する（つまり違憲の）法律は、無効とされているのである。

　そして、上記の法律は、日本国憲法が21条1項で保障している表現の自由を否定し、侵害するものであるから、憲法に違反する法律といえる。

　したがって、上記の法律は、憲法に反する法律であるがゆえに、無効である。

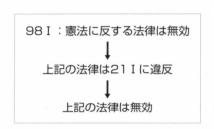

　そして、日本国憲法は、81条において、法律などが憲法に適合するか否かを最終的に判断する権限（合憲か違憲かを最終的に判断する権限）を、最高裁判所に与えている。この最高裁判所の権限を、違憲審査権とか、違憲立法審査権という。

　したがって、仮に、政府を批判したAが上記の法律に違反したとして検察官により起訴されてしまったとしても、裁判所は、上記の法律を違憲・無効と判断し、被告人Aを無罪とする判決を出すことになるのである。

　以上のように、日本国憲法の下では、いわゆる「悪法も法なり」という発想は妥当しない。上記の国会議員の発言は、憲法の役割を正解しない発言であり、明らかに失当である。

3　国家権力の制限と人権の保障

　では、なぜ、そのような効力をもつ憲法が制定されているのだろうか。

　それは、国家権力を制限して、私たちの人権を保障するためである。人権とは、ここではひとりひとりの権利や自由のことだと思っておいてほしい。

　およそ人類の歴史は、国家権力による個人の権利や自由への迫害の歴史でもある。国家権力は、ほんのささいなきっかけですぐに暴走し、人々の権利や自由を侵害してきた。そうした国家権力の危険性は、今日でも何ら変わらない。これが、近代国家に共通する国家観である。

そこで、近代に生きた偉大な先人たちは、憲法という法をつくり出した。国家権力といえども憲法に拘束されるものとし、国家権力を憲法によってがんじがらめにすることによって、国民の権利や自由を確保しようとしたわけである。

　現在、こうした役割を担った憲法（これを特に「近代的意味の憲法」という）の存在は、近代国家にとって必要不可欠のものと考えられている。

4　憲法の名宛人

　ここで、憲法と法律の違いを説明しておこう。

　憲法も法律も、ともに法ではある。しかし、憲法と法律は、その名宛人（ターゲット）が全く異なる。

ア　法律の名宛人

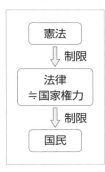

　まず、法律の多くは、国民をその名宛人（ターゲット）とし、国民の自由を制限するために存在している。

　たとえば、刑法230条1項は、「公然と事実を摘示し、人の名誉を毀損した者は、その事実の有無にかかわらず、3年以下の懲役若しくは禁錮又は50万円以下の罰金に処する」と定め、私たちの表現の自由を制限しているわけである。

イ　憲法の名宛人

　これに対し、憲法は、国民ではなく、法律を制定する権限などを有する国家権力をその名宛人とし、国家権力を制限するために存在する。

　このことは、たとえば日本国憲法99条からも看取することができる。

　99条を読んでみよう。そこには、「天皇又は摂政及び国務大臣、国会議員、裁判官その他の公務員は、この憲法を尊重し擁護する義務を負ふ」と規定されている。

　ここで注目してほしいのが、憲法を尊重し擁護する義務を負うべき者の中に、国民があげられていないという点である。

　では、なぜ国民があげられていないのだろうか。

憲法は、国家権力を制限することを主眼とする。国家権力をがんじがらめにするためにこそ、憲法は存在するわけである。

　とすると、憲法を守るべき義務を負う者は、国家権力を行使する「公務員」（国会議員などを含む広義の公務員）のみであり、国民ではないということになる。

　日本国憲法99条は、こうした趣旨に基づき、意図的に国民をその対象から除外していると解される。

　このように、憲法が法律とは異なり国家権力をその名宛人とした法規範であるということは、この99条からも見てとることができるわけである。

5　人権規範と授権規範の関係

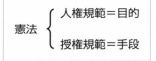

　以上のように、憲法は国家権力をその名宛人とし、国民の人権を保障するために存在する。

　しかし、憲法には、人権規範（個人の人権を保障する条文）に加えて、授権規範（国家機関に権限を授ける条文）も定められているのが通例である。

　たとえば、日本国憲法でも、第3章において人権規範が、第4章以下で授権規範が、それぞれ定められている。

　では、人権を保障するための法である憲法に、なぜ授権規範まで定められているのか。それは、人権の保障を確実なものとするためであると解されている。

　たとえば、日本国憲法は、国家権力の作用（国家が担当するべき仕事）を立法・行政・司法の3つに分け、それぞれの権限を国会・内閣・裁判所という異なる機関に授けている（41条、65条、76条1項）。いわゆる権力分立を採用しているわけである。

　この権力分立の下では、国会・内閣・裁判所は、いわゆる三つ巴の関係におかれる。互いに互いを監視し合い、抑制し合うことになるわけである。

　そして、その結果、国家権力は暴走しづらくなり、人権規範が不当に侵害される可能性が減ることになる。このことは、全ての国家の作用が1人の国王に独占されている場合と比較するとわかりやすいであろう。

　このように、憲法の授権規範は、人権規範に奉仕するものとして存在すると解することができる。いいかえれば、人権規範と授権規範は目的と手段の関係にあると解することができるのである。

人権規範と授権規範は目的と手段の関係にあるという点を明示した条文は、日本国憲法のどこにも存在しません。

　　しかし、両者が目的と手段の関係にあるという点については、憲法学者の中でほぼ異論のないところです。日本国憲法のような近代的意味の憲法は、人権保障を目的とした法である以上、授権規範は憲法の目的ではあり得ないからです。

　　そして、このように、条文に明確に書いてあるわけではないけれども、条文の背景にある思想（条文の存在理由ないし趣旨）などに照らし、一定の結論を導き出す作業を、**解釈**といいます。

　　司法試験の勉強では、もちろん条文の勉強も不可欠ですが、解釈もとても重要なポイントとなります。解釈という作業のイメージは、今からもっておきましょう。

2. 人権とは何か

　憲法は、人権保障の法である。では、人権とは、いかなる権利なのだろうか。いいかえれば、人権は、人権以外の権利と、何が違うのだろうか。

1　人権の性質　　A

　近代の思想家達は、人権は、①固有性、②不可侵性、③普遍性という性質をもつ権利だと考えた。以下、これら人権の性質を説明する。

> ①固有性　：当然に有する
> ②不可侵性：不当な侵害は不可
> ③普遍性　：誰でも有する

ア　固有性

　まず、人権は、人間であることにより当然に有する権利であると考えられている。この性質を、人権の固有性という。

イ　不可侵性

　次に、人権は、原則として公権力が侵すことのできない権利であると考えられている。この性質を、人権の不可侵性という。

たとえ法律をもってしても、不当に侵害することは許されない権利として、人権を考えていくわけである。

ウ 普遍性

また、人権は、人種、性、身分などの区別に関係なく、人間であることに基づいて当然に享有できる権利であると考えられている。この性質を、人権の普遍性という。

上記**ア**で見たとおり、人権は固有性を有するが、そのことは、人種や男女の別、身分などに関係なく、人間である以上皆共通であると考えていく。これが、人権の普遍性である。

> 人権の固有性と普遍性について、補足しておきます。
> まず、人権という権利は、私たちの胸の中で今動いている心臓と同じようなものだ、と考えてください。私たちの心臓は、憲法に与えられたわけでも、天皇や国会に与えられたわけでもありません。私たちは、誰に与えられたわけでもなく、最初から当然に心臓をもって生まれてきました。そして、人権も、この心臓と同じように、誰に与えられたわけでもなく、最初から当然にもって生まれてきたのだと考えていくわけです。これが、人権の固有性です。
> そして、当然に人権をもって生まれてきたのは、誰であっても同じなのだと考えていきます。人権思想の初期には、貴族だけが人権をもって生まれてくるのだと考えられていたのですが、現在の人権思想では、貴族だけでなく、誰でも人権をもって生まれてきたのだと考えていくわけです。これが、人権の普遍性です。

エ 日本国憲法が定める人権の性質

では、日本国憲法が第3章で定めている各種の「人権」は、上記の各性質を有するのだろうか。

日本国憲法は、まず11条後段で、「人権」を「現在及び将来の国民に与へられる」権利であるとし、また、97条で「永久の権利として信託されたもの」としている。これらの規定は、人権の固有性をあらわしていると解されている。

> 11条後段の「与へられる」という文言は、憲法や天皇によって与えられるという意味ではなく、自然から付与される、という意味です。97条が「信託されたもの」としているのも同様の趣旨です。
> つまり、これらの文言は、人権が固有のもの、すなわち人間であることにより当然に有するものであることをあらわしているわけです。

また、11条後段や97条は、人権を「侵すことのできない」ものと規定して

おり、人権の不可侵性を宣言している。

さらに、11条前段は、人種や性や身分とかかわりなく、国民の全員に人権の享有を認めており、人権の普遍性を宣言している。

このように、日本国憲法が定める「人権」は、原則として上記**ア**から**ウ**で述べた性質を全て備えており、人権にあたる。

オ　明治憲法における国民の権利

以上に対し、明治憲法において定められていた国民の権利は、天皇から恩恵として与えられた権利であるにすぎず（固有性なし）、法律によって容易に制限することができるものとされていた（不可侵性なし）。

このように、明治憲法における国民の権利は、固有性・不可侵性という性質を有さない（したがってまた、普遍性も当然有さない）権利であり、人権とはいえないきわめて不十分な権利であるにすぎなかった。そのため、明治憲法における国民の権利は、人権とはよばれず、臣民権とよばれている。

2　人権の根拠　A⁺

では、憲法が保障する人権は、そもそも何を根拠として発生するのだろうか。

ア　個人の尊厳

今日では、人権の根拠は、個人の尊厳にあると解されている。

すなわち、価値の根源を個人に求め、社会ないし国家は個人の福祉を実現するための手段にすぎないとみる個人主義の思想こそが、人権の根拠なのである。

日本国憲法も、13条前段で「すべて国民は、個人として尊重される」とし、個人の尊厳ないし個人主義の思想を宣言している。

> この個人主義の対立概念は、**全体主義**です。
> 全体主義とは、社会・国家（つまり「全体」）にこそ価値があるのであって、個人はその社会・国家に貢献する限りにおいてのみ価値をもつという思想をいいます。
> この全体主義においては、個人の権利である人権など、保障されようはずがありません。重要なのは、あくまでも社会・国家だけであり、個人はそのための駒にすぎないからです。
> そうした全体主義の下では、社会や国家の伝統的な価値観は絶対的なものとされ、個人がこれを否定することは許されません。個人の個性や能力は、社会や国家に押し潰されることになります。
> けれども、そのような社会では、新たな発見や創造、人類の進歩はあり得ません。

> そこで、近代の憲法は、こうした全体主義を否定し、個人主義に立脚して、個人の人権を保障しています。そうすることによって、新たな発見や創造、人類の進歩を実現しようとしているのです。

イ　個人主義と利己主義の関係

しばしば誤解されがちであるが、人権の根拠たる個人の尊厳ないし個人主義の思想は、いわゆる利己主義と矛盾する関係にある。

すなわち、個人主義は、全ての個人が、自分の生き方を自律的に選択し、その選択を実践していくことのできる社会を要請する。いいかえれば、私もあなたも、ともに個人として最大の価値を有することを互いに認め合い、それぞれの自由を尊重し合おうという思想が、個人主義なのである。

他方、いわゆる利己主義は、自分の利益だけを追求すればよく、他人の利益はないがしろにしてもよい、という思想である。これは、全体主義における全体（国家ないし社会）を自分1人に置き換えただけであり、他人の価値を認め、他人の自由をも最大限に尊重しようという発想が全くない。

したがって、利己主義は、個人主義とは全く異なり、個人主義と矛盾する思想なのである。

3. 人権の制約と違憲審査

1　公共の福祉　B

繰り返しになるが、憲法は、人権保障の法である。

しかし、いくら憲法で保障された人権といっても、必ずしも無制限に保障されるわけではない。たとえば、ある者の表現の自由を全面的に認めると、他の者のプライバシー権が害されるおそれが生じる。そのため、表現の自由をある程度制限するのが必要かつ相当である場合もありうる。

日本国憲法は、12条後段と13条後段において「公共の福祉」に言及してい

るが、これらの規定は、人権が「公共の福祉」によって制限されうることを明らかにした規定なのである。

> 人権に対する「制限」は、「制約」や「規制」と表現されることもあります。これらは全て同じ意味です。
> 他方、「侵害」という用語は、「制限」などと同じ意味で用いられることもありますが、「制限」などのうち憲法上許されないもの、というニュアンスを含んでいるのが通常です。本書でも、そうした意味で「侵害」という用語を用いています。

2 違憲審査 Ａ

しかし、国家権力によるあらゆる制限が許されるわけでは、もちろんない。人権に対する侵害にあたるような場合は、その制限は違憲であり、許されない。

では、人権に対する制限が存する場合に、その制限が憲法上許される合憲な制限なのか、それとも憲法上許されない違憲な制限なのかを、いかなる観点から判断すればいいのだろうか。

詳しくは後に学ぶが（➡95ページ以下）、ここでその概要を説明しよう。

ア 形式的審査

まず、人権の制限には、原則として法律の根拠がなければならない。人権を制限できる法規範は、国民代表機関である国会が制定する法律だけなのである。

したがって、法律以外の法規範、たとえば内閣が定める政令によって人権を制限することは、原則として許されない。

そのため、人権に対する制限が存する場合の違憲審査においては、まずはその制限が法律にもとづくものか否か（法律の根拠があるか否か）を検討することになる。法律にもとづかない制限である場合は、原則として直ちに違憲となる。

> 法規範には様々なものがあるのですが、ここでは、憲法以外の代表的な法規範である①法律と②命令を説明しておきましょう。
> ①の法律とは、国民代表機関である**国会が定立（制定）する法規範**のことをいいます。本文で述べたとおり、人権の制限は、この法律にもとづくものでない限り、原則として許されません。
> ②の命令とは、**行政機関が定立する法規範**のことをいいます。この命令には、ⓐ内閣という行政機関が定立する法規範である政令と、ⓑ各省大臣という行政機関が定立する法規

範である省令とがあります。繰り返しになりますが、法律に根拠がないのに、これらの命令にもとづいて人権を制限することは、原則として許されません。

イ　実質的審査

　次に、法律の根拠が存する場合であっても、さらにその制限の内容を審査することになる。

　そこで必要となるのが、いわゆる違憲審査基準である。

（ア）意義

　違憲審査基準とは、裁判所が合憲・違憲を判断するための基準（公式）だと思っておいてほしい。

　たとえば、人権を制限している法律につき、①その法律の目的が十分に重要であり、かつ、②その法律が採用している目的達成のための手段が目的との間に実質的関連性を有する場合に限って合憲、とする基準（この基準は中間審査基準とよばれる）は、違憲審査基準の典型である。

　なお、②の「実質的関連性を有する」とは、その手段によれば目的を達成できるということに加え、その手段以外に、より制限的でない他の手段（Less Restrictive Alternatives）がない、という意味である。

　つまり、法律に定められた手段につき、それがたとえ目的を達成することのできる手段であっても、それ以外により制限的でない（より人権を保障するベクトルの）手段がある場合は、法律に定められた手段は目的との間に「実質的関連性」を有しないことになり、中間審査基準による限りその法律は違憲となるわけである。

（イ）違憲審査基準へのあてはめ

　ここで、少し具体的に、違憲審査基準の使い方を説明しておこう。

　たとえば、「市街地における立て看板の設置を全面的に禁止する」との内容の法律が制定されたと仮定して、この法律の合憲性を、上記の中間審査基準を使って検討してみよう。

①　目的のあてはめ

　まず、この法律の目的は何か。それは、市街地の美観の維持や、交通安全の確保あたりであろう。

そして、これらの目的は、正当といえるだけでなく、十分に重要なものといえる（①充足）。

② 手段のあてはめ

では、その目的を達成する手段の点はどうか。

上記の法律は、①の目的を達成するために、立て看板の設置を「全面的に禁止」するという手段を採用している。

確かに、この手段によって、上記の目的は達成できるであろう。

しかし、なにも立て看板の設置を「全面的に禁止」しなくとも、たとえば立て看板のサイズを制限したり、立て看板を設置できる時間や場所を制限したり、一定の期間が経過した場合に撤去義務を課したりすれば、十分に上記の目的を達成することができる。すなわち、より制限的でない他の手段が存在するわけである。したがって、上記の法律が採用している「全面的に禁止」という手段は、目的との間に実質的関連性を有しない（②不充足）。

よって、中間審査基準によって審査する限り、上記の法律は違憲である。

> このように、違憲審査基準のような抽象的な規範（公式）と、具体的な事例とを照らし合わせて結論を出す作業を、「あてはめ」といいます。
> そして、実際の答案も、①まず抽象的な**規範を定立**し、②その後に**あてはめ**を行って、③最終的な**結論**を出す、という形式で書くことになります。この、①規範→②あてはめ→③結論という形式こそが、法律家の文章に要求される「**三段論法**」です。
> この三段論法は、どの科目の答案でも必須の超重要事項です。憲法入門の最後の仕上げとして、今からしっかりと三段論法のイメージをもっておきましょう。

憲法の意義

ここからは、本格的な内容に入る。

まずは、日本国憲法に限らず、世界各国の憲法を含めて、およそ憲法という法の意味や歴史、背景にある思想について学ぶ。抽象性が高いが、個別の憲法問題について考える際の前提となるきわめて重要な内容である。しっかりと学んでいこう。

1. 憲法の意味　A

ひと言に「憲法」といっても、それはいくつかの異なる意味で用いられている。まずは「憲法」ということばの意味について説明する。

```
               ┌ 形式的意味：タイトル
               │
「憲法」 ┤                     ┌ 固有の意味
               │                     │   ：統治の基本
               └ 実質的意味：内容 ┤
                                     └ 近代的意味（立憲的意味）
                                         ：人権保障
```

1　形式的意味の憲法

まず、憲法という名前でよばれる成文の法典（憲法典）を指して「憲法」ということがある。

この意味の憲法を、形式的意味の憲法という。

形式的意味の憲法といえるかどうかの判断においては、その法の内容、すなわち実質をチェックする必要はない。①その法が成文法か否か、および②そのタイトルが何か、という形式面をチェックすれば足りる。

　たとえば、人権が全く保障されていないような国であっても、その国に「憲法」というタイトルの成文法が存在する限り、その国は形式的意味の憲法を有するわけである。

2　実質的意味の憲法

　次に、ある特定の内容をもった法を「憲法」ということがある。

　この意味の憲法を、実質的意味の憲法という。

　では、どのような内容をもった法を「憲法」というのだろうか。

ア　固有の意味の憲法

　まず、国の統治システムの基本を定めた法のことを「憲法」ということがある。

　この意味の憲法を、固有の意味の憲法という。

　およそ国家といえるためには、統治システムが確立している必要がある。よって、固有の意味の憲法は、いかなる時代のいかなる国家にも存在する。

　およそ国家といえるためには、一般に、**領土・人・権力**という３つの要素が必要と解されています（国家３要素説）。
　すなわち、土地があり、その上に人々がいるだけでは、いわゆる無政府状態にすぎず、それは国家とはいえません。これらに加えて、さらに権力（統治のシステム）があって、はじめて国家たりうるわけです。
　したがって、およそ国家である以上、権力の基本、いいかえれば統治システムの基本を定めた法（固有の意味の憲法）が——それが成文法のかたちをとるのであれ、はたまた不文法・慣習法のかたちをとるのであれ——不可欠となります。そのため、固有の意味の憲法は、いかなる時代のいかなる国家にも存在するといわれているのです。

イ　近代的意味の憲法

　次に、固有の意味の憲法のうち、近代市民革命によって実現された自由主義という思想に基づいて制定された法のことを「憲法」ということがある。いいかえれば、国家権力を制限して国民の人権を保障することを目的とする法のことを、「憲法」ということがあるわけである。

この意味の憲法を、近代的意味の憲法（または立憲的意味の憲法）という。

たとえば、フランス人権宣言16条には、「権利の保障が確保されず、権力の分立が定められていない社会は、全て憲法をもつものではない」と定められているが、この規定の「憲法」という文言は、近代的意味の憲法を指している。

3 日本国憲法はどの意味の憲法か

以上のように「憲法」ということばは様々な意味で使われるが、これらは、必ずしも矛盾しあうものではない。

たとえば、日本国憲法は、タイトルに「憲法」と書かれた成文法である。したがって、形式的意味の憲法にあたる。

また、その内容において、41条以下で国会の権限を、65条以下で内閣の権限を、76条以下で裁判所の権限を、それぞれ定めているなど、統治システムの基本を定める法でもある。よって、固有の意味の憲法にもあたる。

さらに、第3章では、詳細に国民の人権が保障されている。よって、近代的意味の憲法にもあたる。

このように、日本国憲法は、上記の全ての意味において「憲法」にあたるわけである。

> ちなみに、イギリスにおいては、「憲法」というタイトルの成文の法典は存在しません。イギリスには形式的意味の憲法は存在しないのです。
> しかし、統治の基本を定める法はもちろんありますし、人権保障を目的とする法も、慣習法やいくつかの法律の形式で存在します（そもそもイギリスは人権の母国といわれていますから、当然といえば当然なのですが）。つまり、固有の意味の憲法や近代的意味の憲法は、イギリスにもしっかりと存在しているわけです。

2. 憲法の分類　　　B

次に、各国の憲法は、様々な視点で分類される。試験との関係で必要なものに絞って説明しておこう。

1　成文憲法と不文憲法

　まず、憲法の形式面に着目して、成文憲法と不文憲法に分類される。
　成文憲法とは、成文法で定められた憲法（すなわち形式的意味の憲法）をいう。
　不文憲法とは、成文法で定められていない憲法をいう。
　近代的意味の憲法（➡15ページイ）は、通常、成文憲法である。なぜなら、近代的意味の憲法は、後に学ぶ社会契約（➡22ページア）を具体化したものと位置づけられるところ、契約である以上、その内容を文書の形にしておくのが望ましいからである。

2　硬性憲法と軟性憲法

　次に、憲法改正のための要件に着目して、硬性憲法と軟性憲法に分類される。
　硬性憲法とは、憲法改正に、通常の法律の制定よりも厳格な手続を必要とする憲法をいう。
　軟性憲法とは、憲法改正に法律の制定と同じ手続のみを要求する憲法をいう。
　近代的意味の憲法は、通常、硬性憲法である。
　日本国憲法も、憲法改正の要件として、衆参各議院の総議員の３分の２以上の賛成および国民投票における過半数の賛成を要求しており、硬性憲法にあたる（96条1項。法律の制定の要件を定める59条1項2項・56条1項2項と対比しておこう）。

3　民定憲法と欽定憲法

　最後に、憲法を制定した主体に着目して、民定憲法と欽定憲法に分類される。
　民定憲法とは、国民によって制定された憲法をいう。
　欽定憲法とは、君主によって制定された憲法をいう。
　たとえば、日本国憲法は民定憲法であり、明治憲法は欽定憲法である。

3. 近代的意味の憲法の特質 A

　さて、ここで、近代的意味の憲法（以下、単に「憲法」と表記する）の定義を思い出してみよう（➡ 15 ページ**イ**）。

　この定義を分析することによって、憲法の 3 つの特質を導き出すことができる。

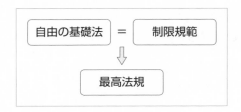

1　自由の基礎法

　まず、憲法は「国民の権利・自由を守る」法、すなわち自由を基礎づけるために存在する法である。

　このように、憲法は、自由の基礎法であるという特質を有している。

2　制限規範

　そして、憲法が自由の基礎法であるということは、同時に、憲法が国家権力を制限する法（制限規範）であることをも意味する。

　人類の歴史を振り返れば自明なように、国家権力というものは、必ずといってよいほど暴走し、国民の権利・自由を不当に侵害し続けてきた。したがって、個人の権利・自由を守り、自由を基礎づけるためには、国家権力をがんじがらめにしておく必要がある。そのため、自由の基礎法である憲法は、必然的に国家権力を制限する法という特質を有することになるのである。

3　最高法規

　最後に、憲法は最高法規という特質を有している。

ただし、この最高法規という特質にも、2つの意味がある。

ア　形式的最高法規性

まず、憲法は、国法秩序において最も強い形式的効力を有する。

すなわち、憲法と他の法規範（国会の制定する法律など）とが矛盾する場合には、憲法が優先されることになる。このことを、憲法の形式的最高法規性という。

日本国憲法も、形式的最高法規性を有する（98条1項）。

国法秩序は、**憲法→法律→命令→処分**の順序で形式的効力が認められるという構造になっています。たとえば憲法と法律が矛盾した場合は憲法が優先されますし、法律と命令が矛盾した場合は法律が優先されるわけです。

このうち、法律と命令については、先に説明したとおりです（➡ 11 ページアのコラム）。

最後にあげた処分という概念は多義的ですが、ここでは、たとえば役所が行う営業許可などの行政行為や、裁判所による判決なども含む概念として用いています。憲法や法律、命令に反する行政行為や判決は、効力が認められないわけです。

イ　実質的最高法規性

では、なぜ憲法はそのような形式的最高法規性を有するのだろうか。

それは、憲法が、その内容（実質）において、自由の基礎法だからである。

すなわち、近代的な思索において、個人の自由（人権）は最高の価値を有するものであると考えられてきた。そして、憲法はそうした最高の価値を有する個人の自由を保障するために存在する自由の基礎法である。したがって、憲法は、最高に尊重されるべき法であるということになる。このことを、憲法の実質的最高法規性という。

そして、憲法がこうした実質的最高法規性を有するがゆえにこそ、憲法は形式的最高法規性を有することになると考えていくのである。

日本国憲法でも、「第十章　最高法規」の冒頭には、人権の尊さを高らかに宣言する97条が定められている。この97条は、形式的最高法規性を定める98条1項の根拠が憲法の実質的最高法規性にあることを明らかにする趣旨の規定であると解されている。

「第十章　最高法規」の冒頭規定である97条は、「この憲法が日本国民に保障する基本

的人権は、人類の多年にわたる自由獲得の努力の成果であつて、これらの権利は、過去幾多の試錬に堪へ、現在及び将来の国民に対し、侵すことのできない永久の権利として信託されたものである」と宣言しています。この97条は、直接的には、憲法が「最高法規」である旨は言及していません。そのため、97条は、おかれるべき場所を間違えた無意味な規定であるとする見解も、きわめて少数ですが存在します。自民党の憲法改正草案を読む限り、自民党もこの超少数説を採用しているようです。

　しかし、本文で述べたとおり、97条は、98条1項が定める憲法の形式的最高法規性の根拠を明らかにした規定であり、決しておかれるべき場所を間違えた無意味な規定などではありません。憲法が形式的に最高法規であることの根拠を定めたきわめて重要な規定であると解するのが、憲法学における支配的な通説なのです。

ウ　硬性憲法

　また、憲法の形式的最高法規性は、憲法の改正手続が他の法規範と比べて厳格であること（硬性憲法）からも、当然に導くことができる。

　日本国憲法も硬性憲法です（96条）。そして、このことから、日本国憲法の形式的最高法規性（98条1項）は当然に導けます。

　たとえば、日本国憲法は、79条6項や80条2項で、裁判官の報酬の減額を禁止しています。にもかかわらず、国会が法律で、違憲判決を出した裁判官の報酬を減額すると決めてしまったとしましょう。

　この場合、憲法と法律が矛盾しているわけですが、ここで仮に法律が優先されるとすれば、法律の制定という簡単な手続（59条1項2項、56条1項2項参照）によって憲法が実質的に改正された、ということになってしまいます。そのような事態を認めたら、96条の硬性憲法の定めが全く無意味になってしまいます。

　そのため、硬性憲法である以上、当然に、憲法が形式的に最も強い効力を有するということになるわけです。

　そして、憲法が硬性憲法であることの根拠は、やはり憲法の実質的最高法規性にあると解されている。

エ　授権規範

　さらに、憲法の形式的最高法規性は、憲法が授権規範であることからも導くことができる。

　すなわち、そもそも国家権力は、憲法からの授権によって初めてつくられた存在である（➡22ページ**ア**参照）。たとえば国会が法律を制定できたり、内閣などの行政機関が命令を制定できたりするのも、憲法がそれらの権限を国会や行政機関に与えたからなのである（41条、73条6号参照）。

　そうだとすれば、そうした授権規範である憲法に反する内容の法律や命令等

は、自らの存立の基盤に反するものとして、当然に無効となる。

　このように、憲法が授権規範であることからも、当然に形式的最高法規性を導くことができるわけである。

第 3 章

立憲主義

1. 立憲主義・総論

1 意義 ▲

　立憲主義は多義的な概念であるが、一般的には、憲法に基づいて政治を行う
という原理をいう。

　この立憲主義の思想は、時代や国によって様々なかたちで具体化されている
が、国の統治が近代的意味の憲法に従って行われなければならないという思想
を、特に近代立憲主義という。

2 近代立憲主義の確立 ▣

　中世イングランドを代表する法律家であるブラクトン（？〜1268年）の「国
王も神と法の下にある」という言葉に代表されるように、中世においても、す
でに立憲主義の萌芽は存在した。

　しかし、各国で近代立憲主義が確立したのは、18世紀末の近代市民革命を
経た後であった。以下、歴史の流れを概観しておこう。

ア　社会契約説

　近代立憲主義は、ジョン・ロック（1632年〜1704年）やジャン=ジャック・ル
ソー（1712年〜1778年）などによって説かれた社会契約説を理論的支柱として
いる。

　この社会契約説の概要は、次のとおりである。

まず、①人民は、生まれながらにして、生命・自由・財産（life・liberty・property）についての権利（自然権）を有している（自然権思想）。

　そして、②その自然権を確実なものとするために、人民は相互に社会契約を結び、自らの自然権の一部を委譲して、政府をつくった（契約による政府）。

　よって、③政府が社会契約に反して人民の権利を不当に制限する場合には、人民は政府に抵抗する権利を有する（抵抗権）。

> ②の契約による政府、という概念は、「政府と人民が契約を結んだ」という意味ではありません。「政府のない状態で、人民たちが相互に契約を結び、政府をつくった」という意味です。つまり、政府というのは、所与のものとして存在するのではなく、自然権を有する人民相互の契約によってはじめて誕生したものと考えるわけです。
> 　そして、憲法は、この人民相互の契約そのものなのです。

イ　近代市民革命と近代立憲主義の確立

　この社会契約説を理論的支柱として、絶対王政に抗う近代市民革命が正当化されるに至り、アメリカの独立やフランス革命が行われた。

　そして、その結果、アメリカ合衆国憲法（1788年）、フランス人権宣言（1789年）、フランス第一共和制憲法（1791年）などが制定されるに至り、近代立憲主義が確立したのである。

3　各国における立憲主義　B+

	保障の方法・内容	特徴
革命後のフランス	法律による人権保障	議会に対する信頼
アメリカ	憲法による人権保障	議会に対する不信
戦前のドイツ・日本	法律による権利保障	外見的立憲主義

　立憲主義は、国や時代によってその内容が異なる。

　まず、革命後のフランスでは、人権保障と権力分立を採用した近代的意味の憲法が制定されつつも、人権保障は法律によって実現すべきものとされた。

　一方、アメリカでは、同じく人権保障と権力分立を採用した近代的意味の憲法が制定され、しかも、人権保障は憲法によって実現すべきものとされた。

フランスもアメリカも、固有性・不可侵性・普遍性という性質を有する「人権」を認める点では共通しています。
　　しかし、フランスでは、革命によって議会を勝ち取ったという経緯ゆえに、議会に対する信頼が強かったため、人権の保障は議会が制定する法律によって実現されると考えられていました。
　　他方、アメリカでは、イギリス議会による圧政から独立したという経緯もあって、議会に対する不信感が強かったため、議会が制定する法律によるのではなく、憲法によって人権を保障するという制度が採用されたわけです。

　以上に対し、ドイツでは、フランス革命の影響を受けて憲法制定の要求が生じたものの、絶対君主政が強固に確立されていたため、近代的意味の憲法が確立されるには至らなかった。

　当時のドイツの憲法で保障された国民の権利は、固有性や不可侵性を有する「人権」ではなく、君主が制定した憲法によって与えられた権利にすぎなかったのである。

　すなわち、当時のドイツにおける立憲主義は、人権思想（➡7ページ**1**）にもとづかない、みせかけの立憲主義にすぎなかった。このみせかけの立憲主義は、外見的立憲主義とよばれている。

　明治憲法（正式名称は「大日本帝国憲法」）は、このドイツ憲法の強い影響を受けて制定された憲法である。そのため、明治憲法下の日本も、やはり外見的立憲主義を採用していたにとどまる。

　　ちなみに、イギリスでは、18世紀末の近代市民革命よりもずっと以前から、立憲主義的な国家構造が実現していました。
　　たとえば、エドワード・クック（1552年～1634年）が、中世のマグナ・カルタ（1215年）を古来から存在するイギリス国民の権利を保障した歴史的文書であると位置づけたのを初めとして、権利請願（1628年）や権利章典（1689年）といった憲法的文書が17世紀の段階で次々と作成されています。そのため、イギリスは立憲主義の母国といわれています。
　　なお、こうした憲法的文書によって保障された権利は、固有性を有する「人権」そのものではなく、国王が貴族に認めた特権を基礎にしたものにすぎませんでした。しかし、その後、その特権を全イギリス国民に拡大していく、というかたちで、イギリスにおける近代立憲主義は確立されていきました。

4　立憲主義と国家　**A**

ア　自由国家の時代

　近代立憲主義が確立した近代市民革命直後の19世紀においては、国家は自

由国家であるべきとされた。

　自由国家とは、経済的干渉も政治的干渉も行わずに、社会の最小限度の秩序の維持と治安の確保という警察的任務のみを負う国家のことをいう。

　この自由国家は、消極国家ともよばれ、さらに軽蔑的な意味を込めて夜警国家ともよばれる。

イ　社会国家の時代

　かかる自由国家の下、人々は資本主義を謳歌し、国家に干渉されることなく自由に経済活動を行った。しかし、資本主義が高度化するにつれて、次第に富の偏在が生じることになる。

　そうした状況下では、憲法が保障する自由は、社会的・経済的弱者にとっては貧乏の自由、空腹の自由でしかなかった。

　そこで、20世紀に入って、こうした資本主義の矛盾を解消するべく、各国で社会国家の理念が採用されるに至った。

　社会国家とは、従来市民の自律にゆだねられていた市民生活の領域に一定の限度まで積極的に介入し、社会的・経済的弱者の救済にむけて努力する国家のことをいい、積極国家、福祉国家ともよばれる。

　1919年にドイツで制定されたワイマール憲法は、こうした社会国家の理念を採用した最初の憲法である。

ウ　行政国家現象

　そして、この社会国家の理念が採用された結果、いわゆる行政国家現象が生じることになった。

　ここで行政国家とは、国家機能の重点が行政権の活動におかれている国家のことをいう。つまり、現代においては、社会国家の理念の採用により、福祉をつかさどる行政権が事実上国家の中心となるに至っているわけである。

　そのため、国家権力の中でもとりわけ行政権に対する抑制を図ることが、現代の憲法の重要な役割となっている。

```
自由国家（19世紀）
　　↓　のみならず
社会国家（20世紀）※
　　↓　その結果
　行政国家現象
※ただし、あくまでも自由国家が原則
```

5 立憲主義と民主主義 A

ア 自由主義と民主主義の結合

①要求 自由 ②要求 民主

　立憲主義は、個人の自由をできる限り保障すべしという自由主義に基づく原理である。

　そして、この自由主義は、民主主義と密接不可分の関係にあると解されている。

　すなわち、①自由が保障されるためには、国民の国政への参加が保障されていることが不可欠である。選挙権や被選挙権のない国民には、自由の保障はあり得ない。

　また、②民主主義が機能するためには、個人の自由が確保されていることが不可欠である。たとえば、いくらかたちのうえで選挙権を有していても、表現の自由や投票の自由が保障されていない状況、すなわち特定の候補者への批判が許されなかったり、特定の候補者に投票しないと不利益を課されたりするような状況の下では、民主主義は実質的に機能しない。

　このように、自由主義を実現するには民主主義が、そして民主主義が機能するには自由主義が、それぞれ必要不可欠なのである。この点は、しっかりと理解しておこう。

イ 立憲民主主義

　そして、近代的意味の憲法が採用している民主主義は、単に多数者支配の政治という意味なのではなく、多数決に至る前提としての十分な審議・討論を要求する立憲民主主義であると解されている。

> 　民主主義というと、物事を多数決で決める制度、というイメージをもってしまいがちです。確かに、民主主義にはそうした側面があるのは事実なのですが、しかし、十分な審議・討論をせずに、いきなり多数決で物事を決めてしまうと、少数派の人権がないがしろにされてしまい、立憲主義や自由主義の理念に反することになってしまいます。
> 　したがって、近代的意味の憲法が採用する民主主義は、そうした危険な民主主義（いわば「多数決主義的民主主義」）なのではなく、多数決を行う前に、十分な審議・討論を行い、さらにはいい意味での妥協をする民主主義でなければなりません。そのような民主主義を、立憲民主主義というのですが、憲法が採用している民主主義は、この立憲民主主義なのです。
> 　さらに付言すれば、ある問題について審議・討論を始めた場合に、当初は多数派と少数派

とで意見が対立していたとしても、十分な審議・討論を重ねていけば、お互いに譲歩・妥協すべき点が見つかることが多いはずです。そうすると、その譲歩・妥協を経た議案には、ほぼ全員が賛成することになります。審議・討論がそこまで成熟してから、ようやく最後の確認として多数決を採る。それが、立憲民主主義の理想なのです。

2. 法の支配 →論証1

すでに述べたとおり、立憲主義は、それぞれの国において異なる内容をもつ。

その中で特に重要なのが、イギリスやアメリカにおける立憲主義である「法の支配」である。

1 意義 Ａ

法の支配とは、専断的な国家権力の支配（人の支配）を排斥し、権力を法で拘束することによって、国民の権利・自由を擁護することを目的とする原理であって、英米法の根幹をなすものをいう。

> かつては、絶対的な権力を有する国王が国家を統治し、国王の気分次第で自由に国政が決定されていました。つまり、国王という「人」が支配者だったわけです。これを、人の支配といいます。
> しかし、それではいけない、国王の上に、国王であっても従わなければならない「法」をおこうという考え方が出てきます。これが法の支配の考え方です。前述した「国王も神と法の下にある」というブラクトンの言葉（→ 22 ページ 2）には、法の支配の本質がよくあらわれているといえるでしょう。

この法の支配の思想内容として重要なものは、①憲法の最高法規性の観念、②権力によって侵されない個人の人権、③適正手続（due process of law）、④裁判所の役割に対する尊重の４つである。

2 日本国憲法と法の支配 Ａ

法の支配は、英米法における原理であるが、日本国憲法も、この法の支配を採用していると解されている。

なぜなら、日本国憲法は、①第 10 章において憲法の最高法規性を定め、②
11 条・97 条において不可侵の人権を保障し、③ 31 条において適正手続を要求
し、④第 6 章（特に 81 条）において裁判所の役割を尊重しているからである。

3　形式的法治主義との異同　⟩ Ｂ

　以上の法の支配に対し、外見的立憲主義を採用するにとどまった第 2 次世界
大戦前のドイツや日本では、形式的法治主義（形式的法治国家）という原理が採
用されていた。

　法の支配の理解を深めるためにも、ここで両者の異同を説明しておこう。

ア　共通点

　法の支配と形式的法治主義とは、ともに法によって権力を制限しようとする
原理である。この点においては、両者は共通である。

イ　相違点

　しかし、以下の 2 点において、両者は決定的に異なる。

（ア）「法」の内容

　まず、法の支配にいう「法」は、正しい法（内容が合理的な法）という意味で
あり、人権の観念とも密接に結びつくものである。

　したがって、人権を侵害するような法は、支配者たる「法」たり得ない。悪
法も法なり、という発想は、法の支配においては妥当しないのである。

　これに対し、形式的法治主義にいう「法」は、内容とは関係のない形式的な
法律を意味する。

　したがって、人権を侵害するような法律であっても、なお「法」にあたり、
その法律に従っていれば問題はないということになる。悪法も法なり、という
発想が妥当するわけである。

（イ）民主主義との関係

　また、法の支配は、民主主義と結合する。法の支配が要求する立憲主義ない
し自由主義は、民主主義と密接不可分の関係にあるからである（➡ 26 ページ 5）。

　これに対し、形式的法治主義は、いかなる政治体制とも結合しうる。民主主
義の下だけでなく、専制主義の下であっても、形式的法治主義は採用されうる

わけである。

ウ　第2次世界大戦後のドイツ

　なお、第2次世界大戦後のドイツにおいては、ナチズムに対する反省から、
「法」の内容の合理性を要求するようになった。これを実質的法治主義（実質
的法治国家）という。

　この実質的法治主義は、法の支配とほぼ同じ内容の原理といえる。

　　以上で述べた近代立憲主義や法の支配という思想は、人類が獲得した後世に誇るべき英
　知であり、人類全体の永遠の共有財産とすべき思想です。近代立憲主義を実現するに際し
　ては、実に多くの市民の血が流されました。近代立憲主義の精神的基盤を築いた思想家た
　ち、そして自由と平等を獲得するために圧政と戦った名もない先人たちに対し、私は心から
　の敬意を抱かざるを得ません。
　　当然のことながら、本書で特定の政治的な思想を読者の皆さんに宣伝したり、押し付けた
　りするつもりは毛頭ありません。私自身、特定の支持政党のない、いわゆるノンポリです。
　しかし、近代立憲主義という思想自体については、是非読者の皆さんにも共有していただき
　たいと願っています。それが、法律家を目指す者の、そしてひいては革命を経験せずに近代
　立憲主義の恩恵を享受している我々現代人全員の責任なのだろうと思います。

第 4 章

日本国憲法前文

　ここからは、主として日本国憲法を念頭においた議論に入る。

　日本国憲法は、①国民主権、②基本的人権の尊重、③平和主義を基本原理として採用しているが、これらの基本原理をとりわけ明確に宣言しているのが、憲法前文である。

1. 前文の内容 　　　　　　B

　日本国憲法の前文は、4つの項（段落）からなる。

　以下、4つの項のポイントを概説する。

1　前文 1 項の内容

　前文 1 項は、「主権が国民に存すること」、すなわち国民主権の原理を採用することを宣言する。

　また、「自由のもたらす恵沢」の確保と「戦争の惨禍」からの解放という、人権と平和の 2 原理をうたい、そこに日本国憲法制定の目的があることを示す。

　そして、これらの基本原理が、「人類普遍の原理」であることを宣言している。

2　前文 2 項の内容

　前文 2 項は、平和主義への希求を述べ、全世界の国民が「平和のうちに生存する権利」（平和的生存権）を有することを確認する。

3 前文 3 項の内容

前文 3 項は、「自国のことのみに専念して他国を無視してはならない」として、国際協調主義を宣言し、国家の独善性の否定を政治道徳の法則として確認する。

4 前文 4 項の内容

そして、前文 4 項は、日本国憲法の崇高な理想と目的を達成することを誓約している。

2. 前文の法的性質

以上のように、前文は憲法の基本原則、基本理念を宣言するものであるが、その前文の法的性質については争いがある。

1 前文の法規範性 **B**

まず、前文に、憲法としての法規範性が認められるか（いいかえれば、前文は 1 条以下の本文各条項と同じように憲法の一部なのか否か）が問題となるが、認められる（憲法の一部にあたる）と解するのが通説である。

したがって、たとえば前文を改正するには、1 条以下の本文各条項と同じく、憲法改正手続（96 条）が必要となる。

また、たとえば前文 1 項の「人類普遍の原理……に反する一切の憲法……を排除する」との規定は、憲法改正権を拘束し、憲法改正の限界を画する法規範と解されている（➡ 398 ページ **2** 参照）。

2 前文の裁判規範性 **B⁺**

次に問題となるのが、前文に裁判規範性が認められるか否かである。

裁判規範性とは、裁判所の判決によって執行することのできる法規範のことをいう（狭義の裁判規範性）。

たとえば、国家が前文に違反する行為を行った場合、裁判所は、前文に反することを理由にして判決をすることができるのか。それが、前文の裁判規範性の問題である。

　この点については、前文の規定は抽象的であることから、裁判規範性は否定されると解するのが通説である。

> 　法規範性はあるが裁判規範性はない、とはどういう意味なのでしょうか。
> 　まず、立憲主義の下では、国家権力は憲法に従わなければなりません。そして、前文も憲法の一部である以上、国家権力は前文にも従わなければなりません。国家権力は、前文に反する行為を行うことはできず、もし反したのならば違憲ということになります。これが、前文に法規範性を認めるということの1つの帰結です。
> 　しかし、そのことと、国家権力の行為が前文に反したか否かを誰が判断するのかということとは別問題です。そして、裁判所がそのような判断をすることができるのかどうか、それが裁判規範性の問題です。
> 　この点、通説は前文の裁判規範性を否定します。この通説によれば、裁判所は、国家権力の行為が前文に反したかどうかを判断することができません。したがって、最終的には、選挙などを通じて主権者たる国民が判断することになるのです。

　ただし、前文の裁判規範性を否定する通説を前提としても、前文は1条以下の本文各条項の解釈基準にはなりうる。すなわち、裁判官が、裁判の際に前文を参照し、前文の理念に沿うかたちで1条以下の本文各条項を解釈することは、当然できるわけである。この点は誤解しやすいので注意しよう。

3　平和的生存権　B

　憲法は、前文2項において、全世界の国民に「平和のうちに生存する権利」、すなわち平和的生存権があることを確認している。

　しかし、この平和的生存権は、前文2項で言及されているだけであり、1条以下の本文各条項では規定されていない。そのため、平和的生存権をめぐっては、その裁判規範性の有無が問題となっている。

　この点、前文の裁判規範性に関する通説（➡上記2）に立つ限り、平和的生存権についても裁判規範性は認められないことになる。

　したがって、国家権力が平和的生存権を侵害した場合であっても、裁判所は、平和的生存権の侵害を理由として判決をすることができない。

　最高裁も、長沼訴訟において、平和的生存権の裁判規範性を実質的に否定している（最判昭和57・9・9➡52ページ（ウ））。

第 5 章

国民主権

国民主権は、基本的人権の尊重や平和主義と並んで、日本国憲法の基本原理の１つである。

抽象的な内容ではあるが、概略は理解しておこう。

1. 意義 　A

日本国憲法は、前文１項において「主権が国民に存することを宣言」し、また、１条において「主権の存する日本国民」と規定し、国民主権を採用することを明らかにしている。

国民主権とは、国の政治のあり方を最終的に決定する力または権威が国民に存することをいう。

2. 権力性の契機と正当性の契機

1　２つの契機　A

国民主権の定義に「力または権威」とあるように、国民主権には、①権力性の契機（権力的契機）と、②正当性の契機という２つの契機（moment）があると解されている。

①国民主権の権力性の契機とは、国の政治のあり方を最終的に決定する権力を国民自身が行使するということをいう。

②国民主権の正当性の契機とは、国家の権力行使を正当づける究極的な権威は国民に存するということをいう。

2　各契機の沿革　B

これら２つの契機を理解するためには、憲法が存在していなかった時代を想像する必要がある。

きわめて抽象的な議論だが、簡単に説明しておこう。

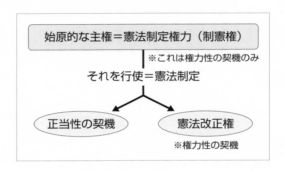

ア　憲法制定権力＝権力性の契機

まず、国民主権の原理は、もともとは国民の憲法制定権力（制憲権）の思想に由来する。

すなわち、およそ憲法の存在しない社会にあって、国家の基本法たる憲法（固有の意味の憲法）を制定する力が、国王や天皇にではなく、国民に存すること――それが本来的な国民主権の意味だったわけである。

この時点における国民主権は、憲法を制定する力を国民が行使すること、いいかえれば国の政治のあり方を最終的に決定する権力を国民自身が行使するということを意味した。つまり、この時点での国民主権には、権力性の契機しかなかったわけである。

イ　正当性の契機の誕生

そして、先人たちは実際にその憲法制定権力を行使し、憲法典を制定した。

その結果、国の政治のあり方は、国民が制定した憲法典によって決定されることになった。

ここで生まれたのが、国家の権力行使を正当づける究極的な権威は国民に存するという、国民主権の正当性の契機である。

すなわち、「なぜ国家の権力行使が正当といえるのか」という問いに対し、「国民主権の下、国民がつくった憲法に従って行使されているから、正当といえるのだ」というロジックが成立することになったわけである。

ウ　憲法制定権力の憲法改正権への転化

では、国民主権の権力性の契機はどうなったのだろうか。

この点については、憲法典をつくった先人たちは、自分たちがつくった憲法典の中に、国民主権の権力性の契機を憲法改正権というかたちで閉じ込めたと考えていく。

すなわち、一度憲法をつくったからには、もう一度最初から憲法をつくり変えることは許されない。しかし、基本理念に反しない限りでの憲法改正権は残しておくべきである。そのように考えた先人たちは、憲法制定権力＝権力性の契機を、憲法改正権に変容させたうえで、憲法典の中に残しておいたわけである。

このように、憲法制定権力＝権力性の契機は、憲法改正権に姿を変えつつも、今なお憲法典の中に息づいていると考えていく。

日本国憲法が、96条1項において、憲法改正に国民投票における過半数の賛成を要求しているのも、そのためであると考えられている。

3　民主制との関係　B

以上のように、国民主権には、①権力性の契機と②正当性の契機という、2つの側面がある。

そして、論理必然ではないものの、①権力性の契機は直接民主制との親和性が高く、②正当性の契機は代表民主制（間接民主制）との親和性が高いといわれている。

直接民主制とは、国民が国家意思の形成と執行の過程に直接に参加することを原理とする民主制をいう。

代表民主制（間接民主制）とは、権力の国民への分配を選挙・投票という選択行為に限定し、実際の権力行使は選挙によって選ばれた代表者が行うことを原則とする民主制をいう。

> 　直接民主制というのは、たとえば国家としての意思決定について、国民投票などによって国民自身がひとつひとつ決定していくというイメージです。
> 　これに対し、代表民主制は、国民が行うのは代表者を選ぶことだけで、選んだ後はとりあえずその代表者に任せておく、という制度のことです。

4　日本国憲法における民主制　A

　日本国憲法は、国政においては、代表民主制を原則としている（前文1項、43条1項）。その趣旨については、312ページ(イ)を参照してほしい。

　ただし、その例外として、日本国憲法は①最高裁判所裁判官の国民審査（79条2項から4項 ➡ 360ページイ）、②地方特別法の住民投票（95条 ➡ 392ページア）、③憲法改正の国民投票（96条1項 ➡ 397ページイ）という3つの直接民主制的制度を採用している。

　これらの原則と例外は、早めに覚えておこう。

3. 国民主権における国民の意味　B

　次に、国民主権というときの「国民」が誰を指しているのかという問題を、簡単に説明する。

　ただし、これもきわめて抽象的な問題であるから、試験との関係ではざっと理解しておけば十分である。

```
権力性の契機 ━━▶ 有権者 ⎫
                          ⎬ 両者を同一視
正当性の契機 ━━▶ 全国民 ⎭
```

1 有権者（選挙人団）説

　第1の見解は、国民主権の権力性の契機を重視し、実際に憲法改正の国民投票において投票権を有する者、すなわち有権者（選挙人団）が主権者たる「国民」であるとする。

2 全国民説

　第2の見解は、国民主権の正当性の契機を重視し、有権者に限定されない全国民が主権者たる「国民」であるとする。

　この見解は少しわかりづらいが、全国民と解した方が、正当化根拠としてはより説得力を有することになるから、という程度の理解で十分である。

3 折衷説（通説）

　しかし、前述したように、国民主権には権力性の契機と正当性の契機という2つの側面がある。

　そこで、通説は、そのいずれかのみを強調するのではなく、折衷的に考えていく。

　すなわち、権力性の契機における「国民」は有権者を、また、正当性の契機における「国民」は全国民を意味する、と考えていくわけである。

> 　ただし、この通説に立った場合、主権者である「国民」の範囲にズレが生じるという問題が生じてしまいます。有権者と全国民とでは、その範囲が異なるからです。
> 　この問題について、芦部信喜先生は、有権者と全国民を同一視すればよい、と主張されています。ちょっと人を煙にまくような主張にも思えますが、この考え方を、自同性の原則といいます。
> 　そして、芦部先生は、この自同性の原則はひとつの擬制（ウソ）である以上、その擬制をできるだけ現実に近づけなければならないと主張されています。具体的には、普通選挙（➡ 250ページア）の趣旨に従って有権者の範囲をできるだけ拡張し、その多様な意思を国会に公正かつ効果的に反映するような選挙制度が整備されることなどが要請されることになるわけです。

4 ナシオン主権とプープル主権

　ちなみに、フランスでは、ナシオン主権をとるかプープル主権をとるかというかたちで、主権者たる「国民」の範囲が議論されている。

ナシオン（nation）とは、具体的に実存する国民とは別個の、観念的・抽象的な存在としての国民という意味である。このナシオン主権の下では、代表民主制が採用されることになる。

　プープル（peuple）とは、社会契約参加者の総体としての人民という意味である。いいかえれば、その時点で具体的に実在する有権者の総体のことをプープルというわけである。このプープル主権の下では、直接民主制が原則とされる。

4. 主権の意味 　A

　最後に、「主権」という言葉の意味について説明しておく。

　およそ「主権」という言葉は、①最高決定権、②統治権、③最高独立性という3つの異なる意味で用いられる。

　この知識は、短答式試験の頻出事項である。具体例をみて、どの意味で用いられているかの判断がつくようにしておこう。

意味	具体例など
①最高決定権	・国民主権、君主主権の「主権」
②統治権 （国家権力そのもの）	・憲法41条「国権」と同義 ・ポツダム宣言8項「日本国ノ主権ハ、本州……二局限セラルベシ」の「主権」
③最高独立性	・主権国家という場合の「主権」 ・前文3項「自国の主権を維持し」の「主権」

1　最高決定権

　まず、国の政治のあり方を最終的に決定する力または権威という意味で使われることがある。

　国民主権や君主主権という場合の「主権」は、この意味で使われている（➡

33 ページ 1. 参照)。

2　統治権

　次に、統治権ないし国家権力そのものという意味で使われることがある。憲法 41 条のいう「国権」と同じ意味で、「主権」という言葉が使われることがあるわけである。

　たとえば、ポツダム宣言 8 項の「日本国ノ主権ハ、本州、北海道、九州及四国並ニ吾等ノ決定スル諸小島ニ局限セラルベシ」という規定における「主権」は、この意味で使われている。

3　最高独立性

　最後に、国家の最高独立性という意味で使われることがある。

　つまり、他国の属国ではなく、独立した国であるという意味で、「主権」という言葉が使われることがあるわけである。

　たとえば、「日本国は主権国家である」という場合の「主権」は、この意味で使われている。

　また、前文 3 項の「自国の主権を維持し」という規定における「主権」も、この意味で使われている。

第6章

天皇制

以上のように、日本国憲法は、国民主権の原理を採用している。

しかし、その一方で、明治憲法において主権者であった天皇の存続を認め、象徴天皇制をも採用している（1条以下）。

天皇制は、短答式試験プロパーの箇所であるが、国民主権をよりよく理解するためにも、しっかりと学んでおこう。

1. 天皇の地位

1 象徴 B

天皇は、日本国ないし日本国民統合の象徴とされている（1条）。

ここで「象徴」とは、具体的・有形的・感覚的なものによって、抽象的・無形的・非感覚的なものを具象化する作用やその媒介物をいう。

たとえば、「白い鳩」という目に見えるものによって、「平和」という目に見えないものを表現するのが象徴という作用である。

憲法は、「天皇」という目に見えるものによって、「日本国ないし日本国民統合」という目に見えないものをあらわそうとしているわけである。

2 皇位継承 B+

天皇の地位は世襲による（2条）。

およそ世襲制は、明らかに平等原則（14条）に反するが、象徴という地位の特殊性ゆえに、天皇については憲法自身が平等原則の例外を認めたものと解さ

れている。

　天皇が養子をとり、その養子が天皇の地位につくことは、憲法上の要求である「世襲」に反するため、およそ認められない。

　他方、女帝や生前退位は、「世襲」には反しないため、憲法上は許容される。したがって、これらを認めるか否かは、国会の立法裁量の問題である。

　以上の知識は、短答式試験用に覚えておこう。

3　天皇と裁判権　）　B

　天皇に裁判所の裁判権が及ぶかについては、争いがある。

　まず、民事裁判権については、天皇の象徴たる地位（1条）を理由として、天皇には民事裁判権は及ばないとするのが判例である（**最判平成1・11・20**）。

> 　たとえば、Aさんが「天皇に金を貸したのだけれども天皇が返してくれない」と主張して、天皇を被告とする貸金返還請求訴訟を提起したとします。この場合、仮に天皇に民事裁判権が及ぶのならば、天皇は公開の法廷に被告として呼び出され、Aさんや裁判官から尋問を受けたりすることになります。しかし、それは天皇の象徴としての地位に照らしてさすがにまずいため、天皇には民事裁判権は及ばないと解されているわけです。
> 　ちなみに、天皇に民事裁判権が及ばない以上、裁判所は、Aさんが提起した貸金返還請求訴訟という民事訴訟について、実質的な裁判をする（＝Aに貸金返還請求権があるか否かをジャッジする）権限を有していません。そのため、訴状却下といういわば「ジャッジできないというジャッジ」を下して、Aさんが提出した訴状をAさんに突き返して訴訟を終わらせることになります。

　次に、刑事裁判権については、皇室典範21条が「摂政は、その在任中、訴追されない」と定めていることから、天皇も当然に訴追されず、したがって天皇には刑事裁判権は及ばないと解されている（通説）。

> 　皇室典範とは、皇位継承や皇族に関して定めている法律のことをいいます。また、「摂政」とは、天皇の代理人のことであり（5条 ➡ 44ページエ）、「訴追」とは、検察官による公訴の提起（起訴）のことをいいます。
> 　そして、天皇の代理人にすぎない摂政ですら、検察官から訴追されないと皇室典範という法律に定められており、かつこの規定は合憲と解されていることから、ましてや天皇が検察官から訴追されることはないと解されているのです。
> 　そして、検察官が訴追しない限り、刑事裁判は絶対に始まりません（➡ 31条参照）。そのため、天皇には刑事裁判権は及ばない、と解することになるわけです。

2. 天皇の権能

天皇の行為としては、①国事行為、②国政に関する行為、③その他の公的行為、④純粋な私的行為の4つがありうる。

これらのうち、天皇が④の純粋な私的行為（たとえば生物学の研究）を行いうるのは当然である。なお、天皇の皇位継承に際して行われる宮中祭祀である大嘗祭は、皇室の行う私的行為であると解されている。

問題は、天皇が①から③の公的な行為を行う権能を有するか否かである。

行為	可否・要件
国事行為	憲法の個別規定と内閣の助言・承認があれば可
国政に関する行為	不可
その他の公的行為	論点 ➡ 45 ページ **2**
純粋な私的行為	可

1 国事行為 B⁺

ア 国事行為の許容と国政行為の禁止

4条1項は、「天皇は、この憲法の定める国事に関する行為のみを行ひ、国政に関する権能を有しない」と定める。

つまり、①国事行為は行いうるが、②国政に関する行為（国政行為）はおよそ行うことができないわけである。

イ 国事行為の内容

国事行為とは、政治に関係のない形式的・儀礼的行為をいう（通説）。

具体的には、6条、7条に列挙された行為、およびこれらの行為の臨時代行への委任（4条2項）が国事行為とされている。それぞれを説明していこう。

（ア）6条の国事行為

天皇は、内閣総理大臣の任命と、最高裁判所長官の任命を行う（6条）。

任命される内閣総理大臣は国会の指名によって決定され（6条1項、67条1項）、任命される最高裁判所長官は内閣の指名によって決定される（6条2項）。

いずれの任命についても、内閣の助言と承認が必要である点に注意が必要である（3条前段）。

（イ）7条の国事行為

7条に列挙された国事行為は、次のとおりである。短答式試験用にそれぞれのイメージをもっておこう。

1号：憲法改正・法律・政令・条約の公布

2号：国会の召集

3号：衆議院の解散

4号：国会議員の総選挙の施行の公示

5号：国務大臣や法律の定めるその他の官吏の任免の認証、および全権委任状や大使・公使の信任状の認証

6号：恩赦の認証

7号：栄典の授与

8号：批准書や法律の定めるその他の外交文書の認証

9号：外国の大使・公使の接受

10号：儀式を行うこと

これらのうち、1号、5号、8号について、少し補足しておきます。

1号については、憲法改正だけでなく、**法律**や**政令**、**条約**の公布も天皇が行う点に注意しましょう。

5号は読みづらい規定ですが、全ての文言が最後の「**認証**」にかかっているのがポイントです。つまり、5号により天皇が行うのは、国務大臣などの任免の「**認証**」や、全権委任状などの「**認証**」です。国務大臣などの「任免」を国事行為として行うわけではありません。

「認証」とは、ある行為や文書の成立・記載が正当な手続でされたことを公の機関（ここでは天皇）が証明することをいいます。ちなみに、この**「認証」が行われなかったとしても、「認証」の対象である国務大臣などの任免の効力自体には影響がありません**。たとえば、内閣総理大臣が適法に国務大臣の任命をした場合（68条1項）、直ちに任命の効果が生じます。その後の天皇の「認証」は、その任命を証明する儀式にすぎないわけです。

「法律の定めるその他の官吏」としては、長官以外の最高裁判事（裁判所法39条3項）、高裁長官（同40条2項）、検事総長・次長検事・検事長（検察庁法15条1項）、大使・公使（外務公務員法8条1項）などがあります。

8号の「批准書」とは、署名（調印）された条約を審査し、それを承認してその効力を確定させる国家の最終意思表示文書のことです。また、「法律の定めるその他の外交文書」としては、大使・公使の解任状（外務公務員法9条）などがあります。これらの文書についても、天皇が行うのは「認証」のみです。

（ウ）国事行為の委任

　天皇は、法律の定めるところにより、国事行為を委任することができる（4条2項）。たとえば、天皇が海外旅行に行く際に、その間に国内で行われるべき国事行為について、皇太子などに委任することができるわけである。

　天皇から国事行為を委任された者を、臨時代行という。

　この臨時代行への国事行為の委任という行為も、国事行為の1つであるから、内閣の助言と承認が必要である（3条前段）。

ウ　国事行為の要件

　繰り返しになるが、天皇が憲法の定める国事行為を行うためには、必ず、内閣の助言と承認が必要である（3条前段）。7条以外の国事行為、すなわち6条（➡上記**イ(ア)**）や4条2項（➡上記**(ウ)**）の国事行為を行うためにも、内閣の助言と承認が必要であることに注意しよう。

　天皇は、内閣の助言と承認に従い、内閣のいうとおりに国事行為を実行しなければならない。その反面、国事行為についての責任は内閣が負い（3条後段）、天皇は一切責任を負わない。

　なお、「助言と承認」という文言は、事前の助言と事後の承認という2つの行為を要求する趣旨ではない。したがって、1つの国事行為についての「助言と承認」に関する閣議は、1回で足りる。

　天皇の発意に内閣が応諾するかたちでの閣議は、およそ認められない（通説）。

エ　摂政

　天皇の国事行為は、すでに述べた臨時代行（➡上記**(ウ)**）によるほか、摂政（せっしょう）によっても代行されうる。

　摂政は、①天皇が成年に達しないとき、または②精神もしくは身体の重患または重大な事故により自ら国事行為を行うことができないときにおかれる（5条、皇室典範16条以下）。

　摂政をおくまでに至らない場合（たとえば天皇が海外旅行にいく場合）は、天皇による国事行為の委任によって、臨時代行がおかれるにとどまる（4条2項）。

臨時代行への国事行為の委任は、天皇による国事行為であり、したがって内閣の助言と承

認が必要です。これに対し、摂政をおくことは、天皇による国事行為ではありません。摂政は、皇室典範に定められた要件を満たした場合に、天皇からの委任によらずに当然におかれる機関であり、その設置について、天皇は何の行為も行いません。そのため、内閣の助言と承認は不要です。臨時代行への国事行為の委任と混同しないよう注意しましょう。

2　国事行為以外の公的行為　🅱

　天皇は、国会開会式での「おことば」の朗読や、外国の式典への参列、国内の巡幸など、憲法に定められていない公的行為も行っている。

　これらの公的行為の憲法上の根拠については、見解が分かれている。短答式試験用に、各見解をざっと説明しておこう。

ア　象徴行為説

　象徴行為説は、これらの公的行為は象徴としての地位に基づき認められるとする。

　しかし、この見解に対しては、①４条１項の「天皇は、この憲法の定める国事に関する行為のみを行」うとの規定に反する、②象徴としての地位を有するのは天皇だけである以上、摂政や臨時代行が行う公的行為の合憲性を説明できない、③具体的にいかなる行為まで行うことができるのか明確でない、などの批判がある。

イ　公人行為説

　公人行為説は、これらの公的行為は公人としての地位に基づき認められるとする。

　この見解は、摂政や臨時代行による行為の合憲性も説明がつくというメリットがある。

　しかし、象徴行為説と同様、具体的にいかなる行為まで行うことができるのか明確でないとの批判がある。

ウ　国事行為説

　国事行為説は、天皇はあくまでも憲法に定められた国事行為しか公的行為を行うことができないとし、天皇による公的行為は国事行為や私的行為として説

明できる限度で合憲とする。

　この見解は、たとえば、国会開会式での「おことば」の朗読や外国の式典への参列は7条10号の「儀式を行ふ」にあたり、国内巡幸は私的行為にあたるとする。

　しかし、この見解に対しては、「儀式を行ふ」とは、通常は儀式を主催し執行するという意味であるから、天皇が式典に参列する行為まで「儀式を行ふ」に含めるのは文理上無理がある、との批判がある。

エ　準国事行為説

　準国事行為説は、天皇は国事行為に密接に関連する行為を行うことができるとする。

　しかし、この見解に対しては、具体的にいかなる行為が「国事行為に密接に関連する行為」であるかが明らかでない、との批判がある。

3. 皇室の財産授受と皇室の費用

1　皇室の財産授受　Ｂ

　皇室に財産を譲り渡し、または皇室が財産を譲り受けもしくは賜与（しょ）するには、国会の議決が必要である（8条）。

ア　国会の議決が必要な行為

　この8条が定めている行為は、大きくは2つに分かれる。

　まず、①「皇室に財産を譲り渡」す行為、イコール「皇室が、財産を譲り受け」る行為である。この譲渡行為ないし譲受行為は、有償であると無償であるとを問わない。たとえば、皇室がAさんから土地を買う場合も、皇室がAさんから土地の贈与を受ける場合も、ともに国会の議決が必要となる。

　次に、②「皇室が、……賜与する」行為である。「賜与する」とは、皇室が

皇室外の者に無償で財産を譲渡する行為をいう。こちらは、無償の場合に限定されるわけである。たとえば、皇室が皇室外のAさんに土地を贈与する場合は、国会の議決が必要となるが、皇室が皇室外のAさんに土地を売る場合は、国会の議決は不要である。

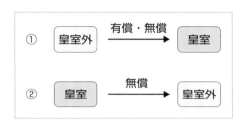

イ　趣旨

　この8条の趣旨は、①皇室への財産移転を国会のコントロール下におくことにより、戦前のように皇室に財産が集積されるのを防止すること、および②皇室が特定の者と強く結び付く事態を回避することにある。

　これらの趣旨からして、生活用品の購入などのような日常的で少額の財産授受については、国会の議決は必要でないと解されている（通説）。

ウ　国会の議決

　必要とされる国会の議決については、衆参両院は完全に対等である。いわゆる衆議院の優越は認められていないわけである。このことは早めに覚えておこう。

2　皇室の費用　B⁻

　天皇や皇族の活動に要する費用は、全て予算に計上され、国会によるコントロールを受ける（88条後段）。

　費用の種類としては、①天皇家の日常の生活費などにあてられる内廷費、②公務の経費にあてられる宮廷費、③内廷にある者以外の皇族（天皇家以外の皇族）の日常の生活費などにあてられる皇族費がある（皇室経済法3条）。

　これらのうち、②の宮廷費だけは、宮内庁で経理する公金にあたり、公金支出制限（89条 ➡ 387ページ5.）の対象となる。

第7章

平和主義

日本国憲法は、平和主義を基本原理として採用している（前文２項、９条）。

短答式試験プロパーの分野だが、憲法の基本原則の１つであるから、手を抜かずにしっかりと学んでほしい。

1. 戦争の放棄

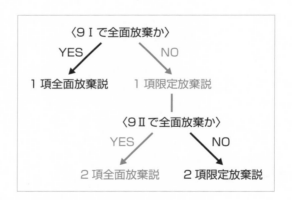

〈９Ⅰで全面放棄か〉

YES　　　NO

１項全面放棄説　　１項限定放棄説

〈９Ⅱで全面放棄か〉

YES　　　NO

２項全面放棄説　　２項限定放棄説

1　9条1項による戦争の放棄　B

９条１項は、戦争の放棄を定めている。

しかし、この戦争の放棄については、「国際紛争を解決する手段としては」という留保が付されている。

そこで、９条１項が放棄している戦争とはいかなる戦争なのかについて、見解が対立している。

ア　1項全面放棄説

　まず、全ての戦争は国際紛争を解決する手段として行われるものであるとし、9条1項は自衛戦争を含む全ての戦争を放棄していると解する見解がある。

イ　1項限定放棄説（通説）

　しかし、国際法上の用語例（たとえば不戦条約1条参照）では、「国際紛争を解決する手段としての戦争」とは侵略戦争を意味する。

　そこで、9条1項が放棄しているのは、侵略戦争だけであり、自衛戦争は放棄されていないと解するのが通説である。

> **Q** 9条1項が放棄する戦争はいかなる戦争か　**A**
>
> **A説** 1項全面放棄説
> 結論：全ての戦争である。
> 理由：およそ戦争は国際紛争を解決する手段としてなされる。
> **B説** 1項限定放棄説（通説）
> 結論：侵略戦争である。
> 理由：国際法上の用語例。

2　9条2項による戦争の放棄　Ａ

　もっとも、これに続く9条2項は、「前項の目的を達するため」としたうえで、「戦力」の不保持および「交戦権」の否認を定めている。

　そこで、この2項によって、自衛戦争も放棄されているのではないかが、2項が保持を禁止する「戦力」の意義をいかに解するかと関連して、さらに問題となっている。

	「前項の目的」	「戦力」	戦争の放棄
2項全面放棄説（通説）	平和への希求	軍隊および有事の際にそれに転化しうる程度の実力部隊	全面放棄（戦争は物理的に不可能）
2項限定放棄説	侵略戦争の放棄	自衛のための最小限度の実力を超える実力	侵略戦争だけ放棄（自衛戦争は物理的に可能）

ア　2項全面放棄説（通説）

　通説は、2項によって、自衛戦争も放棄されていると解している。そのロジ

ックは、次のとおりである。

　まず、①２項の「前項の目的」という文言は、１項で侵略戦争を放棄するに
至った動機、すなわち１項のいう「平和への希求」を指すと解する。

　そして、かかる解釈に照らし、②２項のいう「戦力」とは、軍隊および有事
の際にそれに転化しうる程度の実力部隊のことであると解していく。

　とすると、③かかる「戦力」を保持し得ない以上、国家は、たとえ自衛のた
めであっても、物理的に戦争を行うことはできないことになる。

　したがって、この２項により、結局自衛戦争も放棄されていると解すること
になるわけである。

イ　２項限定放棄説

　以上に対し、２項によっても自衛戦争は放棄されていないとする少数説もあ
る。

　この見解は、まず、①２項の「前項の目的」という文言は、侵略戦争を放棄
するという目的を指すと解する。いわば、「前項の目的」という文言を、「前項
の規定」ないし「前項の内容」と読み替えてしまうわけである。

　そして、かかる解釈に照らし、②２項のいう「戦力」とは、侵略戦争のため
の戦力、すなわち自衛のための最小限度の実力を超える実力のことを指すと解
していく。つまり、自衛のための最小限度の実力は「戦力」にあたらず、これ
を保持することができると解していくのである。

　とすると、③国家は、かかる自衛のための最小限度の実力を行使して、自衛
戦争を行うことが可能となる。

　したがって、２項によっても、自衛戦争は放棄されていないと解していくわ
けである。

ウ　検討

　しかし、上記イの少数説のように、「自衛のための最小限度の実力を超える
実力」（侵略戦争のための戦力）と、「自衛のための最小限度の実力」（自衛戦争の
ための戦力）とを区別することは、実際には不可能に近い。

　また、少数説に立った場合、２項後段が「交戦権」を否認していることの説
明が困難となる。

さらに、憲法には、66条2項以外に戦争や軍隊の存在を予定した規定が存在しない。

これらの点に照らせば、法理論としては通説が正当であろう。

❓ 9条1項が侵略戦争を放棄しているにとどまるとして、自衛戦争は可能か　A

A説　2項全面放棄説（通説）

結論：自衛戦争も不可能である。

理由：2項が戦力の不保持と交戦権の否認を定めている以上、自衛戦争も不可能である。

B説　2項限定放棄説

結論：自衛戦争は可能である。

理由：2項が保持を禁じている「戦力」は、自衛のための最小限度の実力を超える実力のことである。

批判：①侵略戦争のための戦力と自衛戦争のための戦力とを区別することは不可能に近い。

②2項が交戦権を否認していることの説明が困難である。

③憲法には66条2項以外に戦争や軍隊の存在を予定した規定が存在しない。

④1項とは別にわざわざ2項をおいた意味が説明できない。

2. 戦力の不保持と交戦権の否認

1　戦力の不保持　　B⁺

9条2項前段は、「戦力」の保持を禁止している。

この「戦力」の意義については、前述したとおり争いがある。自衛隊の合憲性も含めて、ここで説明しておこう。

ア　通説

通説は、「戦力」とは、軍隊および有事の際にそれに転化しうる程度の実力部隊のことであると解している。

この通説からは、現在の自衛隊は、保持が禁止された「戦力」にあたり、違

憲となる。

イ　政府見解

　政府も、憲法が制定された当初は、**ア**の通説と同じ解釈を採用していた。

　しかし、現在の政府は、その論拠は明示していないものの、「戦力」とは自衛のための必要最小限度の実力を超える実力のことであると解している。

　この現在の政府見解からは、現在の自衛隊は、保持が禁止された「戦力」にはあたらず、合憲となる。

　また、核兵器の保有についても、世界情勢によっては「戦力」にはあたらないことになろう。

ウ　判例

　最高裁は、自衛隊の合憲性について、一貫して判断を回避しており、これを正面から論じた最高裁判例は存在しない。

　以下、下級審の裁判例も含めて、重要な判例を見ておこう。

（ア）警察予備隊違憲訴訟

　当時の日本社会党の代表者が、自衛隊の前身である警察予備隊が違憲であることの確認を求めて、いきなり最高裁判所に対して訴えを提起した事件。

　最高裁は、このような抽象的憲法訴訟を受理する権限はないとして、自衛隊の合憲性を判断せず、訴えを却下した（**最大判昭和27・10・8**）。

（イ）恵庭事件

　恵庭町（北海道）に在住する被告人が、自衛隊演習用の通信線を切断したとして、自衛隊法121条の「武器、弾薬、航空機その他の防衛の用に供する物」の損壊罪で起訴された刑事事件。

　札幌地裁は、演習用の通信線は自衛隊法121条の客体にあたらず被告人は無罪であるとし、自衛隊法121条に関する憲法判断を回避した（**札幌地判昭和42・3・29**。詳しくは ➡ 370ページ**イ**）。

（ウ）長沼訴訟

　長沼町（北海道）にあった森林に自衛隊の基地を建築するべく、当該森林について農林大臣が国有保安林の指定を解除する処分を行ったため、地域住民がかかる指定解除処分の取り消しを求めた行政訴訟。

保安林の指定解除処分をするには「公益上の理由」（森林26条2項）が必要であるところ、自衛隊の基地の建築という目的は憲法9条に反し、「公益上の理由」の要件を満たさないのでないかが問題となった。

　第1審は、自衛隊は9条の「戦力」にあたり、違憲であるとした（**札幌地判昭和48・9・7**）。

　ところが、控訴審は、政府は水害などを防止するための代替工事などの措置を十分に施したから、住民には「訴えの利益」がなくなったとして、第1審判決を取り消すとともに、自衛隊が憲法に反するかどうかの問題は「統治行為」にあたるとして、それが一見きわめて明白に違憲である場合を除き、司法審査の範囲外にあるとした（**札幌高判昭和51・8・5**）。

　最高裁は、「訴えの利益」の点について控訴審判決を維持し、憲法問題には触れないまま訴訟を終結させた（**最判昭和57・9・9**）。

> 　民事訴訟法や行政法で学ぶのですが、民事訴訟や行政訴訟が適法に提起されるには、「訴えの利益」が必要です。「訴えの利益」がない場合は、裁判所は訴えを却下して審理を打ち切ることになります。その場合、裁判所は、原告の請求を認容するか棄却するかという実体的な判断は行いません。
> 　長沼訴訟の最高裁は、この「訴えの利益」が失われたとして審理を打ち切った控訴審の判断を受け入れ、自衛隊が合憲か違憲か、「公益上の理由」があるか否か、指定解除処分の取消しという請求を認容するか棄却するか、という実体的な判断は何も行いませんでした。
> 　なお、控訴審が示した「統治行為」の理論については、司法の箇所で学ぶことになります（➡349ページ **4**）。

2　交戦権の否認　**B**

　9条2項後段は、「国の交戦権は、これを認めない」と定めるが、「交戦権」の意義については争いがある。

　この点、①文字どおり戦争をする権利とする見解もある。

　しかし、国際法上の用法に従い、②国際法上交戦国に認められる権利（たとえば、敵の船舶の拿捕や敵の領土の占領統治、敵の兵力を兵器で殺傷する権利など）をいうと解するのが通説である。

3　自衛権　**B⁺**

ア　意義

　自衛権は、個別的自衛権と集団的自衛権に分類される。

個別的自衛権とは、急迫不正の侵略を自国が受けたときに、自衛の行動をとる権利をいう。

　集団的自衛権とは、他国に対する武力攻撃を自国への攻撃とみなし、その他国と共同して防衛行動をとる権利をいう。

イ　自衛権の存否

　最高裁は、砂川事件（➡次ページ**1**）において、「わが国が主権国として持つ固有の自衛権は何ら否定されたものではなく、わが憲法の平和主義は決して無防備、無抵抗を定めたものではない」とし、「必要な自衛のための措置をとりうることは、国家固有の権能の行使として当然のこと」として、日本国に自衛権があること自体は認めている（**最大判昭和 34・12・16**）。この判例が認めた自衛権は、個別的自衛権のことと解されている。

　学説でも、集団的自衛権は憲法上認められないが、個別的自衛権は憲法上認められるとする見解が通説である。

> 　「戦力」の意義（➡ 51 ページ **1**）に関して、少数説ないし政府見解に立つ場合はもとより、通説に立つ場合でも、個別的自衛権の行使は認められます。
> 　ただし、「戦力」の理解の仕方によって、個別的自衛権の行使方法は異なってきます。
> 　まず、自衛隊は「戦力」にあたらないとする少数説ないし政府見解からは、自衛隊による自衛戦争というかたちでも、個別的自衛権を行使できることになります。
> 　これに対し、自衛隊は「戦力」にあたるとする通説からは、自衛隊による自衛戦争というかたちで個別的自衛権を行使することはできません。警察力や、民衆が武器を持って対抗する群民蜂起などによって、個別的自衛権を行使することになります。

　従来の政府見解でも、集団的自衛権は憲法上認められないとされていた。

　ところが、政府は、平成 26（2014）年の閣議決定により、「①わが国あるいはわが国と密接な関係にある他国に対する武力攻撃が発生し、②これによりわが国の存立が脅かされ、③国民の生命、自由および幸福追求の権利が根底から覆される明白な危険がある場合」という 3 要件を満たした場合には、自衛権の行使が認められるとの解釈を示し、集団的自衛権も認められるとして、従来の政府見解を変更した。

　その後、平成 27（2015）年に集団的自衛権の行使を認める安保関連法が可決され、成立した。

　この新しい政府見解および安保関連法は、9 条に違反するとの見解が有力で

ある。

3. 日米安全保障条約

　周知のように、日本はアメリカと日米安全保障条約（安保条約）を締結している。

1　砂川事件の概要　B

　安保条約の合憲性が争われた有名な事件として、砂川事件がある。

　この事件は、アメリカ軍の使用する飛行場に乱入した基地反対派のデモ隊の行為が、安保条約3条（当時）に基づく刑事特別法に違反するとして起訴された刑事事件である。

2　駐留軍の「戦力」該当性　B+

　第1審は、日本に駐留するアメリカ軍は9条2項の「戦力」にあたり違憲である、と判示した（東京地判昭和34・3・30）。

　ところが、最高裁は、9条2項が「いわゆる自衛のための戦力の保持をも禁じたものであるか否かは別として、同条項がその保持を禁止した戦力とは、わが国がその主体となってこれに指揮権、管理権を行使し得る戦力をいうものであり、結局わが国自体の戦力を指し、外国の軍隊は、たとえそれがわが国に駐留するとしても、ここにいう戦力には該当しない」とした（**最大判昭和34・12・16**）。

3　統治行為論　A

　さらに、この砂川事件で、最高裁は、いわゆる統治行為論（厳密には統治行為論の変形）を採用し、安保条約の合憲性判断を回避した。

　すなわち、安保条約は高度の政治性を有するものであって、一見きわめて明白に違憲無効であると認められない限り、司法裁判所の審査にはなじまないと

したうえで、「アメリカ合衆国軍隊の駐留は、憲法9条、98条2項および前文の趣旨に適合こそすれ、これらの条章に反して違憲無効であることが一見極めて明白であるとは、到底認められない」とし、「このことは、憲法9条2項が、自衛のための戦力の保持をも許さない趣旨のものであると否とにかかわらない」とした（**最大判昭和34・12・16**）。

統治行為論については、後に詳しく学ぶ（➡349ページ **4**）。

第 8 章

日本憲法史

憲法総論の最後に、日本の憲法史を概観しておこう。

日本の憲法史は、1889年に制定された明治憲法（正式名称は「大日本帝国憲法」）から始まる。

1. 明治憲法の特徴

1 天皇主権 　**B**

明治憲法は、1条において「大日本帝国ハ万世一系ノ天皇之ヲ統治ス」と定め、天皇主権を基本原則としている。

そこでは、天皇は、「統治権ヲ総攬（らん）」する者、すなわち立法・行政・司法といったあらゆる国家の作用を究極的に掌握し統括する権限を有する者とされていた（明憲4条）。

2 臣民権 　**B**

明治憲法で保障された国民の権利は、固有性・不可侵性・普遍性を有する「人権」ではなく、天皇が恩恵として臣民に与えた「臣民権」にすぎなかった（➡9ページ**オ**）。

したがって、明治憲法は、外見的立憲主義、形式的法治主義にもとづく、きわめて不十分な憲法であったといえる。

3 法律の留保) A

　明治憲法の権利規定には、そのほぼ全てにつき「法律の範囲内において」という留保が付されている（たとえば明憲 22 条、29 条など）。この留保を、法律の留保という。

　この法律の留保には、①法律による権利制限と、②法律による権利保障という、2 つの異なる意味がある。日本国憲法における法律の留保も含めて、ここで説明しておこう。

ア　法律による権利制限

　まず、①権利を制限するには、その根拠となる法律がなければならないという意味で、「法律の留保」という言葉が使われることがある。

　この意味での法律の留保は、立憲主義の要請にもとづくものであり、法律の留保の良い面といえる。

　明治憲法でも、この意味での法律の留保が採用されてはいたが、一定の場合には命令により権利を制限することが認められており（明憲 9 条、31 条など）、広く例外が認められていた。

> 　ちなみに、明治憲法 28 条が定める信教の自由には、法律の留保がありません。そのため、信教の自由については、法律によらずに制限できると解されていました。

　一方、日本国憲法においては、明文はないものの、全面的にこの意味での法律の留保が採用されていると解されている。この意味での法律の留保は、立憲主義の要請に基づくものだからである。

　したがって、日本国憲法が保障する人権を制限するには、必ず法律の根拠が必要である（ごく限られた例外は ➡ 90 ページイ）。

イ　法律による権利保障

　次に、②権利は法律によって保障されるにとどまり、法律によればいくらでも制限が可能、という意味で、「法律の留保」という言葉が使われることがある。

　この意味での法律の留保は、法律の留保の悪い面といえる。

明治憲法では、この意味での法律の留保も採用されていた。

一方、日本国憲法では、この意味での法律の留保は一切採用されていない。いくら法律といえども、人権を不当に侵害してはならないと解されているわけである。

内容・意味	明治憲法	日本国憲法
法律による権利制限 ＝権利を制限するには法律が必要	部分的に採用 ＝広く例外あり	全面的に採用
法律による権利保障 ＝法律によればいくらでも権利の制限が可能	全面的に採用	採用せず

2. 日本国憲法の制定

現行の憲法である日本国憲法は、昭和21（1946）年11月3日に公布され、昭和22（1947）年5月3日に施行された。

短答プロパーの内容だが、憲法の学習に必要な限度で、日本国憲法の制定に至る経緯などについて概説する。

1 制定に至る経緯 　B

ア　ポツダム宣言の受諾

昭和20（1945）年8月14日、日本はポツダム宣言を受諾した。

このポツダム宣言には、次の条項が定められていた。これらの条項は、国民主権原理の採用という要求を含むものと解されている。

10項　……日本国政府ハ日本国国民ノ間ニ於ケル民主主義的傾向ノ復活強化ニ対スル一切ノ障礙ヲ除去スヘシ　言論、宗教及思想ノ自由並ニ基本的人権ノ尊重ハ確立セラルヘシ

12項　前記諸目的カ達成セラレ且日本国国民ノ自由ニ表明セル意思ニ従ヒ平和的傾向

ヲ有シ且責任アル政府カ樹立セラルルニ於テハ聯合国ノ占領軍ハ直ニ日本国ヨリ撤収
セラルヘシ

イ　松本案とマッカーサー3原則

　ところが、当時の日本政府は、ポツダム宣言の要求を正しく理解しておら
ず、天皇が統治権を総攬するという明治憲法の基本原則（➡57ページ**1**）を温
存する憲法改正案（いわゆる松本案）を作成した。

　この松本案は、公表される前の昭和21（1946）年2月1日、毎日新聞によっ
てスクープされ、連合国総司令部（以下、「総司令部」と表記する）はその概要を
知るに至る。

　その保守的内容に驚いた総司令部は、独自の憲法草案を作成することにし
た。その際、マッカーサーは、独自の憲法草案の中に次の3つの原則を入れる
よう指示した。この原則は、マッカーサー3原則またはマッカーサー・ノート
とよばれている。

①　天皇は、国の元首の地位にある。皇位の承継は、世襲である。天皇の職務および権
　能は、憲法に基づき行使され、憲法に規定された国民の基本的意思に従ったものと
　する。
②　国家の主権的権利としての戦争を廃棄する。日本は、紛争を解決する手段としての
　戦争、および自己の安全を保持する手段としての戦争をも、放棄する。日本はその防
　衛と保護を、今や世界を動かしつつある崇高な理念に委ねる。日本に陸海空軍が容認
　されることは決してないし、交戦権が日本軍に与えられることもない。
③　日本の封建制度は、廃止される。貴族の権利は、皇族のものを除き、現在生存する
　者の代を越えて存続することはない。貴族の地位は、今後いかなる公民的・政治的権
　力も伴わない。予算の型は、イギリスの制度に倣うこと。

ウ　マッカーサー草案の提示と受諾

　総司令部は、かかるマッカーサー3原則にもとづき、総司令部案（マッカーサ
ー草案）を作成し、昭和21（1946）年2月13日、日本政府に手渡した。

　その席上、総司令部は、この草案を最大限に考慮して憲法改正に努力してほ
しい、との説明を行った。

　日本政府は、この事態に大いに驚き、松本案が日本の実情に適するとして総

司令部に再考を求めたが、総司令部が「日本政府が拒否するなら、直接日本国民に提示する用意がある」旨を述べたことなどから、最終的に受諾を決断した。

エ　総選挙後の帝国議会による審議と可決

　日本政府は、総司令部との折衝を重ねながら、昭和21（1946）年3月6日に「憲法改正草案要綱」を作成し、国民に公表した。

　その後の4月10日、普通選挙制による総選挙（この総選挙は、日本において初めて女性にも選挙権が認められた選挙である）が行われ、5月22日に（第1次）吉田内閣が成立した。

　吉田内閣は、憲法改正草案要綱を条文化した憲法改正草案を、総選挙で構成された帝国議会に提出した。

　かかる憲法改正草案は、衆議院および貴族院において若干の修正が加えられた後、それぞれ圧倒的多数をもって可決された。

　その後、枢密院の審議を経て、11月3日、「日本国憲法」として公布され、昭和22（1947）年5月3日から施行された。

2　日本国憲法の正統性　B

　以上で見たとおり、日本国憲法は、連合国による占領下において制定されたという経緯がある。

　そのため、日本国憲法は日本国民が制定した憲法ではなく、正統性を有しない憲法なのではないかという問題がある（いわゆる押し付け憲法論）。

　しかし、①当時公表された在野の知識人による憲法草案や世論調査によれば、マッカーサー草案発表前後の時期には、かなり多くの国民が日本国憲法の価値体系に近い憲法意識をもっていたこと、②初めての完全な普通選挙により憲法改正案を審議するための帝国議会が国民によって直接選挙され、審議の自由に対する法的な拘束のない状況の下で草案が審議され可決されたことなどに照らせば、日本国憲法の制定過程には当時の国民の意思が反映されていたということができる。

> つまり、押し付けがあったか否かといえば、確かに当時の政府に対する押し付けはあったといえるものの、当時の国民に対する押し付けはなかった、と考えることができるわけです。

そして、③日本の独立後、国民が自由な意思に基づき日本国憲法を支持してきた以上、今日では、占領下において制定されたという瑕疵は治癒されているというべきである。

したがって、日本国憲法は正統性を有する（通説）。

3　上諭と前文の矛盾　B

ア　問題の所在

日本国憲法の上諭（憲法前文の前にある「朕は……」で始まる箇所）によれば、日本国憲法は、明治憲法73条が定める改正手続を経て、天皇主権を基本原理とする明治憲法の改正として成立したとされている。

しかし、日本国憲法の前文は、日本国憲法が国民主権の原理に基づき制定された旨を宣言している。

したがって、憲法改正には限界があるとする通説（➡ 398ページ **2**）に立つ限り、上諭と前文は、その内容が矛盾していることになる。

> 　憲法改正に関する通説によれば、主権者の変更は、憲法改正の限界を超えるものであり、法的には許されないと解されています。
> 　とすると、上諭がいうように日本国憲法が明治憲法の改正によって制定されたのならば、日本国憲法は天皇主権の欽定憲法のはずです。
> 　ところが、日本国憲法の前文は、日本国憲法が国民主権にもとづき制定された民定憲法であるとしています。
> 　したがって、通説に立つ限り、上諭と前文は、明らかに矛盾しているわけです。

イ　8月革命説

この上諭と前文の矛盾について、通説である8月革命説は、概ね次のように説明する。

まず、昭和20（1945）年8月のポツダム宣言の受諾によって、天皇主権から国民主権に変わるという法学的意味での革命があった。

この革命によって明治憲法が廃止されたわけではないものの、明治憲法の条文の意味は、国民主権に抵触する限りで重要な変革を被った。たとえば、明治憲法73条については、天皇の裁可と貴族院の議決は実質的な拘束力を失った。

したがって、日本国憲法は、実質的には、明治憲法の改正としてではなく、国民主権主義にもとづき国民が新たに制定した民定憲法である。

ただし、明治憲法73条による改正という手続をとることによって、混乱を回避しようとした。すなわち、上諭は、混乱を防止するための政策的な配慮にすぎない。

人権総論

　　　ここから、近代的意味の憲法の目的である人権について学んでいく。
　　　第1編で学んだ内容を前提として説明していくので、必要に応じて第1編を参照してほしい。

人権の分類と制度的保障

1. 人権の分類　　　　　　　　　　　　A⁺

　日本国憲法の人権は、その内容に応じて、①自由権（国家からの自由）、②参政権（国家への自由）、③社会権（国家による自由）、④受益権（国務請求権）、⑤総則的権利の5つに分類することができる。

分類		具体例	性質
自由権 （国家からの自由）	精神的自由権	19 〜 21、23	不作為請求権・消極的権利
	経済的自由権	22、29	
	人身の自由権	18、31、33 〜 39	
参政権（国家への自由）		15 I	能動的権利
社会権（国家による自由）		25 〜 28	作為請求権・積極的権利 20 世紀以降の権利
受益権（国務請求権）		16、17、32、40	作為請求権・積極的権利 古くからある人権保障のための人権
総則的権利		13 後、14	

1　自由権

　自由権とは、国家が個人の領域に対して権力的に介入することを排除し、個人の自由な意思決定と活動とを保障する人権をいう。

この自由権は、「国家からの自由」ともよばれ、国家に対する不作為請求権（消極的権利）という性質を有する。

> 自由権は、国家が個人に対して余計な手出し、口出しをしてきたときに、国家に対して「やめろ」、「ほっといてくれ」と請求する権利です。そのため、自由権の内容は国家に対する不作為請求権であり、その意味で自由権は消極的権利ともよばれています。
> そして、この自由権は、人権保障の確立期から人権体系の中心をなしているきわめて重要な権利なのです。

自由権は、さらに、精神活動に関する精神的自由権（19条から21条、23条）、経済活動に関する経済的自由権（22条、29条）、身体の活動に関する人身の自由権（18条、31条、33条から39条）に分類される。

また、明文のない人権であるプライバシー権や自己決定権も、基本的には自由権に分類される。

2 参政権

参政権とは、国民が国政に参加する能動的権利をいう。

この参政権は、「国家への自由」ともよばれる。選挙権や被選挙権（15条1項）がその典型である。

3 社会権

社会権とは、国民が国家に対して一定の積極的作為を要求する作為請求権（積極的権利）のうち、社会的・経済的弱者が人間に値する生活を営むことができるように、国家の積極的な配慮を求めることのできる権利をいう。生存権（25条）がその典型である。

この社会権は、「国家による自由」ともよばれ、次に述べる受益権とは異なり、20世紀に入ってから認められた新しい人権である。

4 受益権（国務請求権）

受益権とは、国民が国家に対して一定の積極的作為を要求する作為請求権（積極的権利）のうち、古くから認められている権利をいう。国務請求権ともよばれる。裁判を受ける権利（32条）がその典型である。

この受益権は、「人権を確保するための基本権」ともよばれ、人権保障をよ

り確実なものとするために認められた人権である。

5 総則的権利

　以上の個別的な人権に加え、憲法は、法秩序の基本原則であり、個別的な人権の基礎をなす総則的権利として、①幸福追求権（13条後段）、②法の下の平等（14条）を定めている。これらの総則的権利は、個別的な人権規定が存在しない場合に、その隙間部分を埋める重要な役割を果たしている。

　また、③適正手続を受ける権利（31条）を総則的権利とする見解も有力である。

6 分類の相対性

　以上の人権の分類は、基本事項としてしっかりと記憶しておく必要があるが、これらは絶対的な分類ではなく、あくまでも相対的な分類であるにすぎない点に注意が必要である。

　たとえば、21条1項の表現の自由から導かれる「知る権利」は、自由権であるのに加え、参政権的な側面を有し、さらには受益権ないし社会権的な側面をも有する。

　　たとえば、海外から本を輸入しようとした際に、税関検査で引っかかってしまい、輸入できなかったとします。この場合、知る権利にもとづいて、「余計な介入はやめてくれ」と請求することになります。このとき、知る権利は、自由権・不作為請求権として機能しています。
　　また、たとえば選挙権を有効に行使するためには、現在の国政の状況や各政党の政策、立候補者の情報などを知ることが不可欠です。その意味で、知る権利には、参政権的側面があります。
　　さらに、知る権利およびその具体化である情報公開法にもとづいて、国が保有している情報の開示を国に対して請求することがあります。この場合、知る権利は、情報の開示という積極的な作為を要求する権利として機能していますから、受益権ないし社会権として機能しています。
　　このように、およそ人権の分類は、相対的なものにすぎません。試験との関係でも、問題文の中でどの人権のどの側面が問題となっているのかを、個別具体的に考えるくせをつけておきましょう。

7 人権と憲法上の権利の区別

　なお、近時の有力な見解は、実定化される前の前国家的な自然権のみを「人

権」とよび、憲法に実定化された権利は「憲法上の権利」とよんで、両者を区別している。

社会契約説（➡ 22 ページア）との整合性の点で、説得力のある区別といえるが、試験との関係では実益に乏しい。本書では、従来の一般的な用語に従い、両者をともに「人権」とよぶこととする。

2. 制度的保障の理論

1 意義 A

憲法には、人権規定だけではなく、一定の制度を保障していると解される規定が含まれている。

たとえば、20 条 1 項後段、3 項は、いわゆる政教分離を定めているが、この政教分離は個人の人権ではなく、国家の制度と解することができる。

このように、一定の制度それ自体を客観的に保障していると解される場合を、制度的保障（または制度保障）という。

そして、憲法上の制度として保障されているものについては、その制度の核心を変更するには法律の改廃では足りず、憲法改正が必要となる。すなわち、その制度の核心は、憲法によって法律から守られることになるわけである。

2 制度的保障の理論の要件 B⁻

この制度的保障の理論は、形式的法治主義の下では有益だった。

すなわち、形式的法治主義の下では、人権にあらざる「権利」（たとえば明治憲法での「臣民権」）が保障されるだけであり、立法によって容易に「権利」を制限することができた。そうした中で、「権利」とは異なる客観的制度が憲法上保障されていると解し、その制度の核心は立法によっても侵し得ないと解することによって、立法権の暴走に対し一定の歯止めをかけることができたわけである。

しかし、法の支配を採用する日本国憲法の下では、そもそも人権に対する不当な侵害が禁止されているため、制度的保障の理論を採用する必要性はあまりない。さらには、制度的保障の理論を採用することにより、かえって人権の保障を弱める可能性すらあるといえる。

　たとえば、政教分離について制度的保障の理論を適用すると、政教分離の核心・本質的内容を侵さない限り、法律で政教分離を制限することが可能となります。その結果、国家と宗教との結び付きがかなりの程度許容されることになり、少数者の信教の自由が害されることになりかねないとの指摘があるのです。

　そこで、日本国憲法の下で制度的保障の理論を採用するためには、①立法によっても侵害できない「制度の核心」の内容が明確であること、②制度と人権との関係が密接であること、という2つの要件を満たす必要があると解されている。

第2章

人権享有主体性

本章では、日本国憲法上の人権を享有する主体について検討する。そのうち、外国人と団体は、特に重要である。

1. 国民 B

日本国憲法第3章の表題が「国民の権利及び義務」となっていることから明らかなように、日本国民は当然に憲法上の人権を享有する。

日本国民たる要件は、法律で定められる（10条）。この憲法の規定を受けて、国籍法が制定されている。

国籍法は、日本国籍の取得につき、血統主義を原則としている（国籍法2条）。たとえば、父または母が日本国民である場合、その子は、出生により日本国籍を取得するわけである。

なお、憲法22条2項後段は、国籍離脱の自由を保障しているが、無国籍となる自由は保障されていないと解されている。国籍法でも、外国籍の取得が日本国籍離脱の要件とされている（国籍法11条1項、13条1項など）。

【「憲法上の国民」の日本国籍取得権】
　日本国民であれば、全ての人権を享有することができます。そして、憲法10条によれば、日本国民たる要件は法律で定められます。とすると、人権享有主体性という憲法上の根本的な問題を、国会が法律で自由に決めてしまえる（いいかえれば、法律によって憲法上の人権を根底的に侵害できる）ということになってしまい、おかしいのではないかという疑問が生じるかもしれません。
　その疑問に答えるために、**「憲法上の国民」**という概念が考えられています。すなわち、憲法がもともと想定している国民（法律とは無関係に、憲法が国民として想定している国

民）を「憲法上の国民」としてとらえ、その「憲法上の国民」には、憲法上の権利として、潜在的な日本国籍取得の権利があると解していくのです。この考え方によれば、仮に法律が「憲法上の国民」の国籍取得の権利を不当に制限している場合は、その法律は違憲無効ということになるのです。

2. 天皇・皇族 B

　天皇や皇族が、人権享有主体たる「国民」にあたるかについては争いがあるが、「国民」にあたると解するのが通説である。

　ただし、皇位の世襲制（2条）や天皇の象徴たる地位（1条）に照らし、必要最小限の特例が認められると解されている。

　たとえば、天皇には、選挙権・被選挙権（15条1項）、外国移住の自由・国籍離脱の自由（22条2項）などはそもそも保障されず、また、表現の自由（21条1項）、学問の自由（23条）、婚姻の自由（24条）、財産権（29条1項）などは、保障はされるものの、一般国民とは異なる特別の制約が許されると解されている。

3. 未成年者 B

　未成年者も、人権享有主体たる「国民」にあたる以上、憲法上の人権を享有する。

　ただし、未成年者は心身ともに未だ発達の途上にあり、成人と比べて判断力も未熟であるため、成人とは異なる特別の制約が許されると解されている（15条3項参照）。

4. 外国人 Ａ

外国人とは、日本国に在住する日本国籍を有しない者をいう。無国籍者も外国人に含まれる。

1 外国人の人権享有主体性 Ａ ➡論証2

外国人に、憲法上の人権享有主体性が認められるかについては争いがある。

ア 否定説

まず、日本国憲法の第3章の表題が「国民の……」となっていることを重視し、外国人には憲法上の人権規定は適用されないとする見解がある。

しかし、人権は原則として前国家的権利であること（11条、97条）、および憲法が国際協調主義を採用していること（前文3項、98条2項）に照らせば、外国人にも一定の範囲内で人権規定が適用されると解するべきである。

イ 肯定説

問題は、いかなる人権規定が適用され、いかなる人権規定が適用されないのかの振り分けである。学説は、文言説と性質説に分かれる。

（ア）文言説

文言説は、日本国憲法第3章の規定が、「何人も」と「国民は」という表現を区別していることに着目し（たとえば22条1項と25条1項を対照せよ）、「何人も」とされている人権のみ外国人にも保障されるとする。

しかし、22条2項が定める国籍離脱の自由は、日本国籍からの離脱の自由を意味するはずであるところ、文言説からはこの自由が外国人にも保障されることとなってしまい、妥当でない。

（イ）性質説（判例・通説）

そこで、通説は、権利の性質に着目し、日本国民のみをその対象としていると解されるものを除き、外国人にも人権規定が適用されるとする。

最高裁も、マクリーン事件（➡81ページ（イ））において、基本的人権の保障

は、「権利の性質上日本国民のみをその対象としていると解されるものを除き、わが国に在留する外国人に対しても等しく及ぶ」としている（**最大判昭和53・10・4**）。

2 保障されない人権 A

以上の性質説を前提とした場合、いかなる人権が「権利の性質上日本国民のみをその対象としている」と解するべきであろうか。

ア 国政レベルの選挙権

まず、国政レベルの選挙権（15条1項）については、憲法が国民主権原理（前文1項、1条）を採用していることから、性質上日本国民のみをその対象としていると解するのが判例（**最判平成5・2・26**）・通説である。

また、法律によって、外国人に対し国政レベルの選挙権を付与する（法律上の権利として法律により与える）ことは、国民主権原理に反し、許されない（その法律は違憲となる）と解されている。

イ 地方レベルの選挙権 →論証3

地方レベルの選挙権については、見解の鋭い対立がある。

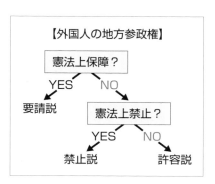

（ア）憲法上の保障の有無

まず、93条2項が「地方公共団体の長、その議会の議員及び法律の定めるその他の吏員は、その地方公共団体の住民が、直接これを選挙する」と定めているところ、外国人も「住民」にあたるとして、地方レベルの選挙権は、外国

人にも憲法上保障されているとする見解がある（要請説）。

　しかし、地方公共団体も日本の統治機構の不可欠の要素である以上、国民主権原理が妥当すると解される。したがってまた、93条2項の「住民」は、日本国民たる住民を指すと解するのが妥当であろう。

　そこで、地方レベルの選挙権も、性質上日本国民のみをその対象としており、外国人には憲法上保障されていないと解するのが通説である。

　最高裁も、93条2項の「住民」は、日本国民たる住民を意味するものとしている（**最判平成7・2・28**）。

（イ）法律による保障の可否

　以上のように、地方レベルの選挙権も外国人には憲法上保障されていないと解したとしても、次に問題となるのが、法律によって、外国人に対し地方レベルの選挙権を付与する（法律上の権利として法律により与える）ことが、憲法上許されるか否かである。

　a　禁止説

　第1の見解は、国民主権原理に照らし、法律によって、外国人に対し地方レベルの選挙権を付与することは許されない（その法律は違憲となる）とする。

　地方レベルの選挙権を、国政レベルの選挙権と同様に解するわけである。

　b　許容説

　第2の見解は、法律によって、永住者などの外国人に対し地方レベルの選挙権を付与することは、憲法上許される（その法律は合憲）とする。その論旨は、次のとおりである。

　確かに、国民主権原理は、国政のみならず地方においても妥当するというべきである。

　しかし、主に外交・国防・幣制などを担当する国政と、住民の日常生活に密接な関連を有する公共的事務を担当する地方公共団体の政治・行政とでは、国民主権原理とのかかわりの程度に差異があるというべきである。

　そして、第8章の地方自治に関する規定は、民主主義社会における地方自治の重要性に照らし、住民の日常生活に密接な関連を有する公共的事務は、その地方の住民の意思に基づきその区域の地方公共団体が処理するという政治形態を憲法上の制度として保障しようとする趣旨に出たものと解される（➡389ページ **2**）。

そうだとすれば、わが国に在留する外国人のうちでも、永住者などであって
その居住する区域の地方公共団体と特段に緊密な関係をもつに至ったと認めら
れる者について、その意思を日常生活に密接な関連を有する地方公共団体の公
共的事務の処理に反映させるべく、法律をもって選挙権を付与する措置を講ず
ることは、憲法上禁止されているものではないと解するのが相当である。

最高裁も、傍論（➡ 376 ページ **1**）においてではあるが、同様の見解に立って
いる（前掲**最判平成 7・2・28**）。

ウ　公務就任権

公務就任権とは、公務員になる資格をいう。

憲法上、公務就任権は、14 条 1 項の平等権（明憲 19 条参照）または 22 条 1
項の職業選択の自由に含まれると解されている。

では、この公務就任権は、外国人にも保障されるのか。

（ア）通説

通説は、まず、公務を次の 3 つに分ける。

①　公権力の行使または公の意思の形成に参画することによって直接的に
　　統治作用にかかわる管理職

②　もっぱら専門的・技術的な分野においてスタッフとしての職務に従事
　　するなど、統治作用にかかわる程度の弱い管理職

③　それ以外の、上司の命を受けて行う補佐的・補助的な事務またはもっ
　　ぱら学術的・技術的な専門分野の事務に従事する公務

そして、①の公務に就任する権利は、国民主権原理に照らし日本国民のみを
その対象としていると解する一方、②および③の公務に就任する権利は、外国
人にも保障されると解している。

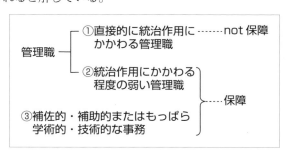

（イ）東京都管理職試験事件判決

　判例では、東京都の公務員である外国人（特別永住者）が、東京都の管理職
選考を受験しようとしたところ、日本国籍を有しないことを理由に受験が認め
られなかったため、受験資格の確認などを求めて提訴した事件（東京都管理職試
験事件）が重要である。

　最高裁は、地方公共団体の管理職のうち、ⓐ住民の権利義務を直接形成し、
その範囲を確定するなどの公権力の行使にあたる行為を行い、もしくは普通地
方公共団体の重要な施策に関する決定を行い、またはこれらに参画することを
職務とするもの（公権力行使等地方公務員）について、「国民主権の原理……に照
らし、原則として日本の国籍を有する者が公権力行使等地方公務員に就任する
ことが想定されている」として、外国人がこれに就任することは法の想定する
ところではないとした。

　そして、地方公共団体が、上記ⓐの職と、ⓐの職に昇任するのに必要な職務
経験を積むために経るべき職とを包含する、「一体的な管理職の任用制度を構
築して人事の適正な運用を図ること」も、地方公共団体の判断により行うこと
ができるとし、管理職試験の受験資格につき外国人を日本人と同じに扱わなく
とも憲法14条1項に反しない、とした。

　また、「この理は、……特別永住者についても異なるものではない」とした
（最大判平成17・1・26）。

> 　この判例のⓐの職は（ア）で述べた通説の①に、「ⓐの職に昇任するのに必要な職務経験
> を積むために経るべき職」は通説の②に、それぞれほぼ対応します。
> 　したがって、通説からは、ⓐの職に就く権利は、外国人には保障されていないものの、
> 「ⓐの職に昇任するのに必要な職務経験を積むために経るべき職」に就く権利は、原則と
> して外国人にも保障されると解することになります。特別永住者たる外国人であれば、なお
> さらでしょう。
> 　しかし、最高裁は、ⓐの職に就く権利は、外国人には保障されていないとしたうえで、地
> 方公共団体は、ⓐと「ⓐの職に昇任するのに必要な職務経験を積むために経るべき職」と
> を一体として扱う制度をつくることができるとし、およそ管理職になるための選考につき、
> 特別永住者を含む外国人に受験資格を認めなくても、合憲である旨判示したわけです。

エ　社会権

（ア）通説

　社会権は、各人の所属する国によって保障されるべき権利であるから、権利

の性質上日本国民のみをその対象としており、外国人には憲法上保障されないと解するのが通説である。

ただし、財政事情などの支障がない限り、法律において外国人に社会権の保障を及ぼすことは、憲法上許されると解されている。

（イ）判例

判例も、通説と同じ立場と解される。

たとえば、①国民年金法が、障害福祉年金の受給権者に外国人を含めていないことが問題となった事件（塩見訴訟）において、最高裁は、「社会保障上の施策において在留外国人をどのように処遇するかについては、国は、特別の条約の存しない限り、……その政治的判断によりこれを決定することができる」とし、「その限られた財源の下で福祉的給付を行うに当たり、自国民を在留外国人より優先的に扱うことも、許される」と判示している（**最判平成1・3・2**）。

また、②生活保護法が不法在留者を保護の対象としていないことが問題となった事件で、最高裁は、「不法残留者を保護の対象に含めるかどうかが立法府の裁量の範囲に属することは明らか」であるとし、「不法残留者が緊急に治療を要する場合についても、この理が当てはまる」として、生活保護法は憲法25条や14条1項に反しないと判示している（**最判平成13・9・25**）。

オ　入国・在留・出国・再入国の自由

（ア）入国の自由

日本に入国する自由は、外国人には憲法上保障されないとするのが判例（**最大判昭和32・6・19**）・通説である。

誰の入国を許すかについては、国家の自由裁量に委ねられているとするのが今日の国際慣習法である以上、判例・通説は妥当であろう。

（イ）在留の自由

また、入国の自由が保障されない以上、在留の自由も憲法上保障されないと解されている（**最大判昭和53・10・4**）。

（ウ）出国の自由

他方、日本から出国する自由（22条2項）は、外国人にも憲法上保障されていると解するのが判例（**最大判昭和32・12・25**）・通説である。

以上の各自由については、たとえば A を外国人、読者の皆さんのお宅を日本国に例えるとわかりやすいと思います。

まず、A には、皆さんのお宅に入る自由はありません。A を入れるかどうかは、皆さんの自由裁量です（入国の自由なし）。

また、1 度招き入れてもらったとしても、皆さんのお宅に居続ける自由は、A にはありません。皆さんが「もう帰ってくれ」と言ったなら、A は帰らなければならないわけです（在留の自由なし）。

他方、1 度招き入れてもらった後でも、A は、帰りたくなったら自由に帰ることは当然できるわけです（出国の自由あり）。

（エ）再入国の自由

では、日本に在留する外国人が、1 度日本を出国した後、日本に再入国する自由についてはどうか。

判例は、入国や在留の自由が保障されないことに照らし、外国人は「憲法上、外国へ一時旅行する自由を保障されているものでない」とし、再入国の自由も保障されないとしている（森川キャサリーン事件。**最判平成 4・11・16**）。

しかし、この判例に対しては、学説からの批判が強い。一時的な入国とは異なり、生活の本拠地に戻る自由である再入国の自由については、人権として保障されると解するのが妥当であろう。

3　保障される人権　Ａ

ア　自由権

自由権は、社会権と異なり、前国家的・自然権的権利であるから、原則として外国人にも保障されると解してよい。

ただし、経済的自由権については、外国人であることを理由とする一定の制限が許されうる。現行法でも、職業選択の自由や財産権に関し、いくつかの制限が課せられている（公証人法 12 条 1 項 1 号、銀行法 47 条、電波法 5 条、外国人土地法 1 条など）。

イ　政治活動の自由　→論証 4

自由権のうち、表現の自由（21 条 1 項）の一内容である政治活動の自由については、①それが外国人に保障されるか、②保障されるとしてその程度は日本国民と同様か、について、争いがある。

（ア）通説

政治活動の自由は、精神的自由権たる表現の自由（21条1項）の一環をなすものであるところ、精神的自由権は、前国家的・自然権的権利である。また、外国人の政治的見解も日本の民主主義において有益である。

よって、その性質上、外国人にも保障されうると解するのが妥当である。

ただし、政治活動の自由は参政権の行使にかかわるものであるところ、参政権は国民主権原理（前文1項、1条）に基づき日本国民のみに認められる。

そこで、外国人の政治活動の自由は、わが国の政治問題に対する不当な干渉にならない範囲で認められると解するのが通説である。

（イ）マクリーン事件最高裁判決

外国人の政治活動の自由に関する判例として重要なのが、マクリーン事件である。

この事件は、アメリカ人であるマクリーン氏が、日本に在留中にベトナム戦争反対・日米安保条約反対などのデモ行進に参加したところ、これを理由として、同氏による在留期間の更新申請を法務大臣が拒否した事件である。

最高裁は、基本的人権の保障は「権利の性質上日本国民のみをその対象としていると解されるものを除き、わが国に在留する外国人に対しても等しく及ぶ」としたうえで（➡74ページ（イ））、政治活動の自由について、「わが国の政治的意思決定又はその実施に影響を及ぼす活動等外国人の地位にかんがみこれを認めることが相当でないと解されるものを除き、その保障が及ぶ」とした。

しかし、これに続けて、「外国人に対する憲法の基本的人権の保障は、……外国人在留制度のわく内で与えられているにすぎないものと解するのが相当であって、……在留期間中の憲法の基本的人権の保障を受ける行為を在留期間の更新の際に消極的な事情としてしんしゃくされないことまでの保障が与えられているものと解することはできない」とし、法務大臣の処分を適法とした（**最大判昭和53・10・4**）。

> つまり、最高裁は、①外国人にも政治活動の自由が原則として保障されるけれども、②それを行使したら不利益に考慮されて、日本に居続けられなくなりうるよ、と言ったわけです。
> この判例に対しては、政治活動の自由を認めていないのと同じではないか、との批判がなされています。

ウ　その他の権利

　平等権（14条1項）、請願権（16条）、裁判を受ける権利（32条）、刑事補償請求権（40条）は、それぞれ外国人にも保障される。ただし、保障の程度は、日本国民と比べて弱まる場合がありうる。

　国家賠償請求権（17条）については、相互主義が妥当すると解されている。すなわち、たとえばA国において日本国民にA国に対する賠償請求権が認められている場合は、日本においてA国人に日本に対する賠償請求権が認められる。実際に、国家賠償法6条では、相互主義が採用されている。

5. 団体　　　　　　　　　　　　　　A

1　保障の有無　　➡論証5

　法人や権利能力なき社団に、人権享有主体性が認められるかについては、争いがある。

> 　法人とは、法律上の人のことです。とりあえずは、その典型である会社をイメージしておいてください。
> 　権利能力なき社団とは、形式的には法人ではないけれども、その実質が法人と変わらない団体をいいます。大学のサークルがその典型です。

　人権は、本来は個人たる自然人の有する権利であるから、法人などの団体には認められないとも思える。

　しかし、法人などの団体は、社会において自然人と同じく活動する実体であり、現代社会における重要な構成要素である。

　そこで、権利の性質上可能な限り、法人などの団体にも人権の保障が及ぶと解するのが通説である。

　最高裁も、法人による政治献金の可否が問題となった八幡製鉄政治献金事件において、「憲法第三章に定める国民の権利および義務の各条項は、性質上可

能なかぎり、内国の法人にも適用される」としている（**最大判昭和45・6・24**）。

2 保障される人権と保障されない人権

　精神的自由権については、①内面的精神活動の自由は性質上法人などの団体には保障されないが、②外面的精神活動の自由は保障される。

　たとえば、政治活動の自由や報道の自由などの表現の自由（21条1項）は、外面的精神活動の自由であるから、保障される。

　また、信教の自由（20条1項前段 ➡ 158ページ**2**）のうち、信仰の自由は、内面的精神活動の自由であるから保障されないが、宗教的行為の自由や宗教的結社の自由は、外面的精神活動の自由であるから、法人などの団体にも保障される。

> 　政治活動の自由については政党、報道の自由については報道機関、信教の自由のうち宗教的行為の自由や宗教的結社の自由については宗教団体をそれぞれ念頭におけば、法人などの団体にもこれらの人権が保障されることは容易にイメージできると思います。

　経済的自由権は、権利の性質上、法人などの団体にも保障される。

　他方、社会権（25条から28条まで）や、一定の人身の自由権（18条、33条、34条、36条）は、権利の性質上、法人などの団体には保障されない。

3 政治活動の自由の保障の程度

　前述したとおり、政治活動の自由は、権利の性質上団体にも保障される。

　では、その保障の程度は、自然人と同程度なのか。それとも、自然人とは異なる特別の制約が許されるのであろうか。

　この点につき、重要なのが、前述した八幡製鉄政治献金事件である。

　最高裁は、まず、「会社は、自然人たる国民と同様、国や政党の特定の政策を支持、推進しまたは反対するなどの政治的行為をなす自由を有する」とし、政治活動の自由が法人に保障されるとした。

　そして、「政治資金の寄附もまさにその自由の一環であり、会社によってそれがなされた場合、政治の動向に影響を与えることがあったとしても、これを自然人たる国民による寄附と別異に扱うべき憲法上の要請があるものではない」とした（**最大判昭和45・6・24**）。保障の程度について、法人と自然人との間に差異を認めなかったわけである。

この判例に対しては、強大な経済力を有する法人による政治献金を全面的に認めると自然人の政治的影響力を弱めることになる、との批判が強い。

第 **3** 章

人権の限界

　人権といえども、その保障は無制約ではあり得ない。たとえば、他者の名誉権を侵害するような表現活動は、いくら表現の自由が保障されているといえども、許されるべきでないのは当然といえる。

　では、人権の制約は、いかなる根拠に基づいて、どの程度可能なのだろうか。これが、人権の限界とよばれる問題である。

1. 公共の福祉

　日本国憲法は、人権といえども「公共の福祉」による制約に服する旨を定めている。

　すなわち、12条後段において、国民は人権を「公共の福祉のために」利用する責任があるとされ、13条後段においても、国民の生命・自由および幸福追求に対する権利の尊重には、「公共の福祉に反しない限り」という留保が付されている。さらに、経済的自由権については、22条1項・29条2項において、再度「公共の福祉」による制約があることが宣言されている。

　では、かかる「公共の福祉」とは、いったいどのような意味なのだろうか。

1 従来の学説の流れ 　**B**

　「公共の福祉」の意味をめぐっては、学説の変遷がある。

　抽象的な議論だが、短答試験用にざっと説明しておこう。

ア 一元的外在制約説

まず最初に主張された見解は、「公共の福祉」を、全ての人権を対象とした、人権に外在する一般的な人権制約根拠と解する一元的外在制約説である。

この見解においては、全ての人権を対象とした12条後段・13条後段こそが重要な規定であり、経済的自由権のみを対象とした22条1項・29条2項は特別の意味をもたない規定ということになる。

イ 内在外在二元的制約説

しかし、かかる一元的外在制約説では、法律による人権制限が容易に肯定されるおそれがある。

そこで、外在的制約たる「公共の福祉」の作用する場面を、経済的自由権（22条、29条）と社会権（25条から28条）に限定して考えようという見解が主張された。

この見解によれば、①全ての人権は、「公共の福祉」とは別の、その人権に内在する制約に服する。そして、②経済的自由権と社会権だけは、さらに外在的制約である「公共の福祉」による制約にも服すると考えていく。そのため、この見解は、内在外在二元的制約説とよばれる。

この見解においては、公共の福祉が経済的自由権に作用することを明示した22条1項・29条2項こそが重要な規定であり、全ての人権を対象とする12条後段・13条後段は訓示的・倫理的規定にすぎないことになる。

> 　アの一元的外在制約説に立つ論者は、「公共の福祉」による人権制約を容易に肯定していきました。「公共の福祉」という概念をブンブンと振り回して、人権制約を次から次に正当化していったのです。しかし、それでは明治憲法と変わらなくなってしまいます。
> 　そこで、そのような危険な「公共の福祉」という概念が適用される場面を制限していこう、という論者が出てきました。その論者によって主張されたのが、内在外在二元的制約説です。
> 　つまり、アの一元的外在制約説と同様に、「公共の福祉」を人権に外在する人権制約根拠

ウ　一元的内在制約説（従来の通説）

しかし、前述したように、人権の分類は相対的なものにすぎない（➡69ページ**6**）。にもかかわらず、内在外在二元的制約説は、経済的自由権および社会権と、それ以外の人権とを峻別できることを前提としている点に難点がある。

また、13条後段は「新しい人権」の根拠条文であると考えられるところ（➡117ページ1.以下）、これを倫理的規定にすぎないと解しては、13条後段に基づいて「新しい人権」を認めることができなくなってしまう。

そこで、「公共の福祉」とは、全ての人権に内在する、人権相互の矛盾・衝突を調整するための実質的公平の原理であるとする見解が主張され、通説となるに至った。この見解は、一元的内在制約説とよばれる。

この見解によれば、全ての人権は「公共の福祉」による制約に服する。この点は、一元的外在制約説と同様である。

しかし、その「公共の福祉」とは、人権に外在する制約なのではなく、他者の人権との調整の必要からくる内在的制約であるにすぎないと考えていく。この点では、内在外在二元的制約説における「内在的制約」の考え方に近いといえる。

一元的外在制約説も、内在外在二元的制約説も、ともに「公共の福祉」を人権に外在する人権制約根拠であるととらえています。
　　これに対し、一元的内在制約説は、人権の外に「公共の福祉」なる人権制約根拠があるのではなく、人権と人権がぶつかり合った際の調整原理こそが「公共の福祉」であるととらえていくのです。

　そして、内在的制約たる「公共の福祉」は、①自由国家的公共の福祉と、②社会国家的公共の福祉という2つの側面を有していると考えていく。

　まず、①自由国家的公共の福祉とは、他者の自由権を保障するための人権制約を根拠づけるという側面である。たとえば、生命・身体の安全を守るために、ピストルの製造・販売を制限する、という場合がこれにあたる。この自由国家的公共の福祉は、全ての人権に妥当すると解されている。

　つぎに、②社会国家的公共の福祉とは、他者の社会権を保障するための人権制約を根拠づけるという側面である。たとえば、小さな個人商店を経営する者の生活を守るために、大手スーパーの新規出店を制限する、という場合がこれにあたる。そして、この社会国家的公共の福祉は、経済的自由権に対してのみ認められると解されている。

【公共の福祉：従来の学説】

学説	公共の福祉	対象となる人権	12条・13条	22条・29条
一元的外在制約説	人権に外在	全て	意味あり	意味なし
内在外在二元的制約説	人権に外在	経済的自由権と社会権のみ	意味なし	意味あり
一元的内在制約説	人権に内在	全て	自由国家的公共の福祉	社会国家的公共の福祉

2　近時の有力説

　以上の一元的内在制約説は、ある人権の制約が許されるのは他者の人権と矛盾・衝突する場合だけであるとし、人権制約に対する強力な歯止めを実現しようとしている。

　しかし、実際には、他者の人権と矛盾・衝突しているとまではいえない場合でも、人権制約の必要性が認められることはありうる。

たとえば、街の美観維持のために、広告を出す自由（➡179ページ**1**）をある程度規制する場合を考えてみよう。この規制は正当とされうるが、広告を出す自由に対する制約の理由となっている「街の美観維持」は、他者の人権とはいいがたい。美観の整った街で生活する自由、という人権を考えることもできないではないが、そのように考えると、人権の範囲が無制限に広がることになり、かえって人権の価値を下げてしまうことになりかねない。

　また、未成年者の政治活動の自由に対する制約に代表されるような、本人の保護を目的とする人権制約（パターナリズムによる制約）は、他者の人権保障のための制約とはいえず、一元的内在制約説からは説明できない。

　そこで、近時では、「公共の福祉」を、①他者の人権との調整に加え、②社会全体の利益や③本人の利益をも含めた意味に解する見解が有力となっている。

2. 特別の制約

　以上の公共の福祉による制約に加え、①刑事収容施設の被収容者（在監者）や、②公務員については、特別の制約が認められるのではないかが問題となる。

1 特別権力関係論　B⁺

　明治憲法においては、人権の制限は法律に基づかなければならないという意味での「法律の留保」（➡58ページ**ア**）が妥当しない関係として、特別権力関係があると解されていた。

　特別権力関係とは、同意または法律により、国家の特別な支配に服する関係をいう。

　たとえば、公務員や国立大学の学生は同意により、刑事収容施設の被収容者は法律により、それぞれ特別権力関係にあるとされていた。

　そして、この特別権力関係においては、①法律の留保の排除、②広範な人権制限、③司法審査の排除が妥当すると解されていたのである。

明治憲法においても、不十分ながら、法律による権利制限という意味の法律の留保は採用されていました（➡ 58 ページア）。しかし、特別権力関係にある者については、この不十分な法律の留保すら妥当せず、国家は法律によらずして（①）、しかも広範に権利を制限できるとされ（②）、さらに、特別権力関係にある者は裁判所に訴え出て救済してもらうことはできない（③）と解されていたのです。

　しかし、この特別権力関係論は、専断的な国家権力の支配（人の支配）を肯定する理論そのものといえる。

　したがって、法の支配に立脚する日本国憲法においては、この特別権力関係論を採用することはできない。

2　刑事収容施設の被収容者　B⁺　➡論証 6

　もっとも、日本国憲法においても、一般国民とは異なる特別の制約が許される者として憲法自身が予定していると解される者がいる。

　そのうちの 1 人が、刑事収容施設の被収容者（在監者）である。

ア　特別の制約の根拠

　まず、刑事収容施設の被収容者に対する特別の制約が認められる憲法上の根拠は、どこにあるのだろうか。

　通説は、憲法が刑事収容施設被収容関係（在監関係）の存在と自律性を認めている（18 条、31 条参照）ことに、刑事収容施設の被収容者に対する特別の制約が許される根拠を求めている。この根拠はしっかりと覚えておこう。

イ　特別の制約の内容

　では、具体的に、どのような特別の制約が許されるのだろうか。

　まず、刑事収容施設被収容関係という制度に内在する人権制限については、法律の根拠は必ずしも必要でなく、また、立法の委任（➡ 306 ページ（ア））の範囲も通常の場合よりも広く認められうると解されている。つまり、良い意味の法律の留保（➡ 58 ページア）の原則が、排除されたり、弱まったりしうるわけである。

　たとえば、被収容者の居住・移転の自由（22 条 1 項）に対する制限については、法律の根拠（法律の留保）は不要と解されている。

次に、他の一般国民には認められないような人権制約も正当化されうる（➡下記**ウ**参照）。

ただし、刑事収容施設の被収容者の人権に対する特別の制約は、少なくとも①拘禁の確保、②戒護、③受刑者に対する矯正教化、といった目的を達成するための制約でなければならないと解されている。

> これらの目的のうち、②の「戒護」とは、刑事収容施設内の保安維持のことです。
> また、③の「矯正教化」は、有罪が確定した受刑者のみに妥当する目的です。まだ有罪が確定していない被疑者や被告人には妥当しない点に注意してください。
> そして、①から③の目的による制約は、目的自体は正当ないし重要といえる場合が多いのですが、さらにその目的を実現するための手段が正当なものなのかを、事案に応じて判断していくことになります。

ウ　判例

（ア）よど号ハイジャック新聞記事抹消事件

刑事収容施設の被収容者に関する判例としては、よど号ハイジャック新聞記事抹消事件が重要である。

この事件は、新聞を定期購読していた勾留中の被疑者に対し、拘置所長が「よど号ハイジャック事件」に関する記事を全面的に抹消したうえで新聞を手渡した処分が、勾留中の被疑者の「知る権利」（➡ 197 ページ **1**）に対する侵害になるかが争われた事件である。

最高裁は、以下で引用するとおり、①新聞などの閲読の自由が憲法上保障されることを認めたうえで、②監獄内における規律・秩序が放置できない程度に害される「相当の蓋然性」があると認められる場合に限り、しかも「必要かつ合理的な範囲」でのみ、かかる自由を制限できる、という基準を採用し、③結論として監獄法などの規定および拘置所長の処分を合憲とした（**最大判昭和58・6・22**）。

①　閲読の自由

「意見、知識、情報の伝達の媒体である新聞紙、図書等の閲読の自由が憲法上保障されるべきことは、思想及び良心の自由の不可侵を定めた憲法 19 条の規定や、表現の自由を保障した憲法 21 条の規定の趣旨、目的から、いわばその派生原理として当然に導かれるところであり、また、すべて国民は個人として尊重される旨を定めた憲法 13 条の規定の趣旨に沿う」。

②　「相当の蓋然性」の基準

「監獄内の規律及び秩序の維持のためにこれら被拘禁者の新聞紙、図書等の閲読の自由を制限する場合においても、それは、右の目的を達するために真に必要と認められる限度にとどめられるべきものである。したがつて、右の制限が許されるためには、当該閲読を許すことにより右の規律及び秩序が害される一般的、抽象的なおそれがあるというだけでは足りず、被拘禁者の性向、行状、監獄内の管理、保安の状況、当該新聞紙、図書等の内容その他の具体的事情のもとにおいて、その閲読を許すことにより監獄内の規律及び秩序の維持上放置することのできない程度の障害が生ずる相当の蓋然性があると認められることが必要であり、かつ、その場合においても、右の制限の程度は、右の障害発生の防止のために必要かつ合理的な範囲にとどまるべきものと解するのが相当である」。

③　結論

「監獄法31条2項は、在監者に対する文書、図画の閲読の自由を制限することができる旨を定めるとともに、制限の具体的内容を命令に委任し、これに基づき監獄法施行規則86条1項はその制限の要件を定め、更に所論の法務大臣訓令及び法務省矯正局長依命通達は、制限の範囲、方法を定めている。これらの規定を通覧すると、その文言上はかなりゆるやかな要件のもとで制限を可能としているようにみられるけれども、上に述べた要件及び範囲内でのみ閲読の制限を許す旨を定めたものと解するのが相当であり、かつ、そう解することも可能であるから、右法令等は、憲法に違反するものではないとしてその効力を承認することができるというべきである」。

「当時の状況のもとにおいては、必要とされる制限の内容及び程度についての同所長の判断に裁量権の逸脱又は濫用の違法があったとすることはできない」。

　この事案では、閲読の自由が問題となっているため、そもそも法律の根拠（法律の留保）が必要です。この点について最高裁は特に論じていないのですが、それは監獄法31条2項（当時）という一応の法律の根拠があったからだと考えられます。
　また、上記判旨の③の部分では、監獄法31条2項などについて、その適用範囲をかなり限定する解釈を行い、その解釈を前提として合憲という結論を導いています。このような手法を、合憲限定解釈といいます（➡ 371ページ **2**）。

（イ）喫煙の自由に対する制限

　次に、未決拘禁者に対する喫煙禁止の合憲性が争われた事件がある。

　当時、在監者の喫煙は、法律ではなく監獄法施行規則によって禁止されていたが、最高裁はこの点は問題とせず、「喫煙を許すことにより、罪証隠滅のおそれがあり、また、火災発生の場合には被拘禁者の逃走が予想され」るとし、また煙草は「嗜好品」にすぎないとして、喫煙禁止を合憲とした（**最大判昭和45・9・16**）。

3　公務員　　Ａ

ア　特別の制約の根拠

　公務員についても、憲法が公務員関係の存在と自律性を認めている（15条、73条4号参照）ことから、一般国民とは異なる特別の制約が許されうると解されている（通説）。

　ただし、刑事収容施設の被収容者とは異なり、公務員であることを理由として法律の留保を排除することは許されないと解されている。

> 　憲法が「公務員関係」の「自律性」を認めているのならば、個々の公務員が自分のことは自分で決めることができるはずであり、公務員に対する人権制約は許されないことになるのではないか、と疑問に思うかもしれません。
> 　しかし、「公務員関係」の「自律性」とは、個々の公務員が自分のことを自分で決める、という意味ではありません。
> 　憲法は、15条において公務員の基本理念を定め、また73条4号において、内閣に対し、法律の定める基準に従って官吏（公務員）に関する事務を掌理する権限を与えています。すなわち、国会や内閣から個々の公務員に対して一定のコントロールが及ぶことを憲法は予定しているといえます。
> 　「公務員関係」の「自律性」とは、こうした国家と公務員との関係のことを指しています。少しややこしいところですが、しっかりと理解しておきましょう。

イ　現行法上の制限

　現行法上、①公務員の政治的行為の自由（21条1項）は大幅に制限されており、特に国家公務員については、刑罰を伴うかたちで一律かつ全面的に禁止されている（国家公務員法102条、人事院規則14-7）。

　また、およそ公務員のうち、②裁判官の表現の自由に対しては、その行使が裁判所法49条の「品位を辱める行状」にあたるとされて制限される場合がある。

　さらに、③公務員の労働基本権（28条）も、大幅に制限されている（国家公

務員法98条2項、地方公務員法37条)。

　これらの制限の合憲性については、それぞれの人権の箇所で詳しく検討する（➡208ページ5.、288ページ**4**）。今の時点では、問題となる人権を3つ覚えておこう。

第 **4** 章

自由権の問題の処理手順

　ここで、自由権を念頭において、人権問題の一般的な処理手順を説明しておく。

　この処理手順は、答案作成のマニュアルとなるだけでなく、憲法で学ぶ内容の体系的な目次となるものでもあり、きわめて重要である。

1. 三段階審査 **A⁺**

　人権問題は、通常、①保障の有無、②制約の有無、③制約の正当性という3つのレベルに分けて検討される。この手法は、一般に三段階審査とよばれる。

```
1  保障の有無
    ：保障範囲に含まれるか
     人権享有主体性
2  制約の有無
    ：人権制約の根拠
     制約の有無、態様・程度
3  制約の正当性
 (1)  形式的審査〜法律の根拠の有無
    ：命令、条例による制約の可否
     明確性
 (2)  実質的審査
    ア  絶対的禁止の場合
        ：定義＋あてはめ
    イ  一定の制約を許容している場合
        ：違憲審査基準の定立＋あてはめ
```

1 保障の有無

　まず、問題となっている具体的行為が、人権として保障された行為なのか否かを検討する。

　たとえば、わいせつな表現に対する規制が問題となっている場合は、そのわいせつな表現が 21 条 1 項の表現の自由の保障範囲に含まれているか否かを検討する（➡ 180 ページ **3**）。各人権の保障範囲については、人権の各論で詳しく学ぶ。

　また、人権享有主体性の問題（➡ 72 ページ第 2 章）も、このレベルで論じることになる。

> 　答案を作成する際には、保障の有無を検討する前提として、多くの人権の中からその問題文の事案で検討するべき人権をセレクトする必要があります。この人権のセレクトは、答案作成の重要ポイントです。
> 　人権をセレクトする際の 1 番のコツは、**ピンポイントの人権を選ぶ**ことです。
> 　たとえば、宗教団体の結成が問題となっている事案では、21 条 1 項の結社の自由という一般的な人権ではなく、20 条 1 項前段の宗教的結社の自由をセレクトする必要があります。他方、たとえば政党の結成が問題となっている事案では、政党の結成に特化した個別の人権規定はありませんから、21 条 1 項の結社の自由をセレクトすることになります。

2 制約の有無

　問題となっている具体的行為が、人権として保障された行為にあたる場合は、次に、その人権に対する制約（制限、規制）があるか否かを検討する。また、その制約の態様や強度についても言及することが多い。それが違憲審査基準のセレクトに影響するからである。

　たとえば、「憲法 9 条の改正に反対する言論を禁止する」という法律は、表現の自由（21 条 1 項）に対する直接的かつ強度の制約にあたる。

　また、たとえば「午後 10 時から翌午前 9 時まで、住宅地での拡声器を用いた言論を禁止する」という法律のように、表現の時・場所・方法の規制も、やはり表現の自由に対する制約にあたる。

　なお、この「制約の有無」のレベルで、人権制約の根拠（➡ 85 ページ第 3 章）が問題となりうるが、答案では書くとしても一言書く程度にとどめるのが通常である。

3　制約の正当性

　人権として保障された行為に対する制約がある場合には、次に、その制約が正当か否かを検討する。これを、合憲性審査（または違憲審査）という。

　この審査は、①形式的審査と、②実質的審査に分かれる。

ア　形式的審査

　人権に対する制約には、法律の根拠がなければならない（法律の留保）。このことは、明文はないものの、立憲主義の要請から当然と解されている（➡58ページ**ア**）。

　したがって、法律の根拠のない人権制約は、当然に違憲となる（その例外として➡90ページ**イ**）。

　そのため、まずは法律の根拠の有無を審査することになる。これが、形式的審査である。

　たとえば、立法の委任の範囲を逸脱した命令による制約（➡307ページ（**イ**））や、法律の範囲内にない条例による制約（➡394ページ**エ**。なお、➡233ページ**ア**も参照）は、法律の根拠に欠けるため、当然に違憲である。

　さらに、表現の自由に対する制約や、刑罰法規については、単に法律の根拠の有無だけでなく、さらにその法律が明確といえるか否かをも検討することになる（➡186ページ**1**、➡241ページ**ア**）。

イ　実質的審査

　形式的審査をクリアした場合は、次に、その制約の内容が正当か否かを審査する。これが、実質的審査である。

　この実質的審査は、①憲法が制約を絶対的に禁止している場合の審査と、②憲法が一定の制約を許容している場合の審査とに分かれる。

（ア）絶対的禁止の場合

　憲法がある人権を絶対的に保障していると解される場合（すなわち制約を絶対的に禁止していると解される場合）には、禁止の対象を定義し、国家による制約がこれに該当するか否かを審査すれば足りる。

　たとえば、憲法は、「検閲」（21条2項前段）を絶対的に禁止していると解さ

れている（➡189ページ**イ**）。

　そこで、まずは「検閲」が絶対的に禁止されていることと検閲の定義を論じたうえで、その事案における国家による制約が「検閲」にあたるか否かを検討し、あたる場合は違憲と判断することになるわけである。

（イ）一定の制約を許容している場合

　以上に対し、その事案で問題となっている人権について、憲法が一定の制約を許容していると解される場合は、その制約が合憲か違憲かを審査するための基準である違憲審査基準（合憲性判定基準）を定立したうえで、これにあてはめて合憲・違憲を判断することが多い。

　この違憲審査基準について、次に項を改めて説明しよう。

2. 違憲審査基準　Ａ⁺

1　比較衡量

　まず前提を説明すると、最も原始的な実質的審査の手法は、比較衡量（利益衡量）である。

　比較衡量とは、①規制によって得られる利益と②失われる利益とを比較して、①の価値が高いと判断される場合には人権を制限することができるという手法をいう。

　しかし、この比較衡量の手法には、裁判官の主観的判断を拘束し得ず、結果として公益優先の判断に陥りやすいという難点がある。

> 　ちなみに、比較衡量という概念は、本文で述べたような違憲審査のための手法の1つという意味のほかに、解釈方法という意味でも用いられることがあります。この点は後に説明します（➡227ページのコラム）。

2　違憲審査基準論

　そこで、比較衡量における裁判官の主観的判断を拘束するために生まれたの

が、違憲審査基準である。

　違憲審査基準を用いた審査においては、規制の目的および手段が審査される。そして、それぞれの審査をパスすれば、得られる利益の方が大きい（＝規制は合憲）とみなされることになる。

　違憲審査基準は、その厳格さのレベルに応じて、①厳格審査基準、②中間審査基準、③合理性の基準の３つに分かれる。

基準	目的	手段
厳格審査基準	やむにやまれぬ必要不可欠な公共的利益	必要最小限度
中間審査基準	十分に重要	実質的関連性
合理性の基準	正当	合理的関連性

ア　厳格審査基準

　厳格審査基準は、①規制の目的がやむにやまれぬ必要不可欠な公共的利益であり、②その目的を達成するために採用された手段が必要最小限度である場合に限って合憲、とする基準である。

　この厳格審査基準によれば、目的を達成するうえで他に選びうるより制限的でない手段がある場合（過剰包摂）はもちろん、手段が目的達成のために規制すべき事例を規制していない場合（過少包摂）も、②の要件を満たさず、違憲となります。
　きわめて厳格な基準ですから、この基準を用いた場合は、ほぼ全ての規制は違憲となるはずです。

イ　中間審査基準

　中間審査基準は、①規制の目的が十分に重要であり、②手段が目的と実質的関連性を有する場合に限り合憲、とする基準である。

　①の「十分に重要」とは、正当といえるだけでは足りず、さらに十分に重要といえなければならない、という意味です。つまり、正当な目的が上位集合、十分に重要な目的が部分集合です。
　②の「実質的関連性」は、目的を達成するための手段として合理性を有する（目的を達成できる手段といえる）だけでは足りず、さらに、より制限的でない他の手段（Less Restrictive Alternatives）がないことまで必要である、という意味です。そのため、この

ウ　合理性の基準

　合理性の基準とは、①規制の目的が正当であり、②手段が目的と合理的関連性を有する場合は合憲、とする基準をいう。

3　二重の基準論

　では、以上の違憲審査基準のうち、具体的事案においてどの基準を適用するべきだろうか。

　この点について、従来から通説とされてきたのが、アメリカの判例法理として形成された二重の基準論である。

ア　意義

　二重の基準論とは、精神的自由権を制限する法律の合憲性審査には厳格な基準を適用するのに対し、経済的自由権を制限する法律の合憲性審査には精神的自由権の場合よりも緩やかな基準を適用する、という理論をいう。

　具体的には、精神的自由権を制限する法律については厳格審査基準または中間審査基準が、経済的自由権を制限する法律については中間審査基準または合理性の基準が、それぞれ妥当すると解していくことになる。

イ　論拠

　二重の基準論は、①民主的政治過程論、および②裁判所の審査能力を、そ

の主な論拠とする。

（ア）民主的政治過程論

まず、二重の基準論においては、民主的な政治過程が正常に機能している限り、違憲の規制の是正は、裁判所に委ねるべきではなく、あくまで民主的な政治過程（たとえば、国民からの批判を受けて、議会自身が規制を是正するなど）に委ねるべきであると考えていく。

この考え方によれば、①経済的自由権に対する規制は、民主的な政治過程で是正が可能であり、かつそれが望ましい。

したがって、裁判所がその合憲・違憲を判断するとしても、緩やかな（規制を合憲にしやすい）審査基準が妥当することになる。

他方、②表現の自由（21条1項）を典型とする精神的自由権は、民主的な政治過程を構成する権利であるから（➡26ページア参照）、そうした精神的自由権が制限されている場合は、民主的な政治過程そのものが侵害され、機能しなくなっている可能性がある。つまり、精神的自由権に対する違憲な規制がなされている場合は、民主政治の過程による是正が不可能ないし困難となっている可能性があるわけである。

そこで、裁判所が精神的自由権に対する規制の合憲・違憲を判断する際には、厳格な（規制を違憲にしやすい）審査基準が妥当すると考えていくのである。

> つまり、「民主的な政治過程にとって、経済的自由権よりも精神的自由権の方が重要である」と考えていくわけです。
> ちなみに、かつては、「個人にとっても、経済的自由権よりも精神的自由権の方が重要である」という見解が主張されたこともありました。しかし、経済活動が自由にできなければ、そもそも生きていくことができませんから、個人にとっては、経済的自由権も、精神的自由権と同じくらい重要であると考えるべきでしょう。精神的自由権が経済的自由権よりも重要となるのは、あくまでも民主的な政治過程との関係においてなのです。

（イ）裁判所の審査能力

次に、経済的自由権に対する規制の適否を判断するのに必要な、社会経済に関する資料収集や分析・評価に適しているのは、裁判所ではなく、内閣と議会からなる政治部門であると考えていく。

そのため、①経済的自由権に対する規制については、緩やかな基準を適用するべきであると考えていくわけである。

他方で、②精神的自由権の規制については、裁判所の能力に特に問題はな

い。したがって、厳格な基準を用いることができると考えていくのである。

4　ドイツの比例原則

　以上の二重の基準論は、従来から通説とされてきた。

　しかし、今日では、①どの審査基準を適用するかで合憲・違憲の結論がほぼ決まってしまい、具体的事案に応じた緻密な法的分析が遮断されてしまうとの批判や、②アメリカにおける議論にすぎず、日本の判例と適合していないとの批判が強い。

　そこで、近時注目されているのが、ドイツの判例で用いられている比例原則である。

　比例原則とは、手段が、①目的と適合的であり、②目的達成のために必要であり、かつ③目的と均衡するものである場合は合憲、とする基準をいう。

> 　①の適合性は、目的とのなんらかの適合性が手段にあればよいという意味であり、合理性の基準の手段審査と類似しています。
> 　②の必要性は、人権制限が最小限であることが必要という意味であり、中間審査基準や厳格審査基準の手段審査と類似しています。
> 　そして、①をパスしても、②をパスしなければいけないわけですから、①と②を総合してみれば、手段の審査の点については、アメリカの中間審査基準または厳格審査基準を用いるのとほぼ同じことになるといえます。
> 　③の均衡は、狭義の比例原則ともよばれています。これは、規制によって得られる利益が失われる利益よりも大きいことを要求する基準です。そして、得られる利益というのは、つまりは人権制約の目的とイコールなわけですから、③はアメリカの基準における目的審査に対応するものと理解してよいでしょう。

　この比例原則については、日本の判例に適合的であるとの評価がある一方、結局は③の目的との均衡（狭義の比例原則）を決め手とするものであり、安易に合憲を導きやすい「裸の利益衡量」（➡98ページ**1**参照）であるとの批判がある。

> 　以上でみてきたように、抽象論としては様々な議論があるのですが、実際の答案では、二重の基準論や比例原則そのものは論じないで、①問題となっている**人権の性質や重要性**、②**制約の態様・程度**などに着目して、違憲審査基準をセレクトすれば十分です。そのうえで、充実したあてはめを心がけてください。
> 　なお、以上の処理手順は、自由権に対する制約が問題となる場合を念頭においたものです。したがって、たとえば**平等権**や**社会権**などについては、異なる処理手順を用いることになります。この点については、それぞれの箇所で説明します（➡136ページ**3**、276ページ**4**）。

私人間効力

1. 意義　A

　憲法の定義や特質を思い出せば明らかなように、憲法の人権規定は、本来、公権力と私人との間において適用されるものである。

　したがって、本書でも、ここまでは公権力による人権制限の場合を念頭においてきた。

　しかし、今日では、資本主義の高度化に伴って、大企業などの、強大な社会的権力を有する私人による人権侵害という問題も生じるようになっている。たとえば、マスコミによるプライバシー権侵害などがその典型である。

　そこで、こうした私人による人権侵害の場合についても、人権規定を適用する必要があるのではないかという問題が出てくる。これが、私人間効力とよばれる問題である。

2. 学説　A

　この問題について、学説は、①無適用説、②直接適用説、③間接適用説に大別される。

1　無適用説

　無適用説は、憲法は国家対国民の関係を規律する法である以上、憲法に特段の定めがある場合を除いて、人権規定は私人間には適用されないとする。

　この見解は、ほぼ支持を失っていたが、近時、これを再評価する見解が有力に主張されている（➡106ページ**4**）。

2　直接適用説

　直接適用説は、人権規定は実体法秩序の最高の価値であり、全ての法領域に妥当するものであるとして、私人間にも直接適用されるとする。

　しかし、この見解には、市民社会における原則である私的自治の原則を広く害するおそれがあるという大きな問題点がある。

> 　私的自治の原則とは、私人間の法律関係は私人が自由に契約（合意）で決めることができるという原則をいいます。
> 　この私的自治の原則の下では、たとえば、マンションを所有しているＡは、自分の好きな人にだけマンションの部屋を貸し、嫌いな人には貸さない自由を有しているはずです。
> 　ここで、仮にそのＡが原理主義的なキリスト教信者であり、他の宗教を信仰している人には一切部屋を貸したくないと考えていたため、入居を希望してきた仏教徒であるＢとの賃貸借契約の締結を拒否したとします。この場合に憲法を直接適用すると、Ｂとの賃貸借契約を拒否するというＡの行為は、Ｂの信教の自由（20条1項）や平等権（14条1項）を侵害し、違憲・違法となってしまいかねません。
> 　時と場合によるかもしれませんが、常にそのような結論になるのは、明らかに行き過ぎです。ここに、直接適用説の大きな問題点があるのです。

3　間接適用説（従来の通説）　➡論証7

　そこで、私人間への人権規定の直接適用は認めないとしつつ、民法90条のような私法の一般条項を憲法の趣旨を取り込んで解釈・適用することによって、間接的に私人間の行為を規律するべきであるとする見解が、従来の通説となっている。この見解は、間接適用説とよばれる。

　一般的な判例解釈によれば、最高裁も、三菱樹脂事件（➡108ページ**1**）において間接適用説を採用したものと解されている。

> 　間接適用説は少しややこしい見解ですので、敷衍しておきましょう。

まず、前提知識として、およそ法は①公法と②私法に分類されます。

　①公法とは、国家と私人との関係や国家の機関の組織などを定める法のことをいいます。憲法がその典型です。

　②私法とは、私人間の法律関係を定める法のことをいいます。たとえば、AさんがBさんに「貸した金を返せ」と請求できるか否か、というような、私人間の法律関係（≒権利・義務関係）について定める法が私法です。この私法の典型は、民法です。

　そして、間接適用説は、私人間の問題については、公法と私法の分類に従って、憲法のような公法ではなく、民法のような私法を——より具体的には民法90条や民法34条、民法709条などのような私法の一般条項を——適用するべきだと考えていきます。

　ただし、私法の一般条項を適用するにあたっては、当然、その一般条項の解釈が必要となります。たとえば、民法90条は「公の秩序又は善良の風俗（公序良俗）に反する法律行為は、無効とする」と定めていますが、この「公序良俗」をいう概念の解釈が必要不可欠となるわけです。そして、私法の一般条項を解釈するにあたって考慮すべき1つの事情として、憲法の趣旨を用いようというのが、間接適用説の考え方です。つまり、たとえば憲法上の人権の侵害にあたるという事情を、「公序良俗」に反するという解釈を導くベクトルの1事情として考慮していこうというわけなのです。

　このように、間接適用説は、私人間の問題について、直接適用されるのは私法の一般条項であるとすることによって公法と私法の分類を維持しつつ、その背後に憲法の趣旨をも取り込んでいくことにより、間接的に憲法の趣旨を私人間に及ぼしていこうとする見解なのです。

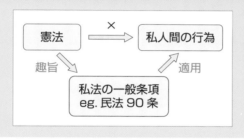

　この間接適用説に立つ場合には、注意すべき点が2つある。

　まず、①間接適用説に立ったとしても、直接的な私法的効力をもつと解される人権規定は、私人間にも直接適用される。

　たとえば、選挙における無答責（15条4項後段）、奴隷的拘束の禁止（18条前段）、児童酷使の禁止（27条3項）、労働基本権の保障（28条）などは、私人間にも直接適用されると解されている。

　次に、②間接適用説に立つ限り、私人間における人権保障は相対化する。憲法の趣旨は、一般条項の解釈・適用にあたっての1つの考慮事由となるにとどまり、その他の事情（たとえば私的自治の要請）なども総合的に考慮されることになるからである。

　たとえば、思想・良心の自由（19条）の保障内容の1つである思想の沈黙の

自由は、国家との関係では絶対的に保障され、国家による強制的な思想調査はおよそ許されないと解されているが（➡153ページ**ウ**）、企業などの私人による就職希望者への思想調査は許されることがある（➡108ページ**1**参照）。

> さらに付け加えれば、民法90条のような私法の一般条項に「憲法の趣旨」を取り込む際、どの程度まで「憲法の趣旨」を取り込むかは、問題となっている関係の性質により異なります。
> たとえば、強大なマスメディアと個人たる私人との関係においては、通常、個人たる私人の人権保障の要請が強く働きます。それゆえ、より強く「憲法の趣旨」を取り込んでいくべきことになり、実質的に直接適用説と異ならないことになります。
> 他方、個人たる私人同士の対等な関係においては、人権保障の要請よりも私的自治の要請の方を重視すべきであり、あまり「憲法の趣旨」を取り込むべきではない、ということが多いでしょう。その場合には、実質的には無適用説と異ならないことになります。
> このように、間接適用説に立った場合、問題となっている私人間の関係のもつ性質の違いに応じて、どこまで「憲法の趣旨」を取り込むかが異なってきます。論述式試験の答案では、問題となっている当該関係について、充実した検討を心掛けてください。

4 新無適用説（近時の有力説）

以上に対し、近時では、新たな無適用説が有力となっている。

この見解は、そもそも「人権」は自然権（➡22ページ**ア**）であり、超実定法的権利であるとする（➡69ページ**7**）。

そして、憲法や民法が制定されている今日では、かかる「人権」はそれらの実定法の中に取り込まれているとしたうえで、①憲法に取り込まれた人権（憲法上の権利）は、公権力を名宛人とするという憲法の特質により拘束され、私人間にはおよそ適用され得ず、②私人間で適用できるのは、民法に取り込まれた人権（私人間で適用されるべき権利）だけであるとする。

また、この見解に立つ論者は、三菱樹脂事件の最高裁判決は、間接適用説の立場ではなく無適用説の立場を採用していると読むのが正しい判例解釈であると主張している。

> 理論的には、この新無適用説は確かに魅力的です。しかし、具体的な結論としては、ほとんど間接適用説と異なるところがありません。
> 答案では、従来の通説である間接適用説で十分でしょう。

5 事実行為による侵害とステイト・アクションの理論

　従来の通説である間接適用説は、通常、民法90条などの解釈・適用を通じた私人間の規律を念頭においている。

　しかし、民法90条は、あくまでも「法律行為」の無効を定めた規定である。そこで、「法律行為」にあたらない「純然たる事実行為」については、憲法問題として争うことができないのではないかという問題点が指摘されている。

> 　「法律行為」とは、私法上の権利・義務を発生させる私人の行為のうち、意思表示を要素とするものをいいます（➡民法総則［第2版］125ページ1.）。たとえば、雇用契約や解雇処分、賃貸借契約やその解除などがその典型です。
> 　これらの法律行為が人権を侵害するようなかたちで行われた場合には、民法90条の解釈・適用を通じて、憲法問題として争うことが可能です。
> 　しかし、たとえばAさんがBさんを侮辱した場合に生じる紛争などのような、「法律行為」とはいえない「純然たる事実行為」に関する紛争については、「法律行為」についての規定である民法90条を適用する余地はありません。したがって、民法90条の解釈・適用を通じて憲法問題として争うことは不可能なのではないか、という問題点が指摘されているわけです。

　この問題点を考える際に参考になるといわれているのが、アメリカの判例で採用されているステイト・アクションの理論である。

　この理論は、無適用説を前提としつつ、①公権力が私人の私的行為にきわめて重要な程度にまでかかわり合いになった場合、または、②私人が国の行為に準ずるような高度に公的な機能を行使している場合に、当該私的行為を国家行為（state action）と同視して、憲法を直接適用するという理論である。国家同視説ともよばれる。

　たとえば、私人が国家から特別の財政的援助を受けている場合が①の例であり、会社が町を所有し運営している場合が②の例である。ステイト・アクションの理論によれば、これらの場合には、憲法が直接適用されることになる。

> 　しかし、実際の答案においては、純然たる事実行為については民法709条の要件である違法性の解釈・適用を通じて憲法問題とすれば足ります。したがって、このステイト・アクションの理論を展開することはほぼありません。短答式試験用にざっと理解しておけば十分です。

3. 判例

私人間効力に関する判例のうち、重要なものとして、次の判例がある。

1 三菱樹脂事件 　A⁺

大学在学中の学生運動歴を秘して三菱樹脂株式会社に採用されたものの、学生運動歴を当該会社に知られるに至り、3か月の試用期間終了後に本採用を拒否された原告が、当該会社を被告として、労働契約関係の存在の確認を求めて出訴した民事事件。

最高裁は、①私人間における対立の調整は、原則として私的自治に委ねられるとしたうえで、②企業は雇用の自由を有することから、特定の思想・信条を有する者をそのゆえをもって雇い入れることを拒むこと、および採否決定にあたり労働者の思想信条を調査することは、「当然に違法とすることはできない」とした。

他方、③いったん労働者を雇い入れた後においては、その地位を一方的に奪うことにつき、企業は雇入れの場合のような広い範囲の自由を有するものではないとし、諸事情を総合して合理的理由の有無を判断しなければならないとして、事件を原審に差し戻した（**最大判昭和 48・12・12**）。

①の部分について、従来の通説は最高裁が間接適用説を採用していると解するのに対し、近時の有力説は最高裁が無適用説を採用していると解しています（➡ 104 ページ **3**、106 ページ **4**）。

また、②と③の違いについては、注意が必要です。最高裁は、②新たに雇用するか否かについては企業の雇用の自由を尊重する一方、③一度雇用された者を解雇する場合（試用期間終了後に本採用を拒否する場合も同様です）については、企業の裁量の幅は②の場合よりも狭いとしています。

さらに、この事件で本採用を拒否できるかについては、最高裁は結論を出していません。したがって、たとえば「企業は入社試験の際に学生運動歴を秘匿していたことを理由に本採用を拒否することができるとするのが最高裁判所の判例である。○か×か。」という問題が出たら、答えは×です。短答式試験のひっかけ問題に注意しましょう。

2 昭和女子大学事件 B

　学則で禁止される政治活動を行った昭和女子大学の学生が、まず自宅謹慎処分、ついで退学処分を受けたところ、これを不服として、学生たる身分の確認を求めて出訴した民事事件。

　最高裁は、①三菱樹脂事件判決を引用しつつ、②およそ大学は「学生を規律する包括的権能を有する」としたうえで、③昭和女子大学の学則につき、「同大学が学生の思想の穏健中正を標榜する保守的傾向の私立学校であることをも勘案すれば」不合理なものとは断定できないとし、また、④退学処分も大学の裁量権の範囲内にあり違法ではない、と判示した（**最判昭和49・7・19**）。

3 日産自動車事件 B

　定年年齢を、男子は60歳、女子は55歳と定める日産自動車の就業規則の有効性が争われた民事事件。

　最高裁は、「上告会社の就業規則中女子の定年年齢を男子より低く定めた部分は、専ら女子であることのみを理由として差別したことに帰着するものであり、性別のみによる不合理な差別を定めたものとして民法90条の規定により無効」とした（**最判昭和56・3・24**）。

4 南九州税理士会政治献金事件 A

　税理士会（法人）が、決議に基づき、税理士法を業界に有利に改正するための工作資金にあてるための特別会費を会員から徴収し、それを特定の政治団体に政治献金した行為につき、民法34条の「目的の範囲」外の行為として無効なのではないかが争われた民事事件。

　税理士である原告は、「税理士会の行為は、反対の意思を有していた原告の思想・良心の自由（19条）を侵害した」旨主張した。

　最高裁は、①「税理士会は、強制加入団体であって、その会員には、実質的には脱退の自由が保障されていない」こと、②税理士会は強制加入団体であるため「会員には、様々な思想・信条及び主義・主張を有する者が存在することが当然に予定されている」こと、③政治献金をするかどうかは「選挙における投票の自由と表裏を成すもの」であり、「個人的な政治的思想、見解、判断等

に基づいて自主的に決定すべき事柄」であることを理由として、本件政治献金は「目的の範囲」外の行為であり、無効であると判示した（**最判平成 8・3・19**）。

> この判例は重要です。理由の部分を敷衍しておきましょう。
> まず、税理士として仕事をするには、税理士会に加入することが法律上強制されています。したがって、税理士として仕事をする限り、税理士会から脱退する自由はありません（①）。また、税理士会は会員の政治的思想・信条等とは一切関係なく加入を強制される団体ですから、特定の政治的思想・信条等を有する者だけが集まった政党などの任意加入団体とは異なり、右から左まで実に様々な政治的思想・信条等を有する人が混在しているはずです（②）。
> さらに、今回問題となった政治献金という行為は、投票の自由と同質の行為といえます。政治献金と投票は、入れるのがお金か 1 票かという点が違うだけだからです。そして、誰に投票するかは各自が自由に、個人的に決定するべきである以上、誰に政治献金をするか（ないししないか）も各自が自由に、個人的に決定すべきであり、税理士会として決めるべき事柄ではありません（③）。
> このように、最高裁は、**団体の性質**（①、②）や、**行為の性質**（③）に着目して、本件の政治献金は「目的の範囲」外と判断したわけです。

5 群馬司法書士会震災支援寄付事件 Ａ

　群馬司法書士会（法人）が、大震災で被災した兵庫司法書士会に復興支援金を寄付するため、会員から特別負担金を徴収する総会決議を行ったところ、これを不服とする原告が、当該決議が「目的の範囲」外の行為であるとして争った民事事件。

　司法書士である原告は、「司法書士会の決議は、反対の意思を有していた原告の思想・良心の自由（19条）を侵害する」旨主張した。

　最高裁は、前述した南九州税理士会政治献金事件とは異なり、本件寄付は、会の「目的の範囲」内の行為であると判示した（**最判平成 14・4・25**）。

　税理士会と同様に、司法書士会は強制加入団体であるから、その会員には実質的に脱退の自由がなく、また、様々の思想・信条および主義・主張を有する者が存在することが当然に予定されているといえる。しかし、この判例で問題となった行為は、政治献金ではなく、被災した司法書士会に対する復興支援金の寄付であり、会員の政治的思想・信条等とは無関係な行為だった。それゆえに、上記 **4** の判例とは逆の結論になったものと考えることができよう。

4. 国家による私法上の行為

1 問題の所在 B

　以上で検討した私人間効力の問題は、私人間の行為という憲法が本来適用されない行為について、憲法が適用される場合があるのではないかという問題だった。

　これに対し、国家の行為という憲法が本来適用される行為について、なお憲法が適用されない場合があるのではないかという問題も存在する。

　すなわち、国家といえども、時として、私人と対等の立場で私法上の契約を締結することがある。たとえば、国家が、強制収用ではなく、私人と対等の立場で私人の土地を買う場合などがその典型である。そして、こうした国家の私法上の契約につき、国家の行為であることを理由として、憲法を直接適用すべきなのか、それとも、私法上の行為である以上、私人間効力と同じように考えるべきなのかが、問題となるのである。

2 百里基地訴訟 B⁺

　この問題に関する重要判例として、百里基地訴訟がある。

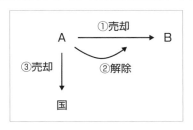

　その事案の概要は次のとおりである。自衛隊基地の建設予定地である農地の所有者Ａが、その農地を基地反対派のＢに売却し、Ｂは所有権移転登記を備えた。ところが、その後、ＡはＢの代金一部未払いを理由にその売買契約を解除し、今度はその農地を国に売却した。そのため、国とＡが、Ｂを被告として、所有権移転登記の抹消と国の所有権確認などを求めて訴訟を提起した。

この訴訟では、Ａと国との間の売買契約等が、自衛隊の基地建設を目的としていることから、憲法9条に違反するのではないかなどが問題となった。

　しかし、最高裁は、以下のように判示し、憲法9条の直接適用を否定したうえで、本件の売買契約等は公序良俗に反しないとした（**最判平成1・6・20**。なお、傍点は筆者）。

① **98条1項の「国務に関するその他の行為」について**

「98条1項……にいう『国務に関するその他の行為』とは、同条項に列挙された法律、命令、詔勅と同一の性質を有する国の行為、言い換えれば、公権力を行使して法規範を定立する国の行為を意味し、したがつて、行政処分、裁判などの国の行為は、個別的・具体的ながらも公権力を行使して法規範を定立する国の行為であるから、かかる法規範を定立する限りにおいて国務に関する行為に該当するものというべきであるが、国の行為であつても、私人と対等の立場で行う国の行為は、右のような法規範の定立を伴わないから憲法98条1項にいう『国務に関するその他の行為』に該当しない」。

② **憲法9条の適用について**

「憲法9条は、その憲法規範として有する性格上、私法上の行為の効力を直接規律することを目的とした規定ではなく、人権規定と同様、私法上の行為に対しては直接適用されるものではない」。

　憲法9条は、「私法的な価値秩序とは本来関係のない優れて公法的な性格を有する規範であるから、私法的な価値秩序において、右規範がそのままの内容で民法90条にいう『公ノ秩序』の内容を形成し、それに反する私法上の行為の効力を一律に否定する法的作用を営むということはない」。

　憲法9条は、「私法的な価値秩序のもとで確立された私的自治の原則、契約における信義則、取引の安全等の私法上の規範によつて相対化され、民法90条にいう『公ノ秩序』の内容の一部を形成する」。

③ **あてはめ**

「本件売買契約が締結された昭和33年当時、私法的な価値秩序のもとにおいては、自衛隊のために国と私人との間で、売買契約その他の私法上の契約を締結することは、社会的に許容されない反社会的な行為であるとの認識が、社会の一般的な観念として確立していたということはできない」。

「そうすると、本件売買契約を含む本件土地取得行為が公序良俗違反にはな

らないとした原審の判断は、是認することができる」。。

この判例はややこしいので、ポイントを整理しておきます。
まず、98条1項の「国務に関するその他の行為」については、当然に憲法が直接適用されます。しかし、最高裁は、本件で行われた国と私人との売買契約等は「国務に関するその他の行為」には該当しないと判断しました（①）。そのため、憲法が当然に直接適用される、ということは否定されます。
次に、間接適用説を前提としても、なお例外的に直接適用される憲法の規定が存在します（➡104ページ3）。そこで、本件で問題となった9条も、例外的に直接適用されるのではないかが、さらに問題となったわけです。しかし、この点についても、最高裁は9条は民法90条の解釈・適用の際の1つの考慮事由にすぎないとして、その直接適用を否定しました（②）。
残る問題は、9条の趣旨をも取り込んで民法90条を解釈すると、本件の売買契約等が公序良俗に反するということになるのか否かです。しかし、最高裁は、本件の売買契約等は公序良俗に反しない、と判断したわけです（③）。

第 **3** 編

人権各論

幸福追求権

　憲法の人権規定は、通常、思想の自由や信教の自由、職業選択の自由などのように、個々の行為ごとに定められている。

　しかし、憲法は、個別的な人権規定だけではなく、これらの個別的な人権の基礎をなす総則的な権利として、①幸福追求権（13条後段）、②法の下の平等（14条）を定めている。

　まずは①幸福追求権について説明しよう。

1. 意義　B

　13条後段は、「生命、自由及び幸福追求に対する国民の権利」を定めている。この権利を、幸福追求権という。

　この幸福追求権は、かつては個別の人権を総称したものにすぎないと考えられていた。しかし、現在では、憲法に明文のない新しい人権を認める根拠となる具体的権利であると解釈するのが通説である。以下、詳しく検討しよう。

2. 新しい人権 A

1　必要性

　13条後段の幸福追求権を根拠とし、憲法に明文のない新しい人権を認めようという解釈の背景となっているのは、近時の著しい社会・経済の変動である。

　たとえば、憲法には、いわゆるプライバシー権を保障した明文規定が存在しない。しかし、憲法制定当時とは異なり、高度に情報化が進んだ現代社会においては、プライバシー権はきわめて重要な権利といえる。

　こうした社会・経済の変動によって生じた諸問題に対して法的に対応する必要性が増大したことから、幸福追求権を、新しい人権の根拠となる権利であると解釈する必要性が出てきたわけである。

2　要件

　問題は、幸福追求権の内容をいかに解するか、および、ある利益を新しい人権として認めるための要件をいかに解するかである。

ア　一般的行為自由説　➡論証8

　第1の見解は、13条後段の幸福追求権により、あらゆる生活領域に関する行為の自由（一般的行為の自由）が保障されているとする。

　この見解からは、たとえば散歩や海水浴などの行為にも13条後段の保障が及ぶと解していくことになる。

イ　人格的利益説（通説）　➡論証9

　しかし、一般的行為自由説のように人権の範囲を無限定に広げると、人権のインフレ化を招き、人権の名にふさわしくない権利まで人権として保障してしまうことになりかねない。たとえば、散歩の自由や海水浴の自由が、人権の名にふさわしいのかは、はなはだ疑問といえよう。

　また、人権の範囲を無限定に広げることは、人権保障を相対的に弱めること

にもつながりかねない。人権と人権のぶつかり合いが多くなり、それだけ「公共の福祉」による制限が必要となってくる場面が増えてしまうからである。

そこで、幸福追求権の内容を、個人の人格的生存に不可欠な利益を内容とする権利の総体であると限定的に解する見解が、通説となっている。

この見解からは、人格的生存に不可欠な利益を内容とする権利のみが、新しい人権として認められることになる。

> 答案は、通常、人格的利益説で書きます。しかし、「喫煙の自由」や「飲酒の自由」など、「人格的生存に不可欠」とはいいづらい権利が出題された場合には、一般的行為自由説の方が書きやすいことがあります。試験対策上、どちらの説でも書けるようにしておくとベストでしょう。

3. プライバシー権　Ａ

幸福追求権から導かれる新しい人権のうち最も重要な人権は、プライバシー権である。

1 意義　➡論証 10

プライバシー権が議論の対象となった当初は、プライバシー権は「私生活をみだりに公開されない法的保障ないし権利」と定義されていた（『宴のあと』事件第 1 審判決参照 ➡ 121 ページア）。

しかし、①高度に情報化された現代社会にあっては、「私生活」を「みだりに公開されない」だけでは不十分である。より広く、個人情報の本人の意思に反する取得・利用・開示が禁止される必要がある。

また、②個人情報が行政機関によって集中的に管理されている現代社会においては、プライバシー権を自由権的・消極的な権利としてとらえるだけでは、やはり不十分である。自己の情報についての閲読や訂正、抹消を求めることのできる社会権的・積極的権利としても、プライバシー権をとらえる必要がある。

そこで、現在の通説は、プライバシー権を「自己に関する情報をコントロー

ルする権利」（自己情報コントロール権）と定義している。

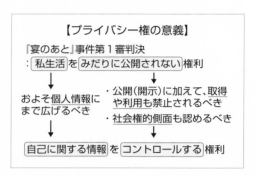

この通説からは、「個人情報の保護に関する法律」や「行政機関の保有する個人情報の保護に関する法律」が定めている個人情報の訂正請求権は、憲法上保障されているプライバシー権が具体化されたものと位置づけることができる。

なお、最高裁は、情報公開制度（➡ 199ページ**（ウ）**参照）は制定されていたものの、個人情報保護制度が未制定だった当時において、情報公開制度に依拠した本人情報の開示請求を認めている（レセプト訴訟判決。**最判平成 13・12・18**）。

2　保障範囲と審査基準

では、自己情報コントロール権としてのプライバシー権は、いかなる情報をその保障範囲としているのか。

自己に関する情報は、①個人の道徳的自律に直接かかわる情報（たとえば、政治的・宗教的信条にかかわる情報、心身に関する基本情報、犯罪歴にかかわる情報など。プライバシー固有情報とよばれる）と、②個人の道徳的自律に直接かかわらない個別的情報（たとえば、氏名・生年月日・住所などに関する情報、税に関する情報など。プライバシー外延情報とよばれる）とに区別しうる。

これらのうち、①の個人の道徳的自律に直接かかわる情報（プライバシー固有情報）は、当然にプライバシー権の保障範囲に含まれる。

問題は、②の個人の道徳的自律に直接かかわらない個別的情報（プライバシー外延情報）も、プライバシー権の保障範囲に含まれるのか否かである。

通説は、このような情報も膨大な個人情報を収集して結合処理するための「マスターキー」や「索引情報」として機能しうる以上、プライバシー権の保

障範囲に含まれると解している。

確かに、②の氏名や生年月日などは、外部に表示されることが多い情報ですから、それ単体でみれば、要保護性の低い情報に見えます。しかし、要保護性の高い①の情報は、②の情報とセットになっているのが通常です。そのため、②の情報で検索をかければ、多数の①の情報を入手することが可能になります。したがって、②の情報についても、プライバシー権の保障が及ぶと考えていくわけです。

　また、審査基準のセレクトは、個人の道徳的自律にかかわる程度（人格的関連性の程度）に加え、情報システムが構築される可能性の有無・程度などを考慮して行うべきである。

3　判例

ア　『宴のあと』事件第1審判決

　東京都知事選挙に立候補して惜敗した原告をモデルとする小説『宴のあと』が、原告のプライバシー権を侵害するとして、損害賠償請求などがなされた民事事件。

　第1審である東京地裁は、プライバシー権を「私生活をみだりに公開されないという法的保障ないし権利」と定義したうえで、プライバシー侵害といえるための要件として、公開された内容が

① 私生活上の事実または事実らしく受けとられるおそれのあることがらであること（私事性）

② 一般人の感受性を基準にして当該私人の立場に立った場合公開を欲しないであろうと認められることがらであること（秘匿性）

③ 一般の人々に未だ知られていないことがらであること（非公然性）

の3つをあげ、結論としてプライバシー権の侵害を認めた（**東京地判昭和39・9・28**）。

イ　最高裁判例

　最高裁は、プライバシー権の内容の一部を実質的に肯定したと思われる判例（➡下記①②③）や、プライバシー侵害という表現を用いた判例（➡下記④⑤）を経て、自己情報コントロール権としてのプライバシー権の自由権的側面を正面から認めたとも解しうる判例（➡下記⑥）を出すに至っている。概説しよう。

① 京都府学連事件

デモ行進する者に対して、捜査のため同意なく行った警察官による写真撮影の適法性が争われた事件。

最高裁は、「何人も、その承諾なしに、みだりにその容ぼう・姿態……を撮影されない自由を有する」とし、「これを肖像権と称するかどうかは別として」としつつも、「警察官が、正当な理由もないのに、個人の容ぼう等を撮影することは、憲法13条の趣旨に反し、許されない」と判示した（**最大判昭和44・12・24**）。

② 前科照会事件

弁護士会からの前科照会に対し、区役所が原告の前科を漫然と回答したことが、原告のプライバシー権を侵害したのではないかが争われた事件。

最高裁は、「前科・犯罪経歴」を「みだりに公開されない」のは「法律上の保護に値する利益」であると判示した（**最判昭和56・4・14**）。

③ 指紋押捺拒否事件

外国人登録法における外国人に対する指紋押捺の義務付けが、プライバシー権や法の下の平等などに反するとして争われた事件。

最高裁は、13条を根拠として、「何人もみだりに指紋の押なつを強制されない自由を有する」と判示しつつ、結論としては指紋押なつの義務付けを合憲とした（**最判平成7・12・15**）。

なお、外国人登録法における指紋押捺の義務付け規定は、平成11（1999）年の法改正で廃止された。

④ 小説『石に泳ぐ魚』事件

小説のモデルとされた原告が、プライバシー侵害などを理由として出版の差止めなどを求めて争った民事事件。

最高裁は、「本件小説の公表により公的立場にない〔原告〕の名誉、プライバシー、名誉感情が侵害された」と判示した（**最判平成14・9・24**）。

⑤ 講演会参加者名簿提出事件

早稲田大学で中国の江沢民国家主席（当時）の講演会が開催された際、大学が学生らに無断で、参加希望者の氏名・住所・電話番号などが記載された名簿の写しを警察に提出したところ、学生らが、かかる無断提出はプライバシー侵害にあたるとして大学に損害賠償を請求した民事事件。

最高裁は、「本件個人情報は……プライバシーに係る情報として法的保護の対象となる」とし、学生らの承認を求めることも容易であったにもかかわらず無断で提出した大学の行為は、学生らのプライバシーを侵害するものと判示した（**最判平成15・9・12**）。

⑥　住基ネット事件

国民ひとりひとりに住民票コードを付し、氏名・生年月日・性別・住所の4情報および転入・出生などの変更情報と関連づけて、自治体や国の機関などが共有する情報ネットワークシステムである住基ネットの合憲性が争われた民事事件。

最高裁は、何人も「個人に関する情報をみだりに第三者に開示又は公表されない自由」が憲法13条により保障されると判示した。

この判示部分の意味をいかに解するかについては争いがあるが、自己情報コントロール権としてのプライバシー権の自由権的側面が憲法上保障されることを最高裁が認めたものとする見解が有力である。

ただし、最高裁は、住基ネットの目的の正当性と手段の相当性を認め、結論として住基ネットは「憲法13条により保障された上記の自由を侵害するものではない」とした（**最判平成20・3・6**）。

4　忘れられる権利

プライバシー権に関連する新しい問題として、「忘れられる権利」の問題がある。この権利が問題となった判例の事案の概要は次のとおりである。

Xは児童買春の容疑で平成23（2011）年11月に逮捕され、同年12月に罰金刑に処せられた。大手検索事業者であるYを利用してXの居住する県の名称およびXの氏名を条件として検索すると、Xが児童買春の容疑で逮捕された事実などが書き込まれたウェブサイトのURLや当該ウェブサイトの表題および抜粋（以下「URL等情報」）が表示された（以下「本件検索結果」）。そこでXがYに対し人格権ないし人格的利益に基づき本件検索結果の削除を求める仮処分命令を申し立てた。

さいたま地裁保全異議審は、「忘れられる権利」に言及して仮処分命令を認可したが、原審は本件申立てを却下した。

最高裁は、次のように述べ、原審の判断を是認した（**最決平成29・1・31**）。

ア　検索結果の提供の法的性質

「情報の収集、整理及び提供はプログラムにより自動的に行われるものの、同プログラムは検索結果の提供に関する検索事業者の方針に沿った結果を得ることができるように作成されたものであるから、検索結果の提供は検索事業者自身による表現行為という側面を有する」。

イ　制約の有無

「検索事業者による検索結果の提供は、公衆が、インターネット上に情報を発信したり、インターネット上の膨大な量の情報の中から必要なものを入手したりすることを支援するものであり、現代社会においてインターネット上の情報流通の基盤として大きな役割を果たしている」。

「そして、検索事業者による特定の検索結果の提供行為が違法とされ、その削除を余儀なくされるということは、上記方針に沿った一貫性を有する表現行為の制約であることはもとより、検索結果の提供を通じて果たされている上記役割に対する制約でもある」。

ウ　削除を求める要件

「以上のような検索事業者による検索結果の提供行為の性質等を踏まえると、検索事業者が、ある者に関する条件による検索の求めに応じ、その者のプライバシーに属する事実を含む記事等が掲載されたウェブサイトの URL 等情報を検索結果の一部として提供する行為が違法となるか否かは、当該事実の性質及び内容、当該 URL 等情報が提供されることによってその者のプライバシーに属する事実が伝達される範囲とその者が被る具体的被害の程度、その者の社会的地位や影響力、上記記事等の目的や意義、上記記事等が掲載された時の社会的状況とその後の変化、上記記事等において当該事実を記載する必要性など、当該事実を公表されない法的利益と当該 URL 等情報を検索結果として提供する理由に関する諸事情を比較衡量して判断すべきもので、その結果、当該事実を公表されない法的利益が優越することが明らかな場合には、検索事業者に対し、当該 URL 等情報を検索結果から削除することを求めることができるものと解する」。

エ　あてはめ

　「これを本件についてみると……児童買春をしたとの被疑事実に基づき逮捕されたという本件事実は、他人にみだりに知られたくない抗告人［X。以下同じ］のプライバシーに属する事実であるものではあるが、児童買春が児童に対する性的搾取及び性的虐待と位置付けられており、社会的に強い非難の対象とされ、罰則をもって禁止されていることに照らし、今なお公共の利害に関する事項であるといえる。また、本件検索結果は抗告人の居住する県の名称及び抗告人の氏名を条件とした場合の検索結果の一部であることなどからすると、本件事実が伝達される範囲はある程度限られたものであるといえる」。

　「以上の諸事情に照らすと、抗告人が妻子と共に生活し、……罰金刑に処せられた後は一定期間犯罪を犯すことなく民間企業で稼働していることがうかがわれることなどの事情を考慮しても、本件事実を公表されない法的利益が優越することが明らかであるとはいえない」。

4. 自己決定権　　　B⁺

1　意義

　自己決定権とは、個人の人格的生存にかかわる重要な私的事項を、公権力の介入・干渉なしに各自が自律的に決定できる自由をいう。

　その代表的な内容として、①子どもをもつかどうか（避妊・中絶を含む）など、家族のあり方を決める自由、②医療拒否・尊厳死など、自己の生命の処分を決める自由、③身じまい（髪型・服装）など、ライフスタイルを決める自由がある。

　これらのうち、①と②は人格的生存に不可欠といえ、憲法上保障される人権と解してよい。

　③は、青少年の髪型や服装を制限する校則で問題となることが多い。

　この点、髪型や服装の自由は人格的生存に不可欠とはいえないとする見解が有力である。最高裁も、私立学校による髪型規制を憲法問題としてはとらえて

いない（最判平成 8・7・18）。

　しかし、髪型や服装を通じて自己の個性を実現させ人格を形成する利益は、精神的に形成期にある青少年にとってきわめて重要といえる以上、青少年の人格的生存に不可欠といえ、憲法上保障される人権と解するべきであろう。

2　エホバの証人輸血拒否事件

　自己決定権に関する判例として重要なのが、エホバの証人輸血拒否事件である。

　この事件は、輸血を禁ずる宗教団体である「エホバの証人」の信者 A が、医師に対して輸血を拒否する意思を明確に表示していたにもかかわらず、手術の際に医師から輸血を受けたため、医師らに対して不法行為に基づく損害賠償を求めた民事事件である。

　最高裁は、次のように述べ、医師らの不法行為責任を認めた。

　「患者が、輸血を受けることは自己の宗教上の信念に反するとして、輸血を伴う医療行為を拒否するとの明確な意思を有している場合、このような意思決定をする権利は、人格権の一内容として尊重されなければならない」。

　「A［原告］が、宗教上の信念からいかなる場合にも輸血を受けることは拒否するとの固い意思を有しており、輸血を伴わない手術を受けることができると期待して B 病院に入院したことを C 医師らが知っていたなど本件の事実関係の下では、C 医師らは、手術の際に輸血以外には救命手段がない事態が生ずる可能性を否定し難いと判断した場合には、A に対し、B 病院としてはそのような事態に至ったときには輸血するとの方針を採っていることを説明して、B 病院への入院を継続した上、C 医師らの下で本件手術を受けるか否かを A 自身の意思決定にゆだねるべきであった」。

　「C 医師らは、右説明を怠ったことにより、A が輸血を伴う可能性のあった本件手術を受けるか否かについて意思決定をする権利を奪ったものといわざるを得ず、この点において同人の人格権を侵害したものとして、同人がこれによって被った精神的苦痛を慰謝すべき責任を負う」（**最判平成 12・2・29**）。

5. 人格権

人格権は、多義的な概念である。

広義では、個人の人格価値にかかわり、それを侵害されない権利と定義されるが（この場合、プライバシー権や自己決定権も人格権に含まれることになる）、狭義では、名誉および生命・健康に関する利益を指すことが多い。

1 名誉 B

名誉は、人格的生存に不可欠な利益といえ、13条後段により保障される。

最高裁も、北方ジャーナル事件（**最大判昭和61・6・11** ➡ 191ページ（**イ**））において、「人格権としての個人の名誉の保護（憲法13条）」との表現を用いており、人格権としての名誉が13条後段によって保障される憲法上の権利である旨判示している。

2 生命・健康 B

生命・健康も、人格的生存に不可欠な利益といえ、13条後段により保障される。

3 宗教上の人格権──自衛官合祀拒否事件 B+

宗教上の人格権が問題となった判例として、自衛官合祀拒否事件がある。

これは、殉職した自衛官Aが、自衛隊山口地方連絡部（以下「地連」）と社団法人隊友会山口県支部連合会（以下「隊友会」）の申請により、護国神社に合祀されたところ、亡Aの妻であり、キリスト教信者であるBが、①地連と隊友会の行為は政教分離の原則に違反し、また、②自らの宗教上の人格権を侵害したとして、損害賠償などを求めた事件である。ここでは②につき説明する。

第1審は、合祀申請行為は地連と隊友会の共同行為であるとしたうえで、かかる共同行為によって「親しい者の死について、他人から干渉を受けない静謐の中で宗教上の感情と思考を巡らせ、行為をなす……利益」という宗教上の人格権を侵害したと判示し、控訴審もこれを支持した。

ところが、最高裁は、「宗教上の感情を被侵害利益として、直ちに損害賠償を請求……するなどの法的救済を求めることができるとするならば、かえって相手方の信教の自由を妨げる結果となる」とし、「信教の自由の保障は、何人も自己の信仰と相容れない信仰をもつ者の信仰に基づく行為に対して、それが強制や不利益の付与を伴うことにより自己の信教の自由を妨害するものでない限り寛容であることを要請している」と述べた（いわゆる宗教的寛容論）。

そして、「原審が宗教上の人格権であるとする静謐な宗教的環境の下で信仰生活を送るべき利益なるものは、これを直ちに法的利益として認めることができない」として、Ｂの請求を棄却した（**最大判昭和63・6・1**）。

> つまり、最高裁は、夫を亡くした妻に対して、「他人にも信教の自由があるんだから、夫が神社に神様として合祀されたことくらい我慢しなさい」と言い放ったわけです。
> しかし、合祀申請行為をしたのは、亡Ａの近親者ではなく、あくまでも**他人**であるのに対し、原告であるＢは亡Ａの**近親者**です。にもかかわらず、亡Ａの慰霊に関して両者の利益を同じように扱うのは、いかにも不合理なのではないでしょうか。この事案の筋としては、下級審の判断の方が正当だったと思います。

4　戸籍上の性別の取扱いの変更──性同一性障害者特例法の要件の合憲性　B+

自己決定権や人格権（13条）、さらには平等権（14条1項）や婚姻の自由（24条）などにもかかわる新しい問題として、性同一性障害者の戸籍上の性別を変更するための要件の合憲性という問題がある。

「性同一性障害者の性別の取扱いの特例に関する法律」（性同一性障害者特例法）は、性同一性障害者の戸籍上の性別を変更するための要件として、必要な知識と経験を有する2名以上の医師による性同一性障害の診断に加えて、①20歳以上であること、②現に婚姻をしていないこと、③現に子がいないこと（平成19（2007）年に、現に未成年の子がいないことに改正）、④生殖腺（精巣・卵巣）がないこと、または生殖腺の機能を永続的に欠く状態にあること、⑤その身体について他の性別に係る身体の性器に係る部分に近似する外観を備えていること、の5つを要求している（同法3条1項）。

これらの要件のうち、②から④の合憲性が問題となる。一連の判例を見ていこう。

ア 「現に（未成年の）子がいないこと」の合憲性

　最高裁は、③「現に子がいないこと」という要件について、「現に子のある者について性別の取扱いの変更を認めた場合、家族秩序に混乱を生じさせ、子の福祉の観点からも問題を生じかねない等の配慮に基づくものとして、合理性を欠くものとはいえないから、国会の裁量権の範囲を逸脱するものということはできず、憲法13条、14条1項に違反するものとはいえない」とした（最決平成19・10・19）。

　近時の最高裁も、③「現に未成年の子がいないこと」という要件について、同様の判断を繰り返している（最決令和3・11・30）。

イ 「生殖腺」の不存在等の合憲性

　次に、④「生殖腺がないこと又は生殖腺の機能を永続的に欠く状態にあること」という要件については、「本件規定は、性同一性障害者一般に対して上記手術［生殖腺除去手術］を受けること自体を強制するものではないが、性同一性障害者によっては、上記手術まで望まないのに……［性別変更の］審判を受けるためやむなく上記手術を受けることもあり得るところであって、その意思に反して身体への侵襲を受けない自由を制約する面もあることは否定できない」としつつも、「変更前の性別の生殖機能により子が生まれることがあれば、親子関係等に関わる問題が生じ、社会に混乱を生じさせかねない」とし、「このような規定の憲法適合性については不断の検討を要するものというべきであるが……現時点では、憲法13条、14条1項に違反するものとはいえない」とした（最決平成31・1・23）。

ウ 「現に婚姻していないこと」の合憲性

　最後に、②「現に婚姻していないこと」という要件（非婚要件）については、「現に婚姻をしている者について性別の取扱いの変更を認めた場合、異性間においてのみ婚姻が認められている現在の婚姻秩序に混乱を生じさせかねない等の配慮に基づくものとして、合理性を欠くものとはいえないから、国会の裁量権の範囲を逸脱するものということはできず、憲法13条、14条1項、24条に違反するものとはいえない」として、これを合憲とした（最決令和2・3・11）。

法の下の平等

　平等の理念は、人権の歴史において、自由とともに常に最高の目的とされてきた。以下、平等について学んでいこう。

1. 日本国憲法における平等原則　Ａ

　明治憲法においては、平等は公務就任資格の平等（明憲 19 条）というかたちでしか保障されていなかった。

　これに対し、日本国憲法は、14 条 1 項で法の下の平等を宣言し、平等権ないし平等原則を採用している。

　また、次の各規定を設けて、平等権ないし平等原則の徹底化を図っている。

- ・貴族制度の廃止（14 条 2 項）
- ・栄典に伴う特権の禁止（14 条 3 項）
- ・普通選挙の原則（15 条 3 項）
- ・家族生活における個人の尊厳と両性の本質的平等（24 条）
- ・教育の機会均等（26 条）
- ・議員資格や選挙人資格の平等（44 条）

2. 14条1項の保障内容

14条1項は、「すべて国民は、法の下に平等であつて、人種、信条、性別、社会的身分又は門地により、政治的、経済的又は社会的関係において、差別されない」と定めている。

この規定をめぐっては、①「法の下に」の意味、②「平等」の意味、③14条1項後段に列挙された事由の意味が、それぞれ問題となっている。

1 「法の下に」の意味　Ａ　➡論証11 前半

まず、14条1項前段の「法の下に」とは、いかなる意味なのだろうか。

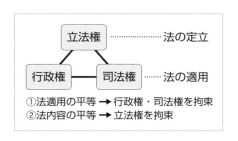

立法権 ………………… 法の定立

行政権 ── 司法権 ……… 法の適用

①法適用の平等 → 行政権・司法権を拘束
②法内容の平等 → 立法権を拘束

通説は、「法の下に」とは、①法を執行し適用する行政権・司法権が国民を差別してはならないという法適用の平等を意味するだけでなく、②法そのものの内容も平等の原則に従って定立されるべきだという法内容の平等をも意味するものと解している。いいかえれば、14条1項の平等権ないし平等原則は、行政権や司法権だけでなく、立法権をも拘束する法規範であると解しているわけである。

その理由は、法の支配の理念の下（第10章、81条）、憲法は立法者をも拘束する法であること、および、法適用が平等であっても、法内容が平等でなければ、個人の尊厳（13条前段）が無意味に帰するおそれがあることにある。通説は妥当であろう。

> たとえば、「飲酒は禁止する。ただし、男性はこの限りでない」という法律が制定されたとします。この法律が男性・女性を問わず適用されたとしても（これが「法適用の平等」です）、その内容自体が不合理な男女差別を定めたものである以上、結局、女性に対する不合理な差別が行われることになってしまいます。法適用の平等は当然として、さらに法内容の平等も保障されて、初めて本当の平等といえるのです。そのため通説は、「法の下に」平等という文言の中に、法適用の平等に加えて法内容の平等をも読み込んでいくわけです。

2 「平等」の意味 A

次に、14 条 1 項前段の「平等」とは、どのような意味なのだろうか。

ア 平等の分類

前提として、まずは平等という概念を説明しよう。

（ア）絶対的平等と相対的平等

平等という概念は、各人に存する差異を無視するか、それとも各人の差異を前提とするかによって、絶対的平等と相対的平等に分類される。

絶対的平等とは、各人の差異を無視し、各人を全く同じく扱う平等をいう。

相対的平等とは、各人の差異を前提として、同一の事情・条件の下では均等に扱う平等をいう。いいかえれば、合理的な差別（区別）を許容する平等を、相対的平等というわけである。

（イ）形式的平等と実質的平等

また、平等という概念は、各人の事情の違いに形式的に対応するか、それとも弱者保護のために実質的な配慮を加えるのかによって、形式的平等と実質的平等に分類される。

形式的平等とは、各人の事情の違いに形式的に対応することをいう。たとえば、国立大学の入学試験において、試験の成績のみに着目して合否を決めるのが、形式的平等の例である。

実質的平等とは、各人の事情の違いに実質的に配慮し、社会的・経済的弱者に対してより厚い保護を与える平等をいう。たとえば、国立大学の入学試験において、歴史的に差別を受けてきたマイノリティに対して合格特別枠を設け優遇する場合が、実質的平等の例である。

形式的平等 ←→ 実質的平等

形式的に対応　　　　実質的に対応

イ　絶対的平等か、相対的平等か　➡論証11後半

　では、14条1項前段の「平等」は、絶対的平等と相対的平等のいずれの意味なのだろうか。

　この点については、相対的平等を意味すると解されている。

　なぜなら、14条1項前段は、個人の尊重を定める13条前段を受けて規定されているからである。

　したがって、各人の事情の違いに応じた合理的な差別（区別）は、憲法上認められることになる。

> 　13条前段の個人の尊重というのは、「みんな違ってみんないい」というイメージです。つまり、ひとりひとり皆違うことを前提として、その全員が尊重されるべきだというのが、個人の尊重の理念なのです。
> 　そして、14条1項前段は、この13条前段に基づいて解釈されるべきですから、個人間の差異を無視する絶対的平等ではなく、差異は差異として認めるという相対的平等を意味するものと解していくわけです。
> 　したがって、ある小学校の運動会のかけっこ競争で手をつながせてみんな同時にゴールさせた、という有名な都市伝説における平等は、憲法の平等の理念とは全く異なります。

ウ　形式的平等と実質的平等

　次に、14条1項前段の「平等」は、形式的平等のみを意味するのか、それとも実質的平等をも含めた趣旨なのだろうか。

　通説は、形式的平等を基本としつつも、実質的平等の見地を一定程度加味することは許容されると解している。この点については、後にアファーマティブ・アクションの箇所で説明する（➡146ページ5.）。

3　14条1項後段列挙事由　🅐

　14条1項後段は、「人種、信条、性別、社会的身分又は門地」という事由を列挙し、これらの事由による差別を禁止している。

この 14 条 1 項後段が列挙する事由（以下、「後段列挙事由」と表記する）については、その意味をめぐっていくつかの論点がある。

ア　例示列挙か、限定列挙か

まず、後段列挙事由は、例示列挙か、それとも限定列挙か。

これらの後段列挙事由による差別以外の差別であっても、不合理な差別は 14 条 1 項前段によって禁止される。したがって、後段列挙事由は、限定列挙ではなく、例示列挙と解するのが判例・通説である。

イ　単なる例示か、特別な意味があるか

では、例示列挙だとして、それは単なる例示列挙なのか、それとも何か特別な意味のある例示列挙なのか。

最高裁は、単なる例示列挙にすぎないと解しているものと思われる。

これに対し、通説は、例示列挙には、列挙された事由による差別は民主主義や個人主義の理念に照らし原則として不合理な差別であり、これを特に警戒すべきであるという趣旨が込められていると解し、差別の合理性を審査する際の基準を高めるという特別の意味があると解している（➡ 次ページ **1** 参照）。

ウ「社会的身分」の意義

以上の議論と関連して、「社会的身分」の意義も問題となっている。

最高裁は、「社会的身分」を広く解し、社会において占める継続的な地位をいうとする（最大判昭和 39・5・27）。

これに対し、学説では、後段列挙事由は例示列挙ではあるものの特別の意味を有するとの見解（➡上記イ）を前提として、「社会的身分」を限定的に解する見解が有力である。

具体的には、①人が社会において後天的に占める地位で、一定の社会的評価を伴うものとする見解や、②人が社会において一時的ではなく占めている地位で、自分の力ではそれから脱却できず、それについて事実上ある種の社会的評価が伴っているものをいうとする見解などがある。

ただし、以上のいずれの立場からであっても、たとえば尊属・卑属たる地位は「社会的身分」にあたることになろう。

3. 平等問題の審査

　前述したとおり、14条1項前段の「平等」とは相対的平等であり、したがって、合理的な差別（区別）は憲法上許容されている。

　では、ある差別的な取扱いについて、それが合理的な差別か、それとも不合理な差別かを、どのように審査するべきなのだろうか。

1　代表的学説 ）　B　➡論証 12

　代表的な学説は、概要、次のように解している。

　まず、14条1項後段は、民主主義ないし個人主義の理念に照らし原則として不合理な差別の事由を例示列挙したものと解される。したがって、後段列挙事由による差別については、違憲性を推定し、原則として厳格審査基準を用いる。

　また、後段列挙事由以外の事由による差別であっても、民主主義を支える人権である精神的自由権や選挙権に関する差別については、やはり厳格審査基準を用いる。

　他方、それ以外の差別については、基準を緩める。特に、経済的自由権の積極目的規制について平等原則違反が問題となる場合には、立法府の判断を尊重し、合理性の基準を用いる。

　ただし、裁判所が比較的よく判断しうる消極目的規制の場合は、中間審査基準を用いる。

2　判例 ）　A

　判例は、差別的な取扱いの合理性の有無の判断に際して、審査基準をセレクトするという発想に立っていない。

　ただし、近時の判例からは、①区別事由と、②区別がかかわる権利等とを総合的に考慮して、審査密度のレベルを設定するという態度を見て取ることができる（たとえば➡139ページ **4** 以下）。

平等の問題は、一般に、①**区別事由**と、②**区別がかかわる権利等**という2つの視点から

分析することができます。①**何に着目した区別なのか**、②**どんな権利・利益についての区別なのか**、といいかえても良いでしょう。この2つの視点はとても重要ですから、しっかりと覚えておいてください。

たとえば、『女性は離婚から6か月間婚姻することができない』という規定は、①女性という性別に着目した、②婚姻の自由という権利・利益についての区別ということになります。

そして、代表的な学説は、まず①に着目し、後段列挙事由に着目した区別である場合は原則として厳格審査基準を用います。他方、後段列挙事由以外の事由に着目した区別である場合は、②にも着目し、二重の基準論（➡100ページ**3**）や、後に学ぶ目的二分論（➡225ページ**ア**）と同じ考え方を用いて、審査基準をセレクトすることになります。

これに対し、最近の判例は、後段列挙事由による区別であるか否かはあまり重視せず、しかも審査基準のセレクトという発想には立たないで、およそ①と②の総合的な考慮からあてはめの緻密さについての態度決定（厳格にあてはめるか、大雑把にあてはめるかなどの態度決定）を行い、その態度に従ったあてはめをしていくわけです。

3 平等の問題の処理手順 **A**

学説と判例のいずれで書くにせよ、平等の問題の処理手順は、自由権の問題の処理手順（➡95ページ第4章）とは大きく異なる。ここで説明しておこう。

ア 平等の問題である旨の明示

まず、その事案で平等が問題となる理由を明示する。その際には、①何に着目した区別か、および②どんな権利・利益についての区別なのかを指摘するとよい。

たとえば、『飲酒は禁止する。ただし、男性はこの限りでない』という規定であれば、「本件法律は、飲酒の自由に関して、性別に着目し、女性を差別的に取扱うものである」などと指摘するわけである。

14条1項は総則的な人権規定ですから、その問題文の事案を個別的な人権の問題として処理できるのならば、14条1項を問題とする必要は原則としてありません。その個別的な人権の問題として処理すれば足りるからです。いいかえれば、14条1項が最も実益を有するのは、**問題となっている利益が個別的な人権ではない場合**なのです。たとえば、飲酒の自由について男女差別を定める規定の合憲性が問われた場合は、飲酒の自由を人権と解さない限り、14条1項の問題として処理するべきことになります。

ただし、これには1つ例外があります。**後段列挙事由による差別**の事例については、個別的な人権の問題として処理できる場合でも、14条1項の問題として処理してOKです。たとえば、公務員の採用に女性用の特別枠を設けることの合憲性が問われた場合は、公務就任権という個別的な人権の問題とするよりも、性別による差別の問題として論じる方が、出題意図にフィットする場合が多いはずです。

イ 「法の下」と「平等」の論述

次に、「法の下」の意味と「平等」の意味を論じ（→131ページ**1**、132ページ**2**）、合理的な差別は許容されるという中間的な結論を導く。

ウ 審査基準のセレクトまたは審査密度のレベルの設定とあてはめ
（ア）代表的な学説で書く場合

そして、代表的な学説で書く場合は、後段列挙事由について例示であるが特別の意味を有すると論じたうえで（→134ページイ）、後段列挙事由による差別の場合は厳格審査基準をセレクトし、あてはめを行う。

また、後段列挙事由以外の事由による差別の場合は、①区別事由の内容・性質（何に着目した区別か）と、②区別がかかわる権利等の重要性の程度など（どんな権利・利益についての区別か）を総合的に考慮して、審査基準をセレクトし、あてはめを行うことになる。

なお、後段列挙事由による差別の場合は、審査基準のセレクトにおいては②区別がかかわる権利等の重要性の程度などは指摘しづらいが、あてはめでは必ず言及するようにしてほしい。

（イ）近時の判例の立場で書く場合

近時の判例の立場で書く場合は、後段列挙事由は単なる例示と解したうえで、①区別事由の内容・性質と、②区別がかかわる権利等の重要性の程度などを総合的に考慮して審査密度を設定し、あてはめを行うことになろう。

4. 判例

法の下の平等に関しては、きわめて重要な判例が多く出されている。

1 尊属殺重罰規定違憲訴訟 A+

刑法199条（当時）の規定する普通殺人罪の法定刑は、死刑・無期懲役または3年以上の有期懲役だったのに対し、刑法200条（当時）の規定する尊属殺

人罪の法定刑は、死刑・無期懲役に限定されていた。このように尊属殺人罪に重罰を科す刑法200条が、法の下の平等に反しないかが争われた刑事事件。

最高裁は、刑法200条の立法目的は「尊属に対する尊重報恩」という「自然的情愛ないし普遍的倫理の維持」であるとし、これは「刑法上の保護に値する」とした。

しかし、「刑法200条は、尊属殺の法定刑を死刑または無期懲役刑のみに限っている点において、その立法目的達成のため必要な限度を遥かに超え、普通殺に関する刑法199条の法定刑に比し著しく不合理な差別的取扱いをするもの」であり、憲法14条1項に反すると判示した（**最大判昭和48・4・4**）。

すなわち、目的には正当性があるが、手段の点で著しく不合理であるから、刑法200条は違憲であると判断したわけである。

なお、この判決は、最高裁による初の法令違憲判決（➡ 373ページ **1**）であるが、国会は判決から20年余にわたって刑法200条をそのまま放置し、平成7年の刑法口語化の際にようやく刑法200条を削除した。

2 議員定数不均衡訴訟 Ａ

いわゆる1票の重みの較差を争う一連の議員定数不均衡訴訟は、2回にわたって最高裁による違憲判決が出されるなど、大きな憲法問題となっている。

この一連の判例については、参政権の箇所で説明する（➡ 255ページ 2.）。

3 サラリーマン税金訴訟 B⁺

所得税法（当時）が、①給与所得について必要経費の実額控除を認めておらず、また、②給与所得について源泉徴収制を採用しているため所得の捕捉率が他の所得に比べて著しく高くなっているなど、事業所得者などと比べて、給与所得者に対して著しく不公平な税負担を課しているとして、給与所得者が憲法14条1項違反を争った行政事件。

最高裁は、「租税法の定立については、国家財政、社会経済、国民所得、国民生活等の実態についての正確な資料を基礎とする立法府の政策的、技術的な判断にゆだねるほかはなく、裁判所は、基本的にはその裁量的判断を尊重せざるを得ない」ので、「立法目的が正当なものであり、かつ、当該立法において具体的に採用された区別の態様が右目的との関連で著しく不合理であることが明

らかでない限り、その合理性を否定することができず」違憲でないとし、また、事業所得などと給与所得との間の所得捕捉率の較差も、正義衡平の観念に著しく反し長年恒常的に存在するものでない限り、本件課税規定を違憲ならしめるものとはいえないと判示した（**最大判昭和 60・3・27**）。

4　国籍法違憲訴訟　A+

　法律上の婚姻関係にない日本国籍の父とフィリピン共和国籍の母との間に日本国内で出生したＡが、出生後父から認知を受けたとして、国籍法３条１項（当時）に基づき、国籍取得届を法務大臣に提出した。しかし、同項が条件とする「父母の婚姻」を欠くとして、届出による日本国籍の取得は認められなかった。そこで、Ａが、同規定の「父母の婚姻」や「嫡出子たる身分を取得」という要件の部分が憲法 14 条１項に反して無効であるなどと主張して、日本国籍を有することの確認を求めた行政事件。

> 　まず、前提知識を説明します。民法では、未婚の父母（男女）の間に生まれた子は、「嫡出でない子」という身分を取得します。そして、その後に父母の婚姻と認知があれば、「嫡出子」という身分を取得することになります（民法 789 条）。この、父母の婚姻と認知により「嫡出子」という身分を取得する制度のことを、民法では準正といいます。
> 　そして、この事件当時の国籍法３条１項では、「父母の婚姻及びその認知により嫡出子たる身分を取得した子で 20 歳未満のもの（日本国民であつた者を除く。）は、認知をした父……が子の出生の時に日本国民であった場合において、その父……が現に日本国民であるとき……は、法務大臣に届け出ることによって、日本の国籍を取得することができる」と定められていました。
> 　つまり、未だ婚姻していない日本人の父と外国人の母の間に生まれた「嫡出でない子」は、その後に①父母が婚姻し、かつ②日本人の父から認知を受けることによって、嫡出子たる身分を取得すれば、法務大臣に届出をするという簡単な手続だけで日本国籍を取得することができると定められていたわけです。
> 　しかし、この事件の原告であるＡさんは、日本人の父から認知は受けたものの（②充足）、父母が婚姻していないため（①不充足）、届出による日本国籍の取得を否定されてしまいました。そこで、国籍法３条１項が「父母の婚姻」ないし「父母の婚姻により嫡出子たる身分を取得した」という要件を要求しているのは憲法 14 条１項に違反するとして争ったわけです。

　この事件で、最高裁は次のように述べ、国籍法３条１項のうち、父母の婚姻により嫡出子たる身分を取得したという要件の部分は違憲と判断した。

　まず、①「日本国籍は、我が国の構成員としての資格であるとともに、我が国において基本的人権の保障、公的資格の付与、公的給付等を受ける上で意味を持つ重要な法的地位」でもあること、および②「父母の婚姻により嫡出子た

る身分を取得するか否かということは、子にとっては自らの意思や努力によっては変えることのできない父母の身分行為に係る事柄」であることから、「このような事柄をもって日本国籍取得の要件に関して区別を生じさせることに合理的な理由があるか否かについては、慎重に検討することが必要である」。

そして、「我が国との密接な結び付きの指標となる一定の要件を設けて、これらを満たす場合に限り出生後における日本国籍の取得を認める」という「立法目的自体には、合理的な根拠」があり、かつ、国籍法3条1項の規定が設けられた当時の社会通念や社会的状況の下においては「認知に加えて準正を日本国籍取得の要件としたことには、上記の立法目的との間に一定の合理的関連性があった」といえるが、国内外における社会的環境の変化等により、「今日において、国籍法3条1項の規定は、日本国籍の取得につき合理性を欠いた過剰な要件を課するものとなっている」のであり、「立法目的との間において合理的関連性を欠く」から、憲法14条1項に違反する。

さらに、「日本国民である父と日本国民でない母との間に出生し、父から出生後に認知された子は、父母の婚姻により嫡出子たる身分を取得したという部分を除いた国籍法3条1項所定の要件が満たされるときは、同項に基づいて日本国籍を取得することが認められ」る（**最大判平成20・6・4**）。

> この判例のポイントは3つあります。
> 　第1のポイントは、①日本国籍という区別がかかわる法的地位の重要性と、②嫡出子か否かという区別事由とを総合的に考慮し、「慎重に検討することが必要」とした点です。「慎重に検討する」というのは、審査密度を高めるという意味だと思われます。すなわち、学説のように審査基準をセレクトするということはしないものの、①と②を理由として、あてはめの厳密さ、慎重さ、緻密さを上げると宣言したわけです。
> 　第2のポイントは、手段の合理性のあてはめにおいて、立法当時と今日とで合理的関連性の有無が異なると認めた点です。法律の合理性を支える事実を立法事実というのですが（**➡ 372ページ 3**）、この立法事実が、時代によって変化するということを正面から認めたわけです。この発想は、以後の判例でも用いられている重要な発想です。
> 　第3のポイントは、国籍法3条1項の全体を違憲無効とはせず、父母の婚姻により嫡出子の身分を取得した、という部分だけを違憲無効とした点です。こうした部分違憲とでもいうべき手法により、最高裁はAの国籍取得を認め、権利の救済を図ったのです。

5　嫡出でない子に対する法定相続分差別訴訟　A⁺

民法900条4号ただし書（当時）は、嫡出でない子の法定相続分を嫡出子の半分と定めていたところ、この規定が法の下の平等に反しないかが争われた民

事事件。

> 嫡出でない子とは、法律上の婚姻関係にない男女間に生まれた子をいいます。他方、嫡出子とは、法律上の婚姻関係にある男女間に生まれた子（準正によって嫡出子たる身分を取得した者を含む）をいいます。
> そして、この事件当時の民法900条4号は、嫡出でない子の法定相続分を、嫡出子の法定相続分の半分と定めていました。たとえば、300万円の遺産を残してＸが死亡した事案で、Ｘの法定相続人として嫡出子Ａと嫡出でない子Ｂのみがいる場合のAB の相続分は、嫡出子Ａが200万円であるのに対し、嫡出でない子Ｂはその半分の100万円とされていたわけです。果たして、この規定は合憲なのでしょうか。

ア　平成 7 年大法廷決定（合憲）

　最高裁は、平成 7 年の大法廷決定においては、「法定相続分の定めは、遺言による相続分の指定等がない場合などにおいて、補充的に機能する規定」であることなどから、「その立法理由に合理的な根拠があり、かつ、その区別が右立法理由との関連で著しく不合理なものでなく、いまだ立法府に与えられた合理的な裁量判断の限界を超えていないと認められる限り、合理的理由のない差別とはいえず、これを憲法 14 条 1 項に反するものということはできない」としたうえで、「法律婚の尊重と非嫡出子の保護の調整」という立法理由には合理的な根拠があり、かつ「非嫡出子の法定相続分を嫡出子の 2 分の 1 としたことが、右立法理由との関連において著しく不合理であり、立法府に与えられた合理的な裁量判断の限界を超えたものということはできない」として、合憲と判断した（最大決平成 7・7・5）。

イ　平成 25 年大法廷決定（違憲）

　しかし、その後の平成 25 年の大法廷決定で、最高裁は次のように述べ、違憲の判断を下した。

　まず、①「相続制度は、被相続人の財産を誰に、どのように承継させるかを定めるものであるが、相続制度を定めるに当たっては、それぞれの国の伝統、社会事情、国民感情なども考慮されなければならない。さらに、現在の相続制度は、家族というものをどのように考えるかということと密接に関係しているのであって、その国における婚姻ないし親子関係に対する規律、国民の意識等を離れてこれを定めることはできない。これらを総合的に考慮した上で、相続

制度をどのように定めるかは、立法府の合理的な裁量判断に委ねられているものというべきである。……立法府に与えられた上記のような裁量権を考慮しても、そのような区別をすることに合理的な根拠が認められない場合には、当該区別は、憲法14条1項に違反するものと解するのが相当である」。

上記**ア**の平成7年大法廷決定は合憲と判断しているが、「法律婚主義の下においても、嫡出子と嫡出でない子の法定相続分をどのように定めるかということについては、……［上記①］で説示した事柄を総合的に考慮して決せられるべきものであり、また、これらの事柄は時代と共に変遷するものでもあるから、その定めの合理性については、個人の尊厳と法の下の平等を定める憲法に照らして不断に検討され、吟味されなければならない」。

そして、「婚姻、家族の形態が著しく多様化しており、これに伴い、婚姻、家族の在り方に対する国民の意識の多様化が大きく進んでいる」し、「我が国以外で嫡出子と嫡出でない子の相続分に差異を設けている国は、欧米諸国にはなく、世界的にも限られた状況にある」。

また、平成7年大法廷決定は、本件規定の補充性も考慮事由としているが、「本件規定の補充性からすれば、嫡出子と嫡出でない子の法定相続分を平等とすることも何ら不合理ではないといえる上、遺言によっても侵害し得ない遺留分については本件規定は明確な法律上の差別というべきであるとともに、本件規定の存在自体がその出生時から嫡出でない子に対する差別意識を生じさせかねないことをも考慮すれば、本件規定が上記のように補充的に機能する規定であることは、その合理性判断において重要性を有しないというべきである」。

そして、「父母が婚姻関係になかったという、子にとっては自ら選択ないし修正する余地のない事柄を理由としてその子に不利益を及ぼすことは許されず、子を個人として尊重し、その権利を保障すべきであるという考えが確立されてきている」。

以上を総合すれば、「遅くとも A［原告］の相続が開始した平成13年7月当時においては、立法府の裁量権を考慮しても、嫡出子と嫡出でない子の法定相続分を区別する合理的な根拠は失われていた」のであり、「本件規定は、遅くとも平成13年7月当時において、憲法14条1項に違反していた」（**最大決平成25・9・4**）。

6 女性再婚禁止期間違憲訴訟 A⁺

　女性についてのみ、前婚の解消または取消しの日から6か月の再婚禁止期間を定める民法733条（当時）が、法の下の平等に反しないかが争われた民事事件。

　最高裁は、次のように述べ、100日を超える部分については違憲と判断した。

　まず、「婚姻をするについての自由は、憲法24条1項の規定の趣旨に照らし、十分尊重に値する」から、「婚姻制度に関わる立法として、婚姻に対する直接的な制約を課すことが内容となっている本件規定については、その合理的な根拠の有無について……事柄の性質を十分考慮に入れた上で検討をすることが必要」であるとし、「立法目的に合理的な根拠があり、かつ、その区別の具体的内容が上記の立法目的との関連において合理性を有するものであるかどうかという観点から憲法適合性の審査を行う」。

　そして、「本件規定の立法目的は、父性の推定の重複を回避し、もって父子関係をめぐる紛争の発生を未然に防ぐことにある」ところ、民法772条の規定上、「女性の再婚後に生まれる子については、計算上100日の再婚禁止期間を設けることによって、父性の推定の重複が回避される」ことになるから、「100日について一律に女性の再婚を制約することは、婚姻及び家族に関する事項について国会に認められる合理的な立法裁量の範囲を超えるものではなく、上記立法目的との関連において合理性を有するもの」ということができる。よって、「本件規定のうち100日の再婚禁止期間を設ける部分は、憲法14条1項にも、憲法24条2項にも違反するものではない」。

　他方、「本件規定のうち100日超過部分については、民法772条の定める父性の推定の重複を回避するために必要な期間ということはできない」。立法された当時においては、「国会に認められる合理的な立法裁量の範囲を超えるものであったとまでいうことはできない」が、「医療や科学技術が発達した今日においては、上記のような各観点から、再婚禁止期間を厳密に父性の推定が重複することを回避するための期間に限定せず、一定の期間の幅を設けることを正当化することは困難になった」。

　よって、「本件規定のうち100日超過部分は、遅くとも上告人が前婚を解消した日から100日を経過した時点までには……立法目的との関連において合理

性を欠くものになっていた」のであり、「上記当時において、同部分は、憲法14条1項に違反」し、また、「憲法24条2項にも違反するに至っていた」というべきである（**最大判平成27・12・16**）。

　最高裁は、「父性の推定の重複を回避し、もって父子関係をめぐる紛争の発生を未然に防ぐ」という立法目的を認定しつつ、6か月の再婚禁止期間のうち100日を超える部分は違憲としています。前提を含めて補足しておきましょう。

　まず、民法772条は、1項で「妻が婚姻中に懐胎した子は、夫の子と推定する」と定めています。そして、この「婚姻中に懐胎した」という要件については、2項で「婚姻の成立の日から200日を経過した後」または「婚姻の解消若しくは取消しの日から300日以内」に生まれた子は、「婚姻中に懐胎したものと推定する」と定めています。少しややこしい条文ですが、要するに、2項の要件が満たされると1項の要件が満たされるものと推定され、その結果、生まれた子は1項の効果として2項の「婚姻」にかかる夫の子と推定されるという構造になっているわけです。

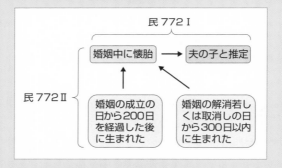

　では、たとえば女性Aが、Xと婚姻してから1年後に離婚し、その日のうちにYと再婚したところ、その離婚・再婚の日から250日後に子Bを出産した場合、この子Bの父は誰と推定されるのでしょうか。

　まず、Bが生まれたのは、AがYと再婚（婚姻）してから250日後ですから、「婚姻の成立の日から200日を経過した後」に生まれたという民法772条2項の要件を満たします。よって、AはBをYとの「婚姻中に懐胎した」と推定され、民法772条1項により、BはYの子と推定されます。

　しかし、Bが生まれたのは、AがXと離婚（＝婚姻を解消）してから250日後ですから、「婚姻の解消若しくは取消しの日から300日以内」に生まれたという民法772条2項の要件も満たします。よって、AはBをXとの「婚姻中に懐胎した」と推定され、民法772条1項により、BはXの子であるとも推定されます。

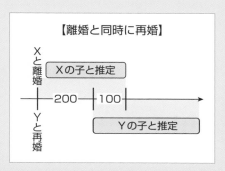

【離婚と同時に再婚】

X と離婚
X の子と推定
200 | 100
Y の子と推定
Y と再婚

　このように、離婚と同時に再婚を認めると、その後に生まれた子の父として推定される人が、100日間は複数になってしまいます。こうした事態を避けるためには、再婚禁止期間が必要なのです。これが、「父性の推定の重複を回避し、もって父子関係をめぐる紛争の発生を未然に防ぐ」という立法目的の意味です。

　ただし、その目的を達成するためには、100日間の再婚禁止期間で十分です。772条2項による推定が重なるのは、最大でも100日間だけだからです。たとえば、A が X と離婚してから101日後に Y と再婚（婚姻）し子 B を出産した場合、B が生まれたタイミングによって、B は X の子と推定されたり、Y の子と推定されたりすることになりますが、推定の重複は生じません。

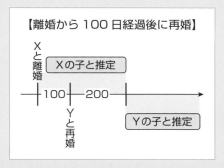

【離婚から100日経過後に再婚】

X と離婚
X の子と推定
100 | 200
Y と再婚
Y の子と推定

　そのため、最高裁は、6か月の再婚禁止期間のうち、100日を超える再婚禁止期間の部分については、立法目的との関連において合理性を欠き、違憲と判断したわけです。

5. アファーマティブ・アクション A

1 意義

　アファーマティブ・アクションとは、これまで社会において差別されてきた人々の社会的地位を向上させるべく、これらの人々に対して優先的な処遇を与える措置をいう。ポジティブ・アクション、積極的差別是正措置ともよばれる。

　たとえば、国立大学への入学に関し、人種的マイノリティの優先枠を設ける場合が、アファーマティブ・アクションの典型である。

2 アファーマティブ・アクションの問題点

　アファーマティブ・アクションは、いわば「平等のための差別」という逆説的性格を有する。

　すなわち、アファーマティブ・アクションは、①社会において差別されてきた人々の社会的地位を向上させ、実質的平等を実現することを目的とする措置であるものの、②その手段としてのマイノリティに対する優遇措置は、裏を返せば、マジョリティへの劣遇措置すなわちマジョリティに対する差別に他ならないのである。このマジョリティに対する差別を、逆差別という。

　　では、論文試験でアファーマティブ・アクションの事案が出題された場合、どのように処理すればいいのでしょうか。
　　考えられる方法としては、大別して、①審査基準（または審査密度）は原則どおり書き、あてはめで初めて考慮する、という方法と、②**審査基準（または審査密度）を緩める**事情として考慮し、あてはめでも考慮する、という2通りの方法があります。どちらが正解というわけではありませんから、その場その場で判断すればいいのですが、原則としては②がおすすめです。

　なお、アメリカの判例では、人種的マイノリティに特別枠を設けた大学の特別入学制度（いわゆる割当方式）について、違憲としたものがある（バッキ事件）。他方、人種的マイノリティであることを有利な一要素として考慮するという制度（いわゆる考慮方式）は、当事者の諸事情を柔軟にかつ総合的に考慮するものであれば、これを許容する傾向にある。

6. 家族生活における平等

憲法24条は、家族生活における個人の尊厳と両性の本質的平等を規定する。

この規定を受けて、民法の家族法が戦後間もなく全面改正されたが、今でも問題のある規定がいくつか残っている。

1 婚姻適齢における性差別 B

まず、男性は18歳、女性は16歳にならなければ婚姻をすることができないと定めていた平成30（2018）年改正前民法731条は、合理的な根拠を見出し得ない性差別を定めた規定であり、違憲とする見解が通説だった。

もっとも、現在では、男女ともに18歳にならなければ婚姻をすることができないと改正されたため、婚姻適齢における不合理な性差別は立法解決された。

2 夫婦同姓の強制 B+

次に、夫婦の同姓を強制する民法750条が、憲法13条、14条1項、24条に反するのではないかという問題がある。

学説では、婚姻に際して現実に改姓するのはほとんどの場合女性であり、かつ、改姓によってそれまでの社会的活動の成果が断絶してしまうという重大な問題もあることから、民法750条は違憲であり、選択的夫婦別姓を認めるべきとする見解が有力である。

しかし、**最大判平成27・12・16**は次のように述べ、民法750条を合憲とした。

① 13条に違反するかについて

「氏名は、社会的にみれば、個人を他人から識別し特定する機能を有するものであるが、同時に、その個人からみれば、人が個人として尊重される基礎であり、その個人の人格の象徴であって、人格権の一内容を構成するもの」である。

しかし、「氏に、名とは切り離された存在として社会の構成要素である家族の呼称としての意義があることからすれば、氏が……婚姻を含めた身分関係の

変動に伴って改められることがあり得ることは、その性質上予定されている」から、「婚姻の際に『氏の変更を強制されない自由』が憲法上の権利として保障される人格権の一内容であるとはいえない。本件規定は、憲法13条に違反するものではない」。

② 14条1項に違反するかについて

「本件規定は、夫婦が夫又は妻の氏を称するものとしており、夫婦がいずれの氏を称するかを夫婦となろうとする者の間の協議に委ねているのであって、その文言上性別に基づく法的な差別的取扱いを定めているわけではなく、本件規定の定める夫婦同氏制それ自体に男女間の形式的な不平等が存在するわけではない。我が国において、夫婦となろうとする者の間の個々の協議の結果として夫の氏を選択する夫婦が圧倒的多数を占めることが認められるとしても、それが、本件規定の在り方自体から生じた結果であるということはできない」。

「したがって、本件規定は、憲法14条1項に違反するものではない」。

③ 24条に違反するかについて

「婚姻前に築いた個人の信用、評価、名誉感情等を婚姻後も維持する利益等は、憲法上の権利として保障される人格権の一内容であるとまではいえないものの、……氏を含めた婚姻及び家族に関する法制度の在り方を検討するに当たって考慮すべき人格的利益であるとはいえる」。

「婚姻によって氏を改める者にとって、そのことによりいわゆるアイデンティティの喪失感を抱いたり、婚姻前の氏を使用する中で形成してきた個人の社会的な信用、評価、名誉感情等を維持することが困難になったりするなどの不利益を受ける場合がある……。そして、氏の選択に関し、夫の氏を選択する夫婦が圧倒的多数を占めている現状からすれば、妻となる女性が上記の不利益を受ける場合が多い状況が生じているものと推認できる。さらには、夫婦となろうとする者のいずれかがこれらの不利益を受けることを避けるために、あえて婚姻をしないという選択をする者が存在することもうかがわれる」。「しかし、夫婦同氏制は、婚姻前の氏を通称として使用することまで許さないというものではなく、近時、婚姻前の氏を通称として使用することが社会的に広まっているところ、上記の不利益は、このような氏の通称使用が広まることにより一定程度は緩和され得るものである」。

「以上の点を総合的に考慮すると、本件規定の採用した夫婦同氏制が、夫婦

が別の氏を称することを認めないものであるとしても、上記のような状況の下で直ちに個人の尊厳と両性の本質的平等の要請に照らして合理性を欠く制度であるとは認めることはできない。したがって、本件規定は、憲法24条に違反するものではない」(**最大判平成27・12・16**)。

なお、その後の最決令和3・6・23でも、最高裁は夫婦の同姓を強制する民法750条を合憲としている。

3 同性間婚姻の許容性 B

憲法24条1項は、「婚姻は、両性の合意のみに基いて成立し」と規定しており、異性間婚姻のみを前提としているようにも見える。

しかし、この規定は、婚姻するのに戸主の同意が必要とされた明治憲法下の家制度を否定するという趣旨の規定であり、同性間婚姻を禁止するという趣旨の規定ではないと解するのが妥当であろう。

したがって、少なくとも、民法を改正して同性間婚姻を認めることは憲法上許容されると解される。

さらに、同性間婚姻の自由が憲法13条により保障されるとする見解も有力である。

第 3 章

精神的自由権その１

1. 思想・良心の自由

1 趣旨 Ａ

　日本国憲法は、19条で「思想及び良心の自由は、これを侵してはならない」と定め、思想・良心の自由を明文で保障している。

　諸外国の憲法では、思想・良心の自由を、信教の自由や表現の自由とは別に、独立の条文で保障する例はあまり見られない。これは、信教の自由や表現の自由を保障すれば、当然に思想・良心の自由も保障されることになると、一般に解されているからである。

　これに対し、日本国憲法は、明治憲法下において特定の思想を弾圧した歴史に対する反省に基づき、特に独立の条文を設けて、思想・良心の自由を厚く保障している。

　そして、思想・良心は、それが内面にとどまる限り、他者の人権などと衝突する可能性はない。したがって、思想・良心の自由は、それが内面にとどまる限り絶対的に自由であり、制限は許されないと解されている。

2 保障範囲──思想・良心の意義 Ｂ⁺ ➡論証13

ア　内心説と信条説

　19条によって保障される「思想及び良心」の意義については、①特に限定を加えず、人の内心におけるものの見方ないし考え方一般を意味するとする見解（内心説）と、②世界観・人生観など、個人の人格形成活動に関連のある内心

の活動に限定されるとする見解（信条説）とが対立している。

　このうち、通説は、②の信条説である。①の内心説のように広く解しては、どんな事柄でも内心にある限り思想・良心ということになってしまい、思想・良心の自由の有する高位の価値を希薄にしてしまいかねないからである。

イ　謝罪広告の強制の可否

　以上の見解の対立は、裁判所が判決により謝罪広告を命ずることができるか、というかたちで具体化することが多い。

　①の内心説からは、謝意も思想・良心の内容となる以上、その表明たる謝罪広告の強制は、思想・良心の自由を侵害するものとして許されないことになる。

　これに対し、通説である②の信条説からは、一般道徳上・常識上の事物の是非・善悪の判断は思想・良心の内容には含まれないことになる。したがって、一般道徳上・常識上の事物の是非・善悪の判断にとどまる程度の内容の謝罪広告を強制したとしても、思想・良心の自由を侵害することにはならない。

　最高裁も、謝罪広告強制事件において、「単に事態の真相を告白し陳謝の意を表明するに止まる程度」であればという留保をつけつつ、裁判所が判決で謝罪広告を強制しても合憲であると判示しており（**最大判昭和 31・7・4**）、信条説に立っているものと思われる。

> 　事物の是非・善悪の判断は、その人の世界観・人生観と関連するように思えるかもしれません。
> 　しかし、「一般的・常識的に見て、悪いことをした」という判断は、個人の世界観・人生観とは直接的な関連性がありません。「私個人としては正しいことだったと考えている」ということと、「一般的・常識的には悪いことだった」という判断とは、十分に両立するからです。
> 　それゆえ、思想・良心の内容を個人の世界観・人生観に限定する信条説からは、一般道徳上・常識上の事物の是非・善悪の判断は、思想・良心の内容には含まれないことになり、「単に事態の真相を告白し陳謝の意を表明するに止まる程度」の謝罪広告を裁判所が強制しても、19 条に反せず合憲であると考えていくことになるのです。

3　制約の態様と合憲性　B+

　思想・良心の自由に対する制約としては、①思想の強制、②思想に基づく不利益処遇、③思想の告白の強制、④思想に反する行為の強制、という 4 つの態様がありうる。

そして、公権力による①から③は、憲法が絶対的に禁止していると解される一方、④は許容される場合がありうると解されている。それぞれを説明しよう。

ア　思想の強制

公権力が特定の思想を個人に強制することは、19条によって絶対的に禁止されている。もし公権力が思想を強制すれば、当然に違憲である。

なお、ドイツ連邦共和国基本法（ボン基本法）では、ナチスドイツ時代に対する反省から、いわゆる「戦う民主主義」が採用されており、民主主義に反する思想を有する者は表現の自由などを喪失する旨規定されている。

しかし、日本国憲法では、個人が民主主義に反する思想をもつ自由も保障されており、個人に民主主義思想を強制することは許されない。

イ　思想に基づく不利益処遇

公権力が、特定の思想を有する個人に対し、特定の思想を有することを理由に不利益を課すことも、19条によって絶対的に禁止されている。もし公権力がこれをなせば、当然に違憲である。

この点に関する重要な（そしてその内容について疑問の多い）判例として、麹町中学内申書事件がある。

これは、公立中学校が作成した内申書に「校内において、麹町中全共闘を名乗り、……ビラまきを行った。大学生 ML 派（筆者注：マルクス・レーニン派）の集会に参加している」などと書かれた生徒 A が、かかる記載が理由で都立高校を含むすべての高校入試に不合格になったとして、地方公共団体を相手取って国家賠償法にもとづく損害賠償を請求した事件である。

最高裁は、「いずれの記載も、A の思想、信条そのものを記載したものでないことは明らかであり、右の記載に係る外部的行為によっては A の思想、信条を了知し得るものではない」とし、また、「A の思想、信条自体を高等学校の入学者選抜の資料に供したものとは到底解することができない」として、A の請求を排斥した（最判昭和 63・7・15）。

この判例は、学説から強く批判されています。
たしかに、本件の内申書の記載について、最高裁が「A の思想、信条そのものを記載した

ものでない」としている点は、まさにそのとおりです。しかし、「右の記載に係る外部的行為によってはAの思想、信条を了知し得るものではない」としている点は、明らかに誤りでしょう。本件のような記載があれば、生徒Aが共産主義思想を有していることは、誰にでもわかるはずです。

そして、公立高校が受験生の思想を理由として不合格とすることは、思想にもとづく不利益処遇にあたり、19条（および14条1項）によって禁止されています。

そうだとすれば、公立中学校が公立高校に対して受験生の思想を知らせることも、やはり禁止されていると解するのが筋です。

このように考えれば、本件の記載は違憲・違法なものといわざるを得ないでしょう。

ウ 思想の告白の強制

公権力が、個人に思想の告白を強制することも、19条によって絶対的に禁止されている。いいかえれば、思想についての沈黙の自由は、19条によって絶対的に保障されるわけである。

思想に基づく不利益処遇を伴う場合（➡上記イ）はもとより、たとえ不利益処遇を伴わない場合でも、もし公権力が思想の告白を強制すれば、当然に違憲である。

したがって、たとえば江戸時代の踏み絵のように、公権力が個人の思想内容を推知するために行う処分は、およそ許されない。

なお、事実についての沈黙の自由は、19条の問題ではなく、表現の自由を定めた21条1項の問題である。したがって、一定の制約は許されうる。たとえば、訴訟における証人には原則として証言義務が課せられているが（刑事訴訟法160条、161条、民事訴訟法200条）、この制約は合憲と解されている。

エ 思想に反する行為の強制

公権力が、個人に対してその思想に反する行為を強制することができるかについては、重要な2つの判例がある。

以下、検討していこう。

(ア)「君が代」ピアノ伴奏拒否戒告事件（最判平成19・2・27）

市立X小学校の校長が、音楽専科の教諭Aに対し、入学式における国歌斉唱の際に「君が代」のピアノ伴奏を行うよう命ずる職務命令を出したところ、教諭Aがピアノ伴奏を拒否したため、戒告処分を受けた事件。本件職務命令が19条に違反するかが争われた。

最高裁は、次のように述べ、本件職務命令は19条に反しないと判示した。

　「本件入学式の国歌斉唱の際のピアノ伴奏を拒否することは、上告人〔教諭A。以下同じ〕にとっては、……歴史観ないし世界観に基づく一つの選択ではあろうが、一般的には、これと不可分に結び付くものということはできず、上告人に対して本件入学式の国歌斉唱の際にピアノ伴奏を求めることを内容とする本件職務命令が、直ちに上告人の有する上記の歴史観ないし世界観それ自体を否定するものと認めることはできない」。

　「客観的に見て、入学式の国歌斉唱の際に『君が代』のピアノ伴奏をするという行為自体は、音楽専科の教諭等にとって通常想定され期待されるものであって、上記伴奏を行う教諭等が特定の思想を有するということを外部に表明する行為であると評価することは困難なものであり、特に、職務上の命令に従ってこのような行為が行われる場合には、上記のように評価することは一層困難であるといわざるを得ない」。

　「本件職務命令は、上記のように、公立小学校における儀式的行事において広く行われ、X小学校でも従前から入学式等において行われていた国歌斉唱に際し、音楽専科の教諭にそのピアノ伴奏を命ずるものであって、上告人に対して、特定の思想を持つことを強制したり、あるいはこれを禁止したりするものではなく、特定の思想の有無について告白することを強要するものでもなく、児童に対して一方的な思想や理念を教え込むことを強制するものとみることもできない」。

　この判例については、①本件では思想・良心の自由に対する制約自体がないと認定したと見る判例解釈と、②制約はあるが正当と判断したと見る判例解釈が、それぞれ主張されている。

(イ) 国歌斉唱不起立事件（最判平成23・5・30）

　都立高校の校長が、同校に勤務する教諭Bに対し、卒業式における国歌斉唱の際に起立斉唱するよう命ずる職務命令を出したところ、同教諭が拒否したため、戒告処分などを受けた一連の事件。本件職務命令が19条に反するかなどが争われた。

　最高裁は、次のように述べ、本件職務命令は思想・良心の自由を直ちに制約するものではないとしつつ（➡下記①）、思想・良心の自由についての間接的な制約となる面があることを認めた（➡下記②）。

そして、間接的な制約が許されるかは、制約を許容し得る程度の必要性および合理性が認められるか否かという観点から判断するべきであるとし（➡下記③）、結論として19条に違反しないとした（➡下記④、⑤）。

　①「本件職務命令当時、公立高等学校における卒業式等の式典において、国旗としての『日の丸』の掲揚及び国歌としての『君が代』の斉唱が広く行われていたことは周知の事実であって、学校の儀式的行事である卒業式等の式典における国歌斉唱の際の起立斉唱行為は、一般的、客観的に見て、これらの式典における慣例上の儀礼的な所作としての性質を有するものであり、かつ、そのような所作として外部からも認識されるものというべきである。したがって、上記の起立斉唱行為は、その性質の点から見て、上告人［教諭B。以下同じ］の有する歴史観ないし世界観を否定することと不可分に結び付くものとはいえず、上告人に対して上記の起立斉唱行為を求める本件職務命令は、上記の歴史観ないし世界観それ自体を否定するものということはできない。また、……本件職務命令は、特定の思想を持つことを強制したり、これに反する思想を持つことを禁止したりするものではなく、特定の思想の有無について告白することを強要するものということもできない。そうすると、本件職務命令は、これらの観点において、個人の思想及び良心の自由を直ちに制約するものと認めることはできない」。

　②「もっとも、上記の起立斉唱行為は、教員が日常担当する教科等や日常従事する事務の内容それ自体には含まれないものであって、一般的、客観的に見ても、国旗及び国歌に対する敬意の表明の要素を含む行為であるということができる。そうすると、自らの歴史観ないし世界観との関係で否定的な評価の対象となる『日の丸』や『君が代』に対して敬意を表明することには応じ難いと考える者が、これらに対する敬意の表明の要素を含む行為を求められることは、その行為が個人の歴史観ないし世界観に反する特定の思想の表明に係る行為そのものではないとはいえ、個人の歴史観ないし世界観に由来する行動（敬意の表明の拒否）と異なる外部的行為（敬意の表明の要素を含む行為）を求められることとなり、その限りにおいて、その者の思想及び良心の自由についての間接的な制約となる面があることは否定し難い」。

　③「そこで、このような間接的な制約について検討するに、個人の歴史観ないし世界観には多種多様なものがあり得るのであり、それが内心にとどまら

ず、それに由来する行動の実行又は拒否という外部的行動として現れ、当該外部的行動が社会一般の規範等と抵触する場面において制限を受けることがあるところ、その制限が必要かつ合理的なものである場合には、その制限を介して生ずる上記の間接的な制約も許容され得るものというべきである。……このような間接的な制約が許容されるか否かは、職務命令の目的及び内容並びに上記の制限を介して生ずる制約の態様等を総合的に較量して、当該職務命令に上記の制約を許容し得る程度の必要性及び合理性が認められるか否かという観点から判断するのが相当である」。

④「これを本件についてみるに、……本件職務命令は、公立高等学校の教諭である上告人に対して当該学校の卒業式という式典における慣例上の儀礼的な所作として国歌斉唱の際の起立斉唱行為を求めることを内容とするものであって、高等学校教育の目標や卒業式等の儀式的行事の意義、在り方等を定めた関係法令等の諸規定の趣旨に沿い、かつ、地方公務員の地位の性質及びその職務の公共性を踏まえた上で、生徒等への配慮を含め、教育上の行事にふさわしい秩序の確保とともに当該式典の円滑な進行を図るものであるということができる」。

⑤「以上の諸事情を踏まえると、本件職務命令については、前記のように外部的行動の制限を介して上告人の思想及び良心の自由についての間接的な制約となる面はあるものの、職務命令の目的及び内容並びに上記の制限を介して生ずる制約の態様等を総合的に較量すれば、上記の制約を許容し得る程度の必要性及び合理性が認められるものというべきである」。

なお、この判例の後に、最高裁は、起立斉唱などを命ずる職務命令に反した教職員に対する懲戒処分として、減給や停職を選択するためには、当該処分を選択することの相当性を基礎づける具体的な事情が認められることが必要であると判示しており、戒告を超える懲戒処分について抑制的な態度をとっている（最判平成24・1・16）。

　上記（イ）の判例の最大のポイントは、国歌斉唱の際に起立斉唱するよう命ずる職務命令は、思想・良心の自由に対する**直接的な制約ではなく**（⇒上記①）、**間接的な制約にとどまる**とした点です（⇒上記②）。
　では、直接的な制約と間接的な制約は、どのように区別されるのでしょうか。判決文を読む限り、この判例は「歴史観ないし世界観それ自体を否定する」こと、「特定の思想を持つ

ことを強制」すること、「これに反する思想を持つことを禁止」することや、「特定の思想の有無について告白することを強制する」ことを、直接的な制約と位置づけています（➡上記①）。つまり、前述した思想・良心の自由に対する制約の態様のうち、**思想の強制**（➡ 151 ページ **3** の①）や**思想の告白の強制**（➡ 151 ページ **3** の③）は、直接的な制約にあたるとしたわけです。なお、思想にもとづく不利益処遇（➡ 151 ページ **3** の②）については言及していませんが、これも直接的な制約にあたると解するのが通説です。

　そして、この判例は、本件のように「個人の歴史観ないし世界観に由来する行動（敬意の表明の拒否）と異なる外部的行為（敬意の表明の要素を含む行為）」を求めることは、思想・良心の自由に対する間接的な制約にあたるとしました（➡上記②）。つまり、前述した思想・良心の自由に対する制約の態様のうち、**思想に反する行為の強制**（➡ 151 ページ **3** の④）は、思想・良心の自由に対する間接的な制約にとどまるとしたわけです。

　思想の自由に対する制約の態様について、この判例を通じてしっかりと確認しておきましょう。

2. 信教の自由

1　趣旨　B+

　宗教は、信者にとっては人格の核心をなすものといえることから、信教の自由は各国の憲法で等しく保障されている。

　日本国憲法においても、明治憲法下での反省にもとづき、20 条 1 項前段で「信教の自由は、何人に対してもこれを保障する」と定め、また 20 条 2 項で「何人も、宗教上の行為、祝典、儀式又は行事に参加することを強制されない」と定めて、信教の自由を厚く保障している。

　明治憲法においても、信教の自由は保障されていました（明憲 28 条）。しかし、他の権利と異なり、**法律の留保が規定されていなかった**ことから、信教の自由は**法律によらずに制限できる**と解釈され、実際にキリスト教や大本教などが弾圧されました。

　他方、「神社は宗教にあらず」の標語の下、神道は国教として優遇され、国家主義や軍国主義の精神的支柱となっていきました。

　こうした歴史に対する反省に基づいて、日本国憲法は、個人の信教の自由を厚く保障しているのです。

2 保障範囲 B⁺

20条1項前段が保障する信教の自由は、①信仰の自由、②宗教的行為の自由、③宗教的結社の自由をその保障範囲（内容）とする。

ア 信仰の自由

信仰の自由とは、内心において宗教を信仰し、または信仰しないこと、および信仰する宗教を選択し、または変更することについて、個人が任意に決定する自由をいう。

イ 宗教的行為の自由

宗教的行為の自由とは、宗教上の祝典、儀式、行事その他の行為を任意に行う自由をいう。

宗教的行為をしない自由、宗教的行為への参加を強制されない自由を含む。20条2項はこの点を重ねて強調している。

ウ 宗教的結社の自由

宗教的結社の自由とは、宗教団体を結成する自由、およびそれに加わる自由をいう。

宗教団体を結成しない自由、宗教団体に加わらない自由を含む。

3 制約と正当性 B⁺

ア 制約の可否

以上の信教の自由のうち、信仰の自由は、思想・良心の自由と同じく、内心にとどまる限りは絶対的に自由であり、これに対する制限は許されない。

他方、宗教的行為の自由と宗教的結社の自由については、外部的な行為を伴うことから、公共の福祉による制約がありうる。

イ 規制態様と制約の有無

（ア）狙いうち規制

信教の自由に対する規制の態様としては、まず、特定の宗教を狙いうちにし

た規制がある。

たとえば、特定の宗教の信者であることを理由として、公務員としての採用を拒否する場合がこれにあたる。

こうした狙いうち規制は、当然、信教の自由に対する制約にあたる。

（イ）中立的・一般的規制

次に、規制としては宗教中立的であるものの、それが特定の宗教の信者に重い負担となる場合がある。

たとえば、公立学校で剣道を必修科目にするという措置は、特定の宗教を狙いうちするものではなく、宗教中立的・一般的な措置といえる。しかし、絶対的平和主義を標榜する「エホバの証人」の信者たる生徒に対しては、学校側が意図したものではないにしても、とりわけ重い負担を課すことになる（➡ 161 ページ（オ））。

このような中立的・一般的規制ないし措置が、信教の自由に対する制約にあたるかについては争いがあるが、信教の自由に対して実質的負担を課すものである限り、間接的ながらも制約にあたると解するべきであろう。

ウ　正当性──違憲審査基準

では、制約にあたる場合、その制約の正当性を判断する違憲審査基準は、いかなるものが妥当するか。

まず、宗教的行為の自由や宗教的結社の自由は、信者にとって人格の核心をなす自由であり、また、内面的な信仰の自由に深くかかわる問題であることから、その制約には慎重な対処が求められる。この点からは、厳格審査基準との親和性が高い。

ただし、規制態様によっては、厳格性をやや緩和する必要がある。たとえば、間接的な制約（前述の中立的・一般的規制はこれにあたると解してよい）については、多くの場合中間審査基準が妥当することとなろう。

エ　判例

信教の自由に関する重要判例を、年代順に見ていこう。

（ア）加持祈祷事件

真言宗の僧侶が、被害者の親族からの依頼に基づき精神病を患う被害者に対

して線香護摩による加持祈祷を行い、被害者を殴打した結果、被害者を死亡させたとして傷害致死罪に問われた刑事事件。

最高裁は、被告人の行為が「一種の宗教行為としてなされたものであったとしても……著しく反社会的なものであることは否定し得ない」として、「憲法20条1項の信教の自由の保障の限界を逸脱したもの」とし、下級審による有罪判決を支持した（**最大判昭和38・5・15**）。

> 最高裁は、本件の僧侶の行為を「信教の自由の保障の限界を逸脱したもの」としています。この文言を素直に読む限り、本件の僧侶の行為は、そもそも**20条1項の保障の範囲外**にあると考えているといっていいでしょう。
> したがって、もし同様の事案が出題された場合は、保障の有無のレベル（➡ 96ページ **1**）で検討することになります。

（イ）牧会活動事件

捜査機関から犯罪の嫌疑を受けて逃走中の高校生を教会に1週間宿泊させ、説得の末警察に任意出頭させた牧師が、犯人蔵匿罪に問われた刑事事件。

神戸簡裁は、宗教的行為に対する制約は「最大限に慎重な配慮」を要するとし、牧師の行為を「正当な業務行為として罪とならない」と判示した（**神戸簡判昭和50・2・20**）。

（ウ）日曜日授業参観事件

公立小学校の児童が、日曜日に開催されている教会学校に出席したため、同じ日に行われた公立小学校の日曜参観授業に欠席したところ、欠席の扱いを受けたことを不服とした児童とその両親（牧師）が、欠席処分の取消しなどを求めて争った行政事件。

東京地裁は、宗教的行為に参加する児童に対する出席の免除は「公教育の宗教的中立性を保つ上で好ましいことではない」として、児童とその両親の請求を排斥した（**東京地判昭和61・3・20**）。

> この事件では、そもそも信教の自由に対する制約がないと解するのが妥当です。日曜日に授業参観を行うというのは宗教中立的・一般的な措置ですし、また、問題となった授業の日数は1日だけであり、児童側が受ける不利益は1日欠席の扱いを受ける（指導要録に欠席と記載される）ことだけである以上、実質的な負担もないというべきだからです（➡ 159ページ（イ）参照）。

（エ）宗教法人オウム真理教解散命令事件

　大量殺人を目的として毒ガスであるサリンの生成を企て、宗教法人への解散命令の要件を定める宗教法人法 81 条に該当する行為を行なったとして、オウム真理教への解散命令が請求された事件。かかる解散命令の合憲性が争われた。

　最高裁は、解散命令が出たとしても、信者が法人格を有しない宗教団体を存続させたり、または新たな宗教団体を結成したりすることが妨げられるわけではないとしつつも、なお宗教法人に対する法的規制は、「信教の自由の重要性に思いを致し、憲法がそのような規制を許容するものであるかどうかを慎重に吟味しなければならない」とした。

　しかし、①解散命令の制度は、「宗教団体や信者の精神的・宗教的側面に容かいする意図によるものではなく」、また、②解散命令によって、オウム真理教やその信者らが行う宗教上の行為に何らかの支障を生ずることが避けられないとしても、「その支障は、解散命令に伴う間接的で事実上のものであるにとどまる」から、「必要でやむを得ない法的規制」であるとし、さらに③解散命令は裁判所の司法審査によって発せられたものであるから手続の適正も担保されているとして、解散命令は信教の自由を侵害しないとした（**最決平成 8・1・30**）。

（オ）剣道実技拒否事件

　絶対平和主義を標榜する宗教「エホバの証人」の信者である市立学校の学生 A は、教義にもとづき必修科目の体育の剣道実技を拒否したため、原級留置処分、次いで退学処分を受けた。そこで、A が、これらの処分は A の信教の自由を侵害すると主張し、処分の取消しを求めて争った行政事件。

　最高裁は、①剣道実技の履修は「必須のものとまではいい難く」、体育科目の教育目的は「他の体育科目の履修などの代替的方法」を採ることで達成可能であることを前提に、②他の学生に不公平感を生じさせない適切な方法、態様による代替措置を採ったとしても、それが「目的において宗教的意義を有し、特定の宗教を援助、助長、促進する効果を有するものということはできず、他の宗教者又は無宗教者に圧迫、干渉を加える効果があるともいえない」として、代替措置を採らずに下された退学処分は「裁量権の範囲を超える違法なもの」であると判示した（**最判平成 8・3・8**）。

この判例のポイントは、たとえば剣道実技の代わりにランニングをさせるなどの代替措置を学校が採った場合、それが次に学ぶ**政教分離の原則に反するか**否かです。

もし政教分離の原則に反するならば、そうした代替措置を採らずになした退学処分はやむを得ないものとして、学校の裁量権の範囲内の行為といえます。これに対し、もし代替措置を採っても、政教分離の原則に反しないのであれば、代替措置を採らずになした退学処分は、裁量権の範囲を超える違法なものとなります。

この点につき、最高裁は、津地鎮祭事件判決の**目的効果基準**（➡ 164 ページイ）を用いて、後者の判断をしたわけです。論文試験との関係でも重要な判例ですから、政教分離の原則を学んだあとに、もう 1 度検討してみてください。

3. 政教分離の原則

20 条は、1 項前段で人権としての信教の自由を定めるほか、1 項後段・3 項で、政教分離の原則をも定めている。

この政教分離の原則は、個人の人権そのものではなく、制度的保障（➡ 70 ページ2.）であるが（通説）、便宜上、ここで検討する。

1　意義　A

政教分離とは、国家の非宗教性ないし宗教的中立性をいう。

憲法は、① 20 条 1 項後段で「いかなる宗教団体も、国から特権を受け、又は政治上の権力を行使してはならない」とし、宗教団体への特権の付与と、宗教団体の政治的権力行使を禁止する。

また、② 20 条 3 項で「国及びその機関は、宗教教育その他いかなる宗教的活動もしてはならない」とし、国家が宗教とかかわり合うことを禁止する。

これらの規定により、日本国憲法は政教分離の原則を定めているわけである。

そして、さらに③ 89 条前段で「宗教上の組織若しくは団体」への公金支出を禁止し、政教分離の原則を財政面から裏づけている。

これら 3 つの条文は、すぐに探せるようにしておこう。

2　各国の形態　Ⓑ

　各国における国家と宗教のかかわり合いの形態としては、主に次の3つがあるとされる。

　　①　国教制度を採用しつつ、国教以外の他の宗教の自由を認めるイギリス型。

　　②　国家と宗教団体を分離しつつも、教会に公法上の団体としての特別の地位を認め、国家と教会が競合する事項については政教条約（コンコルダート）を締結し、それに基づいて処理するイタリア・ドイツ型。

　　③　国家と宗教を分離し、宗教団体を他の私的団体と同様に扱うアメリカ型。

　日本国憲法における政教分離は、③のアメリカ型に属する。

3　趣旨　Ⓐ

　日本国憲法における政教分離の原則は、①信教の自由の確保と②歴史的反省を、その主な趣旨とする。

ア　信教の自由の確保

　まず、国家が宗教と一体化してしまうと、国教と異なる宗教に対する弾圧が始まることになりかねない。そこで、憲法は、信教の自由の保障を確保するべく、政教分離の原則を採用したと解することができる。

　最高裁も、津地鎮祭事件において、政教分離は「国家と宗教との分離を制度として保障することにより、間接的に信教の自由の保障を確保しようとするもの」としている（**最大判昭和52・7・13**）。この点は覚えておこう。

イ　歴史的反省

　また、明治憲法下の日本では、神道を国教とし、国家主義や軍国主義の精神的支柱として利用してきたという苦い過去の歴史がある。

　こうした過去の歴史に対する反省も、政教分離の原則の趣旨ということができる。

さらに、3つ目の趣旨として、宗教が堕落することを防止する、という点を指摘する見解もあります。国家と宗教が一体化すると、宗教が堕落してしまうので、これを防止するために政教分離の原則が採用されているのだ、と考えるわけです。しかし、この3つ目の趣旨は、答案ではあまり書きません。短答式試験用に一応知っておく程度で十分でしょう。

4　限界と判断基準 　**A**

ア　限界

　以上の趣旨からすれば、憲法は、国家と宗教との完全な分離を理想としているといえる。

　しかし、国家と宗教との完全な分離を実現することは実際上不可能に近く、また、完全な分離はかえって様々な不都合を生じさせることになる。

　そこで、政教分離にも限界があると解するべきである。

　完全な分離を実現しようとすると、たとえば、京都の寺院などに対して、文化財保護を目的とした補助金を交付することすらできなくなってしまいますし、また、刑務所で宗教家に教誨を頼むこともできなくなってしまいます。そうした事態は明らかに不都合ですから、政教分離にも一定の限界があると解していくわけです。

イ　目的効果基準——津地鎮祭事件　➡論証14

　では、政教分離に反するか否かを、いかなる基準によって判断するべきか。

　この点についてのリーディングケースは、津地鎮祭事件である。

　詳しくは後述するが（➡167ページ**7 ア**）、この事件で最高裁は、20条3項が禁止する「宗教的活動」とは、①行為の目的が宗教的意義をもち、②その効果が宗教に対する援助、助長、促進または圧迫、干渉等になる行為をいう、との基準を採用した（**最大判昭和52・7・13**）。

　この基準は、問題となる行為の目的と効果についてチェックする基準であることから、目的効果基準とよばれている。答案にもしばしば書くので、しっかりと覚えておこう。

　ここで、目的効果基準のあてはめ方を簡単に検討しておきましょう。
　たとえば、公立小学校の先生が、12月末の終業式の時にお楽しみ会を開き、時節柄、公費を使って教室にクリスマスツリーを飾ったとします。この先生の行為は「宗教的活動」（20条3項）にあたり、政教分離の原則に反するのでしょうか。

まず、通常、この先生の行為は、キリスト教を宣伝しようとして行われているとは評価できません。子どもたちの親睦を深めさせるという世俗的目的で行われるものと評価するべきでしょう。よって、行為の目的が宗教的意義をもっているとはいえません（①不充足）。

次に、クリスマスツリーを飾ったとしても、通常は、子どもたちも、それを見た一般人も、キリスト教に特別な関心を抱いたり、キリスト教が特別な宗教であると思ったりすることはありません。他の宗教を馬鹿にしたりすることもないでしょう。したがって、その効果が宗教に対する援助、助長、促進または圧迫、干渉になるともいえません（②不充足）。

よって、この先生の行為は「宗教的活動」にはあたらず、政教分離の原則に反しないということになります。

なお、以上のように、①の目的の判断ですでに合憲という結論が出る場合であっても、念のため②の効果の点もあてはめるようにしましょう。

ウ　諸般の事情の総合的判断──空知太神社事件

目的効果基準は、その後の判例でも用いられ続けた。

しかし、空知太神社事件（砂川政教分離訴訟）において、最高裁は、目的効果基準を用いず、「国公有地が無償で宗教的施設の敷地としての用に供されている状態が、……憲法89条に違反するか否かを判断するに当たっては、当該宗教的施設の性格、当該土地が無償で当該施設の敷地としての用に供されるに至った経緯、当該無償提供の態様、これらに対する一般人の評価等、諸般の事情を考慮し、社会通念に照らして総合的に判断」するという基準を採用した（**最大判平成22・1・20**。詳しくは➡169ページ**エ**）。

ただし、最高裁は、「以上のように解すべきことは、当裁判所の判例［津地鎮祭事件最高裁判決および愛媛玉串料訴訟最高裁判決など］……の趣旨とするところからも明らか」であるとしており、判例変更ではないとの立場に立っている。

この事件で、最高裁が目的効果基準を用いなかった理由については、学者の間でも議論があり、はっきりしていません。最高裁も判例変更ではないと述べていますから、試験対策としては、出題された事案に応じてあてはめを書きやすい方の基準を適宜セレクトすればOKでしょう。

5　政教分離の法的性質　B

ア　制度的保障説と人権説

政教分離の法的性質については争いがあるが、制度的保障と解するのが判例・通説である。

これに対し、政教分離規定を制度的保障と解すると、制度の中核でない周辺部分は法律によって改変できることになり（➡70ページ**1**）、政教分離の緩和に結びつく可能性があるとして、政教分離を人権と解する少数説がある。

　しかし、条文の文言上、政教分離を人権と解するのは無理がある。判例・通説が妥当であろう。

イ　裁判での争い方

　以上の見解の対立は、公権力が政教分離に反する行為をした場合に国民が裁判でこれを争うことができるか、というかたちで具体化することが多い。

（ア）法律上の争訟

　まず、前提知識を確認しておく。

　詳しくは司法権の箇所で学習するが、裁判所が実体的な裁判をすることができる事件は、原則として、①当事者間の具体的な権利義務ないし法律関係の存否に関する紛争であって、かつ、②それが法令の適用により終局的に解決することができるもの（法律上の争訟）に限定される。

　この法律上の争訟にあたらない事件が提訴された場合、裁判所は、却下判決などにより審理を打ち切る（門前払いする）ことになる（➡343ページ**2**、**3**）。

（イ）制度的保障説からの帰結

　では、公権力が政教分離に反する行為をした場合、国民が裁判でこれを争うことができるか。

　制度的保障説からは、政教分離違反だけを理由として裁判で争うことは、原則としてできない。公権力の行為が政教分離に違反したとしても、それはあくまで「制度」に違反しただけであり、具体的な権利が侵害されたとはいえず、法律上の争訟にあたらないからである。

　そのため、実際の裁判では、法律上の争訟性を要件としない特殊な訴訟である客観訴訟（➡346ページ**ア**）として争うか（➡下記**7ア、イ、エ、オ**）、政教分離違反の行為により宗教的人格権が侵害されたと主張する（➡下記**7ウ**）という手法が採られている。

（ウ）人権説からの帰結

　他方、人権説からは、政教分離に反する行為を公権力が行った場合は、速やかに人権侵害ということになるから、裁判で争うことが可能となる。

6　政教分離に関する問題　**B**

ア　非課税措置と「特権」の付与

　法律上、宗教法人は原則として非課税とされている。こうした非課税措置が、20条1項後段の禁止する「特権」の付与にあたるのではないかについては、争いがある。

　通説は、宗教法人だけでなく、公益法人や社会福祉法人も非課税とされている以上、宗教団体に対する「特権」の付与にはあたらないと解している。

イ　宗教に関する授業

　公立学校が、児童・生徒に対して宗教教育をしてよいかという問題がある。

　この点については、①情操教育や教養教育の趣旨であれば許されるが、②特定の宗教を宣伝し、またはおとしめるための授業は、政教分離原則に反し、許されないと解されよう。

7　判例　**A**

　最後に、政教分離が問題となった判例のうち、重要なものをみていこう。

ア　津地鎮祭事件

　市体育館を建設するに際して、津市が公金を使って神主をよび神道式の地鎮祭を行なった行為の合憲性が争われた住民訴訟（客観訴訟の一種）。政教分離に関するリーディングケースである。

　最高裁は、次のように述べ、本件地鎮祭は「宗教的活動」にあたらないと判示した（最大判昭和52・7・13）。

　「憲法20条3項……にいう宗教的活動とは、前述の政教分離原則の意義に照らしてこれをみれば、およそ国及びその機関の活動で宗教とのかかわり合いをもつすべての行為を指すものではなく、そのかかわり合いが……相当とされる限度を超えるものに限られるというべきであって、当該行為の目的が宗教的意義をもち、その効果が宗教に対する援助、助長、促進又は圧迫、干渉等になるような行為をいうものと解すべきである。」

　「そして、……ある行為が右にいう宗教的活動に該当するかどうかを検討す

るにあたっては、当該行為の主宰者が宗教家であるかどうか、その順序作法（式次第）が宗教の定める方式に則つたものであるかどうかなど、当該行為の外形的側面のみにとらわれることなく、当該行為の行われる場所、当該行為に対する一般人の宗教的評価、当該行為者が当該行為を行うについての意図、目的及び宗教的意識の有無、程度、当該行為の一般人に与える効果、影響等、諸般の事情を考慮し、社会通念に従って、客観的に判断しなければならない」。

「本件起工式は、宗教とかかわり合いをもつものであることを否定しえないが、その目的は建築着工に際し土地の平安堅固、工事の無事安全を願い、社会の一般的慣習に従った儀礼を行うという専ら世俗的なものと認められ、その効果は神道を援助、助長、促進し又は他の宗教に圧迫、干渉を加えるものとは認められないのであるから、憲法 20 条 3 項により禁止される宗教的活動にはあたらない」。

> この判例は、目的効果基準へのあてはめについて、行為者の主観だけでなく、**一般人の評価**や**一般人に与える影響**などをも考慮して、社会通念にしたがって客観的に判断するべきとしています。ついつい、行為者の主観ばかりに着目してしまいがちですが、答案では、一般人の評価や一般人への影響という視点も忘れないようにしましょう。

イ　愛媛玉串料訴訟

愛媛県知事が、靖国神社の例大祭の際に、玉串料を複数回にわたって公金から支出した行為などの合憲性が争われた住民訴訟。

最高裁は、津地鎮祭事件判決の目的効果基準に拠りつつ、①玉串料などの奉納が「慣習化した社会的儀礼にすぎないものになっているとまでは到底いうことができず」、それゆえ「奉納者においても、それが宗教的意義を有するものであるという意識」をもっていたとして、行為の目的の宗教的意義を肯定した。

そして、②靖国神社などに対してのみ公金が支出されていることを指摘し、本件行為は、「一般人に対して、県が当該特定の宗教団体を特別に支援しており、それらの宗教団体が他の宗教団体とは異なる特別なものであるとの印象を与え、特定の宗教への関心を呼び起こすもの」であるとして、特定の宗教団体への援助・助長・促進となることを肯定し、「宗教的活動」にあたり違憲であると判示した（**最大判平成 9・4・2**）。

ウ　自衛官合祀拒否事件

　殉職した自衛官Ａが、自衛隊山口地方連絡部（国。以下「地連」）と社団法人隊友会山口県支部連合会（私人。以下「隊友会」）の申請により、護国神社に合祀されたところ、亡Ａの妻であり、キリスト教信者であるＢが、①地連と隊友会の行為は政教分離に違反し、また、②自らの宗教上の人格権を侵害したとして、損害賠償などを求めた事件。ここでは、①につき説明する。

　最高裁は、津地鎮祭事件判決の目的効果基準に拠りつつ、地連は隊友会が単独で行った申請行為に協力したにすぎないとし、その協力行為が「宗教的活動」であるとまでいうことはできないと判示した（**最大判昭和 63・6・1**）。

エ　空知太神社事件（砂川政教分離訴訟）

　砂川市が市の所有地を神社に無償で提供していることが、政教分離に反するのではないかが争われた住民訴訟。

　最高裁は、津地鎮祭事件判決の目的効果基準を使わず、「国公有地が無償で宗教的施設の敷地としての用に供されている状態が、……憲法 89 条に違反するか否かを判断するに当たっては、当該宗教的施設の性格、当該土地が無償で当該施設の敷地としての用に供されるに至った経緯、当該無償提供の態様、これらに対する一般人の評価等、諸般の事情を考慮し、社会通念に照らして総合的に判断すべきものと解するのが相当である」とし、「以上のように解すべきことは、当裁判所の判例［津地鎮祭事件判決および愛媛玉串料訴訟判決など］……の趣旨とするところからも明らか」とした。

　そして、本件の提供行為は、「憲法 89 条の禁止する公の財産の利用提供に当たり、ひいては憲法 20 条 1 項後段の禁止する宗教団体に対する特権の付与にも該当する」とし、違憲である旨判示した（**最大判平成 22・1・20**）。

オ　那覇市孔子廟事件

　那覇市が、一般社団法人Ａに対して、市の所有地内にＡが孔子廟（儒教の祖である孔子などを祀る廟）を設置することを許可し、かつ土地の使用料を全額免除したことが、政教分離に反するのではないかが争われた住民訴訟。

　最高裁は、「国家と宗教との関わり合いには種々の形態があり、およそ国家が宗教との一切の関係を持つことが許されないというものではなく、政教分離

規定は、その関わり合いが我が国の社会的、文化的諸条件に照らし、信教の自由の保障の確保という制度の根本目的との関係で相当とされる限度を超えるものと認められる場合に、これを許さないとするものであると解される」としたうえで、「［本件の使用料の］免除が……信教の自由の保障の確保という制度の根本目的との関係で相当とされる限度を超えて、政教分離規定に違反するか否かを判断するに当たっては、当該施設の性格、当該免除をすることとした経緯、当該免除に伴う当該国公有地の無償提供の態様、これらに対する一般人の評価等、諸般の事情を考慮し、社会通念に照らして総合的に判断すべきものと解するのが相当である」とした。

そして、「本件免除は、市と宗教との関わり合いが、我が国の社会的、文化的諸条件に照らし、信教の自由の保障の確保という制度の根本目的との関係で相当とされる限度を超えるものとして、憲法20条3項の禁止する宗教的活動に該当する」とし、違憲である旨判示した（最大判令和3・2・24）。

4. 学問の自由

1 趣旨 B⁺

他国の憲法において、学問の自由を独立の条文で保障する例はあまりみられない。

しかし、日本国憲法は、①学問の有する批判的性質ゆえに、学問の自由は時の権力から弾圧を受けやすいこと、②実際にも、明治憲法下において、滝川事件[*1]や天皇機関説事件[*2]などのように、学問の自由が直接に国家権力によって侵害された歴史があることに照らし、23条において学問の自由を保障している。

＊1　滝川事件
　京都大学の滝川幸辰教授の刑法学説があまりにも自由主義的であるとして文部省から休職を命じられた事件（昭和8（1933）年）。

＊2　天皇機関説事件
　天皇を国家機関とする学説が「国体」に反する異説とされ、代表的学者だった美濃部達吉教授

の著書を発売禁止処分に付し、全ての公職から追放した事件（昭和10（1935）年）。

2 内容 B⁺

23条が保障する人権としての学問の自由には、①研究の自由、②研究結果発表の自由、③教授の自由が含まれる。

最高裁は、東大ポポロ事件（➡ 174ページエ）においては、「教育ないし教授の自由は、学問の自由と密接な関係を有するけれども、必ずしもこれに含まれるものではない」としていたが、その後の旭川学テ事件において、「学問の自由は、単に学問研究の自由ばかりでなく、その結果を教授する自由をも含む」とし、判例を変更した（**最大判昭和51・5・21**）。

> ちなみに、①研究の自由は思想の自由（19条）に含まれ、また、②研究結果発表の自由は表現の自由（21条1項）に含まれています。したがって、学問の自由を独立の条文で保障していない国においても、思想の自由や表現の自由が保障されていれば、研究の自由や研究結果発表の自由は当然保障されていることになります。
> しかし、日本国憲法は、前述した学問の性質や歴史的反省に基づき、特に独立の条文をおいてこれらの自由を保障しているのです。

3 教師の教育の自由 B⁺ ➡論証15

こうした学問の自由の内容のうち、③の教授の自由については、大学における研究者の教授の自由に限定されるのか、それとも初等中等教育機関（小中学校および高等学校）における教師の教育の自由をも含むのかが、論点となっている。

ア 否定説

第1の見解は、学問の自由が、大学の自由（academic freedom）を中心として発展してきたという沿革を重視し、教授の自由には初等中等教育機関における教師の教育の自由は含まれないとする。

イ 肯定説

しかし、児童・生徒に対する教育は、児童・生徒の心身の発達段階に関する科学的な知識（教育学）に基づいてなされるべきものであるところ、その教育学

という学問の自由は、初等中等教育機関の教師にも保障されている。

そこで、教育学という学問の実践という意味で、初等中等教育機関の教師にも、一定の範囲における教授の自由（教育の自由）が23条により保障されるとする見解が有力である。

最高裁も、旭川学テ事件において、教師にも「一定の範囲における教授の自由が保障される」としている（➡280ページ**4**）。

> 教師の教育の自由の根拠条文については、①本文で述べた23条によって保障されるとする見解以外にも、②子供の学習権（26条）の保障を実質化するための権利として26条により保障されるとする見解や、③23条と26条の両方によって保障されるとする見解などがあります。
> 最高裁は①の23条説に立っているものと思われますが、答案では適宜他の見解に立ってもいいでしょう。

4　制約　Ｂ

ア　研究の自由に対する制約

研究の自由は、一般に思想・良心の自由に含まれる。そのため、研究の自由に対する制約、とりわけ研究の内容にもとづく制約は、絶対に許されないと解されてきた。

しかし、原子力に関する研究、遺伝子組み換え実験などの遺伝子技術に関する研究、体外受精・臓器移植の研究などといった、先端科学技術に関する研究について、思想・良心の自由に含まれるがゆえに制限できない、と解するのは妥当ではない。

これらの研究が濫用された場合や、実験において事故が生じた場合には、広く人々の生命・身体・環境に対して取り返しのつかない損害をもたらしかねないからである。

そこで、人間の尊厳を根底からゆるがす可能性のある先端科学技術の研究については、必要最小限の制約もやむを得ないと解する見解が有力となっている。

ただし、研究の自由が一般に思想・良心の自由に含まれることや、前述した学問の自由の趣旨（➡170ページ**1**）に照らせば、原則として厳格審査基準が妥当すると解するべきであろう。

イ　研究結果発表の自由に対する制約

　研究結果発表の自由は、外部的な行為を伴うことから、「公共の福祉」による制約に服しうる。

　ただし、前述した学問の自由の趣旨に照らせば、厳格審査基準または中間審査基準との親和性が高い。

ウ　教授の自由に対する制約

　教授の自由に対する制約については、初等中等教育機関における教師の教育の自由に対する制約が重要な問題となっている。

　この点については、教育を受ける権利の箇所で検討する（➡ 280 ページ **4**）。

5　大学の自治　B+

ア　意義

　学問の中心地は、大学である。

　したがって、学問の自由の保障を確実なものとするためには、学問の中心地である大学の内部行政を大学の自主的な決定に任せ、大学内の問題に外部勢力が干渉することを防止する必要がある。

　そこで、23 条は、人権としての学問の自由だけでなく、「大学の自治」という制度をも保障していると解されている（制度的保障）。

　大学の自治の主たる内容は、①人事の自治、②施設管理の自治、③学生管理の自治である。

イ　主体

　大学の自治について、教授その他の研究者がその主体であることについては争いがない。

　では、大学の学生も、大学の自治の主体なのだろうか。

　この点につき、最高裁は、東大ポポロ事件（➡ 174 ページ**エ**）において、学生が一般の国民以上の学問の自由を享有し、大学当局の自治的管理による施設を利用できるのは、「大学の教授その他の研究者の有する特別な学問の自由と自治の効果としてである」とし、学生自身は大学の自治の主体ではないと判示している（最大判昭和 38・5・22）。

ウ　警察権との関係

　大学の自治の内容のうち、②施設管理の自治との関連で、警察が大学に立ち入ることができるのかという問題がある。

　場合を分けて検討しよう。

（ア）犯罪捜査

　いくら大学の自治が認められているといっても、いわゆる治外法権が認められているわけではもちろんない。

　よって、犯罪捜査のために警察が大学構内に立ち入ることは、それが令状などの適法要件を備えている限り、認められる。

　ただし、「犯罪捜査」の名を借りて、思想調査などの公安活動が行われるおそれがあることから、大学関係者の立会いが必要と解するべきであろう。

（イ）大学が協力を求めた場合

　大学構内で予想外の不法行為が発生し、大学が警察力の援助を求めた場合には、警察が大学構内に立ち入ることは当然認められる。

　他方で、大学からの要請がないにもかかわらず、警察が独自の判断にもとづいて大学構内へ立ち入ることは、大学の自治の保障の趣旨に反し、許されないと解される。

（ウ）公安活動

　公安活動とは、未だ犯罪が発生していないにもかかわらず、将来犯罪が発生するかもしれないという可能性に基づいて行われる警察活動をいう。

　治安維持という名目で自由な学問研究が阻害されるおそれがきわめて大きいことから、大学の了解なしに大学構内へ立ち入ることは原則として許されないと解されている。

エ　東大ポポロ事件

　大学の自治に関する判例としては、東大ポポロ事件が重要である。

　これは、東京大学の教室において、大学公認団体である「劇団ポポロ」が主催した演劇発表会（集会）に、私服警察官が警備公安活動のために観客を装い潜入していたところ、同警察官を発見した学生が、同警察官に対して暴行を加えたとされて起訴された刑事事件である。

　第1審は、被告人たる学生の行為は大学の自治を守るための正当行為であっ

たとして無罪判決を下し、控訴審もこれを支持したが、最高裁は次のように判示し、原審を破棄した（**最大判昭和38・5・22**）。

① 学問の自由の内容

「学問の自由は、学問的研究の自由とその研究結果の発表の自由とを含むものであって、同条が学問の自由はこれを保障すると規定したのは、一面において、広くすべての国民に対してそれらの自由を保障するとともに、他面において、大学が学術の中心として深く真理を探究することを本質とすることにかんがみて、特に大学におけるそれらの自由を保障することを趣旨としたものである。教育ないし教授の自由は、学問の自由と密接な関係を有するけれども、必ずしもこれに含まれるものではない〔筆者註：その後の旭川学テ事件で変更〕。しかし、大学については、憲法の右の趣旨と、これに沿って学校教育法52条が『大学は、学術の中心として、広く知識を授けるとともに、深く専門の学芸を教授研究』することを目的とするとしていることとに基づいて、大学において教授その他の研究者がその専門の研究の結果を教授する自由は、これを保障されると解する」。

② 大学の自治

「大学における学問の自由を保障するために、伝統的に大学の自治が認められている。この自治は、とくに大学の教授その他の研究者の人事に関して認められ、……また、大学の施設と学生の管理についてもある程度で認められ、これらについてある程度で大学に自主的な秩序維持の権能が認められている」。

③ 学生と大学の自治

「憲法23条の学問の自由は、学生も一般の国民と同じように享有する。しかし、大学の学生としてそれ以上に学問の自由を享有し、また大学当局の自治的管理による施設を利用できるのは、大学の本質に基づき、大学の教授その他の研究者の有する特別な学問の自由と自治の効果としてである」。

「大学における学生の集会も、右の範囲において自由と自治を認められるものであつて、大学の公認した学内団体であるとか、大学の許可した学内集会であるとかいうことのみによって、特別な自由と自治を享有するものではない。学生の集会が真に学問的な研究またはその結果の発表のためのものでなく、実社会の政治的社会的活動に当る行為をする場合には、大学の有する特別の学問の自由と自治は享有しないといわなければならない。また、その集会が学生のみ

のものでなく、とくに一般の公衆の入場を許す場合には、むしろ公開の集会と見なされるべきであり、すくなくともこれに準じるものというべきである」。

④　あてはめ

「本件集会は、真に学問的な研究と発表のためのものでなく、実社会の政治的社会的活動であり、かつ公開の集会またはこれに準じるものであつて、大学の学問の自由と自治は、これを享有しないといわなければならない。したがつて、本件の集会に警察官が立ち入ったことは、大学の学問の自由と自治を犯すものではない」。

第 4 章

精神的自由権その２──表現の自由

21条１項は、「集会、結社及び言論、出版その他一切の表現の自由は、これを保障する」と定め、表現の自由を保障している。

表現の自由は、試験対策上、最も重要な人権である。気合を入れて学んでいこう。

1. 表現の自由の優越的地位　A⁺

21条１項が保障する表現の自由は、人権の中にあって優越的地位を有するといわれ、一般に手厚く保護すべきと解されている。

その主たる理由は、①自己統治の価値、②思想の自由市場、③萎縮効果にある。まずはこの３つについて説明しよう。

1 自己統治の価値

まず、個人は、自由な表現活動を通じて自己の人格を発展させることができる。表現の自由が有するこの個人的な価値を、自己実現の価値という。

しかし、表現の自由は、そうした個人的な自己実現の価値を有するだけではない。我々は、政治的な表現活動を通じて、政治的な意思決定に関与していくこともできるのである。表現の自由が有するこの民主主義的な価値を、自己統治の価値という。

このように、表現の自由は、通常、自己実現の価値のみならず、自己統治の価値をも有する。そして、後者の自己統治の価値をも有するがゆえに、表現の自由は、他の人権と比べて優越的地位を有すると解されているのである。

ただし、およそ全ての表現が自己統治の価値をも有するというわけではありません。たとえば、政治的なメッセージを伴わない純然たる芸術表現は、自己実現の価値は有するものの、自己統治の価値を有さないのが通常です。表現の自由が出題されると、呪文のように自己実現・自己統治と書く答案が散見されますが、問題となっている表現が本当に自己統治の価値をも有するものなのか否かについては、事案ごとにしっかりと判断するようにしましょう。

2 思想の自由市場

次に、表現の自由の優越的地位は、思想の自由市場という考え方からも導かれる。

思想の自由市場とは、社会で各個人が自由に意見表明を行い相互に競争し合うことによって真理に到達できるという考え方をいう。つまり、我々が真理に到達するためには、各個人が自由に思想の表明を行い、相互に競争し合うのが最良である、という考え方を、思想の自由市場というわけである。

この思想の自由市場という考え方のもとでは、およそあらゆる思想は自由に表明されるべきであり、思想を表明する自由である表現の自由は手厚く保護されなければならないということになる。

3 萎縮効果

さらに、表現の自由は、将来規制するという威嚇を受けただけで萎縮しやすいという性質を有する。この性質からも、表現の自由の優越的地位が導かれる。

すなわち、表現の自由は萎縮しやすいという性質を有するところ、表現の自由に萎縮が生じると、思想の自由市場に反することになるのはもちろん、そもそも表現がなされないため公権力による制裁が顕在化しない、という深刻な事態が生じる可能性すらある。

それゆえ、表現に対する規制が、潜在的な表現の送り手に対して沈黙を強いるという萎縮効果を生じさせていないかを、慎重に審査する必要があるのである。

2. 表現の自由の保障範囲

次に、表現の自由として保障されるのかが問題となる行為を検討しよう。

1 営利広告) A ➡論証 16

営利広告については、経済的自由である職業選択の自由ないし営業の自由（22条1項）で保障されるにすぎないとする見解もある。

しかし、営利広告は、消費者に情報を提供しその自律的選択を促す点で、国民の知る権利（➡ 197ページ **1**）に奉仕するものといえる。

そこで、営利広告も21条1項の「表現」に含まれると解するのが通説である。

ただし、営利広告は、①自己統治の価値を有さないのに加え、②虚偽広告・誇大広告に流れやすい、③商品の効用などについては真偽の判定が容易である、④営利を誘因とするため萎縮効果が働かない、などの特徴がある。

そこで、政治的言論や思想の表明などといった一般の表現の自由とは異なり、厳格性を緩和した審査との親和性が高いと解されている。

2 象徴的言論) A ➡論証 17 前半

象徴的言論とは、言語によらずに、行動を通じて思想・主張を外部に表現する行為をいう。

たとえば、反戦を訴えるために徴兵カードを公衆の面前で焼却する行為や、政府に抗議する意図で国旗を公衆の面前で焼却する行為がこれにあたる。

こうした象徴的言論が21条1項の「表現」にあたるかについては争いがあるが、①それが意見表明のために行われ、②受け手もそのように理解している場合には、21条1項の「表現」に含まれると解してよい（通説）。

なお、象徴的言論に対する規制は、表現の方法についての規制として、通常、表現内容中立規制（➡ 193ページ**イ**）に分類されるが、象徴的言論の内容に着目して規制される場合は、表現内容規制（➡ 193ページ**ア**）にあたる。

3　性表現（わいせつ表現）　B

ア　保障の有無

　刑法は、明治時代から今日に至るまで、わいせつ文書の頒布などを処罰の対象としている（刑法175条）。

　そのため、かつては、性表現（わいせつ表現）は表現の自由の保障範囲に属さない無価値表現とする見解が有力だった。

　しかし、そのように解すると、憲法上保障されるべき表現も、法律の規定やその解釈によって憲法の保障の外におかれてしまう結果となりかねない。また、本来憲法上保障されるべき表現にまで萎縮効果が生じるおそれもある。

　そこで、今日では、性表現も21条1項の「表現」に含まれるとしたうえで、刑法175条の「わいせつ」概念などを、表現の自由を尊重しつつ、その保護法益との衡量をはかりながら厳格に定義づけるというアプローチ（定義づけ衡量論）がとられるべきとする見解が通説となっている（➡下記（ア）参照）。

イ　性的表現に関する判例

　性的表現に関して、最高裁は、時代の変遷とともに徐々に価値観の多様性を受け入れる方向へと変化してきている。

　代表的な4つの判例を概説しておこう。

（ア）チャタレイ事件

　D・H・ロレンスの小説『チャタレイ夫人の恋人』の翻訳者と出版社社長が、刑法175条違反で起訴された刑事事件。

　最高裁は、①「わいせつ文書」とは、徒らに性欲を興奮または刺激せしめ、普通人の正常な性的羞恥心を害し、善良な性的道義観念に反するもの、と定義したうえで、②刑法175条は、性的秩序を守り、最小限度の性道徳を維持するという公共の福祉のための制約であるとし、合憲と判示した（**最大判昭和32・3・13**）。

（イ）『悪徳の栄え』事件

　マルキ・ド・サドの小説『悪徳の栄え』の翻訳者と出版社社長が、刑法175条違反で起訴された刑事事件。

　最高裁は、チャタレイ事件判決を踏襲しつつ、文書の芸術性・思想性が性的

刺激を減少・緩和させる可能性を認め、また、わいせつ性は文書全体との関連で判断すべきとした。ただし、結論としては「わいせつ」性を肯定した（**最大判昭和44・10・15**）。

(ウ)『四畳半襖の下張』事件

永井荷風の作といわれる戯作『四畳半襖の下張』を雑誌に掲載した雑誌編集者が、刑法175条違反で起訴された刑事事件。

最高裁は、チャタレイ事件判決を踏襲しつつ、わいせつ性の判断について、性に関する叙述の詳細性や文書全体に占める比重、芸術性・思想性などによる性的刺激の緩和の程度など、文書全体の検討の必要性を強調した。ただし、結論としては「わいせつ」性を肯定した（**最判昭和55・11・28**）。

(エ) 第2次メイプルソープ事件

男性の性器が露出した写真を含む現代芸術家の写真集が、関税定率法21条1項4号（現在の関税法69条の11第1項7号に相当）のいう「風俗を害すべき書籍、図画」にあたるかが問題となった行政事件。

最高裁は、「本件写真集における芸術性など性的刺激を緩和させる要素の存在、本件各写真の本件写真集全体に占める比重、その表現手法等の観点から写真集を全体としてみたときには、本件写真集が主として見る者の好色的興味に訴えるものと認めることは困難」とし、「風俗を害すべき書籍、図画」には該当しないと判示した（最判平成20・2・19）。

4 名誉毀損 B+

ア 保障の有無

他人の名誉を毀損する表現は、従来から処罰の対象とされており（刑法230条）、また、民法の不法行為（民法709条以下）に該当するとも解されてきた。

そのため、かつては、他人の名誉を毀損する表現は、表現の自由の保障範囲に属さない無価値表現であると解する見解が有力だった。

しかし、そのように解した場合、憲法上保障されるべき表現も、法律の規定やその解釈によって憲法の保障の外におかれてしまう結果となりかねない。また、本来憲法上保障されるべき表現にまで萎縮効果が生じるおそれもある。

さらに、政治家個人に対する名誉毀損という名目で、政府や政策への批判が規制されてしまう可能性もある。

そこで、現在では、他人の名誉を毀損する表現も21条1項の「表現」にあたるとしつつ、名誉との調整を利益衡量によって図るべきとする見解が通説である。

　具体的には、名誉毀損罪の成立が否定される場合について定めた刑法230条の2（この規定の趣旨は民法の不法行為にも妥当すると解されている）の解釈を通じて、かかる調整が試みられることとなろう。

イ　判例

　判例も、表現の自由と名誉との調整を、刑法230条の2の解釈を通じて図っている。2つの代表的な判例を概説しよう。

（ア）『夕刊和歌山時事』事件

　他人の名誉を毀損する内容の新聞記事につき、名誉毀損罪が成立するかが問題となった刑事事件。

　最高裁は、刑法230条の2の要件である「事実が真実であることの証明」がない場合でも、「行為者がその事実を真実であると誤信し、その誤信したことについて、確実な資料、根拠に照らし相当の理由があるときは、犯罪の故意がなく、名誉毀損の罪は成立しない」と判示した（**最大判昭和44・6・25** ➡刑法各論76ページ③）。

（イ）『月刊ペン』事件

　宗教団体である創価学会の会長の女性関係を掲載した月刊誌の記事につき、名誉毀損罪が成立するかが問題となった刑事事件。

　最高裁は、まず、「私人の私生活上の行状であっても、そのたずさわる社会的活動の性質及びこれを通じて社会に及ぼす影響力の程度などのいかんによっては、その社会的活動に対する批判ないし評価の一資料として、刑法230条ノ2第1項にいう『公共ノ利害ニ関スル事実』にあたる場合がある」とした。

　そのうえで、「同会長は、同会において、その教義を身をもって実践すべき信仰上のほぼ絶対的な指導者であって、公私を問わずその言動が信徒の精神生活等に重大な影響を与える立場にあったばかりでなく、右宗教上の地位を背景とした直接・間接の政治的活動等を通じ、社会一般に対しても少なからぬ影響を及ぼしていたこと」や、「同会長の醜聞の相手方とされる女性2名も、同会婦人部の幹部で元国会議員という有力な会員であったこと」を前提として検討

すると、本件記事に摘示された事実は「公共ノ利害ニ関スル事実」にあたると判示した（**最判昭和56・4・16** ➡刑法各論71ページ（**ア**））。

5 プライバシー侵害 B⁺

ア 保障の有無

他人のプライバシーにかかわる表現についても、基本的に名誉毀損と同様の考え方が妥当する。

すなわち、21条1項の「表現」に含まれると解したうえで、プライバシーとの調整を利益衡量によって図るべきである。

> ただし、プライバシー侵害の場合は、**表現内容の真実性**が、表現の自由を重視すべき理由とはならない点に注意が必要です。
> すなわち、名誉毀損の場合は、問題となっている表現内容が真実である場合には、名誉よりも表現の自由を重視するべきことになりえます。刑法230条の2が「真実であることの証明」を要件の1つとしているのも、そのような趣旨によるものです。
> これに対し、他人のプライバシーにかかわる表現、たとえば芸能人の住所・電話番号を暴露する記事の場合はどうでしょうか。もしその内容が虚偽であるならば、プライバシーはあまり問題とはなりません。他方で、その表現内容が真実であれば、表現を制限し、プライバシーを保護する必要性が高いということになります。
> このように、表現内容の真実性は、名誉毀損の場合とプライバシー侵害の場合とで、全くベクトルの異なる要素となるわけです。

イ 判例

判例も、表現の自由とプライバシーとの調整を、利益衡量によって図っているものといえる。

（ア）ノンフィクション『逆転』事件

過去の刑事事件を実名で描いたXによる著作物が、同刑事事件の被告人だったAのプライバシーを侵害するとして、AがXに対して不法行為に基づく損害賠償を請求した民事事件。

最高裁は、ある者の前科等にかかわる事実を公表する利益と、これを公表されない利益とを比較衡量し、「前科等にかかわる事実を公表されない法的利益が優越するとされる場合」には、その公表によって被った精神的苦痛の賠償を求めることができると判示し、結論としてXの不法行為責任を認めた（**最判平成6・2・8**）。

（イ）小説『石に泳ぐ魚』事件

小説のモデルとされた原告 A が、小説の出版の差止めなどを求めて争った民事事件。

最高裁は、「公共の利益に係わらない A のプライバシーにわたる事項を表現内容に含む本件小説の公表により公的立場にない A の名誉、プライバシー、名誉感情が侵害された」と判示し、本件小説の出版の差止めを認めた（**最判平成 14・9・24**）。

> この判例は、表現の対象が**非公人**である場合には、名誉やプライバシーの保護が重視されるべきことを示唆した判例といえます。
> これに対し、表現の対象が、公務員や公職選挙の立候補者、著名人といった**公人**の場合には、国民の知る権利との関係で、名誉やプライバシーよりも表現の自由の方を重視した判断が必要となるはずです。

（ウ）長良川事件

殺人罪などで起訴されている A（事件当時少年）が、X 社発行の週刊誌に容易に A と推認することができる仮名を用いられて犯行態様や非行歴などの記事を掲載されたとして、プライバシー侵害などを理由に X 社に対して不法行為に基づく損害賠償を求めた民事事件。

最高裁は、プライバシー侵害を理由とする不法行為の成否につき、ノンフィクション『逆転』事件を参照しつつ、「本件記事が週刊誌に掲載された当時の A の年齢や社会的地位、当該犯罪行為の内容、これらが公表されることによって A のプライバシーに属する情報が伝達される範囲と A が被る具体的被害の程度、本件記事の目的や意義、公表時の社会的状況、本件記事において当該情報を公表する必要性など、その事実を公表されない法的利益とこれを公表する理由に関する諸事情を個別具体的に審理し、これらを比較衡量して判断することが必要である」と判示した（**最判平成 15・3・14**）。

6 ヘイト・スピーチ B+ →論証 18

ヘイト・スピーチ（差別的言論）とは、人種・民族・性・性的志向などを異にするマイノリティ集団に対する敵意・憎悪・嫌悪などを表す表現をいう。

このヘイト・スピーチにつき、表現の自由の保障範囲に属さない無価値表現であるとする見解もある。

しかし、そのように解した場合、本来憲法上保障されるべき表現まで憲法の保障の外におかれてしまう可能性がある。また、本来憲法上保障されるべき表現にまで萎縮効果が生じるおそれもある。

そこで、現在では、ヘイト・スピーチも21条1項の「表現」にあたるとする見解が有力である。

ただし、ヘイト・スピーチは、①マイノリティの構成員の尊厳を傷つけるのに加え、②差別を助長するおそれがあり、また、③マイノリティからの反論を封じ込める効果があるため思想の自由市場による是正も機能しづらいという特徴がある。

そのため、世界各国で規制が試みられている。日本でも、罰則は伴わないものの、「本邦外出身者に対する不当な差別的言動の解消に向けた取組の推進に関する法律」が平成28（2016）年に可決・施行された。

7 せん動) B

せん動とは、犯罪や違法行為を「そそのかす」または「あおる」表現をいう。

このせん動は、破壊活動防止法や国家公務員法などの法律によって、処罰の対象とされている（破防38条1項、39条、40条、国公98条2項、110条1項17号、111条など）。

これらの法律は、通常の教唆犯の場合（➡刑法総論236ページ以下参照）と異なり、せん動の受け手が犯罪や違法行為を実行せずとも、せん動それ自体を処罰できるとしているわけである。

この点につき、判例は、せん動は「言論の自由の限界を逸脱」しているとしたり（**最大判昭和24・5・18**）、あるいは「表現の自由の保護を受けるに値しない」としており（**最判平成2・9・28**）、憲法21条1項の保障の範囲外にあると解しているようである。

これに対し、学説では、せん動も21条1項により保障されるとしたうえで、①表現行為が重大な害悪をひき起こす蓋然性が明白であり、②害悪発生が時間的に切迫しており、③手段が必要不可欠である場合にのみ合憲とする「明白かつ現在の危険」の基準を用いて、厳格に合憲性を審査するべきとする見解が有力である。

8 政府言論) B

　政府言論（government speech）とは、政府が自己の政策を国民に対し説明し推進する行為をいう。

　この政府言論は、民主主義の下では積極的に評価されるべきであるが、それが政府の行為である以上、表現の自由の保障の範囲外にあるのは当然である。

　また、この政府言論は、政府の政策に適合する私人の表現活動を援助するというかたちで、秘密裡に行われることがある。この場合は、人権問題が生じうる（➡ 208 ページ **4**）。

> 　表現の自由の保障範囲に関しては、以上に加えて、知る権利や報道の自由などの問題があります。これらについては、表現の自由の現代的意義の箇所で説明します（➡ 197 ページ 4.）。

3. 表現の自由の制約

　表現の自由に対する規制は、主として①不明確な規制と明確な規制、②事前抑制と事後抑制、③表現内容規制と表現内容中立規制、④直接的規制と間接的・付随的規制に分類することができる。

　以下では、これらの分類に応じて、審査のあり方を検討していこう。

1 不明確な規制と明確な規制) A

ア 明確性の原則 ➡論証 19

```
21 条1項 ──→ 表現の規制の
　　　　　　　　 明確性を要求

31 条 ─────→ 刑罰法規の
　　　　　　　　 明確性を要求
```

　表現の自由を規制する立法の内容が不明確である場合、その不明確性は、表現行為に対して萎縮効果を生じさせる。

　そこで、かかる萎縮効果を除去すべく、表現の自由に対する規制立法には明確性が要求されると解されている。これ

を、明確性の原則という。

　なお、刑罰法規については、罪刑法定主義（31条）の観点から、やはり明確性が要求される（➡241ページ**ア**）。

　そして、この明確性の原則に反する立法は、文面上無効と解されている。これを、漠然性のゆえに無効の法理という。

イ　明確性の判断基準――徳島市公安条例事件

　では、規制立法が明確か不明確かは、いかなる基準により判断すべきか。

　この点のリーディングケースは、徳島市公安条例事件である。

　この事件は、市条例が、集団行進などの許可条件として「交通秩序を維持すること」を要求し、これに違反した一定の者を処罰する旨定めていたところ、その法文の明確性が争われた刑事事件である。

　最高裁は、「通常の判断能力を有する一般人の理解において、具体的場合に当該行為がその適用を受けるものかどうかの判断を可能ならしめるような基準が読みとれるかどうかによってこれを決定すべき」との基準を採用した。

> 「実際に行為をした者」の理解を問題にするのではなく、「通常の判断能力を有する一般人」の理解を問題にしている点が、この基準のポイントです。答案で正確に書けるよう、しっかりと覚えておきましょう。

　ただし、結論としては、「通常の判断能力を有する一般人が、具体的場合において、自己がしようとする行為が右条項による禁止に触れるものであるかどうかを判断するにあたっては、その行為が秩序正しく平穏に行われる集団行進等に伴う交通秩序の阻害を生ずるにとどまるものか、あるいは殊更な交通秩序の阻害をもたらすようなものであるかを考えることにより、通常その判断にさほどの困難を感じることはない」とし、「例えば各地における道路上の集団行進等に際して往々みられるだ行進、うず巻行進、すわり込み、道路一杯を占拠するいわゆるフランスデモ等の行為が、秩序正しく平穏な集団行進等に随伴する交通秩序阻害の程度を超えて、殊更な交通秩序の阻害をもたらすような行為にあたるものと容易に想到することができる」として、市条例は憲法31条に反しないと判示した（**最大判昭和50・9・10**）。

ウ　過度の広汎性

以上で検討した明確性の原則と区別するべき問題として、過度の広汎性（広範性）の問題がある。

過度の広汎性は、規制してはならない行為が規制対象に含まれている場合の問題である。

たとえば、わいせつ物頒布等罪（刑法175条1項）の「わいせつ」という文言は、（明確性の点で問題があるのと同時に）本来許されるはずの性表現をもその対象に包含しているのではないかという問題がある。これが、過度の広汎性の問題である。

そして、過度の広汎性を有する規制は、本来許されるべき表現行為に対しても萎縮効果を生じさせるため、明確性に欠ける規制と同様に、文面上無効と解されている。これを、過度の広汎性ゆえに無効の法理という。

> 明確性に欠ける立法は、過度に広汎な規制をもたらすのが通常です。そのため、明確性の問題と過度の広汎性の問題は、実際には同時に問題となることが多いのですが、両者は観念的には別の次元の問題です。
> すなわち、明確性の問題は、立法が明確性に欠け、漠然としているという、立法の**形式面（文言面）の問題**です。そのため、答案では、形式的審査（➡97ページア）のレベルで明確性を論じることになります。
> これに対し、過度の広汎性の問題は、規制してはならない行為が規制対象に含まれているという問題であり、体系的には立法の**実質面（内容面）の問題**と位置づけられています。

ただし、判例は、文言上は過度に広汎な規制について、それを適用すれば違憲となる部分を切り取って限定的に解釈することによりその合憲性を維持するという手法（合憲限定解釈）を多用している（➡371ページ**2**）。

2　事前抑制と事後抑制　A

事前抑制と事後抑制の区別は、表現に対する規制の時期に着目した分類である。

ア　意義

事前抑制とは、表現行為の行われる前に、表現行為を制限・禁止することをいう。たとえば、「書籍を出版しようとする者は、出版の前に総務省の許可を得なければならない」という規制は、この事前抑制にあたる。

事後抑制とは、表現行為の行われた後に、表現行為に対して制裁を加えることをいう。たとえば、名誉毀損罪を定める刑法230条は、この事後抑制にあたる。

両者を比較した場合、事前抑制は思想の自由市場に反する点で、事後抑制よりも厳格に審査する必要がある。

イ　検閲の禁止 →論証20

事前抑制に関し、憲法は、「検閲」の禁止を特に明文で定めている（21条2項前段）。

では、この「検閲」とはいかなる行為を指すのか。また、例外的に「検閲」が許される場合があるのだろうか。

（ア）税関検査事件

検閲に関するリーディングケースは、税関検査の合憲性が争われた税関検査事件である。

この事件では、当時の関税定率法21条1項3号（現在の関税法69条の11第1項7号に相当）の「公安又は風俗を害すべき書籍、図画、彫刻物その他の物品」を「輸入してはならない」との定めにもとづき、税関当局が書籍などの輸入にあたって行った税関検査が、21条2項の「検閲」にあたるかなどが争われた。

最高裁は、検閲を「行政権が主体となって、思想内容等の表現物を対象とし、その全部又は一部の発表の禁止を目的として、対象とされる一定の表現物につき網羅的一般的に、発表前にその内容を審査した上、不適当と認めるものの発表を禁止すること」ときわめて狭く定義したうえで、検閲の禁止は例外を許容しない絶対的禁止であるとした。

そして、①本件の書籍・図画などは国外において発表済みであること、②税関検査は関税徴収手続の一環として行われるものであり、思想内容等の網羅的一般的審査を目的とするものではないこと、などを理由として、税関検査は「検閲」に該当しないと判示した（**最大判昭和59・12・12**）。

> 検閲の定義について、補足しておきます。
> まず、検閲は「行政権」が主体となっている場合に限定されます。したがって、たとえば裁判所が行う出版の事前差止めは、検閲にはあたりません。
> また、「思想内容等」を対象とした審査に限定されますから、たとえば単なる誤字脱字の

チェックなどは検閲にあたりません。

さらに、「発表の禁止を目的」とした「網羅的一般的」な審査に限定されます。これは、たとえば税関検査のような収税目的の付随的な検査や、具体的犯罪の捜査における書籍の押収のような個別的・特定的な検査を、検閲から除外する趣旨と解されています。

最後に、「発表前」の審査に限定されます。これは、国内外を問わず、発表済みの表現物の審査であれば、日本国民がその表現物を受領する前であっても検閲にはあたらない、という趣旨です。

このように、判例はきわめて厳格に「検閲」を定義します。そして、その一方で、「検閲」は例外なく絶対的に禁止されていると解しているわけです。

（イ）第1次家永教科書訴訟

その後、教科書検定制度が検閲に該当するかが争われた第1次家永教科書訴訟においても、最高裁は、税関検査事件判決を引用しつつ、教科書検定は思想調査を目的とするものではないこと、不合格となった原稿を一般の図書として出版することは禁止されていないこと、などを理由として、教科書検定制度は「検閲」に該当しないと判示した（**最判平成5・3・16**）。

税関検査事件判決は、税関検査は「検閲」に該当せず、「事前規制たる側面」はもつものの、「事前規制そのもの」には該当しないとしました。

第1次家永教科書訴訟判決も、教科書検定は「検閲」にも「事前抑制そのもの」にも該当しないとしています。

これに対し、裁判所による雑誌の事前差止めが問題となった北方ジャーナル事件（**⇒次ページウ（イ）**）では、裁判所による事前差止めは「検閲」にはあたらないものの、「事前抑制」にあたるとしています。

こうして判例を並べてみると、最高裁は、①「**検閲**」、②裁判所による事前差止めのような「**事前抑制そのもの**」、③税関検査のような「**事前規制（事前抑制）たる側面をもつもの**」の3つを区別し、それぞれにつき異なる扱いをするという立場に立っていると考えていいでしょう。

（ウ）学説

学説では、検閲を、①公権力が表現内容を国民の受領前に審査する行為全般をいうと広く解したうえで、例外的に検閲が許容される場合があるとする広義説や、②行政権が思想内容を表現の発表前に審査する行為をいうと狭く解したうえで、例外なく禁止されているとする狭義説などがある。

	主体	対象	時期	例外	検閲と事前抑制の関係
広義説	公権力	表現内容	受領前	あり	検閲＝事前抑制
狭義説	行政権	思想内容	発表前	なし	検閲⊂事前抑制

答案では判例の立場で十分ですが、短答対策として、広義説と狭義説の違いについて補足しておきましょう。

まず、審査の主体について、①広義説は公権力、②狭義説は行政権としています。したがって、たとえば裁判所による出版物の事前差止は、①広義説からは検閲にあたりうる一方、②狭義説からは検閲にはあたりません。

次に、審査の対象について、①広義説は表現内容、②狭義説は思想内容としています。したがって、たとえば出版物の誤字の有無を行政権が審査する行為は、①広義説からは検閲にあたりうる一方、②狭義説からは検閲にあたりません。

さらに、審査の時期について、①広義説は国民の受領前、②狭義説は表現の発表前としています。したがって、たとえば外国で発表済みの本を輸入しようとした際に、税関職員がその内容を審査したという行為は、①広義説からは検閲にあたりうる一方、②狭義説からは検閲にあたりません。その本は、すでに海外で発表済みだからです。

最後に、①広義説は、検閲を広く解する一方で例外的に許容される場合を認めるのに対し、②狭義説は、検閲を絶対禁止としています。

なお、判例の立場は、狭義説よりもさらに狭い最狭義説に位置づけられます。

ウ　検閲以外の事前抑制　➡論証21

（ア）問題の所在

検閲に関する判例の立場を前提とした場合、検閲にはあたらないものの、なお事前抑制そのものといえる場合がある。

たとえば、裁判所による出版物の事前差止めは、その主体が行政権ではなく裁判所（司法権）である以上、判例の立場からは検閲にあたらないものの、事前抑制にはあたることになる。

では、そうした検閲以外の事前抑制は、表現の自由に対する制約として許されるのだろうか。

（イ）北方ジャーナル事件

この問題に関するリーディングケースは、北方ジャーナル事件である。

これは、知事選の立候補予定者Aを批判・攻撃する記事を掲載した雑誌「北方ジャーナル」につき、札幌地方裁判所がAに対する名誉毀損を理由としてその発表前に差し止める旨の仮処分を出したため、同雑誌の発行人がその仮処分は違法であるとして国およびAに対し損害賠償を請求した事件である。

この事件における最高裁判決（**最大判昭和61・6・11**）は、やや複雑な構造をとるが、試験対策上きわめて重要である。5つに項目を分けて説明しよう。

a　検閲への該当性

最高裁は、まず、税関検査事件の検閲の定義（➡189ページ（ア））を引用し

て、裁判所による事前差止めは「検閲」にあたらないとした。

b　検閲以外の事前抑制の一般的要件

次に、表現行為に対する事前抑制は、①「表現物がその自由市場に出る前に抑止してその内容を読者ないし聴視者の側に到達させる途を閉ざし又はその到達を遅らせてその意義を失わせ、公の批判の機会を減少させるもの」であること、②「事前抑制たることの性質上、予測に基づくものとならざるをえないこと等から事後制裁の場合よりも広汎にわたり易く、濫用の虞がある」こと、③「実際上の抑止的効果が事後制裁の場合より大きい」ことから、「厳格かつ明確な要件のもとにおいてのみ許容」されるとした。

c　裁判所による事前差止めの事前抑制への該当性

そして、裁判所による事前差止めは、かかる「事前抑制」に該当するとした。

d　公務員等に対する批判的表現の事前差止めの要件

さらに、本件のような「公務員又は公職選挙の候補者に対する評価、批判等の表現行為」は、「一般にそれが公共の利害に関する事項」であることから、その事前差止めは「原則として許されない」としつつ、①「表現内容が真実でなく、又はそれが専ら公益を図る目的のものでないことが明白」であって、かつ、②「被害者が重大にして著しく回復困難な損害を被る虞があるとき」は、例外的に事前差止めが許されるとした。

つまり、「公務員又は公職選挙の候補者に対する評価、批判等の表現行為」については、上記 b の一般的要件を充足するだけでは足りず、きわめて厳格な要件である①および②を充足しなければ、事前抑制は許されないとしたわけである。

e　相手方の手続保障

そして、債権者（事前差止めの申立人）の提出した資料によって上記 d の①および②の要件が認められる場合以外については、事前差止めを命ずる仮処分命令を発する前に「口頭弁論又は債務者の審尋」を行い、債務者（事前差止めの相手方）に対して表現内容の真実性などの主張立証の機会を与えることが必要であるとした。

　　最後の e の内容について補足します。この事件は、いわゆる民事保全事件なのですが、
　　当時の民事保全事件では、当事者双方が立ち会って審理する口頭弁論や、債務者の審尋は

行われていませんでした。しかし、これでは相手方の手続保障の点で難があります。そこで、最高裁は、裁判所による出版の事前差止めについては、原則として口頭弁論または債務者の審尋を要求したのです。

なお、現在の民事保全法では、出版の事前差止めなどを行うには、原則として口頭弁論または債務者の審尋が必要と定められています（民事保全法 23 条 4 項）。

3 表現内容規制と表現内容中立規制) A

表現内容規制と表現内容中立規制の区別は、学説上広く支持されている。

ア 表現内容規制

（ア）意義

表現内容規制とは、表現の内容に着目した規制をいう。

たとえば、「憲法 9 条を支持する言論を禁止する」という規制のように、様々な見解がある中で特定の見解の表明のみを禁止する見解規制が、表現内容規制の典型である。

また、「憲法 9 条についての言論を禁止する」という規制のように、どのような見解をとるかとは関係なしに、特定の主題についての表現を禁止する主題規制も、原則として表現内容規制にあたると解されている。

（イ）審査基準

表現内容規制は、思想の自由市場に反するきわめて強度な制約であることから、原則として厳格に審査するべきである。

具体的には、①規制の目的がやむにやまれぬ必要不可欠な公共的利益であり、②その目的を達成するために採用された手段が必要最小限度である場合に限って合憲、とする厳格審査基準が、原則として妥当することになろう。

イ 表現内容中立規制

（ア）意義

表現内容中立規制とは、表現の内容には関係なく、表現の手段・方法などを規制する場合をいう。

たとえば、「午後 10 時から翌午前 8 時まで、住宅地で拡声器を用いた言論を禁止する」という規制のように、表現の時・場所・方法のみを規制する場合が、表現内容中立規制の典型である。

また、行動を伴う言論（speech plus。たとえば ➡ 220 ページ **5**）の規制も、一般に表現内容中立規制にあたるとされている。

（イ）審査基準

表現内容中立規制の場合は、他の時・場所・方法による表現活動の余地が残されているため、必ずしも思想の自由市場に反するわけではない。そこで、原則として、やや厳格性を緩和した審査が妥当すると解してよい。

具体的には、①立法の目的が十分に重要であり、②手段が目的と実質的関連性を有する場合に限り合憲、とする中間審査基準が妥当することになろう。

ただし、法文上は表現内容中立規制の形式であっても、現実には特定の内容の表現が市場から締め出される結果となる場合もありうる。そのような場合には、思想の自由市場の観点から、厳格に審査する必要があると解するべきである。

また、表現内容規制と表現内容中立規制との両側面を有する規制（たとえば「午後 10 時から日の出まで、政府を批判する表現を禁止する」という規制）についても、厳格な審査が必要となる場合があろう。

4　直接的規制と間接的・付随的規制　B+　➡論証 17 後半

以上の表現内容規制と表現内容中立規制という分類に類似するものとして、直接的規制と間接的・付随的規制という分類がある。

ア　意義

直接的規制とは、人権の行使を規制することを直接の目的とする規制をいう。

上記 **3** で述べた表現内容規制、および表現内容中立規制のうち時・場所・方法の規制は、この直接的規制にあたる。

したがって、表現内容規制たる直接的規制には厳格審査基準が、時・場所・方法の規制たる直接的規制には厳格性をやや緩和した中間審査審査が、それぞれ原則として妥当する。

これに対し、間接的・付随的規制とは、人権の行使を規制することを目的とせず、ただ間接的・付随的効果として人権の行使に負担を与えてしまう規制をいう。

たとえば、公道上に座り込む行為は、道路交通法76条4項2号によって禁止されています。そして、この道路交通法の規制の目的は、交通の安全の確保にあり、表現活動の規制を直接の目的としているわけではありません。

しかし、たとえば、政府の原子力政策に抗議する意図で首相官邸前の路上に座り込んでいるAとの関係では、どうでしょうか。このAの行為は、象徴的言論として表現の自由の保障の範囲内にある行為といえます。そして、このAの行為に対して上記の規定を適用すれば、あくまでも結果としてではありますが、上記の規定はAの表現の自由に対する制約にあたることになります。こうした場合を指して、間接的・付随的規制というわけです。

この間接的・付随的規制については、原則として、厳格性をやや緩和した審査が妥当すると解してよい。具体的には、中間審査基準が妥当すると解することとなろう。

ただし、形式上は間接的・付随的規制であっても、実際には表現行為の規制が目的である場合や、実際に規制される行為の多くが表現行為であるような場合には、直接的規制にあたると解するべきである。

ちなみに、思想・良心の自由に対する制約について、判例は直接的制約と間接的制約に分類していましたが（➡ 156ページのコラム）、この思想・良心の自由に対する制約についての直接的・間接的制約（規制）という分類と、本文で述べた表現の自由に対する制約についての直接的・間接的制約（規制）という分類は、用語は同じですが意味が異なります。それぞれの意味を再度確認しておいてください。

イ　判例

（ア）ビラ貼り等に対する規制の合憲性

判例は、ビラ貼り行為などに対する規制につき、緩やかな審査を行っている。

たとえば、他人の家屋などへのビラ貼りを処罰する軽犯罪法1条33号前段について、最高裁は「思想を外部に発表するための手段であっても、その手段が他人の財産権、管理権を不当に害するごときものは、もとより許されない」とし、「この程度の規制は、公共の福祉のため、表現の自由に対し許された必要かつ合理的な制限」であるとするきわめて簡単な論証で、これを合憲としている（**最大判昭和45・6・17**）。

また、私鉄の駅構内でのビラ配りを不退去罪（刑法130条後段）などで処罰することについて、最高裁は、上記判例と同様の理由からこれを合憲とし（**最判昭和59・12・18**）、さらに、政治的主張を記したビラ配りのために自衛隊官舎の共用部分へ立ち入った行為を邸宅侵入罪（刑法130条前段）で処罰することにつ

いても、やはり同様の理由からこれを合憲としている（**最判平成20・4・11**）。

　これらの判例で問題となった軽犯罪法や不退去罪・邸宅侵入罪などは、表現に対する直接的規制ではなく、間接的・付随的規制にすぎない。したがって、判例の審査が緩やかにすぎるという問題はあるものの、これらの規制を合憲とする結論自体は妥当であろう。

（イ）パブリック・フォーラム論

　間接的・付随的規制の話からは脱線するが、上記最判昭和59・12・18の補足意見で、伊藤正己裁判官はパブリック・フォーラム論を展開した。重要事項なので、ここで説明しておこう。

　伊藤裁判官の補足意見によれば、道路、公園、広場などの一般公衆が自由に出入りできる場所は、それぞれその本来の利用目的を備えているが、それは同時に、表現のための場として役立つことが少なくない。これを、「パブリック・フォーラム」と呼ぶことができる。

　そして、このパブリック・フォーラムが表現の場所として用いられるときには、所有権や、本来の利用目的のための管理権に基づく制約を受けざるをえないとしても、その機能にかんがみ、表現の自由の保障を可能な限り配慮する必要があると解していく。これが、パブリック・フォーラム論である。

　通説も、このパブリック・フォーラム論を基本的に支持している。

（ウ）公立図書館における著作者の表現の自由

　このパブリック・フォーラム論の応用として位置づけることができるのが、公立図書館における著作者の表現の自由の問題である。

　最高裁によれば、公立図書館は、「住民に図書館資料を提供するための公的な場」であり、「そこで閲覧に供された図書の著作者にとっては、その思想、意見等を公衆に伝達する公的な場」でもある。

　したがって、公立図書館において、その著作物が閲覧に供されている著作者が有する著作物によってその思想・意見等を公衆に伝達する利益は、「法的保護に値する人格的利益」であり、「公立図書館の図書館職員である公務員が、図書の廃棄について……著作者又は著作物に対する独断的な評価や個人的な好みによって不公正な取扱いをしたときは、当該図書の著作者の上記人格的利益を侵害するものとして国家賠償法上違法となる」（**最判平成17・7・14**）。

（エ） 猿払事件

さて、ここで間接的・付随的規制の話に戻ろう。

間接的・付随的規制に関連する、重要な、しかし問題の多い判例として、国家公務員の政治的行為を禁止し処罰する国家公務員法および人事院規則の合憲性が問題となった猿払事件がある。

この事件で、最高裁は、「政治的行為を、これに内包される意見表明そのものの制約をねらいとしてではなく、その行動のもたらす弊害の防止をねらいとして禁止するときは、同時にそれにより意見表明の自由が制約されることにはなるが、それは、単に行動の禁止に伴う限度での間接的、付随的な制約に過ぎ」ないとし、政治的行為の禁止によって失われる利益は小さいと評価した（**最大判昭和49・11・6**。詳しくは ➡ 210 ページ（**ア**））。

これに対し、学説からは、政治的行為の禁止は間接的・付随的規制ではなく直接的規制にあたる、との批判が強い。

> 　猿払事件判決は、国家公務員の政治的行為の禁止を「間接的、付随的な制約」にすぎないとしています。しかし、学説が批判しているとおり、アで述べた通常の概念・分類に照らせば、国家公務員の政治的行為の禁止は、間接的・付随的規制ではなく、**直接的規制**にあたることになります。つまり、猿払事件判決のいう間接的・付随的規制というのは、通常の学説のいう間接的・付随的規制とは同音異義の、最高裁独自の概念なのです。
>
> 　なお、猿払事件と同じく、国家公務員の政治的行為の禁止の合憲性が問題となった堀越事件（**最判平成24・12・7**）では、最高裁は猿払事件の間接的・付随的規制論には言及しませんでした（➡ 211 ページ（**ウ**））。

4. 表現の自由の現代的意義

1 知る権利) A ➡論証 22

ア 保障の根拠

憲法が保障する表現の自由は、21条1項の文言上は、情報の送り手の自由としてのみ保障されている。

しかし、19世紀後半以降、マスメディアの発達により、情報の送り手である
マスメディアと、情報の受け手である一般国民とが分離し、一般国民はもっぱ
ら情報の受け手たる地位に固定化されるようになった。そうした状況を前提と
した場合、表現の自由を、文言どおり送り手の自由ととらえるだけでは不十分
である。送り手の自由としてのみとらえては、表現の自由を享有するのは、ほ
ぼマスメディアに限定されてしまうことになるからである。

また、情報が社会生活においてもつ意義も、現代社会においては飛躍的に増
大している。

そこで、21条1項を受け手の側から再構成し、同項は、情報の受け手の自由
である「知る権利」をも保障していると解するのが通説である。

> 「21条1項を受け手の側から再構成」するとは、どのような意味なのでしょうか。
> まず、1人で壁に向かって表現行為をしても、表現活動としては全く意味がありません。
> したがって、表現の自由を保障する21条1項は、本来的に受け手の存在を前提とし、そ
> の受け手の自由をも保障しているといえるはずです。
> そして、一般国民が情報の受け手に固定化されている現代社会においては、表現の自由
> が受け手の自由をも保障していることを、強く意識する必要があります。
> この意味で、通説は、「21条1項を受け手の側から再構成」するべしと主張しているわ
> けです。

最高裁も、①よど号ハイジャック新聞記事抹消事件において、「新聞紙、図
書等の閲読の自由」が憲法19条、21条および13条の趣旨により保障されると
し（➡91ページ（ア））、また、②レペタ事件において、「各人が自由にさまざま
な意見、知識、情報に接し、これを摂取する」自由が憲法21条から当然に導
かれる、としている（➡363ページ**ウ**）。

イ 法的性格

```
           ┌ 自由権：情報の自由な受領
   知る権利 ┤ 参政権：政治に有効に参加
           └ 社会権：情報の公開を要求
```

知る権利は、自由権、参政権、社会権という3つの側面を有する複合的人権
である。

（ア）自由権的側面

知る権利は、まず、情報の自由な受領を妨げられないという自由権的側面を有する。

たとえば、外国からの本の輸入を公権力が不当に禁止した場合は、知る権利の自由権的側面に対する侵害にあたる。

ただし、「有害図書」に指定された図書につき、これを自動販売機に収納することなどを禁ずる青少年保護育成条例の合憲性が問題となった事件において、最高裁は、「青少年の健全な育成を阻害する有害環境を浄化する」ための規制は、青少年に対する関係で憲法21条1項に違反しないことはもとより、成人との関係でも憲法21条1項に違反しないとしている（**最判平成1・9・19**）。

なお、裁判を傍聴する自由や、法廷においてメモをとるなどの筆記行為の自由については、363ページ**ウ**を参照してほしい。

（イ）参政権的側面

次に、国民は、様々な事実や意見を知ることによって、初めて政治に有効に参加できるようになる。

その意味で、知る権利は、参政権的側面をも有する。

（ウ）社会権的側面

さらに、知る権利は、公権力に対して積極的に情報の公開を要求する権利という側面をも有する。この側面は、知る権利の社会権的・国務請求権的側面といえる。

ただし、どのような情報の公開をどのような手続によって誰に請求できるかについては、憲法からだけでは判断できない。

そこで、知る権利の社会権的・国務請求権的側面については、それを具体化する法律などの制定があって初めて裁判規範性が認められる抽象的権利にとどまると解されている。

現在、知る権利の社会権的・国務請求権的側面を具体化する立法として、情報公開法や情報公開条例が制定されている。

論述式試験においては、知る権利のどの側面が主として問題となっているのかを分析することが重要です。簡単な事例をつかって、少し具体的に検討してみましょう。

まず、公立図書館に対して、ある図書を新たに購入してほしいと請求する場合を考えてみましょう。この場合は、もっぱら知る権利の社会権的・国務請求権的側面が問題となってい

るといえます。したがって、知る権利はあくまでも抽象的権利にとどまり、その図書を購入するか否かの決定は図書館長などの広い裁量に委ねられているというべきでしょう。

　では、すでに購入済みの図書を閲読させてほしいと請求する場合はどうでしょうか。確かに、この場合も、公権力の保有する情報を見せてくれと請求しているわけですから、社会権的・国務請求権的側面の問題ともいえます。しかし、一般公衆に広く図書等を提供するという公立図書館の役割・機能（➡ 196 ページ（ウ））に照らせば、公立図書館の利用者は、すでに購入済みの図書については自由に閲読を請求することができるのが原則といえるはずです。そうすると、購入済みの図書の閲読請求に対し、図書館長がこれを拒否したような場合、かかる拒否は一般市民の知る権利に対する不当な介入であり、知る権利の自由権的側面に対する制約であると解することが可能です。このように解すれば、閲読請求の拒否の合憲性については、厳格な審査が必要ということになるでしょう。

ウ　アクセス権

（ア）意義

　知る権利に関連する権利として、アクセス権の問題がある。

　アクセス権とは、通常、一般国民がマスメディアに対して自己の意見の発表の場を提供することを要求する権利をいい、反論権ともよばれている。

（イ）サンケイ新聞事件

　では、かかる意味でのアクセス権は、憲法上保障されているのだろうか。

　それが問題となった事件として、サンケイ新聞事件がある。

　これは、自民党がサンケイ新聞に共産党を批判する内容の意見広告を掲載したところ、共産党が、サンケイ新聞を発行する産業経済新聞社に対して、同じスペースの反論文を無料かつ無修正で掲載することを要求した事件である。

　最高裁は、共産党が主張するような反論権の制度を認めると、「新聞を発行・販売する者にとっては、原記事が正しく、反論文は誤りであると確信している場合でも、あるいは反論文の内容がその編集方針によれば掲載すべきでないものであっても、その掲載を強制されることになり、また、そのために本来ならば他に利用できたはずの紙面を割かなければならなくなる等の負担を強いられる」とし、「これらの負担が、批判的記事、ことに公的事項に関する批判的記事の掲載をちゅうちょさせ、憲法の保障する表現の自由を間接的に侵す危険につながるおそれも多分に存する」として、「不法行為が成立する場合……は別論として、反論権の制度について具体的な成文法がない」限り、反論権の制度を認めることはできないと判示した（**最判昭和 62・4・24**）。

　なお、現在においても、アクセス権を認める法律は制定されていない。

2　マスメディアの表現の自由　Ａ

ア　報道の自由　➡論証 23 前半

マスメディアによる報道の自由が、21 条 1 項の表現の自由として保障されるのかという問題がある。

確かに、表現の自由は、本来、特定の思想を表明する自由を指している。したがって、事実を知らせる報道の自由は、表現の自由に含まれないとも思える。

しかし、①報道に際しては、報道内容の編集という知的な作業が行われていることに加え、②報道の自由は、国民の知る権利に奉仕するという重要な意義を有する。

そこで、報道の自由も、21 条 1 項の表現の自由として保障されていると解するべきである。

最高裁も、博多駅テレビフィルム提出命令事件において、報道は「国民の『知る権利』に奉仕するもの」であるとし、報道の自由は「憲法 21 条の保障のもとにある」としている（最大決昭和 44・11・26）。

イ　取材の自由　➡論証 23 後半

では、報道の前提となる取材の自由についてはどうか。

最高裁は、博多駅テレビフィルム提出命令事件において、「報道機関の報道が正しい内容をもつためには、報道の自由とともに、報道のための取材の自由も、憲法 21 条の精神に照らし、十分尊重に値いする」と述べるにとどまった。はっきりとはしないが、この表現からは、取材の自由は（報道の自由とは異なり）人権そのものではないとのニュアンスを読みとることが可能である。

学説では、取材は報道にとって不可欠の前提であることから、取材の自由も報道の自由の一環として 21 条 1 項により保障されるとする見解が有力である。

ウ　取材の自由の制約　➡論証 24

取材の自由につき、「十分尊重に値いする」と解するにせよ、「報道の自由の一環として保障される」と解するにせよ、無制約ではありえない。

問題は、その限界をどのように考えるべきかである。以下、重要な 3 つの判例を見ていこう。

（ア）博多駅テレビフィルム提出命令事件

　取材の自由について最も重要なのが、博多駅テレビフィルム提出命令事件である。

　これは、福岡地裁が、付審判請求事件の審理のために必要であるとして、刑事訴訟法99条2項［現3項］に基づき、テレビ放送会社に対して事件の模様を撮影したテレビフィルムを提出するよう命じたところ、その提出命令が報道の自由・取材の自由を侵害するのではないかが問題となった事件である。

　最高裁は、まず、前述のように報道の自由を人権として認め、取材の自由も十分尊重に値いするとしつつも、取材の自由は、「公正な裁判の実現」という憲法上の要請のために、制約を受けることがあるとした。

　そして、かかる制約の合憲性は、「審判の対象とされている犯罪の性質、態様、軽重および取材したものの証拠としての価値、ひいては、公正な刑事裁判を実現するにあたっての必要性の有無」と、「取材したものを証拠として提出させられることによって報道機関の取材の自由が妨げられる程度およびこれが報道の自由に及ぼす影響の度合その他諸般の事情」とを比較衡量して決せられるべきであるとした。

　そのうえで、①本件の審理の対象は「多数の機動隊等と学生との間の衝突に際して行なわれたとされる機動隊員等の公務員職権乱用罪、特別公務員暴行陵虐罪の成否」であること、②「その審理は、現在において、被疑者および被害者の特定すら困難な状態であって、事件発生後2年ちかくを経過した現在、第三者の新たな証言はもはや期待することができず、したがって、当時、右の現場を中立的な立場から撮影した報道機関の本件フイルムが証拠上きわめて重要な価値を有し、被疑者らの罪責の有無を判定するうえに、ほとんど必須のものと認められる」こと、③「本件フイルムは、すでに放映されたものを含む放映のために準備されたものであり、それが証拠として使用されることによって報道機関が蒙る不利益は、報道の自由そのものではなく、将来の取材の自由が妨げられるおそれがあるというにとどまる」こと、④本件提出命令を発した地方裁判所は、「本件フイルムにつき、一たん押収した後においても、時機に応じた仮還付などの措置により、報道機関のフイルム使用に支障をきたさないよう配慮すべき旨を表明している」こと等を指摘し、本件提出命令を合憲と判断した（**最大決昭和44・11・26**）。

（イ）TBSビデオテープ差押事件

　その後、博多駅テレビフィルム提出命令事件決定をさらに一歩進めた判例として、TBSビデオテープ差押事件がある。

　これは、警察官による報道機関の取材ビデオテープの差押えの合憲性が争われた事件である。

　最高裁は、まず、「公正な刑事裁判を実現するために不可欠である適正迅速な捜査の遂行という要請」がある場合にも、取材の自由は制約を受けることがあるとした。

　そして、博多駅テレビフィルム提出命令事件決定と同じ比較衡量の基準を用い、結論として本件差押えを合憲とした（**最決平成２・７・９**）。

> 　博多駅テレビフィルム提出命令事件のいう「公正な裁判の実現」の要請は、直接的な憲法上の要請といえるのに対し（37条1項参照）、TBSビデオテープ差押事件のいう「適正迅速な捜査」の要請は、直接的な憲法上の要請そのものではありません。また、裁判所は公平な第三者機関と言えるのに対し、捜査機関は、そうした第三者機関とはいえません。
> 　最高裁は、あまりこれらの違いを気にしていないようなのですが、捜査機関による差押えを安易に認めると、報道機関のテレビカメラが捜査官の目の代わりになってしまうということにもなりかねません。その点で、TBSビデオテープ差押事件は、妥当な判例とはいいがたいのではないかと思います。

（ウ）外務省秘密漏えい事件

　取材の自由に関する判例として、外務省秘密漏えい事件（西山記者事件）も重要である。

　これは、肉体関係にあった外務省の女性事務官から、外務省の極秘文書を入手した新聞記者が、国家公務員法111条の秘密漏示そそのかし罪で起訴された刑事事件である。

　最高裁は、まず、「報道機関が公務員に対し根気強く執拗に説得ないし要請を続けることは、それが真に報道の目的からでたものであり、その手段・方法が法秩序全体の精神に照らし相当なものとして社会観念上是認されるものである限りは、実質的に違法性を欠き正当な業務行為〔刑法35条〕というべきである」として、取材の自由に対する理解を示した。

　しかし、取材の手段・方法が「取材対象者の個人としての人格の尊厳を著しく蹂躙する等法秩序全体の精神に照らし社会観念上是認することのできない態様のものである場合」には、正当業務行為とはいえないとし、本件記者が当初

から秘密文書を入手するための手段として利用する意図で女性事務官と肉体関係をもったことなどを指摘して、本件取材は違法であるとした（**最決昭和53・5・31**）。

エ　取材源の秘匿

取材の自由と関連する問題として、取材源（ニュース・ソース）の秘匿の問題がある。

たとえば、報道機関の記者が訴訟の証人として証言を要求された場合、取材源に関する証言を拒否することができるのだろうか。

2つの判例を見ておこう。

（ア）石井記者事件

新聞記者である石井記者が、犯罪捜査のため裁判所に召喚され、取材源についての証言を求められたところ、同記者が証言を拒否した事件。

最高裁は、比較衡量すら行わず、証言義務を犠牲にしてまで取材源の秘匿を認めることはできないと判示した（**最大判昭和27・8・6**）。

（イ）嘱託証人尋問証言拒否事件

アメリカで提起された損害賠償請求訴訟に関して、アメリカの裁判所から嘱託を受けた日本の裁判所がNHKの記者に対して行った証人尋問において、同記者が取材源についての証言を拒否した事件。

最高裁は、「報道関係者の取材源は、一般に、それがみだりに開示されると、報道関係者と取材源となる者との間の信頼関係が損なわれ、将来にわたる自由で円滑な取材活動が妨げられることとなり、報道機関の業務に深刻な影響を与え以後その遂行が困難になると解されるので、取材源の秘密は［民事訴訟法197条1項3号の］職業の秘密に当たる」としたうえで、「当該取材源の秘密が保護に値する秘密であるかどうかは、当該報道の内容、性質、その持つ社会的な意義・価値、当該取材の態様、将来における同種の取材活動が妨げられることによって生ずる不利益の内容、程度等と、当該民事事件の内容、性質、その持つ社会的な意義・価値、当該民事事件において当該証言を必要とする程度、代替証拠の有無等の諸事情を比較衡量して決すべき」であるとし、結論として本件証言拒絶を適法とした（**最決平成18・10・3**）。

これら2つの事件の大きな違いは、（ア）では犯罪捜査のための証人尋問という**刑事手続**における証言拒否が問題となったのに対し、（イ）では損害賠償請求訴訟という**民事手続**における証言拒否が問題となった点にあります。

詳しくは訴訟法で勉強しますが、刑事手続においては、真実発見の要請が強いのに対し、民事手続においては、刑事手続ほどには真実発見の要請が強くありません。こうした真実発見の要請の程度の違いが、（ア）と（イ）の結論の違いの理由となっていると考えてよいでしょう。

オ　放送の自由

テレビ放送など、電波メディアによる報道の自由を、放送の自由という。

放送の自由も、21条1項の表現の自由として保障される。

（ア）特別の制約

ところが、放送の自由に対しては、法律によって、新聞や雑誌などの印刷メディアには許されない特別の制約が課せられている。

特に、放送法4条1項は、放送番組について、政治的に公平であること（同2号）、意見の対立している問題については多角的に論点を明らかにすること（同4号）などを要求し、番組編成の自由を大きく制限している。

（イ）特別の制約の正当性

こうした特別の制約を正当化する根拠としては、従来、①放送用電波は有限であること、②放送は活字メディアと比べて強烈な影響力を受け手に及ぼすこと、などがあげられてきた。

しかし、①多チャンネル化・デジタル化の進んだ現代社会においては、電波の有限性という議論は妥当しがたい。

また、②の強烈な影響力は、科学的な根拠に乏しく、放送の自由に対する規制、特に政治的に公平であることを要求する規制を正当化するには不十分である。

そこで、上記の放送法の規定が、法的拘束力をもたない倫理規定として解釈され運用されていることに着目し、かかる解釈・運用の限りで合憲とする見解が有力である。

また、近時では、メディアのうち、出版を自由にし、放送を規制することにより、相互に欠陥を矯正することが可能となり、全く規制しない場合よりもメディア法制全体が良好に機能する可能性が高まるとする部分規制論が有力に主

張されており、注目される。

（ウ）NHK 受信料制度の合憲性

　日本の放送制度は、①受信料を財源とする公共放送（NHK）と、②広告収入を財源とする民間放送の、二本立て体制をその特徴としている。そして、放送法 64 条 1 項は、NHK の放送を受信することのできる受信設備を設置した者に対して、NHK との受信契約の締結を強制している。

　こうした制度の合憲性が争われた NHK 受信料訴訟において、最高裁は、「放送法は……公共放送事業者と民間放送事業者とが、各々その長所を発揮するとともに、互いに他を啓もうし、各々その欠点を補い、放送により国民が十分福祉を享受することができるように図るべく、二本立て体制を採ることとしたものである」としたうえで、かかる二本立て体制は「憲法 21 条の保障する表現の自由の下で国民の知る権利を実質的に充足すべく採用され、その目的にかなう合理的なもの」であって、これが憲法上許容される立法裁量の範囲内にあることは明らかであるとし、また、「このような制度の枠を離れて被告が受信設備を用いて放送を視聴する自由が憲法上保障されていると解することはできない」として、契約の自由、知る権利、財産権を侵害するものではないと判示した（**最大判平成 29・12・6**）。

3　通信とインターネット　Ｂ

ア　通信の秘密

（ア）意義

　21 条 2 項後段は、「通信の秘密は、これを侵してはならない」と定めている。

　その趣旨は、プライバシー権（13 条）の一局面を取り上げて明文で保障するとともに、通信事業者に特別の位置づけを与え、もって国民の自由なコミュニケーションを保障することにある。

（イ）保障範囲

　「通信」とは、非公開で行われる特定者間のコミュニケーションをいう。はがき、手紙、電信、電話などの方法を問わず、全ての通信が保障の対象となる。

　また、その保障は、通信の内容に加え、発信者や受信者の氏名・居所、通信の日時・個数などにも及ぶ。

（ウ）制約

通信の秘密も、公共の福祉による制約に服しうる。

たとえば、刑事訴訟法 100 条・222 条は、郵便物の押収を認め、破産法 82 条は、破産者宛の郵便物などの破産管財人による開封を認めている。

また、刑事収容施設及び被収容者等の処遇に関する法律 127 条・222 条は、受刑者などの信書の検査を認めている。

犯罪捜査のための通信傍受に関する法律（通信傍受法）は、一定の犯罪捜査のための通信傍受を認めている。ただし、無関係な通信の傍受が排除できないことや、傍受された者の事後的救済が不十分であることなどから、合憲性に疑いがあるとする見解もある。

イ　インターネットにおける表現

（ア）意義

インターネットにおける表現は、情報の発信が安価で双方的であるという特徴がある。

そのため、インターネットにおける表現は、情報の受け手として固定化している一般国民が情報発信者としての地位を回復する可能性を開くものとして、重要な意義をもつ。

（イ）特別の制約

もっとも、21 条 2 項後段が保障する「通信の秘密」により、匿名による情報発信が可能となっていることを奇貨として、インターネット空間には、わいせつ表現や名誉毀損・プライバシー侵害、薬物の売買情報などがあふれているのが現状である。

そこで、インターネットにおける表現に対しては、従来の表現とは異なる特別の制約が許されるとする見解が有力である。

（ウ）対抗言論の法理との関係

上記（イ）とは逆方向の議論として、従来の表現では許された制約が、インターネットにおける表現に対しては許されなくなる場合があるのではないかとの指摘もある。

たとえば、名誉毀損的表現がインターネット上でなされた場合には、それに言論で対抗することは比較的容易である。言論には言論で対抗すべしという対

抗言論の法理が、情報の発信が安価で双方的であるインターネットには、より妥当しやすいわけである。

したがって、名誉毀損の成立範囲は、通常の表現と比べて狭く解する余地がある。

もっとも、最高裁は、インターネット個人利用者による名誉毀損の刑事責任が争われた事案で、『夕刊和歌山時事』事件判決における相当性の法理（➡ 182ページ（ア））を緩和する必要はないとしている（最決平成 22・3・15）。

4　表現活動に対する公権力の支援 ▶ **B**

従来から、政府が優れた表現作品を選別してこれを支援することは、広く認められてきた。

しかし、近時では、かかる支援を通じて政府が思想市場を操作する危険性が指摘されている。すなわち、政府の政策に適合する私人の表現活動は支援し、適合しない私人の表現活動は支援しないというかたちで、政府が言論の主体であることを明示せずに政府言論（➡ 186 ページ **8**）を行い、不公正に世論の形成を図る危険性が、かかる表現活動に対する支援には存するのである。

この問題点についての議論は現在進行中だが、援助を受ける者と受けない者との差別の問題として捉え、14 条 1 項により処理する見解が書きやすく、おすすめである。

5. 公務員の表現の自由

表現の自由は、もちろん公務員にも保障される。

しかし、公務員の表現の自由に対しては、特別の制約が課せられうる。以下、公務員の表現の自由のうち、①まずは従来から議論されてきた公務員の政治的行為の自由について検討し、次いで②比較的新しい問題である裁判官の表現の自由について検討する。

1 公務員の政治的行為の自由

選挙運動などの政治的行為の自由も、表現の自由として21条1項により保障される。

しかし、公務員の政治的行為については、法律によって特別の制約が課せられている。

とりわけ、国家公務員については、国家公務員法102条およびその委任を受けた人事院規則14-7により、政治活動が一律かつ全面的に禁止されており、しかも違反者には刑罰が科せられることになっているのである。

ア　制約の根拠　B

こうした特別の制約の根拠をどこに求めるかについては、学説の変遷がある。抽象的な議論だが、概説しておこう。

（ア）全体の奉仕者説

まず、初期の学説は、15条2項が公務員を「全体の奉仕者」としていることに、特別の制約の根拠を求めた。

すなわち、「全体の奉仕者」を公務員に対する一律の人権制約根拠として捉え、公務員の人権に対する一律的な制約を合憲と解していたのである。

（イ）職務の性質説

しかし、一言に公務員といっても、その地位や職務の性質は様々である。にもかかわらず、「全体の奉仕者」という抽象的な観念をもって公務員をひと括りにし、一律の制約を認めてしまう全体の奉仕者説の背後には、特別権力関係論（➡89ページ **1**）が潜んでいるといわざるを得ない。

そこで、特別の人権制約が認められる根拠を、個々の公務員の担当する職務の性質に求める見解が主張された。

この見解は、公務員をひと括りにせず、その職務の性質に応じて個別具体的に制約の根拠を考えていく点に特長がある。

たとえば、事務的な職務を担当する公務員Ａの政治活動の自由に対する制約について考えてみましょう。Ａが担当している職務は、国会議員や国務大臣などといった政治的職員の意思決定に従って行われるべきであるという性質を有しています。この見解は、そうした職務の性質を根拠として、事務的な職務を担当する公務員の政治活動の自由に対する制限が

（ウ）憲法秩序の構成要素説

　職務の性質説は、公務員に対する人権制約の根拠を、職務ごとに個別具体的に考えていく点で、妥当な見解であるといえる。

　しかし、「職務の性質」という観念は、憲法上の根拠にもとづくものとはいえないという難点がある。

　そこで、職務の性質説の趣旨を考慮にいれつつ、憲法が公務員関係の存在と自律性を憲法秩序の構成要素として認めていること（15条、73条4号など）に根拠を求める見解が主張されるに至った。

　この見解は、全体の奉仕者説と同じく憲法上の根拠にもとづきながら、職務の性質説と同じく個別具体的な判断を可能とする点で、最も優れた理論であるということができる。現在でも、この見解が通説となっている。

イ　判例　A⁺

（ア）猿払事件

　国家公務員の政治的行為の禁止の合憲性が問題となった事件として重要なのが、猿払事件である。

　これは、国家公務員である郵便局員（郵政民営化前）が、勤務時間外に、自らが支持する政党の公認候補の選挙用ポスターを公営掲示板に掲示したところ、かかる行為が国家公務員の政治的行為を禁止し処罰する国家公務員法102条および人事院規則14-7に違反するとして起訴された刑事事件である。

　最高裁は、まず、「およそ政治的行為は、行動としての面をもつほかに、政治的意見の表明としての面をも有するものであるから、その限りにおいて、憲法21条による保障を受ける」とした。

　そのうえで、①目的の正当性、②目的と手段との合理的関連性、③得られる利益と失われる利益との均衡という、緩やかな審査基準を用いた。

　　この猿払事件の審査基準は、①の目的と②の手段の審査の点は合理性の基準（➡ 100ページウ）と同様ですが、③の比較衡量（利益衡量）の点はドイツの比例原則に近いといえます。いずれにせよ、緩やかな基準であることは間違いありません。この判例の基準は、**「合理的関連性の基準」**または**「猿払基準」**とよばれています。

そして、①については、「行政の中立的運営とこれに対する国民の信頼を確保」するという目的を認定してこれを正当とし、②については、一律的・全面的な禁止も目的との間に合理的関連性があるとした。

③については、一方で「政治的行為を、これに内包される意見表明そのものの制約をねらいとしてではなく、その行動のもたらす弊害の防止をねらいとして禁止するときは……単に行動の禁止に伴う限度での間接的、付随的な制約」にすぎないとし、他方で「禁止により得られる利益は、公務員の政治的中立性を維持し、行政の中立的運営とこれに対する国民の信頼を確保するという国民全体の共同利益」なのであるから、「得られる利益は、失われる利益に比してさらに重要」であり、「その禁止は利益の均衡を失するものではない」として、本件罰則規定を合憲とした（**最大判昭和49・11・6**）。

（イ）その後の判例

この猿払事件判決に対しては、①本件の規制は直接的規制にあたり、間接的・付随的規制にはあたらない（➡197ページ **（エ）**のコラム）、②表現の自由に対する規制である以上、緩やかな合理的関連性の基準ではなく、中間審査基準を用いるべきである、などの批判が強かった。

しかし、猿払事件判決の緩やかな基準と（独自の）間接的・付随的制約論は、その後も、戸別訪問禁止規定の審査（➡215ページ **1**）や、裁判官の政治活動に対する規制の審査（➡212ページ**ア**）、一般国民の集会の自由に対する規制の審査（広島市暴走族追放条例事件。**最判平成19・9・18**）にまで引き継がれていった。

（ウ）堀越事件

ところが、その後の堀越事件において、最高裁は注目すべき判断を示した。

この堀越事件は、勤務時間外に、公務員であることを明らかにしないで政党機関紙のポスティングを行った社会保険庁の非管理職職員が、国家公務員法102条および人事院規則14-7に違反するとして起訴された刑事事件である。

最高裁は、まず、禁止される「政治的行為」とは、「公務員の職務の遂行の政治的中立性を損なうおそれが、観念的なものにとどまらず、現実的に起こり得るものとして実質的に認められるもの」を指すと限定的に解釈した。

そして、本件罰則規定が憲法21条1項、31条に違反するかどうかは、「政治的行為に対する規制が必要かつ合理的なものとして是認されるかどうか」に

よるとし、「これは、本件罰則規定の目的のために規制が必要とされる程度と、規制される自由の内容及び性質、具体的な規制の態様及び程度等を較量して決せられるべき」として、よど号ハイジャック新聞記事抹消事件（➡91ページ（ア））の比較衡量の基準を用いた。

そのうえで、最高裁は、①「公務員の職務の遂行の政治的中立性を保持することによって行政の中立的運営を確保し、これに対する国民の信頼を維持する」という目的は「合理的であり正当」であり、また、②「禁止の対象とされるものは、公務員の職務の遂行の政治的中立性を損なうおそれが実質的に認められる政治的行為に限られ、このようなおそれが認められない政治的行為や本規則が規定する行為類型以外の政治的行為が禁止されるものではないから、その制限は必要やむを得ない限度にとどまり、前記の目的を達成するために必要かつ合理的な範囲のもの」であるとして、本件罰則規定を合憲とした。

なお、本件の被告人の行為は、限定的に解釈された「政治的行為」にあたらないとし、原審の無罪判決を維持した（**最判平成24・12・7**）。

> 堀越事件判決は、**猿払基準を用いず**、また、**間接的・付随的規制論にも言及しませんでした**。これらの点はしっかりと覚えておいてください。
> ちなみに、この堀越事件判決の中で、最高裁は、**猿払事件の被告人の行為は上記の限定的な解釈における「政治的行為」にあたる**のであり、したがって堀越事件判決は**猿払事件判決を変更するものではない**旨、述べています。これに対し、学説では、堀越事件判決は猿払事件判決への批判を最高裁が意識し、猿払事件判決を実質的に変更したものと理解する見解が有力です。

2 裁判官の表現の自由 A

公務員のなかでも、殊に裁判官については、司法権の正当化根拠や、裁判官の地位（76条3項）ないし職責とも関連して、その表現の自由に対する特に強い制約が許されるのではないかが問題となっている。

以下、2つの重要な判例を検討する。

ア 寺西判事補事件

まず、寺西判事補事件についてである。

この事件は、寺西判事補が、通信傍受法案に反対するシンポジウムに出席し、客席から「当初、パネリストとして参加する予定であったが、パネリスト

としての発言は辞退する」といった趣旨の発言したところ、かかる行為が『積極的に政治運動をすること』（裁判所法 52 条 1 号）にあたるとして分限裁判（➡ 357 ページ **3**）により戒告処分を受けたため、これを不服として寺西判事補が即時抗告した事件である。

最高裁は、まず、「裁判官は、独立して中立・公正な立場に立ってその職務を行わなければならないのであるが、外見上も中立・公正を害さないように自律、自制すべきことが要請される」とし、「裁判官に対する政治運動禁止の要請は、一般職の国家公務員に対する政治的行為禁止の要請より強い」とした。

そのうえで、「禁止の目的が正当であって、その目的と禁止との間に合理的関連性があり、禁止により得られる利益と失われる利益との均衡を失するものでないなら、憲法 21 条 1 項に違反しないというべきである」とした。猿払基準を採用したわけである。

そして、あてはめとして、まず、「禁止の目的は、前記のとおり、裁判官の独立及び中立・公正を確保し、裁判に対する国民の信頼を維持するとともに、三権分立主義の下における司法と立法、行政とのあるべき関係を規律することにあり、この立法目的は、もとより正当である」とした。

次いで、「裁判官が積極的に政治運動をすることは前記のように裁判官の独立及び中立・公正を害し、裁判に対する国民の信頼を損なうおそれが大きいから、積極的に政治運動をすることを禁止することと右の禁止目的との間に合理的な関連性がある」とした。

また、「意見表明の自由が制約されることにはなるが、それは単に行動の禁止に伴う限度での間接的、付随的な制約にすぎず、かつ、積極的に政治運動をすること以外の行為により意見を表明する自由までをも制約するものではない。他面、禁止により得られる利益は、裁判官の独立及び中立・公正を確保し、裁判に対する国民の信頼を維持するなどというものであるから、得られる利益は失われる利益に比して更に重要なものというべきであり、その禁止は利益の均衡を失するものではない」とした。

さらに、「『積極的に政治運動をすること』という文言が文面上不明確であるともいえない」とした。

そして、「したがって、裁判官が『積極的に政治運動をすること』を禁止することは、もとより憲法 21 条 1 項に違反するものではない」としたのである

（最大決平成 10・12・1）。

イ　岡口判事ツイッター事件

　次に、岡口判事ツイッター事件についてである。

　この事件は、東京高等裁判所の岡口判事が、自己の担当外の事件である犬の返還請求等に関する民事事件（確定済み）について、自己の氏名や職を明らかにしているツイッターアカウントから、その報道記事へのリンクを貼り、「公園に放置されていた犬を保護し育てていたら、3か月くらい経って、もとの飼い主が名乗り出てきて、『返してください』　え？　あなた？この犬を捨てたんでしょ？　3か月も放置しておきながら・・　裁判の結果は・・」との投稿を行ったところ、かかる投稿が裁判所法 49 条にいう「品位を辱める行状」に該当するとして、裁判官分限法にもとづき東京高等裁判所が最高裁に対して懲戒申立てを行った事件である。

　最高裁は、次のように述べ、岡口判事を戒告処分とした。

　「裁判の公正、中立は、裁判ないしは裁判所に対する国民の信頼の基礎を成すものであり、裁判官は、公正、中立な審判者として裁判を行うことを職責とする者である。したがって、裁判官は、職務を遂行するに際してはもとより、職務を離れた私人としての生活においても、その職責と相いれないような行為をしてはならず、また、裁判所や裁判官に対する国民の信頼を傷つけることのないように、慎重に行動すべき義務を負っている」。

　「憲法上の表現の自由の保障は裁判官にも及び、裁判官も一市民としてその自由を有することは当然であるが、被申立人の上記行為は、表現の自由として裁判官に許容される限度を逸脱したものといわざるを得ない」（最大決平成 30・10・17）。

　この決定に対しては、岡口判事の上記投稿は法律関係者や一般市民に対して確定判決の情報を提供してその吟味を求めたにとどまるものであり、司法に対する市民への啓発的機能を営むものであるから、むしろ裁判官の「職責」に適合するというべきであり、戒告処分は失当であるとの批判が強い。

6. 選挙運動の自由

1 戸別訪問禁止規定の合憲性　B⁺

選挙運動の自由も、21条1項によって保障される。

この選挙運動の自由に対する制約として、その合憲性が問題となっているのが、公職選挙法138条1項の戸別訪問禁止規定である。

学説では、戸別訪問が選挙運動の自由として21条1項により保障されているところ、戸別訪問の禁止規定はかかる自由に対する制約であるとしたうえで、LRAの基準を用いてこれを違憲とする見解が有力である。

しかし、最高裁は、次のように述べ、猿払基準を用いて戸別訪問禁止規定を合憲とした。

「戸別訪問の禁止は、意見表明そのものの制約を目的とするものではなく、意見表明の手段方法のもたらす弊害、すなわち、戸別訪問が買収、利害誘導等の温床になり易く、選挙人の生活の平穏を害するほか、これが放任されれば、候補者側も訪問回数等を競う煩に耐えられなくなるうえに多額の出費を余儀なくされ、投票も情実に支配され易くなるなどの弊害を防止し、もって選挙の自由と公正を確保することを目的としている」。

「右の目的は正当であり、それらの弊害を総体としてみるときには、戸別訪問を一律に禁止することと禁止目的との間に合理的な関連性があるということができる。そして、戸別訪問の禁止によつて失われる利益は、それにより戸別訪問という手段方法による意見表明の自由が制約されることではあるが、それは、もとより戸別訪問以外の手段方法による意見表明の自由を制約するものではなく、単に手段方法の禁止に伴う限度での間接的、付随的な制約にすぎない反面、禁止により得られる利益は、戸別訪問という手段方法のもたらす弊害を防止することによる選挙の自由と公正の確保であるから、得られる利益は失われる利益に比してはるかに大きいということができる。以上によれば、戸別訪問を一律に禁止している公職選挙法138条1項の規定は、合理的で必要やむをえない限度を超えるものとは認められず、憲法21条に違反するものではない」

（最判昭和 56・6・15）。

2 政見放送削除事件 B

選挙運動の自由と関連する判例として、政見放送削除事件がある。

この事件は、参議院議員選挙の政見放送において、NHK が候補者の差別用語発言を削除して放送したところ、かかる削除行為などが不法行為にあたるとして当該候補者が損害賠償を請求した事件である。

最高裁は、「本件削除部分は、多くの視聴者が注目するテレビジョン放送において、その使用が社会的に許容されないことが広く認識されていた身体障害者に対する卑俗かつ侮蔑的表現であるいわゆる差別用語を使用した点で、他人の名誉を傷つけ善良な風俗を害する等政見放送としての品位を損なう言動を禁止した公職選挙法 150 条の 2 の規定に違反するものである。そして、右規定は、テレビジョン放送による政見放送が直接かつ即時に全国の視聴者に到達して強い影響力を有していることにかんがみ、そのような言動が放送されることによる弊害を防止する目的で政見放送の品位を損なう言動を禁止したものであるから、右規定に違反する言動がそのまま放送される利益は、法的に保護された利益とはいえず、したがって、右言動がそのまま放送されなかったとしても、不法行為法上、法的利益の侵害があったとはいえない」とし、本件削除部分の音声を削除して放送した行為は不法行為にあたらないと判示した（**最判平成 2・4・17**）。

7. 集会の自由

1 意義 B⁺

21 条 1 項は、集会の自由を保障する。

およそ集会は、「国民が様々な意見や情報等に接することにより自己の思想や人格を形成、発展させ、また、相互に意見や情報等を伝達、交流する場とし

て必要であり、さらに、対外的に意見を表明するための有効な手段」である。

そのため、集会の自由は、「民主主義社会における重要な基本的人権の一つとして特に尊重されなければならない」（成田新法事件。**最大判平成4・7・1**）。

この集会の役割と集会の自由の重要性は、しっかりと理解しておこう。

2　保障範囲　B⁺

ア　集会の目的・態様

21条1項の「集会」とは、多数人が共通の目的をもって一定の場所に集まることをいう。

「共通の目的」は、政治的・宗教的・文化的・娯楽的など、いかなる目的であってもよい。冠婚葬祭のための集会も、21条1項の「集会」に含まれる（最判平成8・3・15参照）。

ただし、21条1項の「集会」は、平和的集会に限られるとする見解が有力である。この見解からは、暴力を伴う集会や、武器を持っての集会は、「集会」にあたらないことになる（刑法208条の2参照）。

イ　公共施設の利用を要求する権利　→論証25

集会には、そのための場所が不可欠であるが、私人が集会に適した場所を所有していることはまれである。

そこで、集会の自由は、本来の自由権的側面に加え、公共施設の管理者たる公権力に対し、公共施設の利用を要求できる権利をも含んでいると解されている（通説）。

この通説によれば、「普通地方公共団体……は、正当な理由がない限り、住民が公の施設を利用することを拒んではならない」と定め、また「普通地方公共団体は、住民が公の施設を利用することについて、不当な差別的取扱いをしてはならない」と定める地方自治法244条は、集会の自由のかかる側面を具体化するものといえる。

3　制約と正当性　B⁺

集会は、騒音や振動などにより、周囲に直接の影響を及ぼす。そのため、純粋な言論の場合と比べて、集会の自由に対する制約の必要性は高いといわれて

いる。

　ただし、集会の自由の重要性（➡上記 **1**）に照らせば、その制約には慎重でなければならない。とりわけ、集会の内容に着目した規制の合憲性は、厳格に審査するべきであろう。

4　「公の施設」の利用拒否　B⁺

ア　問題の所在

　前述のように、地方自治法 244 条は、「普通地方公共団体……は、正当な理由がない限り、住民が公の施設を利用することを拒んではならない」と定めている。

　また、何が「正当な理由」かは、同法 244 条の 2 第 1 項に基づき、各地方公共団体が条例によって定めている。

　では、地方公共団体が、条例に基づき「正当な理由」があると判断した場合は、個人は「公の施設」を利用できないことになってしまうのだろうか。

イ　泉佐野市民会館事件

　この問題に関する重要な判例として、泉佐野市民会館事件がある。

　これは、関西新空港建設反対の決起集会に使用するべく、市民会館の使用許可を申請したところ、市が条例の定める「公の秩序をみだすおそれがある場合」に該当するとして不許可処分にしたため、その不許可処分の合憲性・適法性が争われた事件である。

（ア）保障ないし制約の有無

　最高裁は、まず、「地方自治法 244 条にいう普通地方公共団体の公の施設として、本件会館のように集会の用に供する施設が設けられている場合、住民は、その施設の設置目的に反しない限りその利用を原則的に認められることになる」ので、「管理者が正当な理由なくその利用を拒否するときは、憲法の保障する集会の自由の不当な制限につながるおそれが生ずる」とした。

（イ）審査基準

　次に、「利用を拒否し得るのは、利用の希望が競合する場合のほかは、施設をその集会のために利用させることによって、他の基本的人権が侵害され、公共の福祉が損なわれる危険がある場合に限られる」とし、「制限が必要かつ合

理的なものとして肯認されるかどうかは、基本的には、基本的人権としての集会の自由の重要性と、当該集会が開かれることによって侵害されることのある他の基本的人権の内容や侵害の発生の危険性の程度等を較量して決せられる」とした。

　しかも、「このような較量をするに当たっては、集会の自由の制約は、基本的人権のうち精神的自由を制約するものであるから、経済的自由の制約における以上に厳格な基準の下にされなければならない」とした。二重の基準論（➡ 100ページ**3**）の発想を採用したわけである。

（ウ）合憲限定解釈

　そのうえで、本件条例の定める不許可事由である「公の秩序をみだすおそれがある場合」とは、「単に危険な事態を生ずる蓋然性があるというだけでは足りず、明らかな差し迫った危険の発生が具体的に予見される」場合をいうと限定的に解釈し、本件条例の規定は憲法 21 条や地方自治法 244 条に反しないとした。いわゆる合憲限定解釈（➡ 371 ページ**2**）を行ったわけである。

（エ）あてはめ

　ただし、本件については、「本件集会の実質上の主催者と目される中核派は、関西新空港建設反対運動の主導権をめぐって他のグループと過激な対立抗争を続けており、他のグループの集会を攻撃して妨害し、更には人身に危害を加える事件も引き起こしていたのであって、これに対し他のグループから報復、襲撃を受ける危険があった」ところ、「これを被上告人［泉佐野市］が警察に依頼するなどしてあらかじめ防止することは不可能に近かった」として、本件集会が市民会館で開催された場合、「本件会館の職員、通行人、付近住民等の生命、身体又は財産が侵害されるという事態を生ずることが、具体的に明らかに予見される」と認定し、本件不許可処分は憲法 21 条、地方自治法 244 条に違反しないと判示した（**最判平成 7・3・7**）。

> 　集会を開くと、往々にして、その集会に反対する勢力が実力で集会を妨害しようとする可能性があります（いわゆる「敵対的な聴衆」の問題）。
> 　しかし、そのような可能性に対しては、**警察の警備などによって対処するのが原則**です。妨害の可能性を理由として、集会の自由を制限することは、原則として許されません。
> 　上記の判例も、「主催者が集会を平穏に行おうとしているのに、その集会の目的や主催者の思想、信条に反対する他のグループ等がこれを実力で阻止し、妨害しようとして紛争を起こすおそれがあることを理由に公の施設の利用を拒むことは、憲法 21 条の趣旨に反する」

と述べています。論文試験でも、他団体による妨害の可能性は、「正当な理由」には原則としてあたらないことに注意してください。

　なお、その後の上尾市福祉会館事件（最判平成８・３・15）では、「主催者が集会を平穏に行おうとしているのに、その集会の目的や主催者の思想、信条等に反対する者らが、これを実力で阻止し、妨害しようとして紛争を起こすおそれがあることを理由に公の施設の利用を拒むことができるのは、……**警察の警備等によってもなお混乱を防止することができないなど特別な事情がある場合に限られる**」とし、利用不許可処分を違法としています。

5　集団行進の自由　　B⁺　➡論証 26

　デモ行進に代表される集団行進の自由は、「動く集会」として、集会の自由に含まれると解されている。

　ところが、各地方公共団体の定める公安条例では、集団行進を行うには公安委員会の許可を要するという制度（許可制）が採用されていることが多い。

　このような公安条例は、合憲なのだろうか。

ア　検討

　確かに、集団行進は、純粋な言論と異なり、一定の行動を伴うものであることから、他者の権利と矛盾・衝突する可能性が高い。そのため、純粋の言論とは異なる特別の制約に服すると解される。

　しかし、集団行進の自由は、対外的に意見を表明するための有効な手段であり、また、民主政の過程に関与していくという自己統治の価値を有する点で、きわめて重要な人権である（➡216ページ**1**）。

　そこで、少なくとも、中間審査基準（➡99ページ**イ**）が妥当すると解するべきであろう。

　では、許可制を採用する公安条例は合憲だろうか。

　まず、公安条例の目的が、公衆が道路・公園などを利用する利益を確保することや、集団行進の重複・競合による混乱を回避することにあると解すれば、かかる目的は十分に重要といえる。

　しかし、かかる目的を達成しうる手段としては、原則として事前の届出制で足りる。

　したがって、許可制をとる公安条例は、実質的には届出制といえる場合に限って合憲というべきである。具体的には、①許可基準が明確であること、②不

許可とされる場合が限定されていること、③救済手続や許可推定条項が整っていることなどの条件を満たしていることなどが必要であろう。

> 　集団行進に関する届出制というのは、集団行進をするには届出が必要だけれども、その届出さえすれば集団行進は原則として許されるという制度です。
> 　これに対し、許可制というのは、原則として集団行進は許されず、公権力が特別に許可をした場合にだけ集団行進を許す、という制度をいいます。
> 　そして、公安条例の目的を達成するためには、事前の届出さえあれば十分といえることから、中間審査基準に照らす限り、許可制を採用している公安条例は、原則として違憲ということになります。
> 　ただし、かたちのうえでは許可制だけれども、実質的にみれば届出制といえるような公安条例も存在します。そのような場合には、目的との実質的関連性が肯定され、合憲となると考えていくわけです。

イ　東京都公安条例事件

　公安条例が問題となった判例としては、東京都公安条例事件が重要である。

　最高裁は、まず、集団行進の特徴として、「平穏静粛な集団であっても、時に昂奮、激昂の渦中に巻きこまれ、甚だしい場合には一瞬にして暴徒と化」すことがあるとし（いわゆる「集団暴徒化論」）、集団行進の自由を一般的に制限することも許されるとした。

　そして、東京都公安条例が「公共の安寧を保持する上に直接危険を及ぼすと明らかに認められる場合の外は、これを許可しなければならない」と規定していることから、「実質において届出制」であるとして、同条例を合憲と判示した（最大判昭和35・7・20）。

　この判例に対しては、①あらゆる集会を規模・態様などによって区別せずに危険視するならば、集会の自由の意義が失われることになる、との批判や、②東京都条例の許可基準は不明確であり、また許可・不許可の処分がないときの許可推定条項などがないことから、実質において届出制ということはできない、との批判がなされている。

8. 結社の自由

1 意義　B⁺

21条1項は、結社の自由を保障している。

結社の自由は、近代市民革命直後のフランスの人権宣言やアメリカの権利章典（憲法修正条項）では規定されていなかった。特にフランスでは、革命前のアンシャン・レジーム下で存在したギルドなどの存続・復活をおそれ、結社は禁止されていた。

これに対し、日本国憲法は、結社の自由を明文で保障し、これを手厚く保護している。

2 保障範囲　B

ア　目的

「結社」とは、多数人が共通の目的をもって継続的に結合することをいう。政党がその典型である（➡300ページ**1**）。

結社における「共通の目的」は、政治的・文化的・娯楽的など、いかなる目的であってもよい。

ただし、犯罪を行うことそれ自体を目的とする結社は、結社の自由の保障範囲外にあるとする見解が有力である。

なお、宗教的結社の自由は20条1項前段の信教の自由で、労働組合の結成の自由は28条の団結権で、それぞれ独立に保障されている（➡158ページ**2**、284ページ**ア**）。

イ　内容

結社の自由には、①団体を結成し、または結成しない自由、②団体に加入し、または加入しない自由、③団体の構成員としてとどまり、または団体から脱退する自由が含まれる。

また、④結社の構成員が自律的に結社の意思を決定する自由、⑤構成員に決

定の遵守を求め、違反に対して懲戒を行う自由（内部統制権）も、結社の自由に含まれると解されている。

3　制約　B

　団体を結成する自由に対する制約として、破壊活動防止法がある。同法7条は、公安審査委員会が「暴力主義的破壊活動を行った団体」に対して解散の指定を行うことができるとしているが、学説ではこれを違憲とする見解が有力である。

　団体に加入しない自由に対する制約としては、弁護士法や税理士法などによる、弁護士会や税理士会などへの強制加入制度がある。これらの制約は、当該職業の専門性・公共性などに照らし、合憲と解されている。

　公権力が、結社の規則の内容、意思決定のあり方、幹部の選任方法などについて干渉することは、結社の自由に対する制約にあたる。

第 5 章

経済的自由権

1. 職業選択の自由

1 意義 A

22条1項は、「何人も、公共の福祉に反しない限り、……職業選択の自由を有する」と定め、職業選択の自由を保障している。

職業選択の自由は、通常は経済的自由権の1つに分類される。

しかし、職業選択の自由は、経済的自由権であるのに加えて、さらに精神的自由権としての側面をも有している。

最高裁も、およそ職業は、「人が自己の生計を維持するためにする継続的活動であるとともに、分業社会においては、これを通じて社会の存続と発展に寄与する社会的機能分担の活動たる性質を有し、各人が自己のもつ個性を全うすべき場として、個人の人格的価値とも不可分の関連を有する」ものとしており、職業をきわめて重要視している（薬局距離制限事件判決 ➡ 227ページ（イ））。

この職業選択の自由の複合的性質や、職業の重要性は、よく答案にも書くのでしっかりと理解しておこう。

2 保障範囲──営業の自由 A ➡論証 27

22条1項が職業に関して保障している自由は、文言上は「職業選択の自由」のみである。

では、自己の選択した職業を遂行する自由たる営業の自由は、22条1項では保障されていないのだろうか。

通説は、営業の自由も 22 条 1 項で保障されていると解している。職業選択の自由のみを保障しても、選択したその職業を遂行する自由が保障されなければ無意味だからである。

　最高裁も、上記の職業の意義に照らし、22 条 1 項は「狭義における職業選択の自由のみならず、職業活動の自由の保障をも包含している」としている（薬局距離制限事件判決 ➡ 227 ページ（イ））。

3　制約と正当性　🅐

ア　目的二分論

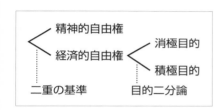

　　　　　　　　　　　　従来の通説は、二重の基準論（➡ 100 ページ 3）を前提としたうえで、職業選択の自由や営業の自由などの経済的自由権に対する制約を、①消極目的規制と②積極目的規制に二分し、それぞれに対応した審査基準を適用すべきと解していた。

　①消極目的規制とは、自由国家・消極国家の理念（➡ 24 ページア）に基づき、国民の生命・健康に対する危険の防止や最低限の秩序維持を目的として行われる規制をいう。

　②積極目的規制とは、福祉国家・積極国家の理念（➡ 25 ページイ）に基づき、社会経済政策として行われる規制をいう。たとえば、社会的経済的弱者を保護するために、大企業などの社会的経済的強者の営業の自由を制限する場合が、積極目的規制の典型である。

　そして、①の消極目的規制については、裁判所は比較的よく判断しうるとして、やや厳格な審査基準が妥当すると解する一方、②の積極目的規制については、社会経済政策的判断を得意とする立法府の判断を尊重すべきとして、緩やかな審査基準が妥当すると解するのが、従来の通説だったのである。

イ　2つの判例

　そして、伝統的な判例解釈によれば、以下の 2 つの判例でも目的二分論が採用されていると解されてきた。

（ア）小売市場距離制限事件

小売商業調整特別措置法3条が、小売市場（1つの建物を小さく区切り、小売商の店舗用に貸付け・譲渡するもの）の開設につき都道府県知事の許可を要する旨を規定していることを受け、大阪府が既存の小売市場から700メートル以上離れていることを小売市場開設の許可条件としていたところ、Aが大阪府知事の許可を受けずに小売市場を開設したため起訴された刑事事件。

Aは、本件距離制限規制は営業の自由を侵害し、憲法22条1項に違反するとして、その合憲性を争った。

a　2つの規制

最高裁は、まず、経済活動に対しては、①消極目的規制に加え、②「個人の精神的自由等に関する場合と異なって、……積極的に、国民経済の健全な発達と国民生活の安定を期し、もって社会経済全体の均衡のとれた調和的発展を図るため」に行われる積極目的規制も、必要かつ合理的な範囲であれば許されるとした。

> ②の積極目的規制について、最高裁が「精神的自由等に関する場合と異なって」と述べている部分は、とても重要です。すなわち、**積極目的規制は経済的自由権に対しては許されう**るものの、表現の自由などのような**精神的自由権に対しては積極目的規制はおよそ許されない**のです。この点は論文でも重要な知識となりますので、しっかりと押さえておきましょう。

b　違憲審査基準──明白の原則

次に、②の積極目的規制については、「立法府の政策的技術的な裁量に委ねるほかはなく、裁判所は、立法府の右裁量的判断を尊重するのを建前とし、ただ、立法府がその裁量権を逸脱し、当該法的規制措置が著しく不合理であることの明白である場合に限って、これを違憲として、その効力を否定することができる」とした。この基準は、明白の原則とよばれる。

c　結論──合憲

そして、本件規制措置は、「小売市場の乱設に伴う小売商相互間の過当競争によって招来されるであろう小売商の共倒れから小売商を保護するためにとられた措置」であり、積極目的規制であると認定したうえで、著しく不合理であることが明白であるとは認められないとして、これを合憲と判示した（**最大判昭和47・11・22**）。

（イ）薬局距離制限事件

　薬局開設の許可条件として適正配置を要求する薬事法（当時）の規定と、その具体的基準として距離制限を課す広島県条例の規定の合憲性が争われた行政事件。

　最高裁は、「自由な職業活動が社会公共に対してもたらす弊害を防止するための」消極目的規制は、「重要な公共の利益のために必要かつ合理的」であることを要し、かつ「より緩やかな制限によっては……目的を十分に達成することができない」と認められることを要するとした。この基準は、厳格な合理性の基準とよばれている。

　そして、「不良医薬品の供給の危険又は医薬品乱用の助長の弊害」の防止という消極目的にとって距離制限は必要性・合理性を有さないとし、また、上記目的は行政上の取締りの強化でも達成できるとして、上記の薬事法の規定を違憲と判示した（**最大判昭和50・4・30**）。

	規制目的	審査基準	結論
小売市場距離制限事件	積極目的	明白の原則	合憲
薬局距離制限事件	消極目的	厳格な合理性	違憲

※ただし、この判例解釈に対しては、近時有力な批判がある。

【比較衡量（比較考量）の意味】

　目的二分論とは関係がありませんが、ここで比較衡量（比較考量）という用語の意味について補定しておきます。

　まず、比較衡量には、①**違憲審査基準**としての比較衡量という意味があります。この点については、すでに説明したとおりです（➡98ページ1）。たとえば、博多駅事件決定で述べられている「比較衡量」（➡202ページ（ア））は、この違憲審査基準という意味で用いられています。

　しかし、比較衡量には、実はもう1つの意味があります。それは、②**解釈方法**としての比較衡量という意味です。つまり、「対立する利益の調整」という程度の意味で、「比較衡量」という言葉が用いられることがあるわけです。

　たとえば、薬局距離制限事件決定は、「比較考量したうえで……決定」すると述べつつも、違憲審査基準としては厳格な合理性の基準を用いているのですが、この決定のいう「比較考量」を違憲審査基準としての比較衡量ととらえると、厳格な合理性の基準を使っていることとの整合性がよくわからなくなってしまいます。そのため、薬局距離制限決定のいう「比較考量」は、解釈基準としての比較衡量という意味、いいかえれば「対立する利益を調整する」という意味で用いているものと考えられます。

　ちなみに、最高裁は、①違憲審査基準としての比較衡量については「比較衡量」と表記する一方、②解釈基準としての比較衡量については「比較考量」と表記して、両者を区別している可能性があります。この点も、一応意識しておくとよいでしょう。

ウ その後の判例の展開

（ア）森林法共有林事件

当時の通説的な判例解釈は、以上の2つの判例は、最高裁が目的二分論に立脚した判例であると解していた。しかし、その後、財産権に関する判例ではあるものの、目的二分論に対する疑問を生じさせる判例が出された。それが、森林法共有林事件判決である。

この事件で、最高裁は、積極目的であるかのように読める目的を認定しつつ（ただし明示はしていない）、小売市場距離制限事件の明白の原則ではなく、薬局距離制限事件の厳格な合理性の基準を用いて、森林法の規制を違憲と判示したのである（**最大判昭和62・4・22**。詳しくは ➡ 234ページ（**ア**））。

（イ）公衆浴場距離制限事件

また、公衆浴場の距離制限に関する一連の判例も、目的二分論に疑問を生じさせた。

そもそも、①昭和30年に出された古い判例は、公衆浴場の距離制限の目的を「国民保健及び環境衛生」と認定していた（**最大判昭和30・1・26**）。これは、公衆浴場の距離制限の目的を消極目的と認定していたものと解される。

しかし、②平成に入ると、最高裁は、公衆浴場の距離制限の目的を「公衆浴場業者が経営の困難から廃業や転業をすることを防止し、健全で安定した経営を行えるように種々の立法上の手段をとり、国民の保健福祉を維持する」という「積極的、社会経済政策的な規制目的」と認定し、小売市場距離制限事件の明白の原則を用いてこれを合憲とする判断を示した（最判平成1・1・20）。

ところが、③その約1か月後には、積極目的・消極目的という用語を用いず、「国民保健及び環境衛生の確保にあるとともに、……既存公衆浴場業者の経営の安定を図ることにより、自家風呂を持たない国民にとって必要不可欠な厚生施設である公衆浴場自体を確保しようとすることも、その目的としている」と認定したうえで、規制を合憲とした（最判平成1・3・7）。この判例は、消極・積極両方の目的を認定したとの評価が有力である。

（ウ）酒類販売免許制事件

さらに、酒類の販売につき免許制を採用する酒税法の合憲性が争われた酒類販売免許制事件において、最高裁は、本件規制の目的を「租税の適正かつ確実な賦課徴収を図るという国家の財政目的」と認定したうえで、租税立法に関す

る広範な立法裁量を認め、「立法府の判断が……著しく不合理なものでない限り」違憲ではないとの基準（明白の原則よりはやや厳格な基準）を用い、本件規制を合憲と判示した（**最判平成4・12・15**）。

　この判例は、経済的自由権に対する規制目的につき、消極目的でも積極目的でもない目的が存在することを明示した判例といえる。

エ　目的二分論に対する批判と新たな判例解釈

　以上の判例の展開を受け、今日では、目的二分論や従来の判例解釈に対する批判が強まっている。

　まず、消極目的規制についてはやや厳格な基準（厳格な合理性の基準）が妥当するとされる点に対しては、生命・健康という最も重要な利益を保護するための消極目的規制が違憲となりやすいのは不合理であるとの批判がある。

　次に、規制目的を積極・消極に二分する点に対しては、公害規制や建築規制などのように両目的を併有する規制や、財政目的などのように消極目的・積極目的のいずれにも振り分けられない規制も存在するとの批判がある。

　さらに、薬局距離制限事件判決は、「規制措置の具体的内容及びその必要性と合理性については、立法府の判断がその合理的裁量の範囲にとどまるかぎり、立法政策上の問題としてその判断を尊重すべきものである」とし、立法府の裁量を認めたうえで、「合理的裁量の範囲については、……具体的な規制の目的、対象、方法等の性質と内容に照らして、これを決すべき」（傍点は筆者）としていることから、薬局距離制限事件判決はそもそも目的二分論に立脚していないとの判例解釈が現在では有力となっている。

　　したがって、答案で目的二分論に立脚するのは危険です。違憲審査基準のセレクトについては、①問題となっている**人権の性質・重要性**、②**規制の態様・程度**、③**立法の目的**などを総合的に考慮して判断すればOKです。
　　ちなみに、②の規制の態様・程度については、**許可制**の方が、**届出制**よりも、一般に強度の規制といえます（➡221ページのコラム参照）。また、ⓐ**事前規制**のうち**客観的条件**（本人の努力では如何ともしがたい条件。eg. 世襲制、距離制限）によるもの、ⓑ**事前規制**のうち**主観的条件**（本人の努力で満たしうる条件。eg. 資格、衛生基準）によるもの、ⓒ**事後規制**の3つに分け、規制の強度はⓐ→ⓑ→ⓒの順に弱くなる（つまりこの3つの中ではⓐが最も強い規制）とする見解が有力です（段階理論）。
　　なお、③の立法の目的に触れる場合は、「積極目的」「消極目的」という用語は避けた方が安全でしょう（➡234ページ（イ）参照）。

2. 居住・移転の自由と外国移住の自由等

1 意義 B⁺

　22条1項は、居住・移転の自由を保障し、22条2項前段は、外国に移住する自由を保障する。

　この居住・移転の自由や外国移住の自由は、経済的自由権の1つに位置づけられている。歴史的な沿革上、これらの自由は、好きな場所に行って商売をする自由として考えられてきたからである。

　しかし、居住・移転の自由および外国移住の自由は、自由な移動を認めるという点で、人身の自由権たる側面を有する。

　また、自由な移動は、広く知的な接触の機会を得るために不可欠であることから、精神的自由権たる側面をも有する。

2 保障範囲 B

ア　国内旅行の自由

　一時的な移転である国内旅行の自由は、22条1項の保障する居住・移転の自由に含まれる（通説）。

イ　海外旅行の自由

　一方、海外旅行の自由については、22条1項ではなく、22条2項前段の外国移住の自由によって保障されると解するのが判例・通説である。

　つまり、22条のうち、1項は国内関係、2項は海外関係の規定と解していくわけである。

3 制約と正当性 B

ア　一般的視点

　前述したように、居住・移転の自由や外国移住の自由は、経済的自由権という側面だけでなく、人身の自由権、さらには精神的自由権という側面をも有す

る。

　したがって、これらの自由が制約されている場合の審査は、いずれの側面に対する制約なのかによって、審査の厳格さが変化しうる。事案に応じて、どの側面が問題となっているのかしっかりと判断してほしい。

イ　暴力団員への住居明渡請求を認める条例の合憲性

　居住移転の自由に関しては、市営住宅の入居者が暴力団員であることが判明したときには、市は市営住宅の明渡しを請求することができる旨を定める市営住宅条例の規定の合憲性が問題となる。

　最高裁は、「暴力団員が市営住宅に入居し続ける場合には、当該市営住宅の他の入居者等の生活の平穏が害されるおそれを否定することができない」ことや、暴力団からの脱退が可能であること、市営住宅以外での居住は制限されないことなどを理由として、かかる規定は14条1項に反せず、また、本件規定による居住の制限は「公共の福祉による必要かつ合理的なもの」であるから22条1項に反しないと判示した（**最判平成27・3・27**）。

ウ　旅券法の合憲性

　海外旅行の自由に関しては、「著しく、かつ、直接に日本国の利益又は公安を害する行為を行うおそれがあると認めるに足りる相当の理由がある者」につき外務大臣が旅券（パスポート）の発給を拒否することができると定めた旅券法13条1項7号の合憲性が問題となっている。

　最高裁は、帆足計事件において、同規定（当時は5号）は「公共の福祉」のために合理的な制限を定めたものとし、合憲と判示した（**最大判昭和33・9・10**）。

　これに対し、学説では、海外旅行の自由は精神的自由権の側面を有するところ、このような不明確な法文による規制は違憲とする見解が有力である。

4　国籍離脱の自由　）　B

　22条2項後段は、日本国籍からの離脱の自由を保障する。

　ただし、無国籍となる自由はこれに含まれないと解されている（通説）。法律上も、外国籍の取得が日本国籍離脱の要件とされている（国籍法11条1項、13条1項など）。

3. 財産権

1 保障内容 A ➡論証 28

ア 問題の所在

29条1項は、「財産権は、これを侵してはならない」と規定している。この規定だけを読めば、財産権という人権が、同項によって保障されていることは明らかとも思える。

しかし、これに続く29条2項では、「財産権の内容は、公共の福祉に適合するやうに、法律でこれを定める」と規定されている。この規定を読むと、1項の財産権は、法律によってどうとでも定めることのできる権利にすぎず、法律の留保を伴う明治憲法下の臣民権（➡9ページ**オ**、57ページ**2**）と同様の権利にすぎないようにも見える。

では、29条1項は、何を定めた規定なのだろうか。

イ 通説

通説は、29条1項は、①個人が現に有する具体的な財産上の権利を保障し、また、②私有財産制という制度をも保障していると解している。

（ア）個人が現に有する具体的な財産上の権利の保障

①の個人が現に有する具体的な財産上の権利の保障とは、現在法律で保障されている財産権の内容につき、事後法による変更を禁止する、という意味である。

すなわち、財産権の保障の内容は、現状保障なのである。

現在、私たちには、民法などの法律によって、物権や債権、著作権などといった、様々な財産上の権利が保障されています。そして、憲法29条1項は、この現状を人権として保障するものなのです。

したがって、仮に現在の法律が改正され、私たちが現在有している財産権の内容が変更されて不当に制限された場合は、その改正法は違憲ということになります。

なお、このように現状が保障されているとはいっても、もちろんその保障は**公共の福祉による制約**を受けることがありえます。最高裁も、「法律でいったん定められた財産権の内容

（イ）私有財産制の保障

以上の人権としての財産権に加え、29条1項は、②私有財産制という制度をも保障していると解されている（制度的保障）。

かかる私有財産制の核心（これは法律によっても侵し得ない ➡ 70ページ**1**）については争いがあるが、通説は、生産手段の私有（生産のための機械・道具・材料などの私有）がその核心であると解している。

この通説からは、生産手段の私有を否定する社会主義体制への移行は、憲法を改正しない限り許されないことになる。

2 制約と正当性 A

29条2項が「公共の福祉」を強調しているように、財産権は、公共の福祉による制約に服する。

では、その正当性の審査はどのように行うべきだろうか。

ア 条例による制約の可否 ➡論証29

まず、形式面の問題（➡ 97ページ**ア**）として、条例による財産権制約の可否という論点がある。

確かに、29条2項が「法律で」としていることからすれば、地方公共団体の制定する条例によって財産権を制限することはできないとも思える。

しかし、①議会が制定した条例は民主的立法であること（93条2項、94条参照）、および②地域の特性に応じた財産権規制が必要な場合もあることに照らし、議会が制定した条例による制限は許されると解するのが通説である。

なお、奈良県ため池条例事件判決（**最大判昭和38・6・26**）を、条例による財産権の制約を認めた判例と解する見解もあるが、同判決は、ため池の破損、決壊の原因となる「ため池の堤とう［いわゆる土手］の使用行為」は「憲法、民法の保障する財産権の行使の埒外」にあるとしており、そもそも財産権の保障の範囲外としていると解することもできよう。

イ　実質的審査方法

次に、実質的審査（➡ 97 ページ**イ**）は、いかなる方法によるべきか。

この点、かつては目的二分論が通説とされていたものの、現在では批判が多いことは前述したとおりである（➡ 229 ページ**エ**）。

以下では、重要な 2 つの判例を検討しよう。

（ア）森林法共有林事件

これは、複数の人が共有している森林について、持分価額が 2 分の 1 以下の共有者による分割請求（民法 256 条）を否定する森林法の規定の合憲性が争われた事件である。

最高裁は、森林法の本件規定の目的は「森林の細分化を防止することによって森林経営の安定を図り、……もって国民経済の発展に資することにある」と認定した。この目的は、明示はされていないものの、積極目的とも読める。

ところが、最高裁は、小売市場距離制限事件の明白の原則を用いず、薬局距離制限事件判決とほぼ同じ手法を用いて、規制手段の必要性と合理性を厳格に審査し、本件規定は 29 条 2 項に反し違憲であると判示した（**最大判昭和 62・4・22**）。

この判例に対する評価としては、①かつて採用していた目的二分論をおよそ放棄したものとする見解、②事案の特殊性ゆえの判例であり、目的二分論は維持されているとする見解などが主張された。

（イ）証券取引法インサイダー取引規制事件

その後、いわゆるインサイダー取引を規制する証券取引法の規定の合憲性が争われた事件で、最高裁は、かかる規制は「証券取引市場の公平性、公正性を維持するとともにこれに対する一般投資家の信頼を確保するという目的」による規制であるとし、「その規制目的は正当であり、規制手段が必要性又は合理性に欠けることが明らかであるとはいえない」として、これを合憲とした（**最大判平成 14・2・13**）。

この判例の文中には、森林法共有林事件判決とほぼ同じ文章を用いた部分があるのだが、森林法共有林事件判決においてみられた「積極的」・「消極的」という目的二分論を想起させる表現が、注意深く削除されている。

そのため、現在の最高裁は、目的二分論につき否定的な態度をとっているとする見解が有力である。

なお、その後の財産権に関する判例では、森林法共有林事件は先例として引用されておらず、この証券取引法インサイダー取引規制事件が先例として引用されている。

> 　この２つの判例の評価については様々な見解がありますが、答案では目的二分論に立脚するのは危険です。違憲審査基準のセレクトについては、職業選択の自由などと同様に、①問題となっている**人権の性質・重要性**、②**規制の態様・程度**、③**立法の目的**などを総合的に考慮して判断すれば OK です。なお、②の規制の態様・程度などについては、229 ページのコラムを参照してください。

3　損失補償　　B⁺

ア　意義
　29 条 3 項は、「私有財産は、正当な補償の下に、これを公共のために用ひることができる」と定める。
　つまり、私有財産を公共のために収用・制限することができるものの、その際には「正当な補償」が必要とされているわけである。
　29 条 3 項が「正当な補償」を必要とした趣旨は、①財産権保障の帰結としての財産価値の保障、および②公共のために用いる際に生じた損失を、個人に負担させるのではなく、国民全体の負担に転嫁させるという平等原則にある。

> 　②の平等原則という趣旨について、少し補足しておきます。
> 　たとえば、国道の幅を拡張するため、国道沿いにある A さんの土地を収用したとします。この場合に、A さんに対して何も補償がなされないのであれば、国民全員が利益を受ける一方、A さん 1 人だけが不利益を被ることになり、明らかに平等原則違反です。
> 　そこで、A さんには土地が収用されてしまうという損失を我慢してもらう一方、利益を受ける国民全体は、国民のお金である税金から A さんに補償をすることによって、いわば痛み分けにする必要があります。これが、②の平等原則という趣旨の意味なのです。

イ　「公共のために用ひる」の意味
　「公共のために用ひる」とは、不特定多数人に利益をもたらすために、私有財産の収用などを行うことをいう（通説）。
　判例では、戦後の農地改革において、特定の者に売り渡すべく国が農地を買収する行為が「公共のために用ひる」場合にあたるかが問題となった。
　最高裁は、国が買収した土地が特定の者に売り渡されるとしても、それが農

地改革という目的で制定された法律の運用による結果である以上、買収目的の公共性は否定されないとしている（最判昭和29・1・22）。

ウ　補償の要否　➡論証30

では、いかなる場合に「正当な補償」が必要となるのだろうか。

この点については、29条3項の趣旨（➡上記ア）に照らし、財産権に対する侵害が「特別の犠牲」にあたる場合には補償が必要と解されている。

問題は、「特別の犠牲」にあたるか否かの判断基準をいかに解するかである。見解は2つに分かれる。

（ア）形式・実質二要件説

通説は、「特別の犠牲」にあたるか否かは、①侵害行為の対象が広く一般人か、特定の個人ないし集団かという形式的要件、および、②侵害行為が財産権に内在する社会的制約として受忍すべき限度内であるか、それを超えて財産権の本質的内容を侵すほど強度なものか、という実質的要件の2つを総合的に考慮して判断するべきとする。

すなわち、①特定の個人ないし集団に対する、②受忍すべき限度を超えた財産権の本質的内容を侵すほど強度な侵害の場合は、「特別の犠牲」にあたり、「正当な補償」が必要と解していくわけである。

> たとえば、道路の拡張のために周辺の土地を収用する場合は、①当該土地を所有する人々という特定の人に対し、②土地の収用（土地所有権の剥奪）という財産権の本質的内容を侵す強度の侵害行為を行うわけですから、補償が必要となります。
> 他方、土地の利用制限の場合、たとえばある住宅街一帯の土地につき騒音などを防止するべく工場の建設を禁止する場合は、①その住宅街に土地を所有する人々という特定の人に対する制限といえる余地はあるものの、②土地というものの公共性に照らして受忍限度内の制限といえることから、補償は不要となるのが通常です。

（イ）実質要件説

以上に対し、規制の対象が一般人か特定人かの区別は相対的なものにすぎないとして、「特別の犠牲」にあたるか否かは、実質的要件を中心に判断するべきとする見解も有力である。

この見解は、①財産権の剥奪ないしそれと同視されるような強度の侵害については当然補償が必要であるのに対し、②その程度に至らない侵害については、財産権に内在する制約による制限の場合には補償が不要、他の公益目的の

ために偶然に課せられる制限の場合には補償が必要と解している。

エ 「正当な補償」の内容

　何が「正当な補償」であるかに関しては、大別して完全補償説と相当補償説が対立している。

（ア）完全補償説

　通説である完全補償説は、客観的な市場価格の全額補償が必要とする。

　29条3項が「正当な補償」を要求している趣旨（➡上記ア）に照らし、この見解が妥当である。

（イ）相当補償説

　これに対し、相当補償説は、合理的に算出された相当な額であれば、市場価格を下回っても「正当な補償」といえるとする。

（ウ）判例

　最高裁は、戦後の農地改革の事案において、自作農創設のためのきわめて低廉な農地買収価格が「正当な補償」にあたると判示し、相当補償説に立脚した（**最大判昭和28・12・23**）。

　ただし、この判例は、戦後の占領政策である農地改革に関する特殊な判例であると解するのが妥当であろう。

　その後の土地収用法に関する事案では、最高裁は完全補償説に立脚している（**最判昭和48・10・18**）。

オ 補償の支払時期

　上記の補償は、必ずしも財産の収用などと同時的に支払われる必要はないとするのが判例である（**最大判昭和24・7・13**）。

　近時の最高裁も、「憲法29条3項は、補償の時期については何ら規定していないのであるから、補償が私人の財産の供与に先立ち又はこれと同時に履行されるべきことを保障するものではない」としている（**最判平成15・12・4**）。

カ 法律が補償規定を欠く場合

　財産権に対して「特別の犠牲」を課す法律には、補償規定がおかれているのが通常である。

では、その法律に補償規定がおかれていない場合（または不十分な補償規定しかない場合）、憲法29条3項を直接の根拠として、補償を請求することができるのだろうか。また、その法律は、違憲無効となるのだろうか。

（ア）請求の可否

通説は、29条3項が救済規定である以上、同項を直接の根拠とする補償請求が認められると解している。29条3項の補償請求権は、裁判規範性を有する具体的権利だと解するわけである。

最高裁も、河川附近地制限令事件において、「直接憲法29条3項を根拠にして、補償請求をする余地が全くないわけではない」と判示し、通説と同様の立場に立っている（**最大判昭和43・11・27**）。

（イ）法律の効力

そして、上記判例および通説は、29条3項を直接の根拠とする補償請求が認められると解する以上、補償規定を欠く法律を無効とする必要はなく、当該法律は有効と解している。

これに対し、法律を有効とすると、立法者は補償の要否について十分に検討しなくてもよいことになってしまい妥当でないとして、補償規定を欠く法律を違憲無効とする見解も有力である。

キ　予防接種禍──谷間の問題

29条3項の補償請求と関連する問題として、予防接種禍の問題がある。

（ア）問題の所在

予防接種を受けた者の中には、統計上、ごくまれに、しかし不可避的に、死亡を含む重篤な健康被害が生じる者がいることが明らかとなっている（いわゆる「悪魔のくじ引き」）。

では、国が行った予防接種によって健康被害を受けた者は、国に対してその補償を請求することができるのだろうか。

29Ⅲ ……… 財産権への制限を予定

17 ……… 公務員の故意・過失による行為を前提

かかる請求の憲法上の根拠としては、①29条3項による補償請求と、②17条およびその具体化である国家賠償法による国家賠償請求が考えられる。

しかし、①29条3項は、財産権に対する侵害などが行われた場合を予定した規定であり、非財産的法益である健康被害を受けた場合の補償を予定した規定ではない。

また、②17条および国家賠償法は、公務員の故意・過失を要件としているところ、予防接種を行った公務員につき、かかる要件が充足されると解するのは困難である。

このように、予防接種による健康被害は、憲法が予定している制度の谷間に位置する問題であるため、その法律構成をいかに解するかという問題が生じるのである。

（イ）法律構成

この点につき、東京地裁判決（**東京地判昭和59・5・18**）は、「財産上特別の犠牲が課せられた場合と生命、身体に対し特別の犠牲が課せられた場合とで、後者の方を不利に扱うことが許されるとする合理的理由は全くない」とし、「生命、身体に対して特別の犠牲が課せられた場合においても、……憲法29条3項を類推適用し、……被告国に対し正当な補償を請求することができる」という解釈を展開した。

この解釈は、29条3項の勿論解釈とよばれる。

> 29条3項を類推適用するという見解に対しては、**「正当な補償さえすれば国家は公益目的のために個人の生命・健康までをも収用できることになってしまう」**という問題点が指摘されていました。
> この点について、上記の東京地裁判決は、29条3項を類推適用するという構成をとりながらも、被害者からの補償請求の当然性（勿論性）を強調することにより、かかる問題点を回避しようとしたのだと解されています。

もっとも、その後の東京高裁判決（東京高判平成4・12・18）は、厚生大臣（当時）の過失を緩やかに認定し、国家賠償法による救済を広く認めた。

そのため、現在の実務では、国家賠償法による賠償請求という法律構成が定着している。

第 6 章

人身の自由権

1. 基本原則

人身の自由権（身体の自由権）の基本原則は、18条と31条に定められている。まずはこの2つの条文を説明する。

1 18条 B

ア 奴隷的拘束からの自由

18条前段は、「何人も、いかなる奴隷的拘束も受けない」と定める。

「奴隷的拘束」とは、自由な人格者であることと両立しない程度の身体の自由の拘束状態をいう。

かかる奴隷的拘束は、絶対的に禁止される。たとえ犯罪による処罰の場合であっても、奴隷的拘束は許されない。

イ 意に反する苦役からの自由

18条後段は、「犯罪に因る処罰の場合を除いては、その意に反する苦役に服させられない」と定める。

「意に反する苦役」とは、広く本人の意思に反して強制される労役をいう。徴兵制もこれにあたる。

「意に反する苦役」の強制は、18条前段の奴隷的拘束とは異なり、「犯罪に因る処罰の場合」には許されうる。これを受けて、刑法は、刑事施設に拘置して所定の作業を行わせる刑罰である懲役刑を定めている（刑法12条2項）。

また、「犯罪に因る処罰の場合」ではないものの、非常災害時における救援

活動などへの従事命令（消防法 29 条 5 項、災害対策基本法 65 条・71 条、災害救助法 7 条・8 条など参照）は、憲法 18 条後段には反しないと解するのが通説である。

2 31条 🅰

ア　保障内容　➡論証31

31 条は、「何人も、法律の定める手続によらなければ、その生命若しくは自由を奪はれ、又はその他の刑罰を科せられない」と定める。

この 31 条は、文言上は、刑罰を科すための手続の法定を要求するにとどまる。

しかし、通説は、実体と手続の法定と適正、すなわち、①実体の法定、②実体の適正、③手続の法定、④手続の適正の 4 つが、31 条により保障されていると解している。この点は覚えておこう。

> ここで「実体」とは犯罪と刑罰のことであり、「手続」とは刑罰を科すための手続のことです。
> 現在、「実体」については刑法という法律が、「手続」については刑事訴訟法という法律がそれぞれ定立されており、かつ、その内容は適正ですから、31 条の 4 つの要求は基本的に全て満たされているといえます。
> なお、31 条は③の手続の法定のみを保障していると解する見解もあります。しかし、この見解でも、残りの①、②、④は、憲法の他の条項によって憲法上保障されていると解されています。したがって、4 つの内容が（どの条文によるのかは別として）憲法上保障されていると解する点につき、見解の対立はありません。

そして、①実体の法定（罪刑法定主義）および②実体の適正の要請により、およそ刑罰法規には明確性が要求されると解されている（➡ 186 ページ**ア**）。

イ　31 条が要求する適正手続の内容

31 条が要求する手続の適正（適正手続）は、その多くが 33 条以下の各規定で具体化されている。

しかし、31 条によって直接要求されている適正手続の内容もある。それは、告知と聴聞の機会の保障である。

すなわち、31 条は、公権力が刑罰を科す場合につき、当事者にあらかじめその内容を告知し、当事者に弁解と防御の機会を与えることを要求していると解するわけである。

最高裁も、第三者所有物没収事件において、「所有物を没収せられる第三者
についても、告知、弁解、防禦の機会を与えることが必要」とし、かかる機会
を与えずに刑罰として第三者の所有物を没収することは「憲法31条、29条に
違反する」と判示している（**最大判昭和37・11・28**）。

ウ　行政手続への適用　➡論証32

　31条は、その文言からして、「刑罰」を科すための手続、すなわち刑事手続
に関する規定であることは明らかである。

　では、31条の適正手続の保障は、刑事手続以外の手続、具体的には行政手
続には一切及ばないのだろうか。

（ア）成田新法事件

　この点に関し重要な判例が、成田新法事件である。

　これは、新東京国際空港の建設に反対する団体に対し、空港近郊の建物の使
用禁止命令を発することができる旨を定める「新東京国際空港の安全確保に関
する緊急措置法」（成田新法）が、憲法21条1項や31条などに反するかが争わ
れた事件である。

　憲法31条との関係では、成田新法には、建物の使用禁止命令を出すにあた
って事前の告知、弁解、防御の機会を与える旨の規定がない点が問題となった。

　最高裁は、まず、「憲法31条の定める法定手続の保障は、直接には刑事手続
に関するものであるが、行政手続については、それが刑事手続ではないとの理
由のみで、そのすべてが当然に同条による保障の枠外にあると判断することは
相当ではない」とした。

　しかし、「同条による保障が及ぶと解すべき場合であっても、一般に、行政
手続は、刑事手続とその性質において……差異があり、また、行政目的に応じ
て多種多様である」ことから、「行政処分の相手方に事前の告知、弁解、防御
の機会を与えるかどうかは、行政処分により制限を受ける権利利益の内容、性
質、制限の程度、行政処分により達成しようとする公益の内容、程度、緊急性
等を総合較量して決定される」とした。

　なお、結論としては、「右命令をするに当たり、その相手方に対し事前に告
知、弁解、防御の機会を与える旨の規定がなくても、……憲法31条の法意に
反するものということはできない」としている（**最大判平成4・7・1**）。

（イ）行政手続法

以上の成田新法事件判決を受け、現在では行政手続法が制定されており、行政手続の際にも原則として告知、弁解、防御の機会が保障されるようになっている（行政手続法13条1項）。

ただし、その適用が除外された手続（行政手続法1条2項、3条、4条）においては、なお行政手続に憲法31条の保障が及ぶかという問題が残っている。

2. 被疑者・被告人の権利　B

憲法は、33条以下で、主として被疑者および被告人の権利を保障している。

これらの権利については、刑事訴訟法で詳しく学ぶが、概要を説明しておこう。

1　身柄拘束に対する保障

ア　逮捕における令状主義の原則

33条は、「何人も、現行犯として逮捕される場合を除いては、権限を有する司法官憲が発し、且つ理由となつてゐる犯罪を明示する令状によらなければ、逮捕されない」と定める。

これは、逮捕という人身の自由権に対する重大な制限に対し、原則として裁判官の発する令状（逮捕状）を要求することにより、不当逮捕に対する司法権からのコントロールを図ろうとしたものである。

イ　身柄拘束時の弁護人依頼権

34条前段は、「何人も、理由を直ちに告げられ、且つ、直ちに弁護人に依頼する権利を与へられなければ、抑留又は拘禁されない」と定める。

これは、逮捕などによって身柄拘束された者に対し、弁護人依頼権を保障する規定である。

弁護人依頼権とは、形式的に弁護人を依頼するにとどまらず、実質的な弁護

を受ける権利をいうと解されている。

　刑事訴訟法は、この意味での弁護人依頼権を具体化するべく、身柄拘束された被疑者・被告人と弁護人などとの接見交通権を保障している（刑事訴訟法 39条 1 項）。

ウ　勾留理由開示請求権

　34 条後段は、「何人も、正当な理由がなければ、拘禁されず、要求があれば、その理由は、直ちに本人及びその弁護人の出席する公開の法廷で示されなければならない」と定める。

　この規定は、勾留理由開示請求権として具体化されている（刑事訴訟法 82 条）。

2　捜索・押収における令状主義の原則

　35 条は、1 項で「何人も、その住居、書類及び所持品について、侵入、捜索及び押収を受けることのない権利は、第 33 条の場合を除いては、正当な理由に基いて発せられ、且つ捜索する場所及び押収する物を明示する令状がなければ、侵されない」と定め、2 項で「捜索又は押収は、権限を有する司法官憲が発する各別の令状により、これを行ふ」と定める。

　これは、捜索・押収につき、原則として裁判官の発する令状（たとえば捜索差押許可状）を要求するという令状主義を採用することにより、捜査機関による捜索・押収に対する司法権からのコントロールを図ろうとしたものである。

　35 条の保障対象には、「住居、書類及び所持品」に準ずる私的領域に侵入されることのない権利が含まれる（**最大判平成 29・3・15**）。

　35 条の保障が行政手続に及ぶかについては、下記 **6** で述べる。

3　公平な裁判所の迅速な公開裁判を受ける権利等

　37 条 1 項は、刑事事件の被告人に対し、「公平な裁判所の迅速な公開裁判を受ける権利」を保障している。「公平な裁判所」とは、構成その他において偏頗のおそれのない裁判所をいう（最大判昭和 23・5・5）。

　37 条 2 項は、刑事事件の被告人に対し、証人審問権および証人喚問権を保障している。

　37 条 3 項前段は、刑事被告人の弁護人依頼権を定め、同後段は、国に弁護

人を付するよう請求する積極的な権利を保障している。

4　自己負罪拒否特権

38条1項は、「何人も、自己に不利益な供述を強要されない」と定め、自己負罪拒否特権を保障する。

この保障が行政手続に及ぶかについては、下記 **6** で述べる。

5　自白法則・補強法則

38条2項は、「強制、拷問若しくは脅迫による自白又は不当に長く抑留若しくは拘禁された後の自白は、これを証拠とすることができない」として、拷問などによって得られた自白の証拠能力を否定している。これを、自白法則という。

38条3項は、「何人も、自己に不利益な唯一の証拠が本人の自白である場合には、有罪とされ、又は刑罰を科せられない」として、自白のみによる有罪判決を禁止している。これを、自白の補強法則という。

6　行政手続への適用

以上の諸規定のうち、捜索・押収に関する令状主義を定めた35条、および自己負罪拒否特権を定めた38条1項については、行政手続にも適用されるかが問題となる。

ア　川崎民商事件──所得税法上の質問・検査

この問題に関する重要な判例が、川崎民商事件（**最大判昭和47・11・22**）である。

所得税法では、収税官吏は税務調査にあたって納税義務者に質問することや、令状なくして帳簿などを検査することができ、これらを拒否した者には罰則が適用されると定められている。川崎民商事件では、これらの規定が憲法35条および38条1項に反するかが争われた。

（ア）35条の適用

まず、35条につき、最高裁は「当該手続が刑事責任追及を目的とするものでないとの理由のみで、その手続における一切の強制が当然に右規定［憲法35

条〕による保障の枠外にあると判断することは相当ではない」とした。

　しかし、令状なくして帳簿などを検査することができるとされていることについては、①その調査が刑事責任の追及を目的とする手続ではないこと、②実質上、刑事責任追及のための資料の取得収集に直接結びつく作用を一般的に有するものではないこと、③強制の態様も、正当な理由なく拒む者に罰則を与えるという間接的なものにとどまり、直接的物理的な強制と同視すべき程度にまで達しているものとは認めがたいこと、④租税の公平確実な賦課徴収という公益目的の実現のために実効性のある検査制度が不可欠であること、という4つの理由をあげ、憲法35条の法意に反するものではないとした。

（イ）38条1項の適用

　次に、38条1項については、その保障が「実質上、刑事責任追及のための資料の取得収集に直接結びつく作用を一般的に有する手続には、ひとしく及ぶ」としつつも、所得税法上の質問・検査は、かかる手続にはあたらないとし、38条1項に反しないとした。

イ　国税犯則取締法上の質問調査

　以上の所得税法上の質問・検査と区別するべき手続として、国税犯則取締法上の質問調査がある。

　最高裁は、国税犯則取締法上の質問調査の手続は、「国税の公平確実な賦課徴収という行政目的を実現するためのものであり、その性質は、一種の行政手続であって、刑事手続ではないと解される」が、「その手続自体が捜査手続と類似し……共通するところがあるばかりでなく、右調査の対象となる犯則事件は……各所定の告発により被疑事件となって刑事手続に移行し、告発前の右調査手続において得られた質問顛末書等の資料も、右被疑事件についての捜査及び訴追の証拠資料として利用されることが予定されている」のであるから、「右調査手続は、実質的には租税犯の捜査としての機能を営むもの」であり、したがって「実質上刑事責任追及のための資料の取得収集に直接結びつく作用を一般的に有する」ものというべきであるとし、憲法38条1項の規定による供述拒否権の保障が及ぶと判示している。

　なお、「憲法38条1項は供述拒否権の告知を義務づけるものではなく、右規定による保障の及ぶ手続について供述拒否権の告知を要するものとすべきかど

うかは、その手続の趣旨・目的等により決められるべき立法政策の問題」であるから、国税犯則取締法に供述拒否権告知の規定を欠くことは憲法38条1項に違反しないとした（**最判昭和59・3・27**）。

「実質上刑事責任追及のための資料の取得収集に直接結びつく作用を一般的に有する」か否かについての結論がアとイで異なる理由を、補足しておきます。

アの川崎民商事件で問題となった所得税法上の質問や検査は、脱税という犯罪の疑いをかけられたから行われる、というわけではありません。たとえば多くの会社や弁護士なども、何年かに一度は税務職員による質問・検査を受け、税金の申告に誤りがないかチェックされています。いわゆる税務調査を受けるわけです。そのうえで、税金の申告に誤りが見つかった場合は、指導を受け、修正申告などを行うことになります。この税務調査の結果、脱税が発見されて刑事事件に移行するということは、通常はありません。

これに対し、イで問題となった国税犯則取締法上の質問調査というのは、脱税という犯罪が疑われる場合に行われる手続です。質問調査自体は、捜査機関ではなく税務職員が行いますが、通常は質問調査の後に告発（刑事訴訟法239条）が行われ、これを受けた検察官が刑事事件として起訴することになります。そのため、国税犯則取締法上の質問調査は、「実質上刑事責任追及のための資料の取得収集に直接結びつく作用を一般に有する」といえるのです。

3. 拷問・残虐な刑罰および事後法・二重の危険の禁止 **B**

1 拷問・残虐な刑罰の禁止

36条は、「公務員による拷問及び残虐な刑罰は、絶対にこれを禁ずる」と定める。

禁止される「残虐な刑罰」の典型は、火あぶり、はりつけ、さらし首などである。

現行法の絞首による死刑（刑法11条）が「残虐な刑罰」にあたるかについては争いがあるが、最高裁は「残虐な刑罰」にあたらないと解している（**最大判昭和23・3・12**）。

2　事後法・二重の危険の禁止

ア　内容

39 条前段前半は、「何人も、実行の時に適法であつた行為……については、刑事上の責任を問はれない」と定め、事後法による処罰（遡及処罰）を禁止している。

39 条前段後半は、「何人も、……既に無罪とされた行為については、刑事上の責任を問はれない」と定め、同条後段は、「同一の犯罪について、重ねて刑事上の責任を問はれない」と定める。この 39 条前段後半・後段は、いわゆる二重の危険の禁止を定めるものである。

イ　刑事罰と行政制裁の併科

たとえば、詐欺その他の不正な方法で法人税を免れた場合、逋脱犯（法人税法 159 条）として刑罰が科されるとともに、行政制裁として重加算税（国税通則法 68 条）が課されることがある。

このような刑事罰と行政制裁の併科は、二重の危険の禁止に違反するのではないかが問題となるが、最高裁は、逋脱犯に対する刑罰は反社会的行為に対する制裁であるのに対し、追徴税（現在の重加算税に相当）は行政上の措置であって刑罰とは性格を異にするから、両者を併科しても憲法 39 条に違反しないとしている（**最大判昭和 33・4・30**）。

第 7 章

参政権

参政権は、近代立憲主義憲法においてあまねく保障されている重要な権利である（➡ 26 ページ **5** 参照）。

広義の参政権には、国民投票権（79 条 2 項、95 条、96 条 1 項）や公務就任権も含まれるが、その中心は選挙権と被選挙権である。

1. 選挙権

1 根拠条文と保障範囲 ） **A** ➡論証 33 前半

選挙権は、「公務員を選定……することは、国民固有の権利である」とする 15 条 1 項によって保障されている。

かかる選挙権は、「国民の国政への参加の機会を保障する基本的権利として、議会制民主主義の根幹を成すもの」（**最大判平成 17・9・14**）であり、きわめて重要な権利である。

そして、選挙権のかかる重要性に照らせば、15 条 1 項は、形式的な選挙権の保障だけでなく、さらに選挙権を行使する機会を実質的に保障することまで要請していると解するべきである（最判平成 18・7・13 参照）。

> もう少し、15 条 1 項について補足しておきます。
> まず、15 条 1 項は国民の選挙権を定めた規定ですが、およそ全ての公務員を選挙で選ぶ権利を定めた規定では、もちろんありません。事実、裁判官や省庁で働く一般の公務員などは、選挙で選ばれてはいません。
> また、15 条 1 項は、「公務員を……罷免すること」も国民固有の権利としていますが、

これは、およそ全ての公務員を罷免する具体的な権利を国民に保障する趣旨ではありません。現行法上、最高裁判所裁判官などのごく限られた例外を除き、国民が直接的に公務員を罷免することは認められていません。

このように考えていくと、15条1項は、全ての公務員の選定および罷免の手続が直接または間接に国民の意思にもとづくように定められなければならない、ということを要求する規定であると解するべきことになるでしょう。

2 選挙権の法的性格と制約　B+　➡論証33後半

選挙権は、権利であるとともに公務でもある（通説）。

公職選挙法は、禁錮以上の刑の受刑者や選挙犯罪者などの選挙権を制限しているが（公選11条）、この制限は、選挙権の公務としての性格に基づく必要最小限度の制約といえ、合憲と解される。なお、成年被後見人や破産者の選挙権を制限する法律の規定は、現在存しない。

選挙権の制約について、最高裁は、「そのような制限をすることなしには選挙の公正を確保しつつ選挙権の行使を認めることが事実上不能ないし著しく困難であると認められる場合でない限り」選挙権の行使を制限することは憲法15条1項などに違反する、という厳格な判断枠組みを採用している（前掲**最大判平成17・9・14**）。

3 選挙の基本原則　B+

選挙の基本原則として、①普通選挙、②平等選挙、③秘密選挙、④直接選挙、⑤自由選挙がある。

ア 普通選挙

普通選挙とは、狭義では、財力（財産または納税額）を選挙権の要件としない制度をいい、広義では、財力、教育、性別などを選挙権の要件としない制度をいう。

15条3項は、「成年者による普通選挙」を保障している。この15条3項の「普通選挙」は、広義の普通選挙と解されている（44条ただし書参照）。

普通選挙の対立概念は、制限選挙である。

制限選挙とは、財力（財産または納税額）、教育、性別などを選挙権の要件とする制度をいう。

明治憲法下の日本では、当初、納税額を基準とした制限選挙制が採用されていたが、大正14 (1925) 年に25歳以上の男性に選挙権を認める男子普通選挙制が採用された。

　そして、戦後の昭和20 (1945) 年になって、初めて女性に選挙権が認められ、広義の普通選挙制が採用されるに至った（➡ 61ページエ）。

　なお、15条3項の「成年者」にあたるための年齢は、法律の定めに委ねられていると解されている。現在の公職選挙法は、18歳以上の者に選挙権を認めている。

イ　平等選挙

　平等選挙とは、1人1票を原則とする制度をいう。

　14条1項および44条ただし書は、この平等選挙を保障している。

　平等選挙の対立概念は、複数選挙ないし等級選挙である。

　複数選挙とは、特定の有権者に2票以上の投票を認める制度をいう。

　等級選挙とは、有権者を特定の等級（たとえば、貴族、僧侶、平民）に分け、等級ごとに代表者を選出する制度をいう。この等級選挙の下では、等級ごとの定数配分に偏りがあれば、不平等選挙となるわけである。

　この平等選挙との関係で、各選挙区間の議員定数の不均衡が、重大な憲法問題となっている（➡ 255ページ2.）。

ウ　秘密選挙

　秘密選挙とは、誰に投票したかが秘密にされる選挙をいう。

　15条4項前段は、「すべて選挙における投票の秘密は、これを侵してはならない」とし、秘密選挙を定めている。

　最高裁は、当選や選挙の効力を争う選挙訴訟（➡ 346ページア）においても、不正投票者や無権利投票者が誰に投票したかにつき、これを証言させたり調査したりすることは許されないとしている（**最判昭和25・11・9**）。仮に証言させたり調査したりすることが許されるとすると、他の正当な投票者の投票の秘密が害されるおそれがある以上、判例は妥当であろう。

エ　直接選挙

　直接選挙とは、有権者が代表者を直接に選ぶ制度をいう。判例によれば、参議院の非拘束名簿式比例代表選挙も直接選挙にあたる（➡254ページ（**ウ**））。

　直接選挙の対立概念は、間接選挙である。

　間接選挙とは、まず有権者が中間選挙人を選び、この中間選挙人が代表者を選ぶ制度をいう。アメリカの大統領選挙では、この間接選挙が採用されている。

　日本国憲法は、地方公共団体の長および地方議会の議員の選挙について、明文で直接選挙を要求している（93条2項）。

　他方、国会議員の選挙については明文規定がなく、間接選挙も許されると解するのが通説である。

　ただし、たとえば地方議会の議員が国会議員を選ぶような、議員を別の被選議員に選挙させる制度（複選制）は、地方議会の議員は国会議員の選挙のために選ばれているわけではない以上、許されないと解されている。

> 　内閣総理大臣は、国会の議決によって指名されますが、これは複選制なのではないかと疑問に思われるかもしれません。
> 　しかし、内閣総理大臣は、そもそも国民の選挙によって選ばれるとはされていませんから、選挙制度とは関係がないと考えていいでしょう。

オ　自由選挙

　自由選挙とは、投票しない自由を認め、棄権に対し罰金などの制裁を科さない制度をいう。

　憲法に明文規定はないが、通説は、自由選挙も憲法上の要請と解している。

　これに対し、選挙権の公務性を強調して、棄権を認めない強制投票制を導入することも許されるとする見解も主張されている。

4　選挙制度　　B⁺

　選挙区や選挙の方法など選挙制度の詳細は、47条を受け、公職選挙法で定められている。

ア　選挙区

　選挙区には、小選挙区と大選挙区がある。

小選挙区とは、選出する議員の定数が１人の選挙区をいい、大選挙区とは、選出する議員の定数が２人以上の選挙区をいう。

イ　選挙の方法

　選挙の方法には、①多数代表制、②少数代表制、③比例代表制がある。

　①多数代表制とは、選挙区の投票者の多数派から議員を選出する制度をいう。小選挙区制がその典型である。

　②少数代表制とは、選挙区の投票者の少数派からも議員の選出を可能とする制度をいう。大選挙区制がその典型である。

　③比例代表制とは、投票数に比例した議員の選出を各政党に保障する制度をいう。政党中心の選挙である点が特徴である。

　それぞれの制度の主な長所、短所については、次の表のとおりである。

	長所	短所
多数代表制 eg. 小選挙区（１人選出）	・二大政党化による政局の安定 ・区域が狭くなるので選挙費用の節約になる	・死票が多い ・二大政党化による選択の幅の減少
少数代表制 eg. 大選挙区（２人以上選出）	・死票が少ない	・区域が広くなるので多額の選挙費用が必要となる
比例代表制	・民意の忠実な反映が可能	・小党分立による政局の不安定化を招く

ウ　現行の国政選挙制度

（ア）衆議院議員選挙

　衆議院議員選挙については、①小選挙区選挙と、②全国を11ブロックに分けた拘束名簿式比例代表選挙の並立制（①と②に重複して立候補できる制度）が採用されている。

　②の拘束名簿式比例代表選挙では、政党への投票だけが有効とされ、その得票率によって政党の獲得議席数が決定し、政党があらかじめ作成している候補者名簿の順位に従って当選人が決定する。

（イ）参議院議員選挙

　参議院議員選挙については、①都道府県を基本とした地方選挙区選挙と、②全国を１ブロックとする非拘束名簿式比例代表選挙が採用されている。

　②の非拘束名簿式比例代表選挙では、政党または候補者への投票が許される。投票用紙に政党名を書いてもいいし、候補者個人の名前を書いてもいいわけである。

　そして、まずは投票の総数（この段階では、候補者への投票についても、その候補者が所属する政党への投票としてカウントする）で政党の獲得議席数が決定され、次いで候補者の得票数（すなわち候補者への投票数）で名簿の順位が決定される。

（ウ）非拘束名簿式比例代表選挙の合憲性

　参議院議員選挙で採用されている非拘束名簿式比例代表選挙については、①名簿上の特定候補者には投票したいが、その所属政党には投票したくない選挙人の投票も、当該政党の得票と計算されることになるから、選挙人の投票意思に反する結果を生み出す点で選挙権（15条１項）を侵害するのではないか、②候補者が当選に必要以上の得票をした場合、その超過得票は同一名簿上の他の候補者のために流用されることになるから、直接選挙の原則（43条１項参照）に反するのではないかが問題となる。

　しかし、最高裁は、①名簿式比例代表制は政党を選択する制度であるから、非拘束名簿式比例代表制の下で候補者名を記載しても政党に対する投票となるのは当然であり、選挙権の侵害とはいえないとし、また、②直接選挙かどうかは選挙人の意思と当選人の決定との間に他の意思が介在するかどうかで判断されるのであり、非拘束名簿式比例代表制においても選挙人の投票の結果自動的に当選人が決まるのであるから、直接選挙の要請は満たしていると判示している（**最大判平成 16・1・14**）。

2. 議員定数不均衡

1　問題の所在　Ⓐ

　すでに述べたとおり、公職選挙法は、参議院の比例代表を除き、全国をいくつかの選挙区に分け、その選挙区ごとに議員定数（当選者数）を定めている（➡ 253ページウ）。

　しかし、各選挙区に割り振られた議員定数は、各選挙区の有権者数ないし人口数に比例していないため、選挙区間において、1票の有する影響力に較差が生じている。これを、議員定数不均衡という。

　では、この議員定数不均衡は、憲法に反するのだろうか。

> 　たとえば、有権者数100万人のA選挙区に割り当てられた議員定数は2名、有権者数20万人のB選挙区に割り当てられた議員定数は1名だとします。
> 　この場合、A選挙区の1票の重さは100万分の2、B選挙区の1票の重さは20万分の1（100万分の5）であり、実に2.5倍の較差が生じていることになります。いいかえれば、B選挙区の有権者が1票もっているとすれば、A選挙区の有権者は0.4票しかもっていないことになるわけです。これが、議員定数不均衡の問題です。

2　通説的見解　Ⓐ

　この問題については多くの論点があるが、まずは従来の通説を説明しよう。

ア　投票価値の平等

　まず、14条1項は、形式的な1人1票の原則だけでなく、投票価値の平等、すなわち各投票が選挙の結果に対してもつ影響力の平等まで保障していると解される。

　したがって、かかる投票価値の平等に反すれば、定数配分規定は違憲状態となる。

イ　違憲状態の要件

　では、実際に投票価値にどの程度の較差があれば、投票価値の平等に反し、

違憲状態となるのか。

　確かに、投票価値の平等の要請に照らせば、人口比例（人口ないし有権者数と議員定数の比例）の原則は厳格に貫かれるべきとも思える。

　しかし、公正かつ効果的に民意を反映するためには、定数配分において、行政区画などの非人口的要素も考慮する必要がある。47条が選挙に関する事項を法律に委ねているのも、かかる趣旨であると解される。

　そうだとすれば、ある程度の較差が生じるのはやむを得ない。

　もっとも、2倍を超える較差を認めては、複数選挙を認めることになり、平等選挙の本質を破壊することになる。

　そこで、2倍を超える較差がある場合には、その定数配分規定は投票価値の平等に反し、違憲状態となると解されている。

> 　本文で述べたとおり、従来の通説は、2倍の較差までは違憲状態ではない、と解しているのですが、よく考えてみると、なぜ2倍の較差までは許されるのか、判然としません。2倍を超える較差は論外としても、たとえば1.6倍の較差がある場合、投票価値の軽い選挙区の国民は、0.625票しか有していないことになります。人口比例の原則を厳格に貫き、実質的にも1人1票を実現しなければならないのが当然なのではないかと思います。

ウ　違憲の要件──合理的期間論

　もっとも、2倍を超える較差が生じているだけでは、定数配分規定を違憲と判断するには足りない。人口ないし有権者数の変動は不可避的であるうえ、法改正にはある程度の時間を要するからである。

　したがって、是正に必要な合理的期間が経過した場合にのみ、当該定数配分規定は違憲となると解されている。

エ　違憲の範囲

　では、2倍を超える較差が生じており、かつ、是正に必要な合理的期間が経過している場合、定数配分規定はいかなる範囲で違憲となるのか。

　そもそも、定数配分規定は、議員の総定数をまず定め、それを各選挙区に配分するものである。そうだとすれば、各選挙区の定数配分は、相互に密接な関連を有しているといえる。

　したがって、定数配分規定は、全体が違憲となると解される。

オ　選挙の効力

では、全体が違憲である定数配分規定にもとづき行われた選挙の効力は、いかに解するべきか。

確かに、本来ならば選挙は全体が無効となるはずである。

しかし、そのように解しては、国政が著しく混乱するおそれが高い。

そこで、事情判決の法理（行政事件訴訟法31条参照）を用い、定数配分規定は違憲で当該選挙は違法である、と示すにとどめるべきものと解されている。

ただし、国会が速やかに対応しないこともありうるため、より強い警告を与えるという意味で、選挙を無効とし、ただ、その無効という効力の発生を将来の一定時期以降とする（それまでの間に国会の自主的な是正を要求する）という将来効判決を出すことも考えられよう。

カ　統治行為論

なお、以上の議員定数不均衡の問題について、いわゆる統治行為論を適用し、司法審査を回避できるかという問題もあるが、統治行為論を適用することはできないと解すべきである。

なぜなら、統治行為論は民主政治の原理を基礎におくものであるところ、議員定数不均衡の場合は民主政治の基盤自体が争われている以上、統治行為論を適用する前提に欠けるからである（➡ 350ページ**エ**）。

3　判例　Ａ

議員定数不均衡の問題についての判例は、非常に数が多い。

以下、①かつて採用されていた衆議院・中選挙区制（大選挙区の1種）における判例、②現行の衆議院・小選挙区制における判例、③参議院議員選挙における判例の3つに分けて、それぞれを説明する。

ア　衆議院・中選挙区制
（ア）昭和51年判決（違憲）

昭和47年の選挙（最大較差4.99倍）の合憲性が争われた選挙訴訟（➡ 346ページ**ア**）。

その判旨はやや複雑だが、以下、トピックごとに抜粋する。

a 投票価値の平等

まず、「各選挙人［有権者］の投票の価値の平等」は憲法の要求するところであり、人口数と議員定数との比率の平等は「最も重要かつ基本的な基準」である。

> この人口数と議員定数との比率の平等は、一般に**人口比例の原則**とよばれています。
> なお、世代間の人口に偏りがある場合、選挙区の人口数と選挙人数（有権者数）とは、厳密には比例しません。したがって、人口比例といっても、人口数と選挙人数のどちらと、議員定数とを比例させるのかという問題も生じ得ます。しかし、最高裁は、選挙人数と人口数とはおおむね比例するとし、選挙人数ではなく人口数を基準としてもよいとしていますから、この問題は気にしなくていいでしょう。

b 公正かつ効果的な代表

しかし、かかる投票の価値の平等は、「選挙制度の決定について国会が考慮すべき唯一絶対の基準」ではなく、「国会は……他にしんしゃくすることのできる事項をも考慮して、公正かつ効果的な代表という目標を実現するために適切な選挙制度を具体的に決定することができる」。

c 違憲状態

もっとも、本件選挙における投票価値の不平等は、「政策的裁量を考慮に入れてもなお、一般的に合理性を有するものとはとうてい考えられない程度に達しているばかりでなく、これを更に超えるに至っているものというほかはなく、これを正当化すべき特段の理由をどこにも見出すことができない」以上、「憲法の選挙権の平等の要求に反する程度になっていた」。

d 合理的期間論とその経過

ただし、「選挙権の平等の要求に反する程度となったとしても、これによって直ちに当該議員定数配分規定を憲法違反とすべきものではなく、人口の変動の状態をも考慮して合理的期間内における是正が憲法上要求されていると考えられるのにそれが行われない場合に始めて［ママ］憲法違反と断ぜられるべきものと解するのが、相当である」。

本件では、「8年余にわたってこの点についての改正がなんら施されていないことをしんしゃくするときは、前記規定は、憲法の要求するところに合致しない状態になっていたにもかかわらず、憲法上要求される合理的期間内における是正がされなかったものと認めざるをえない。それ故、本件議員定数配分規定

は、本件選挙当時、憲法の選挙権の平等の要求に違反し、違憲」である。

e　違憲の範囲

そして、「選挙区割及び議員定数の配分は、……不可分の一体をなすと考えられるから、右配分規定は、単に憲法に違反する不平等を招来している部分のみでなく、全体として違憲の瑕疵を帯びる」。

f　選挙の効力——事情判決の法理

もっとも、行政事件訴訟法31条1項前段が定める事情判決には、「一般的な法の基本原則に基づくものとして理解すべき要素も含まれている」。

本件では、かかる事情判決の法理に基づき、「本件選挙は憲法に違反する議員定数配分規定に基づいて行われた点において違法である旨を判示するにとどめ、選挙自体はこれを無効としないこととするのが、相当」である（**最大判昭和51・4・14**）。

（イ）昭和58年判決（違憲状態）

昭和55年の選挙（最大較差3.94倍）の合憲性が争われた選挙訴訟。

最高裁は、その較差を違憲状態にあるとしつつも、本件選挙に先立つ昭和50年の公職選挙法改正により、1度は最大較差が2.92倍に縮小したことを評価し、その法改正の公布から約5年（施行から約3年半）の時点で行われた本件選挙当時は、是正に必要な合理的期間内であったとして、定数配分規定は違憲でないとした（最大判昭和58・11・7）。

（ウ）昭和60年判決（違憲）

昭和58年の選挙（最大較差4.40倍）の合憲性が争われた選挙訴訟。

最高裁は、その較差を違憲状態にあるとし、かつ、先の昭和55年の選挙の時点で定数配分規定はすでに違憲状態にあったことから（➡上記（イ）、合理的期間の経過を認め、定数配分規定を違憲とした。

ただし、事情判決の法理により、本件選挙は違法である旨を宣言するにとどめた（最大判昭和60・7・17）。

イ　衆議院・小選挙区制

国会は、平成6年、公職選挙法を改正し、従来の中選挙区制（大選挙区の一種）を廃止して、小選挙区制を導入した（選挙区制については ➡ 252ページ**ア**）。

そして、この小選挙区制の導入の際に、「各都道府県に1議席を配分し、残

りの議席を人口比例で都道府県に配分し、次いで都道府県内部で議席数分の小選挙区を作る」という1人別枠方式を採用したが、この1人別枠方式により、制度形成の時点で、すでに最大較差は2倍を超えていた。

（ア）平成11年判決・平成19年判決（合憲）

かかる小選挙区制および1人別枠方式の下行われた初の選挙である平成8年の選挙（最大較差2.309倍）の合憲性が争われた選挙訴訟で、最高裁は、定数配分に際して人口数の少ない県の利益をある程度配慮することも立法裁量の範囲内であるとし、合憲の判断を下した（**最大判平成11・11・10**）。1人別枠方式も合憲としたわけである。

なお、平成17年の選挙（最大較差2.171倍）の合憲性が争われた選挙訴訟でも、最高裁は1人別枠方式を合憲としている（最大判平成19・6・13）。

（イ）平成23年判決（違憲状態）

しかし、国会が一向に格差是正のための措置をとらなかったことから、最高裁は厳格な態度に転じた。

平成21年の選挙（最大較差2.304倍）の合憲性が争われた選挙訴訟で、最高裁は、1人別枠方式は平成6年の小選挙区制の導入実現のために採用された激変緩和措置にすぎず、平成21年に行われた本件選挙の時点では合理性を失ったとして、違憲状態にあるとしたのである。

ただし、合理的期間の経過は否定し、違憲とはしなかった（**最大判平成23・3・23**）。

（ウ）平成25年判決（違憲状態）

この平成23年判決を受け、国会は、選挙区画定審議会設置法を改正し、1人別枠方式を廃止した。

ところが、公職選挙法の改正前に衆議院が解散されたため、平成24年の選挙は、平成23年判決が違憲状態とした旧規定のまま行われた（最大較差2.425倍）。

その合憲性が争われた選挙訴訟で、最高裁は、平成23年判決と同様に違憲状態にあるとしつつ、1人別枠方式を廃止する法改正を一応評価し、合理的期間の経過を否定した（最大判平成25・11・20）。

（エ）平成27年判決（違憲状態）

その後、国会は公職選挙法を改正したが、1人別枠方式の廃止にもかかわら

ず、一部の県以外の都道府県では、新区割基準に基づく定数の再配分が行われなかったため、平成26年の選挙では、なお最大較差が2.129倍に及んだ。

その合憲性が争われた選挙訴訟で、最高裁は、本件の選挙区割りは違憲状態にあるとしつつ、法改正後も較差を縮小するための取組みが続けられていることをも考慮し、合理的期間の経過を否定した（**最大判平成27・11・25**）。

（オ）平成30年判決（合憲）

以上のように、違憲状態とする判決が続いていたが、国会は平成29年に公職選挙法を改正し、較差が縮小した状態で平成29年の選挙が行われた。

その合憲性が争われた選挙訴訟で、最高裁は、1人別枠方式の影響は残るものの、是正の努力がなされ、較差も2倍未満に収まっていると述べ、合憲と判断した（**最大判平成30・12・19**）。

ウ　参議院議員選挙

参議院議員選挙について、最高裁は、当初は衆議院議員選挙以上の広範な立法裁量を肯定していたが、近時では厳格な態度に変化してきている。

（ア）昭和58年判決（合憲）

昭和52年の選挙（最大較差5.26倍）の合憲性が争われた選挙訴訟。

最高裁は、①投票価値の不平等が「到底看過することができない」程度の著しい状態になり、かつ、②その不平等状態が「相当期間継続」した場合に初めて違憲になるとした。

そして、参議院は都道府県代表的性格を有すること、半数改選制が要求されていること（46条）を理由として、定数配分規定を合憲とした（**最大判昭和58・4・27**）。

> 　参議院については、当時、都道府県ごとに選挙区（地方区）を設置していたため、参議院議員は、都道府県代表的性格（地域代表的性格）があるとされていました。しかも、参議院議員は、3年ごとに半数が改選されるため（46条）、各選挙区の議員定数は、必ず偶数にしなければなりません。最高裁は、こうした参議院の特殊性に照らし、5.26倍もの較差（1人0.19票）を合憲としたわけです。
> 　ちなみに、この判例は、違憲となる要件として、「相当期間」の経過を必要としています。この要件は、衆議院における「合理的期間」と比べて、より緩やかな要件と理解していいでしょう。

（イ）平成 8 年判決（違憲状態）

平成 4 年の選挙（最大較差 6.59 倍）の合憲性が争われた選挙訴訟。

最高裁は、「違憲の問題が生ずる程度の投票価値の著しい不平等状態が生じていた」としたが、「本件選挙当時において本件定数配分規定が憲法に違反するに至っていたものと断ずることはできない」として、違憲状態との判断にとどまった（**最大判平成 8・9・11**）。

（ウ）平成 24 年判決・平成 26 年判決（違憲状態）

平成 22 年の選挙（最大較差 5.00 倍）の合憲性が争われた選挙訴訟。

最高裁は、制度と社会の状況の変化を考慮すると、「参議院議員の選挙であること自体から、直ちに投票価値の平等の要請が後退してよいと解すべき理由は見いだし難い」としたが、「本件選挙までの間に本件定数配分規定を改正しなかったことが国会の裁量権の限界を超えるものとはいえず、本件定数配分規定が憲法に違反するに至っていたということはできない」として、違憲状態との判断にとどまった（**最大判平成 24・10・17**）。

平成 25 年の選挙（最大較差 4.77 倍）の合憲性が争われた選挙訴訟でも、違憲状態との判断にとどまった（**最大判平成 26・11・26**）。

（エ）平成 29 年判決（合憲）

平成 28 年の選挙（最大較差 3.08 倍）の合憲性が争われた選挙訴訟。

最高裁は、平成 26 年判決後に成立した法改正は「人口の少ない選挙区について、参議院の創設以来初めての合区を行うことにより、都道府県を各選挙区の単位とする選挙制度の仕組みを見直すことをも内容とするものであり、これによって平成 25 年選挙当時まで数十年間にもわたり 5 倍前後で推移してきた選挙区間の最大較差は 2.97 倍（本件選挙当時は 3.08 倍）にまで縮小するに至った」とし、「違憲の問題が生ずる程度の著しい不平等状態にあったものとはいえ」ないとして、合憲と判断した（**最大判平成 29・9・27**）。

（オ）令和 2 年判決（合憲）

その後、令和元年の選挙（最大較差 3 倍）の合憲性が争われた選挙訴訟でも、最高裁はこれを合憲と判断した（**最大判令和 2・11・18**）。

3. 被選挙権

1 意義 A

　被選挙権とは、選挙人団によって選定されたとき、これを承諾して公務員となる資格をいう。

　かかる被選挙権を保障する明文規定は存しないが、選挙権と表裏の関係にあることから、選挙権を保障する15条1項によって被選挙権も保障されていると解してよい。

　判例も、立候補の自由について、「選挙権の自由な行使と表裏の関係」にあるといえることから、選挙権と同様に15条1項によって保障されているとしている（最大判昭和43・12・24）。

2 制約 B

ア　年齢要件

　公職選挙法は、衆議院議員の被選挙権が認められる年齢を満25年以上、参議院議員の被選挙権が認められる年齢を満30年以上と定めている（同法10条1項1号、2号）。

　これらの年齢要件については、議員としての職務の遂行には選挙人のそれよりも一般的に高い年齢が必要といえることから、合憲とする見解が有力である。

イ　供託金制度

　公職選挙法は、立候補者に対し、高額の供託金を要求している（同法89条、92条）。

　この供託金制度は、被選挙権ないし立候補の自由に対する不当な制限として、また、44条に列挙された事由による差別として、違憲なのではないかが問題となる。

　この点については、現在の供託金制度では、資金を欠く者に対して、一定数の有権者の署名をもって供託金に代替するなどの措置がとられていないことか

ら、違憲とする見解が有力である。

4. その他の参政権

1 国民投票権 A

憲法は、国政レベルでは代表民主制を原則としつつも、直接民主制的制度として、①憲法改正の国民投票（96条）、②地方特別法の住民投票（95条）、③最高裁判所裁判官の国民審査（79条2項）を定めている。

なお、国政レベルで、憲法に明文のない直接民主制的制度を導入することは、それが諮問的なものでない限り、違憲と解するのが通説である（➡311ページ**オ**参照）。

2 公務就任権 B

公務就任権とは、公務員となる資格をいう。

明治憲法は、「日本臣民ハ法律命令ノ定ムル所ノ資格ニ応シ均ク文武官ニ任セラレ及其ノ他ノ公務ニ就クコトヲ得」と定め（19条）、公務就任権を一応保障していた。

これに対し、日本国憲法には、公務就任権に関する明文規定がない。そのため、公務就任権の根拠条文については争いがあるが、公務就任権の参政権的性格ゆえに15条1項に根拠を求める見解が有力である（14条1項に根拠を求める説、22条1項に根拠を求める説、13条後段に根拠を求める説などもある）。

なお、法律上、「政府を暴力で破壊することを主張する政党その他の団体を結成し、又はこれに加入した者」などの一定の者は、公務就任権を有しないとされている（国家公務員法38条、地方公務員法16条）。

第 **8** 章

受益権（国務請求権）

　受益権（国務請求権）は、国家に対する作為請求権という点で、社会権と共通する。

　しかし、社会権は、20世紀に入ってから保障されるに至った比較的新しい人権であるのに対し、受益権は、人権を確保するための基本権として古くから保障されてきた人権である。

1. 請願権　　　　　　　　　　　　　　　　　　B

1　意義

　請願は、近代以前では、為政者（君主）に対して窮状を訴え、救済を求める主要な手段として、重要な機能を果たしていた。

　明治憲法でも、「日本臣民ハ相当ノ敬礼ヲ守リ別ニ定ムル所ノ規程ニ従ヒ請願ヲ為スコトヲ得」（30条）とされ、請願権は一応保障されていた。

　日本国憲法は、16条で「何人も、損害の救済、公務員の罷免、法律、命令又は規則の制定、廃止又は改正その他の事項に関し、平穏に請願する権利を有し、何人も、かかる請願をしたためにいかなる差別待遇も受けない」と定め、請願権を人権として明確に保障している。

2　法的性質

　請願権は、一般に受益権の1つに分類されるが、国民の政治的意思表明の手段として、参政権的な役割も果たしている。

なお、請願権は、外国人や未成年者にも保障されると解されている。短答式
試験で注意しよう。

3　内容

　請願権の保障は、請願を受けた機関に対し、適法な請願を受理し、誠実に処
理する義務を課すにとどまり（請願法 5 条参照）、調査や審判、処理報告などの
法的義務を課すものではないと解されている。

　請願の手続や処理の仕方については、請願法のほか、国会法（79 条から 82
条）、衆議院規則（171 条から 180 条）、参議院規則（162 条から 172 条）、地方自治
法（124 条から 125 条）に、それぞれ定められている。

2. 裁判を受ける権利　　　　　B

1　意義

　裁判を受ける権利は、個人の基本的人権の保障を確保するために不可欠の権
利である。

　明治憲法でも、「日本臣民ハ法律ニ定メタル裁判官ノ裁判ヲ受クルノ権ヲ奪
ハルヽコトナシ」（明憲 24 条）とされ、裁判を受ける権利が一応保障されてい
た。しかし、たとえば行政事件の裁判は通常裁判所の系列に属さない行政裁判
所の権限に属し、かつ出訴事項が厳しく限定されていたなど、その実質的保障
はきわめて不十分だった。

　これに対し、日本国憲法は、32 条で「何人も、裁判所において裁判を受ける
権利を奪はれない」と定め、裁判を受ける権利を人権として明確に保障してい
る。

ア 32条の「裁判」の範囲

32条が保障する裁判を受ける権利の「裁判」とは、いかなる意味なのだろうか。

まず、①訴訟事件の裁判（82条のいう「裁判」）が32条の「裁判」にあたるという点については、争いがない。

問題は、②非訟事件の裁判が32条の「裁判」に含まれるか否かである。

> およそ裁判所が行う裁判には、①訴訟事件の裁判と②非訟事件の裁判とがあります。
> ①の訴訟事件については、裁判所は、公開の法廷において、当事者を対立関与させて審理を行い（これを対審といいます）、最終的な判断は判決という厳格な形式で言い渡すことになります。刑事事件や通常の民事事件は、この訴訟事件にあたります。また、「裁判の対審及び判決は、公開法廷でこれを行ふ」と定めている82条の「裁判」は、この訴訟事件の裁判を指しています。
> これに対し、②の非訟事件については、裁判所は、非公開の場で、対審によらずに審理を行い、しかも最終的な判断を決定という比較的緩やかな形式で言い渡すことになります。夫婦同居の審判（家事事件手続法150条1号）など、特定の民事事件の裁判は、非訟事件として非訟手続で行うこととされています。
> そして、近時では、福祉国家の理念の下、従来は訴訟事件として処理されてきた事件について、法律によって非訟事件として扱う「訴訟の非訟化」が進んでいます。借地に関する事件などがその典型です。
> こうした状況にあって、32条の「裁判」の中に、非訟事件の裁判が含まれるのかという点が問題となっているのです。

最高裁は、32条の「裁判」は、82条の「裁判」と同義であり、「純然たる訴訟事件の裁判」に限られるとしている（**最大決昭和35・7・6**）。非訟事件の裁判を受ける権利は、あくまでも法律上の権利であり、32条によって保障された人権ではないと解しているわけである。

これに対し、学説では、非訟事件の裁判も32条の「裁判」にあたり、非訟事件の裁判を受ける権利も32条によって人権として保障されているとする見解が有力である。

イ 三審制

法律上、訴訟事件の裁判については、原則として三審制が採用されている。たとえば、地方裁判所から裁判が始まった場合、第2審（控訴審）として高等裁判所、第3審（上告審）として最高裁判所で、裁判を受けることができるわ

けである。

こうした三審制が 32 条の保障内容かについては争いがあるが、判例は三審制を立法政策の問題としており、32 条による保障を否定しているものと解される（**最判平成 13・2・13** 参照）。

3. 国家賠償請求権・刑事補償請求権

1 国家賠償請求権 B⁺

ア 意義

明治憲法には、国家賠償請求権の規定は存せず、これを認める独立の法律も定められていなかった。判例上、ごく限られた場合にのみ、民法に基づく損害賠償請求（民法 709 条以下）が認められていたにとどまる。

これに対し、日本国憲法 17 条は、「何人も、公務員の不法行為により、損害を受けたときは、法律の定めるところにより、国又は公共団体に、その賠償を求めることができる」と定め、国家賠償請求権を保障している。

イ 法的性格

国家賠償請求権を定める 17 条の法的性格については争いがあるが、具体化する法律などの制定があって初めて裁判規範性が認められる抽象的権利を定めた規定とする見解が有力である。

なお、最高裁は、17 条の法的性格についての立場は明確でないものの、17 条に立法裁量を限定する法規範性を認めている（➡下記**エ**）。

ウ 国家賠償法

国家賠償請求権を具体化する法律として、国家賠償法が制定されている。

同法は、「国又は公共団体の公権力の行使に当る公務員が、その職務を行うについて、故意又は過失によって違法に他人に損害を加えたときは、国又は公

共団体が、これを賠償する責に任ずる」（1条1項）と定めている。公務員の「故意又は過失」と、行為の「違法」性が要件となっていることは、できれば覚えておこう。

なお、違法行為を行った公務員自身は、国や公共団体から求償される場合はあるものの（同法1条2項）、被害者に対して直接の賠償責任を負わないものと解されている（最判昭和30・4・19）。

エ　郵便法違憲判決

国家賠償請求権に関する重要判例として、郵政民営化前の郵便法違憲判決がある。

当時の郵便法は、郵便物の亡失・き損などについての国の損害賠償責任を制限・免除していた。この国の損害賠償責任を制限・免除する規定が、憲法17条に違反するかが問題となった。

最高裁は、まず、「憲法17条は、……公務員の行為の国民へのかかわり方には種々多様なものがあり得ることから、国又は公共団体が公務員の行為による不法行為責任を負うことを原則とした上、公務員のどのような行為によりいかなる要件で損害賠償責任を負うかを立法府の政策判断にゆだねたものであって、立法府に無制限の裁量権を付与するといった法律に対する白紙委任を認めているものではない」とし、「公務員の不法行為による国又は公共団体の損害賠償責任を免除し、又は制限する法律の規定が同条に適合するものとして是認されるものであるかどうかは、当該行為の態様、これによって侵害される法的利益の種類及び侵害の程度、免責又は責任制限の範囲及び程度等に応じ、当該規定の目的の正当性並びにその目的達成の手段として免責又は責任制限を認めることの合理性及び必要性を総合的に考慮して判断すべきである」とした。

そして、郵便役務を安い料金であまねく公平に提供するために、賠償責任が過大となり料金の値上げにつながることを防止するという目的は正当であるが、①書留郵便物について、郵便業務従事者が故意・重過失により損害を与えるなどということは例外的にしか起きないことであり、このような場合まで責任を制限しなければ立法目的を達成しえないとはいえないとして、故意・重過失の場合について国の責任を免除・制限している部分は、憲法17条に違反するとした。

また、②特別送達郵便物（書留郵便物の一種で、民事訴訟法上の送達の実施方法）については、軽過失による損害賠償責任まで認めたとしても、立法目的の達成が害されることはないとして、軽過失の場合に国の責任を免除・制限している部分は、憲法 17 条に違反するとした（**最大判平成 14・9・11**）。

2 刑事補償請求権 B

ア 意義

40 条は、「何人も、抑留又は拘禁された後、無罪の裁判を受けたときは、法律の定めるところにより、国にその補償を求めることができる」と定め、刑事補償請求権を保障している。

この規定を具体化する法律として、刑事補償法が制定されている。

イ 要件

（ア）無罪の裁判

40 条の「無罪の裁判」とは、刑事訴訟法上の手続における無罪の確定裁判をいう。

したがって、少年法の少年審判手続における「保護処分に付さない旨の決定」（少年法 23 条 2 項）は、「無罪の裁判」にあたらない（**最決平成 3・3・29**）。

また、免訴判決（刑事訴訟法 337 条）や公訴棄却の判決・決定（同 338 条、339 条）も、「無罪の裁判」にあたらない。

ただし、以上の各場合についても、法律上は補償が及びうる（刑事補償法 25 条、少年の保護事件に係る補償に関する法律 2 条参照）。

（イ）抑留又は拘禁

40 条の「抑留又は拘禁」とは、逮捕に引き続く身柄拘束をいう。

たとえば、被疑事実 A を理由とする逮捕・勾留がなされ、被疑事実 A について公訴が提起されたが、無罪の確定判決を受けた場合は、「抑留又は拘禁」の後に無罪の裁判を受けたといえ、40 条の刑事補償の対象となる。

では、被疑事実 A（たとえば窃盗）を理由とする逮捕・勾留がなされ、その逮捕・勾留の最中に、逮捕・勾留の理由となっていない被疑事実 B（たとえば殺人）についても取調べが行われたところ、被疑事実 A は不起訴となったものの被疑事実 B について公訴が提起され、無罪の確定裁判を受けた場合はどうか。

	抑留又は拘禁	無罪の裁判
被疑事実 A	あり	なし
被疑事実 B	なし	あり

　この場合にも「抑留又は拘禁」があったといえるかについては争いがあるが、判例は、被疑事実 B の取調べが被疑事実 A を理由とした逮捕・勾留を利用してなされたと認められるときは、40 条の「抑留又は拘禁」が認められるとしている（**最大決昭和 31・12・24**）。

第 9 章

社会権

社会権は、20世紀に入ってから認められるに至った比較的新しい人権である
（➡68ページ**3**）。

憲法は、社会権として、①生存権（25条）、②教育を受ける権利（26条）、③
勤労の権利（27条）、④労働基本権（28条）を定めている。

1. 生存権

憲法は、25条1項で「すべて国民は、健康で文化的な最低限度の生活を営
む権利を有する」として、生存権を定めている。

1 法的性格 　Ａ　➡論証34

25条1項が定める生存権は、自由権的側面を有する。たとえば、重税を課
すことによる生活困窮者への圧迫は、生存権の自由権的側面の問題といえる。
この自由権的側面は、裁判規範性を有する具体的権利である。

他方、生存権の社会権的側面については、その法的性格をめぐって、見解が
対立している。

ア　プログラム規定説

まず、25条1項は、国民の生存を確保すべき政治的・道義的義務を国に課
したプログラム規定にとどまるとする見解がある。

この見解によれば、生存権は憲法上の人権ではなく、また、国は生存権を保
障する法的義務を負っていないことになる。したがって、国が生存権を具体化

する立法などを行わなくても、憲法問題は生じないことになろう。

イ　抽象的権利説

しかし、25 条 1 項をプログラム規定と解しては、25 条 1 項の意味が希薄になり、妥当でない。

そこで、通説は、25 条 1 項は立法者に対して立法その他の措置を要求する権利を定めた規定であり、また、それに対応して、国に対して生存権を実現すべき法的義務を課した規定であると解している。

ただし、生存権の内容は抽象的で不明確であることから、25 条 1 項で規定されている生存権は、それだけでは裁判規範性を有さない抽象的権利にとどまると解されている。生存権は、それを具体化する立法があって、初めて裁判規範性を有する権利になると解するわけである。

ウ　具体的権利説

以上に対し、25 条 1 項の生存権そのものに、一定の裁判規範性を認める見解も有力である。

この見解に立つ論者のうち、ある論者は、①生存権を具体化する法律が制定されていない場合には、要救助状態にある国民は、立法不作為の違憲確認訴訟を提起できるとし、また、ある論者は、②「最低限度の生活」は特定の時代の特定の社会においてはある程度客観的に決定できるとして、「最低限度の生活」にかかる給付請求訴訟を提起できるとしている。

Q **25 条ないし生存権の法的性格**　**A**

A説　プログラム規定説
結論：25 条は、国民の生存を確保すべき政治的・道義的義務を国に課したにとどまる。
理由：①憲法が前提としている資本主義においては、自助の原則が妥当する。
　　　②予算は、国の財政政策の問題である。
批判：①生存権は、資本主義の矛盾を解消するための権利である。
　　　②予算は、25 条にもとづき設定されるべきである。

B説　**抽象的権利説**（判例・通説）
結論：① 25 条は、国民に対して法的「権利」を保障している。
　　　②国は国民の生存を確保すべき法的義務を負う。
　　　③ただし、生存権は抽象的権利にとどまり、それを具体化する法律が制定されてはじめて出訴可能な具体的権利となる。

理由：① 25条の「権利」という文言。➡ 結論①②
　　　②生存権の内容は抽象的で不明確である。➡ 結論③
　　　③生存権の実現は財政政策に依存している。➡ 結論③

C1説 **具体的権利説①**
結論：生存権を具体化する法律が制定されていない場合には、要救助状態にある国民
　　　は、生存権にもとづき、立法不作為の違憲確認訴訟を提起できる。
理由：25条の内容は、憲法上行政権を拘束するほどには明確ではないが、立法府と司
　　　法府を拘束するほどには明確である。
批判：①違憲確認訴訟は実効性に乏しい。
　　　②権力分立ないし41条の唯一の立法機関性に反する。

C2説 **具体的権利説②**
結論：生存権を具体化する立法が制定されていなくても、要救助状態にある国民は、生
　　　存権にもとづき、「最低限度の生活」にかかる給付請求訴訟を提起できる。
理由：「最低限度の生活」は特定の時代の特定の社会においてはある程度客観的に決定
　　　できる。

エ　判例

　最高裁は、明確ではないものの、抽象的権利説に立脚しているものと思われ
る。以下、代表的な2つの判例をみていこう。

（ア）朝日訴訟

　厚生大臣によって生活保護の給付を引き下げる処分を受けた原告（朝日茂氏）
が、かかる処分を認容した裁決の取消しを求めて提起した行政訴訟。

　上告中に原告が死亡したため、最高裁は訴訟の終了を宣言したが、「なお、
念のため」として、以下のとおり判示した（**最大判昭和42・5・24**）。

　「憲法25条1項は、……すべての国民が健康で文化的な最低限度の生活を営
み得るように国政を運営すべきことを国の責務として宣言したにとどまり、直
接個々の国民に対して具体的権利を賦与したものではない」。

　「何が健康で文化的な最低限度の生活であるかの認定判断は、いちおう、厚
生大臣の合目的的な裁量に委されており、その判断は、当不当の問題として政
府の政治責任が問われることはあっても、直ちに違法の問題を生ずることはな
い。ただ、現実の生活条件を無視して著しく低い基準を設定する等憲法および
生活保護法の趣旨・目的に反し、法律によって与えられた裁量権の限界をこえ
た場合または裁量権を濫用した場合には、違法な行為として司法審査の対象と
なることをまぬかれない」。

（イ）堀木訴訟

　全盲の視力障害者として障害福祉年金を受給していた原告（堀木フミ子氏）が、同時に、寡婦として子どもを養育していたので、児童扶養手当の受給資格の認定を知事に対して申請したところ、年金と手当との併給を禁止した併給禁止規定により、かかる申請が却下された。そのため、かかる併給禁止規定が憲法25条・14条に反しないかが争われた事件。

　最高裁は、25条については、以下のとおり判示し、併給禁止規定を合憲とした（**最大判昭和57・7・7**）。

　「憲法25条1項……にいう『健康で文化的な最低限度の生活』なるものは、きわめて抽象的・相対的な概念であって、その具体的内容は、その時々における文化の発達の程度、経済的・社会的条件、一般的な国民生活の状況等との相関関係において判断決定されるべきものであるとともに、右規定を現実の立法として具体化するに当たっては、国の財政事情を無視することができず、また、多方面にわたる複雑多様な、しかも高度の専門技術的な考察とそれに基づいた政策的判断を必要とするものである。したがって、憲法25条の規定の趣旨にこたえて具体的にどのような立法措置を講ずるかの選択決定は、立法府の広い裁量にゆだねられており、それが著しく合理性を欠き明らかに裁量の逸脱・濫用と見ざるをえないような場合を除き、裁判所が審査判断するのに適しない事柄であるといわなければならない」。

2　生存権の内容　Ａ

　25条は、1項で「すべて国民は、健康で文化的な最低限度の生活を営む権利を有する」と定め、2項で「国は、すべての生活部面について、社会福祉、社会保障及び公衆衛生の向上及び増進に努めなければならない」と定めている。

　現在、生存権を具体化する立法として、生活保護法、国民健康保険法、国民年金法、環境基本法などが制定されている。

3　25条1項2項の関係　Ｂ

　25条の1項と2項がいかなる関係にあるかについては、争いがある。

ア　通説

通説は、1項は国民の主観的権利としての生存権（その中には、人間としてのぎりぎりの最低限度の生活の保障を求める権利と、より快適な生活の保障を求める権利の両方が含まれる）を直接定める一方、2項は、この国民の権利に対応した国の責務を特に定めたものと解している。

イ　1項2項分離論

以上の通説に対し、1項と2項を分離してとらえる見解もある。

この見解によれば、2項は「国の事前の積極的防貧施策をなすべき努力義務」を定める一方、1項は2項の防貧施策からこぼれ落ちた者に対し「事後的、補足的且つ個別的な救貧施策をなすべき責務」が国にあることを宣言したものとされる（堀木訴訟控訴審判決。大阪高判昭和 50・11・10）。

そして、1項については「健康で文化的な最低限度の生活」という絶対的基準により厳格な審査が行われるが、2項については広い立法裁量が認められ、原則として違憲の問題は生じないとするのである。

しかし、この見解に対しては、1項を公的扶助に限定し、他の施策を全て2項の問題として広汎な立法裁量に委ねる点で問題があるとの批判がある。

4　生存権侵害の処理方法 　B+

生存権が侵害された場合の具体的な処理方法としては、いかなるものが考えられるのか。ややテクニカルな問題だが、いくつかの場合に分けて検討してみよう。

ア　具体化立法がない（または不十分な）場合

まず、生存権を具体化する法律がない場合、または法律はあるものの不十分な場合についてである。

（ア）立法不作為の違憲確認訴訟

この場合、生存権の法的性格についての具体的権利説①（➡ 273 ページウ①）に立脚すれば、要救助者は、立法不作為の違憲確認訴訟を提起することができる。

しかし、この違憲確認訴訟は、救済としての実効性に欠けることに加え、裁判所が立法に介入することになるため、権力分立ないし国会の唯一の立法機関

性（41 条）に反することになりかねない。このような訴訟を認めることはできないと解するべきである。

（イ）25 条にもとづく給付訴訟

また、具体的権利説②（➡ 273 ページ**ウ**②）に立脚すれば、要救助者は、「最低限度の生活」を下回っている場合には、25 条に基づいて給付訴訟を提起することができる。

しかし、具体的権利説②は少数説にとどまる。

（ウ）立法不作為を理由とする国家賠償請求訴訟

では、通説である抽象的権利説（➡ 273 ページ**イ**）に立脚するとして、いかなる争い方が考えられるのか。

抽象的権利説によれば、国会は、生存権を具体化する法律を定立する法的義務を負う。

そこで、要救助者は、国会の立法不作為がかかる法的義務に違反しており、国家賠償法上の「違法」性要件（国家賠償法 1 条 1 項）を充足するとして、国家賠償請求訴訟を提起することが考えられる。

ただし、国家賠償法上の「違法」性が認められるためには、生存権侵害の明白性が認められる場合などに限られることになろう（➡ 376 ページ5.）。

イ　余計な条項が定められている場合

次に、生存権を具体化する法律は制定されているものの、その具体化された生存権を妨害するような、いわば余計な条項が定められている場合についてである。

たとえば、堀木訴訟（➡ 275 ページ（**イ**））における併給禁止規定が、ここでいう余計な条項の典型である。

この場合は、①他の条項で具体化された生存権を余計な条項が制限していると構成し、その制限の正当性を検討する処理が考えられる。この処理による場合、制限が正当でないのであれば、当該余計な条項は具体化された生存権を侵害するものとして違憲無効ということになる。

また、②余計な条項が要救助者の平等権を侵害していると構成し、合理的な差別といえるか否かを検討する処理もありうる。この処理による場合、不合理な差別にあたれば、当該余計な条項は平等権を侵害するものとして違憲無効と

いうことになる。

ウ　制度の後退の場合

　次に、ひとたび具体化された制度が、法改正などにより事後的に後退した場合についてである。

　たとえば、生活保護費の給付水準を引き下げる旨の法改正がなされた場合がその典型である。

　この場合は、従前の具体化立法により生存権は具体的権利になっていると解したうえで、制度を後退させる法改正などは、かかる具体的権利に対する制限にあたると構成し、その制限の正当性を検討する処理が考えられる。

　残る問題は正当性の審査密度だが、生存権を具体化するに際してはある程度広い立法裁量が認められるのに対し、いったん具体化した制度を後退させる場合は立法裁量の幅は狭まると解し、審査密度を高めるべきとする見解が有力である。

　ただし、最高裁は、老齢加算の廃止の審査に際して、特に裁量の幅が狭まるという考えを採用していない（**最判平成24・2・28**）。

エ　行政がなすべき給付をしない場合

　最後に、行政がなすべき給付をしない場合についてである。

　たとえば、ある市が「生活保護の申請には、まず市の指定する窓口での相談を経なければならない」という独自の方針を定めていたところ、かかる相談を経ていないとの理由で、生活保護開始申請を却下した場合がその典型である。

　この場合は、市の却下処分の適法性を検討することになる。具体的には、生活保護法が定める生活保護の要件について憲法適合解釈を行い、当該処分の適法性を判断することになる。

　上記の例では、市の却下処分は生活保護法に反する違法な処分として、裁判所により取り消されるべきこととなろう。

5　環境権　B

　生存権に関連する権利として、環境権がある。

　環境権とは、健康で快適な生活を維持する条件としてのよい環境を享受し、

これを支配する権利をいう。なお、ここにいう「環境」とは、生命・健康に影響を与える自然環境のことである（通説）。

この環境権は、①よい環境の享受を妨げられない（すなわち環境破壊の排除を請求できる）権利という側面では自由権であり、②公権力による積極的な環境保全ないし改善のための施策を求める権利という側面では社会権である。

環境権を定めた明文は存しないが、①の自由権的側面については13条により、②の社会権的側面については25条により、それぞれ保障されると解するのが通説である。

2. 教育を受ける権利

1　意義　A

教育を受けることは、個人が人格を形成し、社会において有意義な生活を送るための不可欠の前提といえる。

そこで、憲法は、26条1項で、全ての国民に対して教育を受ける権利を保障するとともに、2項で、保護する子女に教育を受けさせる義務および義務教育の無償を定めている。

2　主体　A

教育を受ける権利は、老若男女を問わず、およそ「国民」に保障される（26条1項）。

しかし、教育を受ける権利は、その性質上、特に子どもにとって重要である。そこで、教育を受ける権利は、子どもが学校教育を受ける権利ないし子どもの学習権を中心として把握されている。

最高裁も、26条の背後には、「国民各自が、一個の人間として、また、一市民として、成長、発達し、自己の人格を完成、実現するために必要な学習をする固有の権利を有すること、特に、みずから学習することのできない子どもは、

その学習要求を充足するための教育を自己に施すことを大人一般に対して要求する権利を有するとの観念が存在している」としている（旭川学テ事件判決➡下記**4**）。

3　法的性格　) **B⁺**

26条1項が保障する教育を受ける権利は、社会権的側面に加え、自由権的側面を有する。

社会権としては、国に対し、教育制度を維持し、教育条件を整備することを要求する権利である。この社会権的側面の具体化立法として、教育基本法や学校教育法などが定められている。

自由権としては、①既存の教育制度・教育施設などを利用して教育を受けることを不当に妨げられない権利、さらに、②子どもが自由かつ独立の人格として成長することを妨げるような内容の教育の排除を要求する権利である。

4　教育内容決定権の所在——旭川学テ事件　) **A**　➡論証15

子どもの教育内容を誰が決定するのかという問題について、かつては、国が決定するという国家教育権説と、親を中心とする国民全体が決定するという国民教育権説とが対立していた。

しかし、最高裁は、旭川学テ事件において、両説はともに「極端かつ一方的」であるとして、これを否定した。

そして、①子どもの学習権の充足を図りうる立場にある者の責務として、親・私学・教師それぞれに教育の自由が認められるとしつつ、②児童生徒には教育内容を批判する能力が欠如していること、学校や教師を選択する余地が乏しいこと、全国的に一定の水準を確保すべき要請があることから、国家も「必要かつ相当と認められる範囲において」教育内容を決定する権能を有するとした。

ただし、③「子どもが自由かつ独立の人格として成長することを妨げるような国家的介入、例えば、誤った知識や一方的な観念を子どもに植えつけるような内容の教育を施すことを強制するようなことは、憲法26条、13条の規定上からも許されない」とした（**最大判昭和51・5・21**）。

5 学習指導要領の法的拘束力 ▶ B

　教師の教育の自由に関する問題として、学習指導要領の法的拘束力の有無という問題がある。

　学習指導要領とは、学校教育法施行規則にもとづき、文部科学省が告示する教育課程の基準である。小学校から高等学校までの教育の内容とその詳細について定めたものであり、国公立・私立を問わず適用される。

　最高裁は、伝習館高校事件判決において、学習指導要領の「法規としての性質」を認めている（**最判平成2・1・18**）。

6 教育を受けさせる義務と義務教育の無償 ▶ B

　26条2項前段は、「すべて国民は、法律の定めるところにより、その保護する子女に普通教育を受けさせる義務を負ふ」と定める。

　この義務を負っているのはあくまでも保護者である。子どもが教育を受ける義務を負っているわけではない点に注意しよう。

　26条2項後段は、「義務教育は、これを無償とする」と定める。

　この26条2項後段が保障しているのは、義務教育における授業料の無償のみと解するのが判例（**最大判昭和39・2・26**）・通説である。義務教育における教科書の無償は、法律上認められているにとどまる。

3. 勤労の権利　B⁻

1 勤労の権利

　27条1項前段は、国民の「勤労の権利」を定めている。

　この「勤労の権利」は、国民は一般に勤労の自由を侵害されないという自由権的側面も有するが、それは22条1項による職業選択の自由ないし営業の自由の保障と重なっている。

したがって、「勤労の権利」の重点は、その社会権的側面、すなわち、労働の意思と能力のある者が私企業において労働の機会を得られない場合に、国家に対し労働の機会の提供を要求し、それが不可能な場合にはそれに代わる保護を要求しうるという側面にあると解されている。

この勤労の権利の社会権的側面を具体化する法律として、職業安定法、雇用対策法、雇用保険法などがある。

なお、27条1項後段の「勤労……の義務」については、292ページ2.を参照してほしい。

2 勤労条件の法定

27条2項は、「賃金、就業時間、休息その他の勤労条件に関する基準は、法律でこれを定める」とし、勤労条件の法定を要求している。

これを受けて、労働基準法が制定されている。

3 児童酷使の禁止

27条3項は、児童酷使の禁止を定めている。

この規定は、私人間にも直接適用されると解されている。

4. 労働基本権

1 意義　B⁺

28条は、労働基本権として、①団結権、②団体交渉権、③団体行動権を保障している。

これらの労働基本権を保障した趣旨は、劣位にある労働者を、労働条件の交渉に関して使用者と対等の立場に立たせるという点にある。この趣旨は覚えておこう。

なお、労働基本権の主体である「勤労者」(28条)とは、労働者と同義であ

り、労働力を提供して対価を得て生活する者をいう。

2　法的性格　B+

　労働基本権は、その法的性質として①社会権的側面と②自由権的側面があり、また、③私人間にも直接適用される権利であるという性質も有する。

法的性質	具体例
社会権	不当労働行為の救済制度（労組27以下）
自由権	威力業務妨害などの刑事免責（労組1Ⅱ）
私人間にも直接適用される権利	争議行為に対する損害賠償についての民事免責（労組8） ※ただしスト中の賃金はもらえないのが原則

ア　社会権的側面

　労働基本権は、労働者が国に対して労働者の労働基本権を保障する措置を要求することができ、国はその施策を実施すべき義務を負う、という社会権的側面を有する。

　この側面を具体化するものとして、不当労働行為（労働者の団結権および団体行動権を侵害する使用者の一定の行為をいう。たとえば、労働組合への加入や正当な組合活動を理由とする解雇、降格、配転、懲戒処分などがこれにあたる）の救済制度が定められている（労働組合法27条以下）。

イ　自由権的側面

　労働基本権は、労働基本権を制限するような立法その他の国家行為を国に対して禁止する、という自由権的側面を有する。

　この側面を具体化するものとして、争議行為（➡287ページ**ウ**）に関して威力業務妨害罪（刑法234条）や建造物侵入罪（刑法130条前段）などを免責する刑事免責制度が定められている（労働組合法1条2項）。

ウ　私人間にも直接適用される権利

　労働基本権は、私人間にも直接適用される。すなわち、公権力にあらざる使用者に対しても労働者は労働基本権を主張でき、使用者は労働者の労働基本権

の行使を尊重すべき義務を負うわけである。

　この点を具体化するものとして、争議行為に対する損害賠償責任を免責する民事免責制度が定められている（労働組合法8条）。

> 　たとえば、労働者たちが争議行為としてストライキをした場合、それは使用者との労働契約上の債務不履行にあたります。したがって、使用者の損害を賠償する責任を負うはずなのですが、労働組合法8条は、そうした損害賠償責任を免責する旨定めているのです。
> 　なお、ストライキの最中は働いていないわけですから、その期間の賃金は原則としてもらえません（ノーワーク・ノーペイの原則）。あくまでも、損害賠償責任が免責されるだけです。

3　保障範囲　B+

ア　団結権

　団結権とは、労働者の団体を組織する権利、すなわち労働組合結成権をいう。

（ア）ユニオン・ショップ協定の有効性

　この団結権を強化するものとして、労使間でユニオン・ショップ協定が結ばれることがある。

　ユニオン・ショップ協定とは、採用後一定期間内に労働組合に加入しない者や、労働組合から脱退しあるいは除名された者を、解雇するという内容の労使間の協定をいう。

　このユニオン・ショップ協定は、団結権保障の効果として有効と解されている。

　ただし、協定締結組合以外の他の労働組合に加入している労働者や、協定締結組合から脱退しあるいは除名されたが他の労働組合に加入しまたは新たな労働組合を結成した者について、使用者の解雇義務を定める部分は、民法90条に違反し無効である（最判平成1・12・14）。

> 　労働組合には、①一企業やそのグループ企業の従業員だけで構成される労働組合（企業別組合）の他にも、②所属企業などを問わず個人単位でも加入できる労働組合（合同労働組合）などがあります。
> 　そして、たとえば、ある企業別労働組合Aと会社Bとが、「会社Bは企業別労働組合Aに加入しない従業員を解雇する」旨のユニオン・ショップ協定を結んだとします。この協定は基本的に有効なのですが、ある労働者が企業別労働組合Bに加入しなくても、他の合同労働組合に加入したような場合などにおいては、ユニオン・ショップ協定上の解雇義務の定めは無効となるわけです。

（イ）労働組合の統制権

28条による団結権保障の効果として、労働組合には、組合員に対する統制権が認められると解されている。労働組合の統一と一体化を図り、その団結力の強化を期するためには、かかる統制権が必要だからである。

（ウ）三井美唄労組事件

この統制権に関する判例として、三井美唄労組事件がある。その事案の概要は次のとおりである。

地方議会議員の選挙にあたり、甲労働組合が統一候補を決定したところ、組合員Aはこの決定に反して自ら立候補した。この組合員Aに対し、甲労働組合の役員らは、Aの組合員としての資格を1年間停止する旨通告し、これを公示するなどの行為に及んだ。かかる役員らの行為が選挙の自由妨害罪（公職選挙法225条3号）にあたるとして、役員らが起訴された。

最高裁は、まず、「憲法28条による労働者の団結権保障の効果として、労働組合は、その目的を達成するために必要であり、かつ、合理的な範囲内において、その組合員に対する統制権を有する」とした。

そして、「地方議会議員の選挙にあたり、労働組合が、その組合員の居住地域の生活環境の改善その他生活向上を図るうえに役立たしめるため、その利益代表を議会に送り込むための選挙活動をすること、そして、その一方策として、いわゆる統一候補を決定し、組合を挙げてその選挙運動を推進することは、組合の活動として許されないわけではな」いし、また、「統一候補以外の組合員で立候補しようとする者に対し、組合が所期の目的を達成するために、立候補を思いとどまるよう、勧告または説得をすることは、組合としても、当然なし得る」とした。

しかし、「当該組合員に対し、勧告または説得の域を超え、立候補を取りやめることを要求し、これに従わないことを理由に当該組合員を統制違反者として処分するがごときは、組合の統制権の限界を超えるものとして、違法」とした（**最大判昭和43・12・4**➡次ページの表を参照）。

労組が特定の候補者を擁立し、支持する政治活動を行う	○
それに反する立候補をしようとする組合員に対し、勧告・説得する	○
従わないことを理由に処分する	×

（エ）国労広島地本事件

その後の判例としては、国労広島地本事件も重要である。なお、「国労」とは国鉄労働組合の略であり、「地本」とは「地方本部」の略である。

この事件は、国鉄労働組合が、①他の労働組合の闘争援助のための資金、②労働組合が実施した安保反対闘争により民事上または刑事上の不利益処分を受けた組合員を救援する資金、③組合出身の立候補者の選挙運動を支援するためにその所属政党に寄付するための資金を、それぞれ臨時組合費として組合員から徴収する旨を決議したところ、組合員が納付義務を負うかが争われた事件である。

最高裁は、まず、「労働組合は、労働者の労働条件の維持改善その他経済的地位の向上を図ることを主たる目的とする団体」であるが、その活動の範囲は「本来の経済的活動の域を超えて政治的活動、社会的活動、文化的活動など広く組合員の生活利益の擁護と向上に直接間接に関係する事項にも及」ぶとした。

しかし、その反面、「労働組合の活動として許されたものであるというだけで、そのことから直ちにこれに対する組合員の協力義務を無条件で肯定することは、相当でない」とし、「問題とされている具体的な組合活動の内容・性質、これについて組合員に求められる協力の内容・程度・態様等を比較考量し、多数決原理に基づく組合活動の実効性と組合員個人の基本的利益の調和という観点から、組合の統制力とその反面としての組合員の協力義務の範囲に合理的な限定を加えることが必要」であるとした。

そして、①他の労働組合の闘争援助や、②安保反対闘争にかかる被処分者たる組合員の救援については、労働組合の本来の目的と関連性を有することを理由に組合員の協力義務を肯定した（ただし、安保反対闘争のような活動については、「究極的にはなんらかの意味において労働者の生活利益の維持向上と無縁ではないとしても、直接的には国の安全や外交等の国民的関心事に関する政策上の問題を対象と

する活動であり、このような政治的要求に賛成するか反対するかは、本来、各人が国民の一人としての立場において自己の個人的かつ自主的な思想、見解、判断等に基づいて決定すべきことであるから、組合の多数決をもって組合員を拘束し、その協力を強制することを認めるべきではない」として、協力義務を否定した）。

他方、③選挙運動については、「政党や選挙による議員の活動は、各種の政治的課題の解決のために労働者の生活利益とは関係のない広範な領域にも及ぶものであるから、選挙においてどの政党又はどの候補者を支持するかは、投票の自由と表裏をなすものとして、組合員各人が市民としての個人的な政治的思想、見解、判断ないしは感情等に基づいて自主的に決定すべき事柄である」として、協力義務を否定した（**最判昭和50・11・28**）。

組合の活動	組合員の協力義務
他の労組の闘争援助	あり
労組が実施した安保反対闘争にかかる被処分者たる組合員の救援	あり
安保反対闘争	なし ∵組合の目的と無縁ではないが、個人的に決めるべき
選挙運動	なし ∵投票の自由と表裏

イ　団体交渉権

団体交渉権とは、労働者の団体が使用者と労働条件について交渉する権利である。

その交渉の結果、締結されるのが、労働協約（労働組合法14条）である。

ウ　団体行動権

団体行動権とは、労働者の団体が労働条件の実現を図るために団体行動を行う権利をいう。

かかる団体行動の中心は、争議行為である。たとえば、労務の集団的な不提供を行う同盟罷業（ストライキ）、一応労務の提供を続けながら作業能率を低下させる怠業（サボタージュ）などが、争議行為の典型である。

そして、争議行為を行う権利を、争議権という。

　なお、使用者に対する労働者の経済的地位の向上という要請とは直接の関係がない政治目的のストライキ（たとえば日米安保に反対する目的で行うストライキ）は、使用者が解決し得ないことを目的とするものであり、労使間の交渉の対象にはなり得ない以上、正当な争議行為の限界を超え、違法と解するべきである（後掲**最大判昭和 41・10・26** および**最大判昭和 48・4・25** 参照）。

　また、労働組合が企業施設などを管理し、使用者の指揮命令権を排除して企業の経営を行う生産管理は、使用者の財産権を侵害するものとして、違法である（**最大判昭和 25・11・15**）。

4　公務員の労働基本権に対する制約　A

ア　現行法上の規制

　公務員の労働基本権は、現行法上、大幅に制限されている。

　まず、警察職員、消防署員、自衛隊員などの公務員については、労働基本権の全てが否定されている。

　また、非現業の一般公務員については、団体交渉権の一部と争議権が否定されている。

　さらに、現業（国の企業経営などの非権力的な行政事務をいう。たとえば、国有林野事業、旧郵政事業などがこれにあたる）の一般公務員についても、争議権が否定されている。つまり、争議権については、全ての公務員について一律に否定されているわけである。この点は覚えておこう。

	団結権	団体交渉権	争議権
警察官・消防職員等	×	×	×
非現業の一般公務員	○	一部 ×	×
現業の一般公務員	○	○	×

イ　判例の変遷

公務員の労働基本権に対する制約の合憲性については、最高裁の判断に変遷が見られる。

(ア) 第1期——政令201号事件

まず、公務員の団体交渉権や争議権を制限する政令の合憲性が争われた政令201号事件において、最高裁は、13条の「公共の福祉」と15条の「全体の奉仕者」を根拠とし、かかる制限を合憲とした（最大判昭和28・4・8）。

(イ) 第2期——全逓東京中郵事件、都教組事件

しかし、その後、最高裁は態度を変更し、いったんはリベラルな傾向を見せる。全逓東京中郵事件判決や都教組事件判決がそれである。

① 全逓東京中郵事件

現業の国家公務員に対する争議行為の全面禁止の合憲性が争われた刑事事件。

最高裁は、公務員も28条の「勤労者」にあたる以上、原則的に労働基本権が保障されるとしたうえで、公務員の労働基本権に対する制約は、公共性が強い職務についての、かつ必要最小限度の制約にとどめなければならないとした（最大判昭和41・10・26）。

② 都教組事件

非現業の地方公務員について争議行為を禁止し、争議行為のあおり行為等を処罰の対象とする地方公務員法の規定の合憲性が争われた刑事事件。

最高裁は、処罰の対象となる「争議行為のあおり行為等」について、①争議行為自体の違法性が強く、かつ、②あおり行為等が争議行為に通常随伴して行われる行為の範囲を超えたものに限られるとする合憲限定解釈（➡ 371ページ**2**）を行い、被告人らの行為はこれにあたらないとして被告人らを無罪とした（最大判昭和44・4・2）。

①争議行為と②あおり行為等の両方について合憲限定解釈を施したこの判例の解釈は、「二重のしぼり」とよばれている。

なお、同日に出された全司法仙台事件判決でも、最高裁は、争議行為のあおり行為等を処罰の対象とする国家公務員法の規定について、「二重のしぼり」を加えた（最大判昭和44・4・2）。

（ウ）第3期──全農林警職法事件

しかし、その後の最高裁は、再度態度を変更した。

争議行為のあおり行為等を処罰の対象とする国家公務員法の規定の合憲性が争われた全農林警職法事件において、最高裁は、まず、争議行為の一律禁止を合憲とした。

その理由として、最高裁は、次の4つをあげている。

①公務員の争議行為は、公務員の地位の特殊性および職務の公共性に反し、国民全体の共同利益に重大な影響を及ぼすか、またはそのおそれがあること

②公務員の勤務条件は法律と予算によって決定されるため（勤務条件法定主義）、決定権のない政府に対する争議行為は的外れであり、さらには議会制民主主義に背馳すること

③私企業の場合とは異なり、ロックアウトや市場抑制力がないこと

④人事院をはじめとする代償措置が設けられていること

> ③について補足しておきます。
> ロックアウトとは、使用者が労務の受領を拒否することをいいます。たとえば、労働者側によるサボタージュ（➡ 287ページウ）に対し、使用者が作業所を閉鎖して対抗するというのが、ロックアウトの典型です。このロックアウト中は、使用者には賃金支払義務はありません（判例）。そのため、一般の企業ではロックアウトが使用者からの対抗手段として行われることがあります。
> また、労働者が争議行為を長く続けていると、市場からそっぽを向かれ、他の企業にお客が流れてしまい、その結果、会社がつぶれてしまいかねません。そうなってしまっては、労働者ももちろん困ります。そのため、争議行為はある程度抑制されることになります。これが、市場抑制力です。
> 一般の企業では、争議行為に対抗するためのロックアウトが一定の要件の下認められていますし、市場抑制力も働きます。ところが、公務員が争議行為を行った場合でも、国や地方公共団体が対抗手段としてロックアウトを行うわけにはいきません。また、公務員の仕事はある意味独占企業ですから、争議行為を長く続けても、お客が他に離れてしまうという危惧もありません。市場抑制力が働かないわけです。
> そのため、公務員については、争議行為を認めるわけにはいかないと最高裁は考えたわけです。

そして、最高裁は、「二重のしぼり」をかけた合憲限定解釈は「明確性を要請する憲法31条に違反する疑いすら存する」とし、先例である全司法仙台事件判決を判例変更した（**最大判昭和48・4・25**）。

この全農林警職法事件判決の立場は、それ以降の判例でも引き継がれている

（岩教組学テ事件・**最大判昭和51・5・21**、全逓名古屋中郵事件・**最大判昭和52・5・4**参照)。

国民の義務

1. 憲法上の義務 　B

　日本国憲法は、国民の義務として、①保護する子女に普通教育を受けさせる義務（26条2項前段）、②勤労の義務（27条1項後段）、③納税の義務（30条）を定めている。

　ただし、国民に義務を課すには法律が必要である（➡58ページ**ア**参照）。憲法が規定している場合も同様である。憲法上の義務規定は、公共の福祉の内容として法律によって国民に課しうる義務の中で、憲法が特に重要と判断したものを列挙したにとどまると解されている。

2. 義務の内容 　B

　①の義務は、教育の義務ともよばれるが、あくまでも保護者がその子に普通教育を受けさせる義務のことであり、子が教育を受ける義務のことではない。子は、教育を受ける権利ないし学習権の主体（権利者）なのであり、義務者ではない。

　②勤労の義務については、勤労の能力があり機会があるにもかかわらず勤労をしない者には、生存権（25条）や勤労の権利（27条1項前段）の保障が及ばないという点において、法的に意味のある規定と解されている。

③納税の義務は、「国民」（30条）の義務とされているものの、外国人や権利能力なき社団、天皇なども納税の義務を負いうると解されている。

第 1 章

権力分立

統治の基本原則として、①法の支配、②国民主権、③権力分立がある。

これらのうち、①と②はすでに学んだ。ここでは、残る③権力分立について説明する。

1. 意義　A

権力分立とは、国家の諸作用を性質に応じて「区別」し、それを異なる機関に担当させるよう「分離」し、相互に「抑制と均衡」を保たせる制度をいう。

権力分立の目的は、国民の権利・自由を守ることにある。権力分立は、すぐれて自由主義的な政治組織の原理なのである。

この権力分立という原理は、フランス人権宣言16条に「権利の保障が確保されず、権力の分立が定められていない社会は、すべて憲法をもつものではない」と定められていることからもわかるように、近代立憲主義の核心をなすものである。

日本国憲法も、当然、権力分立を採用している（41条、65条、76条1項）。

日本国憲法は、国家の作用、すなわち国家のなすべき仕事を、①法律を作るという仕事である立法、②その法律を実際に実施していくという仕事である行政、③もめごとの終局的なジャッジという仕事である司法の3つに区別し、その3つの仕事を、それぞれ、①国会、②内閣、③裁判所という別々の組織（機関）に担当させています（41条、65条、76条1項）。そして、相互に複雑な抑制・均衡の関係を構築しています。このことから、日本国憲法が権力分立を採用していることは明らかです。

そして、これから統治を学ぶうえで、各国家機関の役割や特徴を知っておくことが有用です。ポイントを次ページの表にまとめておきますので、ぜひイメージをもっておいてください。

機関	権限	主義	キーワード
国会	立法権	民主主義	・全国民の代表機関（43Ⅰ） ・唯一の立法機関（41後）
内閣	行政権	福祉主義	・専門性、迅速性に富む ・国会に対して連帯責任を負う 　（66Ⅲ・民主的責任行政）
裁判所	司法権	自由主義 個人主義	・司法権の独立（76Ⅲ） ・国民の信頼確保

　なお、権力分立は、イギリスやフランス、アメリカの憲法だけでなく、外見的立憲主義を採用していた戦前のドイツの憲法や明治憲法でも採用されている。この意味で、権力分立は政治的中立性を有するといわれることがある。

2. 権力分立の歴史

1　フランス型とアメリカ型　Ｂ

　権力分立には、大別して、フランス型とアメリカ型がある。

　フランス型の権力分立は、議会を中心とする立法権優位の権力分立である。このフランス型の権力分立の下では、裁判所の違憲審査権は否定されることになる。

　アメリカ型の権力分立は、三権を同格なものとする権力分立である。このア

メリカ型の権力分立の下では、裁判所の違憲審査権が肯定されることになる。

> フランス型の権力分立は、革命によって獲得した議会という組織を守るための制度です。そのため、議会が作った法律を裁判所が切って捨てるという違憲審査権は、権力分立に反することになります。
> これに対し、アメリカでは、議会に対する信頼が弱く、その一方で伝統的に裁判所に対する信頼が強かったため、三権を完全に対等とし、それぞれが互いに抑制し合うための制度として、権力分立が考えられてきました。このアメリカ型の権力分立においては、裁判所からの議会に対する抑制手段も必要ということになります。そのため、裁判所の違憲審査権は、権力分立の下、当然に肯定されることになるわけです。

　日本国憲法は、国会を「国権の最高機関」とし（41条）、内閣は国会に対し連帯責任を負うとして（66条3項）、国会の地位を強化してはいるものの、裁判所の違憲審査権を認めている（81条）。そのため、日本国憲法の採用する権力分立は、どちらかといえばアメリカ型に近いといえよう。

2　現代的変容　🅐

　現在の国家においては、①社会国家の理念の下で行政権が肥大化し、行政府が国の基本政策の決定に事実上中心的な役割を営むという行政国家現象、②政党が国家意思の形成に事実上主導的な役割を営むという政党国家現象、③裁判所による違憲審査制が導入され、司法権が議会・政府の活動をコントロールするという司法国家現象が、それぞれ生じているといわれている。

　そして、これらの現象の下では、伝統的な権力分立の理解を変容させる必要性が生じうる。たとえば、行政国家現象のもとでは、権力分立の主眼は行政権の抑制にあると解することになろう（➡304ページ **(ア)** 参照）。

3. 政党

　権力分立を機能させるうえで、決定的に重要な役割を果たすのが政党である。ここで政党の概要を説明する。

1　憲法と政党の関係　B

　憲法と政党の関係には、①敵視→②無視→③承認・合法化→④憲法への編入、という4つの段階があるといわれている。

　たとえば、近代市民革命直後のフランスでは、結社の自由が否定されており（➡222ページ 1）、政党は憲法から①敵視されていた。

　これに対し、日本国憲法では、政党そのものについての直接的な規定はないものの、結社の自由が保障されていることから（21条1項）、③承認・合法化の段階にあるといえる。

2　政党の役割　A⁺

　日本国憲法における政党は、結社の自由（21条1項）にその根拠を有する私的な団体である。

　しかし、それと同時に、政党は、「議会制民主主義を支える不可欠の要素」であり、また「国民の政治意思を形成する最も有力な媒体」である（八幡製鉄事件判決、**最大判昭和45・6・24**）。いいかえれば、政党は「国民がその政治的意思を国政に反映させ実現させるための最も有効な媒体であって、議会制民主主義を支える上においてきわめて重要な存在」である（共産党袴田事件判決➡353ページ（**ウ**））。

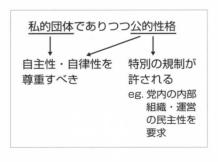

　このように、政党は、①結社の自由に基づく私的団体でありながらも、②国家機関に類似した公的性格を有している。この点が政党のきわめて大きな特徴である。

　そして、①私的団体であるという点からは、国家は政党の自主性・自律性を尊重すべきということになる。

　これに対し、②公的性格を有しているという点からは、他の団体には許されないような特別の規制（たとえば、党内の内部組織や運営について、民主的な手続を要求する法律を制定することなど）が認められるということになりうる。ただし、これとは逆に、政党の公的性格を理由の1つとして、政党の自主性・自律性を

尊重すべきという結論を導いた判例もあり（➡ 353 ページ（**ウ**））、議論はやや錯綜している。

第 2 章

国会

---

1. 国会の地位

　国会は、①国権の最高機関であり（41 条前段）、②国の唯一の立法機関である（41 条後段）。また、国会は、③全国民の代表機関である（43 条 1 項）。

　以下、それぞれについて説明しよう。

1　国権の最高機関　Ｂ

　41 条前段は、国会を「国権の最高機関」としているが、この規定の意味については争いがある。

ア　統括機関説

　まず、41 条前段は、国会が国政全般を統括する機関である旨を定めた規定であるとする見解がある。

　この見解は、「国権の最高機関」という文言に、法的意味を認めるわけである。

イ　政治的美称説

　しかし、権力分立の下、国会は、内閣の解散権（7 条 3 号、69 条）や裁判所の違憲審査権（81 条）によって抑制される地位にある。そうであるにもかかわらず、国会を内閣・裁判所の上位に位置する統括機関と解するのは妥当でない。

　そこで、「国権の最高機関」という文言は、憲法改正の発議権（96 条 1 項）、法律の制定権（41 条、59 条）、条約の承認権（61 条）、予算の議決権（60 条、86

条）など、国政における最重要の諸権限を憲法から授けられているという国会の地位を総称した政治的美称にすぎず、その文言自体には特段の法的意味はないと解するのが通説である。

2 唯一の立法機関　A

41条後段は、国会を「唯一の立法機関」としている。

その趣旨は、国民代表機関である国会に立法権を独占させ、立法に民主的コントロールを及ぼすことによって、国民の権利・自由を可及的に保障することにある。

なお、立法の手続については、➡310ページ **2** を参照してほしい。

ア「立法」の意味──必要的立法事項の範囲　➡論証35

では、国会が独占する41条後段の「立法」とは、いかなる意味なのだろうか。いいかえれば、国会が法律によって規定しなければならない（国会以外の機関が定立できない）必要的立法事項は何であろうか。

かつては、明治憲法における解釈の影響の下、41条後段の「立法」を、国民の権利を制限しまたは義務を課す法規範の定立と解する見解（法規説）が有力だった。

しかし、そのように解しては、「立法」の範囲があまりに狭い。国民主権が確立した日本国憲法の下では、「立法」の範囲は広く解するのが妥当である。

そこで、通説は、国民の権利・義務に関する一般的・抽象的法規範の定立が「立法」であり、そうした法規範は、必ず国会が法律によって規定しなければならない必要的立法事項であると解している。

ここで「一般的」とは、特定人ではなく不特定多数の人を対象とするという意味であり、「抽象的」とは、特定の事案ではなく不特定多数の事案に適用されるという意味である。

Q 41条後段の「立法」の意義　A

A説 形式的意味の立法説

結論：国法の一形式である法律の定立である。

批判：そのように解すると、41条後段は同語反復か、せいぜい国会以外の機関が「法律」の形式で法規範を定立することを禁ずるだけの意味しかもたないことにな

ってしまう。

B説 実質的意味の立法説

B①説 法規説

結論：国民の権利を制限しまたは義務を課す法規範の定立である。

批判：議会の役割は国民の権利を守るために君主の権力を制限することにあるという立憲君主政を前提とする解釈であり、国民主権が確立した日本国憲法の解釈としては「立法」の範囲が狭すぎる。

B②説 一般的抽象的法規範説

結論：国民の権利・義務に関する一般的・抽象的法規範の定立である。

理由：国民主権が確立した日本国憲法の下では、立法の範囲は広く解するのが妥当である。

　なお、国会は、国民の権利・義務に関する一般的・抽象的法規範以外の法規範も、法律によって定立しうると解される。かかる法規範は、法律でも、法律以外でも、定めうるわけである。その対象となる事項を、任意的立法事項という。

イ 「立法」に関する問題点

　「立法」に関するその他の問題点として、以下の２つがある。

（ア）措置法　➡論証36

　特定の人ないし事案について規律する法律を、措置法または処分的法律という。

　かかる措置法は、一般的・抽象的法規範ではない。したがって、必要的立法事項ではない。

　では、任意的立法事項として、国会が措置法を定立することは許されるのだろうか。

　まず、①措置法の定立は、行政権の範疇に対して国会が手を出しているという点で、権力分立に反するのではないかが問題となる。

　しかし、福祉国家の理念（25条以下）のもと、行政権が肥大化した現代社会にあっては、権力分立の主眼は行政権の抑制にあると解される。

　そこで、権力分立の核心が侵され議会・政府の憲法上の関係が決定的に破壊されるのでない限り、措置法の定立は権力分立には反しないと解するべきである。

　次に、②措置法は、特定の人ないし事案を特別扱いするものであるため、平

等原則（14条1項）に反するのではないかが問題となる。

　しかし、福祉国家の理念（25条以下）のもとでは、措置法が福祉国家にふさわしい実質的・合理的な取扱いの違いを設定する趣旨のものであれば、平等原則に反しないと解するべきであろう。

　したがって、以上の各要件を満たす場合は、措置法の定立は合憲である。

（イ）行政組織の大綱

　行政組織の大綱が、各省設置法などの法律によって定められているが、このことをどのようにとらえるべきか。

　まず、行政組織の大綱は、国民の権利・義務に関係する一般的・抽象的法規範であり、その定立は「立法」にあたり必要的立法事項であるとする見解がある。

　しかし、国民の権利・義務に関係するかは疑義があるし、さらに行政組織に関する規範が一般的・抽象的法規範とはいいがたい。措置法と同様に、行政組織の大綱は任意的立法事項と解するのが妥当であろう。

ウ 「唯一」の意味

　41条後段の「唯一」とは、①国会中心立法の原則と、②国会単独立法の原則を包含する趣旨と解されている。

（ア）国会中心立法の原則

　国会中心立法の原則とは、憲法自体が認める例外を除いて、国会が立法権能を独占することをいう。

　明治憲法では、議会によらない立法として、天皇による緊急命令（明憲8条）や独立命令（同9条）が認められていたが、日本国憲法においては、明文による例外を除いて、国会以外の機関による立法は認められないわけである。

　国会中心立法の原則の明文による例外は、①各議院による議院規則の制定（58条2項）と、②最高裁判所による最高裁判所規則の制定（77条1項）の2つである。

（イ）国会単独立法の原則

　国会単独立法の原則とは、国会の議決だけで法律を制定しうるのであって、

立法に他の機関の承認などは必要でないということをいう。

　明治憲法では、法律の制定について、帝国議会の議決だけでは足りず、天皇の裁可が必要とされていた（明憲6条）。しかし、日本国憲法においては、立法に国会以外の機関による承認などは一切不要なわけである。

　ただし、国会単独立法の原則の明文による例外として、地方特別法の制定における住民投票制度がある（95条）。

エ　国会中心立法に関する問題点

（ア）立法の委任　➡論証37

　国会中心立法に関する問題として、立法の委任の問題がある。

　立法の委任とは、国会が立法権の行使を行政府などの他の機関に委ねることをいう。法律の委任ともよばれる。

　たとえば、会社法59条1項5号は、通知すべき内容として「前各号に掲げるもののほか、法務省令で定める事項」とし、法務省にその制定を委任している。これが立法の委任の例である。

　そして、かかる立法の委任に基づいて国会以外の機関が立法することを、委任立法という。また、立法の委任に基づいて定立された法規範を委任立法ということもある。

　では、かかる立法の委任は、国会を「唯一の立法機関」とし、国会中心立法の原則を定める41条後段に反しないのだろうか。

　現代の福祉国家（25条以下）においては、専門的・技術的事項や、迅速性を要する事項、政治的中立性が特に要求される事項などに関する立法の要請が増大している。そして、かかる事項に関する立法は、官僚機構を有する内閣などに委ねるのが適切である。

　また、73条6号ただし書は、「但し、政令には、特にその法律の委任がある場合を除いては、罰則を設けることができない」と定めているところ、この規定は立法の委任の存在を前提としている。

　そこで、委任の目的と規律対象・範囲を定めた個別・具体的な委任であれ

ば、41 条後段に反せず、合憲と解するべきである。

（イ）委任の範囲を逸脱した委任命令

委任命令とは、立法の委任に基づいて制定された命令をいう。

この委任命令が、立法の委任の範囲を逸脱した場合は、違法な命令として無効となる。

この点に関する判例として、児童扶養手当資格喪失処分取消事件がある。

その事案の概要は次のとおりである。

児童扶養手当法 4 条 1 項（当時）は、支給対象となる児童として「父母が婚姻を解消した児童」、「父が死亡した児童」などをあげた後、5 号で「その他前各号に準ずる状態にある児童で政令で定めるもの」と規定していた。この立法の委任に基づいて、児童扶養手当法施行令 1 条の 2 は、「母が婚姻……によらないで懐胎した児童（父から認知された児童を除く。）」をその一事例として定めていた。そこで、子が認知を受けたため上記かっこ書により受給資格の喪失処分を受けた母が、上記かっこ書を差別などの理由で争った。

最高裁は、児童扶養手当法 4 条の趣旨は「世帯の生計維持者としての父による現実の扶養を期待することができないと考えられる児童」を支給対象にしようという点にあるとしたうえで、「父から認知されれば通常父による現実の扶養を期待することができるともいえない」から、本件施行令のかっこ書は「委任の範囲を逸脱した違法な規定として無効」と判示した（**最判平成 14・1・31**）。

オ　国会単独立法に関する問題点

（ア）内閣による法律案の提出　　➡論証 38

実際の国会では、内閣が法律案を国会に提出することが多い。しかし、そうした内閣による法律案の提出は、国会単独立法の原則に反し、許されないのではないかという問題がある。

この点について、通説は、内閣による法律案の提出は許容されると解している。その主な理由は、以下の 4 つである。

　　①議院内閣制（66 条 3 項参照）のもとでは、国会と内閣の協働が要請される（➡ 330 ページのコラム参照）。

　　②国会は法律案を自由に審議・議決できるから、内閣による法案の提出を認めても特に不都合はない。

③ 72条前段の「議案」には法律案も含まれると解される。

④法律の発案は、立法の準備行為であり、立法作用そのものには含まれない。

（イ）最高裁判所による法律案の提出

では、最高裁判所による法律案の提出は認められるか。

通説は、最高裁判所による法律案の提出は認められないと解している。なぜなら、①内閣の場合とは異なり、最高裁判所による法律案の提出を認める手がかりとなるような規定が憲法にないのに加え、②司法権の独立（76条3項）を確保するためには、最高裁判所による法律案の提出は認めるべきではないからである。

> 国会への法律案の提出というのは、高度に政治的な行為です。したがって、そのような行為を裁判所がすると、裁判所が必然的に政治色を帯びることになります。そして、裁判所が政治色を帯びてしまうと、少数者の人権を守るという裁判所の使命を果たすこと——そのためにこそ憲法は司法権の独立を定めているのですが（➡ 355 ページ **1**）、その使命を果たすことが困難になってしまいます。政治色を帯びると、どうしても多数派の意思を重視するようになってしまうからです。そのため、通説は、裁判所による法律案の提出は認められないと解していくわけです。

3　全国民の代表機関　A

43条1項は、国会議員を全国民の代表としている。

よって、かかる国会議員によって構成される国会は、全国民の代表機関といえる。

ア　代表概念の歴史的展開

代表という概念は、時代によってその意味が異なる。抽象的な議論だが、まずはこの点を概説する。

（ア）近代以前——命令的委任

まず、近代以前の身分制議会においては、代表者（議員）は、それぞれの選出母体（各身分集団）の意思に法的に拘束された。代表者とその選出母体の間には「命令的委任」の契約関係が存在し、代表者はその選出母体の代弁者として国王に諮問するものとされていたのである。

近代以前においては、統一的な国家意思の形成は、議会ではなく国王が担当

していた。そのため、代表者がその選出母体の意思に法的に拘束されていても、統一的な国家意思の形成にとって特段の不都合はなかった。

（イ）近代——純粋代表

しかし、近代市民革命後は、近代以前のような命令的委任は禁止され、代表者は選出母体の意思に法的に拘束されないという自由委任が採用されるに至った。

なぜなら、近代市民革命後は、統一的な国家意思の形成は国王にかわって議会が担当することになったところ、代表者が選出母体の意思に法的に拘束されていては、議会における統一的な国家意思の形成が困難となるからである。

こうした代表のあり方を、純粋代表という。

（ウ）現代——半代表・社会学的代表

ところが、その後、選挙制度が改正され、普通選挙が導入されるなどにより有権者の範囲が拡大すると、代表者は民意を事実上反映するべきという認識が広がるようになった。命令的委任の禁止は維持され、代表者は選出母体の意思に法的には拘束されないとされつつも、その一方で民意の事実上の反映が重視されるようになったのである。

このような、代表者は実在する民意に事実上拘束されるという代表のあり方を、半代表または社会学的代表という。

イ　日本国憲法における全国民の代表

では、日本国憲法における「全国民」の「代表」（43条1項）とはいかなる意味なのだろうか。

まず、国会議員を各自の選挙区の代表ではなく「全国民」の代表としていることから、命令的委任は禁止されていると解することができる。

そして、代表概念の歴史的展開に照らせば、「代表」は半代表・社会学的代表を意味していると解するべきであろう。

ウ　党議拘束の合憲性　➡論証39

政党は、当該政党に所属する議員の表決活動を拘束することが多い。これを、党議拘束という。

こうした党議拘束は、国会議員を「全国民の代表」と定め、命令的委任を禁

止し、自由委任の原則を採用していると解される43条1項に反するとも思える。

　しかし、政党は、議会制民主主義を支える不可欠の要素であり、国民の政治意思を形成する最も有力な媒体である（➡ 300 ページ **2**）。そうだとすれば、個々の議員は、所属政党の党議に従って行動することによって、初めて「全国民の代表」としての実質を発揮できるといえる。

　そこで、党議拘束は自由委任の枠外にあるものとして、合憲と解するべきである。

2. 国会の権能

1　内容　A

　国会の権能には、次のものがある。

　　　①立法権（41条）➡ 303 ページ **2**、下記 **2**

　　　②憲法改正の発議権（96条）➡ 397 ページ **ア**

　　　③条約承認権（73条3号、61条）➡ 335 ページ（**イ**）以下

　　　④内閣総理大臣の指名権（67条）➡ 331 ページ **1**

　　　⑤行政の監督（66条3項参照）➡ 340 ページ **5**

　　　⑥財政の監督（86条、90条等）➡ 379 ページ第6章

　　　⑦弾劾裁判所の設置（64条）➡ 313 ページ **3**

2　法律の制定手続　A

　①の立法権に関して、ここでは法律の制定手続を説明する。

ア　法律案の提出

　国会法上、議員が法律案を提出（発議）するには、衆議院においては議員20人以上、参議院においては議員10人以上の賛成を要する。また、予算を伴う法律案については、さらに要件が加重されており、衆議院においては議員50

人以上、参議院においては議員 20 人以上の賛成を要する（国会法 56 条 1 項）。これらは、発議の濫用を防止する趣旨である。

　なお、内閣にも法律案の提出を認めるのが通説である（➡ 307 ページ（ア））。

イ　法律の成立

　提出された法律案は、原則として両議院で可決したときに法律となる（59 条 1 項。なお、可決の要件については 56 条 2 項）。

　その例外として、法律案について衆議院で可決したが、参議院でこれと異なる議決をした場合において、さらに衆議院で出席議員の 3 分の 2 以上の多数で再び可決したときは、その法律案は法律となる（59 条 2 項）。この場合における両院協議会の開催は、任意的である（59 条 3 項）。

　衆議院で可決した法律案を参議院が受け取った後、国会休会中の期間を除いて 60 日以内に参議院が議決しないときは、衆議院は、参議院がその法律案を否決したものとみなすことができる（59 条 4 項）。

ウ　公布と施行

　成立した法律は、天皇により公布される（7 条 1 号）。具体的には、官報に掲載される。

　その後、法律は施行される。現実に国民を拘束する効力が生じるのは、成立の日でも公布の日でもなく、この施行の日からである。なお、公布の日と施行の日は同日であってもよい。

エ　署名・連署

　また、法律には、主任の国務大臣が署名し、内閣総理大臣が連署する（74 条）。

　この署名・連署の趣旨は、法律の執行責任（73 条 1 号前段）を明示することにある。署名・連署を法律の成立要件とする趣旨ではない。

　したがって、もし署名・連署が欠けていても、当該法律は有効である。

オ　法律の制定に関する国民投票制の可否　➡論証 40

　法律の制定に関する国民投票制を導入することが憲法上許されるのかという

問題がある。

たとえば、「国会は、必要があると認めるときは、議決により法律案を国民投票に付することができる。その場合、投票の過半数の賛成があるときは、当該法律案は法律として成立する」という趣旨の法律が制定されたとする。この法律は合憲なのだろうか。

（ア）国会単独立法の原則との関係

まず、かかる国民投票制は、法律の制定に国会以外の者の関与を認めている点で、「唯一の立法機関」性（41 条後段）ないし国会単独立法の原則（➡305 ページ**ウ（イ）**）に反するようにも思える。

しかし、41 条後段が国会を「唯一の立法機関」とし、国会単独立法の原則を定めた趣旨は、国民代表機関である国会に立法権を独占させ、立法に民主的コントロールを及ぼすことによって、国民の権利・自由を可及的に保障することにある（➡303 ページ **2**）。

そして、法律の制定に関する国民投票制は、かかる趣旨に合致する制度といえる。なぜなら、法律の制定に関し国民投票制を導入すれば、立法に対して強い民主的コントロールを及ぼすことが可能となるからである。

よって、「唯一の立法機関」性ないし国会単独立法の原則には反しないと解するべきである。

（イ）代表民主制との関係

もっとも、かかる国民投票制は、直接民主制的制度である点で、代表民主制の原則（前文1項、43条1項）に反するのではないか。

憲法が代表民主制を原則としている趣旨は、①近代国家においては直接民主制の実行が不可能ないし困難であることに加えて、②十分な審議・討論を通じた統一的国家意思の形成のためには、代表民主制が適切であること、および③いわゆるプレビシットの危険を回避する点にもあると解される。

> この趣旨は重要ですから、少し敷衍して説明しましょう。
> まず、国民投票によって国民自身がひとつひとつ国家意思を決定していくというのが直接民主制の典型なのですが、国民もいろいろと忙しいですから、膨大な問題をいちいち自分たちで決めていくというのは不可能ないし困難です（①）。
> また、国家レベルの意思については、当然、国家としての統一的な意思を形成することが必要です。そして、そのためには、多数決に至る前の十分な審議・討論、さらにはいい意味での妥協が不可欠です（➡26 ページのコラム）。ところが、直接民主制においては、どう

しても単純な数の論理に支配されがちであり、十分な審議・討論や妥協が困難です（②）。
　さらに、プレビシットとは、ある行為やあるテキスト（たとえば憲法改正案）を承認するか否かを国民に問うという建前をとりつつ、その実は支配者個人の信任を国民に問うているにすぎないような国民投票のことをいいます。ナポレオンが帝政を確立するために行った国民投票がその典型といわれています。そして、このプレビシットが行われると、支配者個人がその地位を強化し、独裁につながっていきます。直接民主制には、こうしたプレビシットの危険があるのです（③）。なお、危険性のない、いわばまともな国民投票のことを、レファレンダムといいます。

　そうだとすれば、直接民主制的制度は、憲法に明文がある場合（79条2項、95条、96条1項）に限って認められるというべきである。

　ただし、国家意思形成の参考にする趣旨で行われる諮問的な国民投票（諮問的レファレンダム）については、代表民主制の趣旨と矛盾するものではないため、かかる諮問的な国民投票制は例外的に許されると解する。

　上記の例における法律は、国民投票の結果に対して法律の成立という法的拘束力を認めるものであり、諮問的な国民投票制を定めたものではない。よって、かかる法律は違憲である。

3　弾劾裁判所の設置　B+

　次に、⑦（➡310ページ）の弾劾裁判所の設置（64条）について説明する。

　弾劾裁判所とは、裁判官の弾劾事由がある場合に、その裁判官を罷免する権限を有する特別の裁判所であり、衆参両議院の議員によって組織される（64条1項）。衆参それぞれの議員の中から、弾劾裁判所の裁判官が選ばれるわけである。

　裁判官の弾劾事由は、「職務上の義務に著しく違反し、又は職務を甚だしく怠った」こと、「その他職務の内外を問わず、裁判官としての威信を著しく失うべき非行があった」ことである（裁判官弾劾法2条）。

　国会が行うのは、あくまでも弾劾裁判所の設置だけです。設置された後の実際の弾劾裁判は、弾劾裁判所が行うことになります。したがって、「弾劾裁判は、国会の権能である。○か×か」という問題の答えは×です。間違えないように注意しましょう。

3. 議院の権能

　国会は、衆議院および参議院から構成されるが（42条）、それぞれの議院には、①議院自律権と②国政調査権が認められている。

　これらの権能は、国会の権能ではなく、各議院の権能である。したがって、その行使は、各議院が単独で行うことになる。

　以下、この2つの権能について説明する。

1　議院自律権 B+

ア　意義

　議院自律権とは、各議院が内閣・裁判所など他の国家機関や他の議院から監督や干渉を受けることなく、その内部組織や運営などに関し自主的に決定できる権能をいう。

　憲法が各議院に議院自律権を認めた趣旨は、各議院に憲法上独立した地位を保有させることにある。

イ　内容

　議院自律権の具体的内容は、次のとおりである。

　　①会期前に逮捕された議員の釈放要求権（50条後段）

　　②議員の資格争訟の裁判権（55条）

　　③役員選任権（58条1項）

　　④議院規則制定権（58条2項本文前段）

　　⑤議員懲罰権（58条2項本文後段、ただし書）

　以下、各権能を説明する。

（ア）会期前に逮捕された議員の釈放要求権

　国会議員には原則として不逮捕特権が認められているが、国会の会期前（すなわち国会の閉会中）であれば、逮捕されうる。

　しかし、逮捕された後に国会が開催された場合は、その議員が所属する議院は、逮捕された議員を会期中釈放するよう要求することができる。この要求が

出された場合は、当該議員は会期中釈放される（50条後段）。

なお、国会議員の不逮捕特権については、323ページ**1**を参照してほしい。

（イ）議員の資格争訟の裁判権

各議院は、所属する議員の資格に関する争訟の裁判権を有する（55条本文）。

ここで「議員の資格」とは、議員の地位を保持するのに必要な資格のことをいう。

かかる「議員の資格」が失われる場合としては、①兼業禁止条項に反する場合、②被選挙権を失った場合、③比例代表選出議員が他の名簿届出政党などに移籍した場合の3つがある（44条、国会法108条から109条の2）。これら3つの場合以外は、資格争訟の裁判の対象ではない。

資格争訟の裁判により、議員の議席を失わせるには、出席議員の3分の2以上の多数による議決が必要である（55条ただし書）。

（ウ）役員選任権

各議院は、議長その他の役員を選任する（58条1項）。

たとえば、議長や副議長などを選任することができるわけである。

（エ）議院規則制定権　　➡論証41

各議院は、会議その他の手続や内部の規律に関する規則を制定することができる（58条2項本文前段）。

この議院規則制定権については、法律との効力上の優劣関係が問題となる。

従来の通説は、法律の成立には原則として両議院の議決が必要であるのに対して（59条1項）、議院規則の制定には一院の議決で足りることから（58条2項）、法律が規則に優先すると解している。議院規則よりも法律の方がより民主的な手続で定められた法規範である以上、法律が優位すると解するわけである。

しかし、そのように解しては、法律の制定に関して衆議院の優越が定められている（59条2項）こととの関係上、参議院の自律権が害されるおそれがある。

そこで、法律と議院規則とが矛盾抵触する場合は、議院規則が法律に優先すると解するのが妥当であろう。

> 厳密には、この論点の前提として、そもそも各議院が規則で定めることができるとされている事項——すなわち各議院の「会議その他の手続及び内部の規律」（58条2項本文前段）——について、国会がこれを法律で定めることができるのかという問題もあります。
> この点について明確に論じた文献は見あたらないのですが、国民代表機関である国会（43

条 1 項）に立法権を独占させ、立法に民主的コントロールを及ぼすことによって国民の権利・利益を可及的に保障しようとした 41 条後段の趣旨に照らせば、国会は法律で定めることができると解してよいでしょう。

なお、現に国会法の中には、各議院の内部事項についての規定が定められています。

（オ）議員懲罰権

各議院は、院内の秩序を乱した議員を懲罰することができる（58 条 2 項本文後段）。

懲罰の種類としては、戒告、陳謝、一定期間の登院停止、除名の 4 つがあるが（国会法 122 条）、議員を除名するには、出席議員の 3 分の 2 以上の多数による議決が必要である（憲法 58 条 2 項ただし書）。

2　国政調査権　B+　→論証 42

ア　意義

62 条は、「両議院は、各〻国政に関する調査を行ひ、これに関して、証人の出頭及び証言並びに記録の提出を要求することができる」とし、各議院の国政調査権を定めている。

イ　法的性質

この国政調査権の法的性質については、争いがある。

まず、独立権能説は、国会が国権の統括機関であるとの見解（→ 302 ページア）を前提としたうえで、国政調査権は国政全般の統括のために認められた独立の権能であるとする。

しかし、内閣に衆議院の解散権が認められ（7 条 3 号、69 条参照）、裁判所に違憲審査権が認められている（81 条）以上、41 条前段の最高機関性は政治的美称にすぎないというべきであり、国会は国権を統括する機関ではないと解するべきである（→ 302 ページイ）。

そこで、通説である補助的権能説は、国政調査権は議院に与えられた権能（たとえば立法や行政権の監督など）を実効的に行使するために認められた補助的な権能にとどまると解している。この見解が妥当である。

ウ　国政調査権の及ぶ範囲

　以上の法的性質についての議論は、国政調査権の及ぶ範囲（すなわち国政調査が可能な範囲）をいかに解するかというかたちで具体化されることが多い。

　独立権能説からは、国政調査権の及ぶ範囲には原則として制限はないと解することになる。

　これに対し、本書の採用する補助的権能説からは、議院に与えられた権能の及ぶ範囲にのみ国政調査権が及ぶと解することになる。

　ただし、議院に与えられた権能はきわめて広汎な事項に及ぶため、結局、国政調査権は、純粋に私的な事項を除き、国政のほぼ全般に及ぶと解されている。

エ　具体的検討

　以上を前提として、国政調査権の及ぶ範囲について、具体的に検討してみよう。

（ア）司法権との関係

　まず、司法権との関係では、司法制度に関する立法や司法関係予算のための調査は許されるが、裁判の内容を批判する目的での調査は、裁判の確定前はもとより、確定後であっても、許されないと解されている。

　裁判の内容を批判する目的での調査を許容すると、司法権の独立（76条3項）が害されてしまうからである。

（イ）一般行政権との関係

　次に、一般行政権との関係では、全般にわたって調査ができると解されている。

　なぜなら、一般行政権の行使について、内閣は国会に対して連帯責任を負い、国会は内閣を監督する権能を有するからである（66条3項）。

（ウ）検察権との関係

　また、検察権との関係では、検察事務も行政権の作用の1つである以上、原則として調査の対象になると解される。

　ただし、検察権は準司法的作用も有するため、①起訴・不起訴について、検察権の行使に政治的圧力を加えることが目的と考えられる調査、②起訴事件に直接関係する事項や公訴追行の内容を対象とする調査、③捜査の続行に重大な支障を及ぼすような方法による調査などは、許されないと解されている。

（エ）人権との関係

　最後に、いくら国政調査といえども、人権を不当に侵害するような調査は許されない。

　たとえば、思想の告白を求めることは許されないし（19条）、本人が刑罰を科される根拠となる事実の供述を強制することは許されない（38条1項）。

4. 国会の構成と運営

1　二院制　Ａ

ア　二院制の類型

　明治憲法も、日本国憲法も、2つの議院によって議会を構成するという二院制を採用している。

　しかし、明治憲法における二院制は、貴族院（上院）と衆議院（下院）とからなる貴族院型の二院制だった（明憲33条）。衆議院の議員は民選によって選出されるが、貴族院の議員は世襲や貴族間の互選などによるものとされていたのである。

　これに対し、日本国憲法における二院制は、衆議院と参議院とを問わず、いずれもその議員を民選によって選出する民主的二院制である（42条、43条）。

イ　民主的二院制の趣旨

　民主的二院制は、外国の憲法ではほとんど例をみない、珍しい制度である（ちなみに、マッカーサー草案では一院制が採用されていた）。

　では、日本国憲法の採用する民主的二院制の趣旨は、いかなるものなのだろうか。それは、以下の3つであると解される。

　まず、①民意を多角的に反映するためである。

　衆参各議院の議員は、その任期（45条、46条）や解散の有無（7条3号、69条参照）が異なる。そのため、国政において、民意を多角的に反映することが

可能となるのである。

　次に、②国会の議事を慎重たらしめるためである。

　衆議院は、議員の任期が短く、また解散もあることから、多数決を濫用する
などの行き過ぎに至ることがありうる。そこで、議員の任期が長く、また解散
もない参議院が、「理性の府」として衆議院に抑制をかけ、議事を慎重なもの
たらしめる。そうした参議院の働きを期待して、二院制を採用したのである。

　最後に、③衆議院が活動能力を失っているときでも、参議院による国政の民
主的運営を可能ならしめるためである。

　参議院の緊急集会（54条２項ただし書）は、この③の観点から定められた制
度である（➡321ページ**イ**）。

2　衆議院の優越　Ａ

　衆議院には、参議院には認められていない権限が認められており、また、議
決などにおける優越性が認められている場合がある。

ア　衆議院にのみ認められる権限

　衆議院は、①内閣不信任決議権を有する（69条）。衆議院によるこの決議が
あると、内閣は、総辞職するか衆議院を解散するかの二択を迫られるという法
的効果が生じる。

　なお、法的効果の生じない（すなわち政治的な意味しかない）内閣不信任決議
は、参議院でも可能である。この参議院による決議は、問責決議とよばれてい
る。

　また、衆議院は、②予算先議権を有する（60条１項）。予算案は、他の議案と
は異なり、必ず衆議院が先に審議するわけである。

イ　議決における衆議院の優越

	先議権	衆参の議決が異なる場合	日数経過の効果
①法律案（59）	なし	衆議院の再議決（出席議員の2/3以上）があれば成立	60日経過で参議院の否決を擬制可
②予算（60）	あり	両院協議会の後、衆議院の議決による	30日経過で衆議院の議決による
③条約（61）	なし		
④内閣総理大臣の指名（67）	なし		10日経過で衆議院の議決による

（ア）法律案

　まず、①法律案について衆議院で可決したが、参議院でこれと異なる議決をした場合において、さらに衆議院で出席議員の3分の2以上の多数で再び可決したときは、その法律案は法律となる（59条2項）。

　両院協議会の開催は、次に述べる（イ）の場合とは異なり、任意的である（59条3項）。

　参議院が、衆議院の可決した法律案を受け取った後、国会休会中の期間を除いて60日以内に議決しないときは、衆議院は、参議院がその法律案を否決したものとみなすことができる（59条4項）。

（イ）予算、条約、内閣総理大臣の指名

　次に、②予算、③条約、④内閣総理大臣の指名について、衆議院と参議院とが異なる議決をした場合において、両院協議会を開いても意見が一致しないときは、衆議院の議決が国会の議決となる（60条2項、61条、67条2項）。

　②予算や③条約について、参議院が、衆議院の可決した予算または衆議院の承認した条約を受け取った後、国会休会中の期間を除いて30日以内に議決しないときも、衆議院の議決が国会の議決となる（60条2項、61条）。

　④内閣総理大臣の指名について、衆議院が内閣総理大臣の指名の議決をした後、参議院が、国会休会中の期間を除いて10日以内に指名の議決をしないときも、衆議院の議決が国会の議決となる（67条2項）。

ウ　両院が対等な事項

以上に対し、以下の4つについては、両院は完全に対等である。

①皇室財産授受の決議（8条）

②予備費の支出承諾（87条2項）

③決算の審査（90条1項）

④憲法改正の発議（96条1項）

3　国会の運営　B

ア　会期

会期とは、国会が憲法上の権能を行使する一定の限られた期間をいう。

憲法は、①毎年1回召集される常会（52条）、②臨時の必要に応じて召集される臨時会（53条）、③衆議院の解散による総選挙後に召集される特別会（54条）の3つを規定しているため、会期制を採用しているものと解される。

②の臨時会は、内閣が必要とするとき（53条前段）、またはいずれかの議院の総議員の4分の1以上の要求があるとき（53条後段）に、召集される。ただし、53条後段の要求があっても、内閣が召集の決定をしないときは、内閣に召集義務の履行を強制する手段は定められていない。国会法上、衆議院の任期満了による総選挙後や、参議院の通常選挙後にも、臨時会が召集される（国会法2条の3）。

なお、国会法では、会期中に議決に至らなかった案件は後会には継続しないという会期不継続の原則が採用されている（国会法68条本文）。

イ　緊急集会

（ア）意義

衆議院が解散されると、参議院も同時に閉会となる（54条2項本文）。しかし、それから衆議院の総選挙が行われ特別会が召集されるまでの間に、緊急事態に対処する必要が生じる場合がありうる。

そこで、憲法は、参議院の緊急集会を定めている（54条2項ただし書、3項）。

（イ）要件

この緊急集会は、①衆議院の解散後、特別会が召集されるまでの間において、②国に緊急の必要があるときに、③内閣の求めによって行われる（54条2

項ただし書)。

内閣の求めがないにもかかわらず、参議院議員が自主的に緊急集会を開催することはできない。

(ウ) 権能

緊急集会は、国会を代行する。したがって、たとえば法律案や予算の議決が可能であり、また、開催中の参議院議員には不逮捕特権（50条）や免責特権（51条）が認められる。

しかし、①天皇の召集によらず（7条2号対照）、また②内閣のみが開催を求めうる（54条2項。53条後段対照）点で、国会と異なる。

さらに、③内閣総理大臣の指名や、憲法改正発議はできないと解されている。

(エ) 衆議院の同意

緊急集会において採られた措置は、あくまでも臨時のものである。したがって、次の国会の開会後10日以内に衆議院の同意を得なければならない。

この同意を得られない措置は、将来に向かって無効となる（54条3項）。遡及的に無効とはならない点に注意しよう。

ウ　会議の原則

(ア) 定足数

両議院は、各々その総議員の3分の1以上の出席がなければ、議事を開き議決することができない（56条1項）。

(イ) 表決数

両議院の議事は、原則として、出席議員の過半数でこれを決する（56条2項前段）。可否同数のときは、議長の決するところによる（同後段）。

出席議員の過半数では足りないとされている場合については、以下の表のとおりである。

出席議員の3分の2以上	総議員の3分の2以上
資格争訟裁判で議員資格を喪失させる場合（55但）	憲法改正の発議（96 I 前）
秘密会の開催（57 I 但）	
懲罰としての議員の除名（58 II 但）	
法律案の再議決（59 II）	

（ウ）公開

両議院における会議は、原則として公開である（57条1項本文）。ただし、出席議員の3分の2以上の多数で議決したときは、秘密会を開くことができる（同ただし書）。

公開の原則に基づき、両議院は、各々その会議の記録を保存し、秘密会の記録の中で特に秘密を要すると認められるもの以外は、これを公表し、かつ一般に頒布しなければならない（57条2項）。出席議員の5分の1以上の要求があれば、各議員の表決は、これを会議録に記載しなければならない（同3項）。

なお、次に述べるとおり、委員会は非公開が原則である（国会法52条）。また、両院協議会は公開が禁止されている（国会法97条）。

エ　委員会制度

国会法では、審議の中心を本会議ではなく委員会におく委員会中心主義が採用されている（国会法40条以下）。

委員会には、常任委員会と特別委員会があり（国会法40条）、常任委員会はほぼ省庁に対応するかたちで17委員会が衆参両院に設置されている（国会法41条）。

本会議と異なり、委員会は非公開が原則とされているが（国会法52条）、報道機関には傍聴を許可するのが実務の扱いである（国会法52条1項ただし書参照）。

5. 国会議員の特権

国会議員の特権には、①不逮捕特権（50条）、②免責特権（51条）、③歳費受領権（49条）の3つがある。

1　不逮捕特権　B⁺

ア　会期中の不逮捕

両議院の議員は、法律の定める場合を除いては、国会の会期中は逮捕されな

い（50条前段）。

「法律の定める場合」としては、①院外における現行犯の場合と、②所属する議院の許諾がある場合がある（国会法33条）。これらの場合は、会期中でも逮捕されうる。

イ　会期前（閉会中）の逮捕と議院の要求による会期中の釈放

50条前段の不逮捕特権は、会期中の不逮捕特権であるから、国会議員も会期前（閉会中）であれば逮捕されうる。

しかし、会期前に逮捕された国会議員は、その議院の要求があれば、会期中は釈放される（50条後段）。

ウ　不逮捕特権の趣旨

不逮捕特権の趣旨については争いがあるが、①議員の身体の自由（不当逮捕からの自由）を保障するという趣旨と、②議院の審議権を確保するという趣旨の両面からなると解するのが通説である。

ただし、50条は「会期中」という点を重視した規定であるから、②議院の審議権の確保がより重要な趣旨であると解するべきであろう。

エ　逮捕の許諾の判断方法

国会法33条が定める逮捕の「許諾」（➡上記ア）を求められた議院は、いかなる点に着目して逮捕を許諾するか否かを判断するべきなのだろうか。

この点、①議員の身体の自由（不当逮捕からの自由）という趣旨を重視すれば、犯罪の嫌疑が十分か否かという点に着目して判断するべきことになる。

しかし、②議院の審議権の確保という趣旨を重視する本書の立場からは、当該議員が逮捕されて審議に参加できなくなると審議に支障が生じるか否か、また生じるとしてどの程度か、という点に着目して判断するべきことになろう。

2　免責特権　A

ア　意義

両議院の議員は、議院で行った演説、討論または表決について、院外で責任を問われない（51条）。これを、免責特権という。

その趣旨は、国会における議員の言論の自由を最大限保障することにある。

イ　免責の対象
（ア）法的責任
　51条が免責する「責任」は、法的責任（民事上・刑事上の責任がその典型）に限られる。

　したがって、法的責任とは異なる政治的・道義的責任は、51条によっては免責されない。たとえば、政党が特定の議員を除名するのは、それが国会議員たる地位の喪失につながらない限り、政治的道義的責任の追及にとどまるから、51条には反しない。

（イ）院外での責任
　また、「院外で」の責任が免責されるだけであるから、院内での懲罰は免責特権の対象外であり、51条には反しない。

ウ　一般市民の名誉・プライバシー侵害
　国会議員の院内での発言が、一般市民の名誉やプライバシーを侵害する場合、どのように処理するべきだろうか。

　この点が問題となった判例の事案は、次のとおりである。

　衆議院の委員会において、議員Aは、B病院長が女性患者に対して破廉恥な行為を行っているなどと述べ、B病院の調査を総合的にやり直すよう求める発言をした。B病院長は、この発言の翌日に自殺した。B病院長の妻が、議員Aおよび国を相手どって損害賠償請求訴訟を提起した。

　最高裁は、以下に引用したとおり、①国家賠償法1条の解釈論によって議員Aの責任を否定し、また、②国の責任が認められる場合をきわめて限定的に解釈したうえで、結論として国の責任も否定した（**最判平成9・9・9**）。

①　議員Aの責任について
　「本件発言は、国会議員である被上告人Aによって、国会議員としての職務を行うにつきされたものであることが明らかである。そうすると、仮に本件発言が被上告人Aの故意又は過失による違法な行為であるとしても、被上告人国が賠償責任を負うことがあるのは格別、公務員である被上告人A個人は、上告人に対してその責任を負わないと解すべきである……。したがって、本件

発言が憲法51条に規定する『演説、討論又は表決』に該当するかどうかを論ずるまでもなく、上告人の被上告人Aに対する本訴請求は理由がない」。

② 国の責任について

「質疑等においてどのような問題を取り上げ、どのような形でこれを行うかは、国会議員の政治的判断を含む広範な裁量にゆだねられている事柄とみるべきであって、たとえ質疑等によって結果的に個別の国民の権利等が侵害されることになったとしても、直ちに当該国会議員がその職務上の法的義務に違背したとはいえないと解すべきである。憲法51条は……国会議員の発言、表決につきその法的責任を免除しているが、このことも、一面では国会議員の職務行為についての広い裁量の必要性を裏付けているということができる」。

「以上によれば、国会議員が国会で行った質疑等において、個別の国民の名誉や信用を低下させる発言があったとしても、これによって当然に国家賠償法1条1項の規定にいう違法な行為があったものとして国の損害賠償責任が生ずるものではなく、右責任が肯定されるためには、当該国会議員が、その職務とはかかわりなく違法又は不当な目的をもって事実を摘示し、あるいは、虚偽であることを知りながらあえてその事実を摘示するなど、国会議員がその付与された権限の趣旨に明らかに背いてこれを行使したものと認め得るような特別の事情があることを必要とすると解するのが相当である」。

「これを本件についてみるに、……本件発言が法律案の審議という国会議員の職務に関係するものであったことは明らかであり、また、被上告人Aが本件発言をするについて同被上告人に違法又は不当な目的があったとは認められず、本件発言の内容が虚偽であるとも認められない……。したがって、被上告人国の国家賠償法上の責任を否定した原審の判断は、正当として是認することができる」。

3　歳費受領権　B

両議院の議員は、法律の定めるところにより、国庫から相当額の歳費を受ける（49条）。

国会議員は、自分たちの給料を自分たちで決めることができるわけである。

第**3**章

内閣

1. 内閣の地位

1 総論 A

明治憲法においては、天皇が「統治権ヲ総攬シ」（明憲 4 条）、「国務各大臣ハ天皇ヲ輔弼〔筆者註・助言の意〕シ其ノ責ニ任ス」（明憲 55 条）るものとされ、内閣については憲法の規定すらなかった。

これに対し、日本国憲法は、第 5 章「内閣」において、①内閣に行政権の主体としての地位を認め、②内閣総理大臣に首長としての地位と権能を与え、③国会と政府との関係について議院内閣制を定めている。

2 行政権の意義 B

行政権は、内閣に属する（65 条）。

この「行政権」の意義については争いがあるが、全ての国家作用のうちから、立法作用と司法作用を除いた残りの作用と解するのが通説である（控除説）。

①君主の包括的支配権のうちから、立法権を議会が獲得し、さらに司法権を裁判所が獲得し、最後に君主に残された権限が行政権だったという歴史的経緯に適合していることや、②多種多様な行政活動（➡ 335 ページ 4.参照）を包括的にとらえることができることから、控除説は妥当であろう。

3 独立行政委員会 Ａ

ア 意義

　通常の行政機関は、内閣のコントロール下にあり、また、主任の大臣の独任制である。

　ところが、特定の行政につき、内閣から独立の地位において職権を行う合議制の行政機関がある。それが、独立行政委員会である。

　たとえば、公正取引委員会、国家公安委員会、人事院、原子力規制委員会、個人情報保護委員会などが、独立行政委員会の例である。

イ 合憲性　➡論証 43

　かかる独立行政委員会は、内閣から独立の地位において職権を行うことから、「行政権は、内閣に属する」とする 65 条に反するのではないかが問題となる。

（ア）合憲説①──内閣のコントロール下にあるとする見解

　まず、内閣に委員の任命権や予算の編成権があることから、独立行政委員会も内閣のコントロール下にあるとして、65 条に反しないとする見解がある。

　しかし、任命権と予算権だけで内閣のコントロール下にあるといえるのであれば、裁判所も内閣のコントロール下にあるということになり、妥当でない。

（イ）合憲説②──65 条の例外とする見解

　では、いかに解するべきか。

　まず、前提として、政治的中立性や技術的専門性が要求される事項を担当する機関として、独立行政委員会を認める必要がある。

　また、65 条は「すべて行政権は」としていないことから（76 条 1 項対照）、一定の例外を認める余地があると解される。

　では、独立行政委員会は、65 条の例外として許容されるのか。

　65 条の趣旨は、① 41 条・76 条 1 項とともに権力分立を定めるとともに、②民主的責任行政を実現する点にある。

---

　②について補足します。
　そもそも内閣は、国会に対して連帯責任を負うとされています（66 条 3 項）。いいかえ

　そして、まず①については、行政国家現象が進んだ現代社会では、権力分立
の主眼は内閣の権限の抑制にあると解される。よって、内閣以外の行政機関が
行政権を行使しても、権力分立に反しないと解してよい。

　では、②の民主的責任行政の実現という趣旨についてはどうか。

　まず、ⓐ独立行政委員会に対して国会のコントロールが直接に及ぶ場合に
は、民主的責任行政の実現という趣旨には反しない。

　また、ⓑ国会からの民主的コントロールが直接に及んでいなくとも、独立行
政委員会の職務がその性質上民主的コントロールになじまないものである場合
には、内閣からの独立性を積極的に正当化することができる。

　以上から、ⓐまたはⓑの場合は、独立行政委員会は65条に反しないと解す
るのが妥当である。

2. 議院内閣制

1　議会と政府の関係——大統領制と議院内閣制　Ａ

　議会と政府の関係については、大統領制（首長制ともいう）と議院内閣制がそ
の代表的モデルとされる。

　大統領制では、行政権を担当するのは大統領であり、その大統領は議会の議
員と同じく国民により選出される。そして、議会の議員と大統領は、相互に任
免権をもたないのが原則とされる。議会と政府が完全に分離されるわけである。

　これに対し、議院内閣制では、行政権を担当するのは内閣であり、その首長
である内閣総理大臣は議会の多数派から選出される。

したがって、議院内閣制の下では、議会（国会）と政府（内閣）の分離は一応の分離にとどまり、また、政府に対して議会からの民主的コントロールが及ぶことになる。

> 議院内閣制では、現実には議会の第1党（与党）が政府の長たる内閣総理大臣を選ぶことになりますから、議会と政府の分離は一応の分離にとどまります。そして、そうした議院内閣制の下では、議会から政府への民主的コントロールの下、議会と政府はお互いに協力して国政にあたっていくという**協働の関係**が形成されうることになります。対立関係にあるのは、議会と政府ではなく、議会の与党≒政府と議会の野党、ということになるのです。

2 日本国憲法における議院内閣制 　A

　日本国憲法が議院内閣制を採用しているのは、内閣が行政権を担当すると定める65条、内閣総理大臣は国会が指名すると定める67条、内閣総理大臣やその他の国務大臣の過半数は国会議員でなければならないと定める67条・68条、内閣が国会に対して連帯責任を負うと定める66条3項、衆議院による内閣不信任決議権を定める69条などの規定から、明らかである。

3 議院内閣制の本質 　B⁻

　抽象的な議論だが、議院内閣制の本質、換言すれば、それが欠ければもはや議院内閣制とはいえないという特徴は何なのか、という問題がある。

　この問題については、伝統的に、①内閣の議会に対する責任が本質であるとする責任本質説と、②内閣の議会に対する責任に加え、内閣による議会の解散権も本質であるとする均衡本質説が対立しているが、近時では、③議院内閣制は国や時代により多様であるから、そもそも本質なるものはないとする見解が有力である。

　本書も、③の見解に立脚する。

3. 内閣の組織

内閣は、内閣総理大臣とその他の国務大臣で組織される合議体である（66条1項）。

1　内閣総理大臣の地位　▲

内閣総理大臣は、国会議員の中から国会の議決で指名され（67条）、天皇により任命される（6条1項）。

内閣総理大臣は、明治憲法下では「同輩中の首席」であるにとどまったが、日本国憲法においては、内閣の「首長」とされ（66条1項）、次の**2**で述べるようにきわめて強力な権限が与えられている。

> 「同輩中の首席」というのは、一応はトップだけれども、その地位はあくまでも他の国務大臣と同じレベルにあるという意味です。内閣を中学校の学級にたとえるならば、他の国務大臣は一般の生徒であるのに対し、内閣総理大臣は学級委員長というイメージ、これが「同輩中の首席」のイメージです。
>
> これに対し、「首長」（英訳だと head）というのは、その地位が他の国務大臣よりも一段高いレベルにあるという意味です。他の国務大臣が生徒だとすれば、内閣総理大臣は担任の先生というイメージをもつといいでしょう。

このように、内閣総理大臣を「首長」とし、強力な権限を与え、その地位を強化した趣旨は、内閣の一体性を確保し、国会に対する連帯責任（66条3項）を強化することにある。

> たとえば、内閣総理大臣は、内閣を構成する国務大臣を——その過半数が国会議員でなければならないという制限はありますが、その制限の範囲内であれば——自由に任命することができますし、また、自由に罷免することができます（68条）。内閣総理大臣を「首長」とし、国務大臣の任命・罷免権に代表されるきわめて強力な諸権限を内閣総理大臣に与えた結果、内閣は、内閣総理大臣を中心とした一枚岩の組織ということになります。
>
> そして、そうした一枚岩の組織であることを前提とすれば、ある国務大臣が問題を起こしたときに、内閣全体に連帯責任を問うことが容易になります。トカゲのしっぽ切りのような責任逃れをされなくてすむようになるわけです。これが、内閣総理大臣の地位を強化した趣旨なのです。

2 内閣総理大臣の権限 ▶ A

　内閣総理大臣の憲法上の権限としては、以下のものがある。

　なお、内閣総理大臣は1人の人間で構成されるため、内閣総理大臣の権限は、内閣総理大臣が単独で行使できる。この点で、合議体である内閣の権限（こちらは閣議決定が必要 ➡ 340ページ **4**）と異なる。

ア　国務大臣の任免権

　内閣総理大臣は、国務大臣を任命する権限を有する。ただし、その過半数は、国会議員の中から選ばれなければならない（68条1項）。

　また、内閣総理大臣は、任意に国務大臣を罷免することができる（68条2項）。

　つまり、内閣総理大臣は、誰を国務大臣にするのか、また国務大臣にした者を罷免するか否かについての決定権限を、独占しているわけである。

　なお、国務大臣の任免については、内閣の助言と承認により、天皇がこれを認証する（7条5号）。

イ　国務大臣の訴追に関する同意権

　国務大臣は、その在任中、内閣総理大臣の同意がなければ、訴追されない（75条本文）。つまり、内閣総理大臣には、国務大臣の訴追に関する同意権があるわけである。

　かかる同意の対象は、国務大臣の「訴追」に限定されている。したがって、国務大臣は、内閣総理大臣の同意がなくても逮捕・勾留はされうる（政府見解）。ただし、国務大臣が国会議員でもある場合は、不逮捕特権があるため、国会の会期中は原則として逮捕されない（➡ 323ページ**ア**）。

　75条ただし書が「但し、これがため、訴追の権利は、害されない」と定めているのは、国務大臣がその地位を退くまで、公訴時効の進行が停止するという趣旨である（通説）。

ウ　内閣の代表権

　内閣総理大臣は、「内閣を代表して議案を国会に提出し、一般国務及び外交関係について国会に報告し、並びに行政各部を指揮監督する」（72条）。

この規定の「内閣を代表して」という文言は、「議案を国会に提出し」という部分にかかるだけでなく、「一般国務及び外交関係について国会に報告し、並びに行政各部を指揮監督する」という部分にもかかると解されている。

　すなわち、72条のいう「議案を国会に提出し」、また「一般国務及び外交関係について国会に報告し、並びに行政各部を指揮監督する」権限自体を有するのは内閣という合議体であり、同条が内閣総理大臣に与えているのは、それらの行為について「内閣を代表」する権限にとどまる（通説）。

エ　行政各部の指揮監督権　→論証44

　以上の通説によれば、72条は、内閣総理大臣自身に「行政各部を指揮監督する権限」を与えているわけではない。内閣法6条が「内閣総理大臣は、閣議にかけて決定した方針に基いて、行政各部を指揮監督する」と定め、閣議決定を要求しているのも、そのためと解される。

　では、内閣総理大臣は、閣議にかけて決定した方針がない場合、行政各部を指揮監督する権限を一切有さないのだろうか。

　確かに、かかる権限を定める明文はない。

　しかし、憲法は、内閣の一体性を確保し、内閣の国会に対する連帯責任（66条3項）を強化するために、内閣総理大臣を「首長」とし（66条1項）、内閣総理大臣の地位と権限を強化している。

　この憲法の趣旨に照らせば、内閣総理大臣は、閣議にかけて決定した方針がなくとも、内閣の明示の意思に反しない限り、行政各部に対し指導、助言などの指示を与える権限を有すると解するのが妥当である。

　判例も、同様の結論である（**最大判平成7・2・22**）。

3　国務大臣 ） B

　国務大臣は、内閣総理大臣により任命される。その過半数は国会議員でなければならない（68条1項）。

　国務大臣は通常、「主任の大臣」として、行政事務を分担管理する（内閣法3条1項）。たとえば、財務大臣や法務大臣がこれにあたる。

　ただし、行政事務を分担管理しない、無任所の国務大臣も認められる（内閣法3条2項）。たとえば、東京オリンピック・パラリンピック担当大臣がこれに

あたる。

4 文民規制 B

内閣総理大臣および国務大臣は、文民でなければならない（66条2項）。
「文民」とは、自衛官でない者をいう（通説）。

5 内閣の総辞職 B

内閣は、いつでも総辞職することができる。
また、次の3つのいずれかにあたる場合は、内閣は総辞職しなければならない。
　①内閣総理大臣が欠けたとき（70条前段）
　②衆議院議員総選挙の後に初めて国会の召集があったとき（同後段）
　③衆議院で内閣不信任決議がなされてから10日以内に衆議院が解散されないとき（69条）
　①について、内閣総理大臣の死亡、国会議員たる地位の喪失、辞職などは、「内閣総理大臣が欠けたとき」にあたる。病気や一時的な生死不明は、これにあたらない。
　②について、解散による衆議院議員総選挙の場合だけでなく、任期満了による衆議院議員総選挙の場合においても、その後に初めて国会が召集された時点で、内閣は総辞職することになる。
　③について、参議院による内閣不信任決議（問責決議）には、法的な効果はない（➡319ページア）。
　以上の①から③の場合は、総辞職した内閣は、あらたに内閣総理大臣が任命されるまで、引き続きその職務を行う（71条）。

4. 内閣の権限と責任

1 73条の権限 Ａ

内閣は、「他の一般行政事務」のほかに、次の各権限を有する（73条）。

ア 法律の誠実な執行と国務の総理（1号） ➡論証45

内閣は、法律を誠実に執行する権限を有し、またその義務を負う。

では、内閣がある法律を違憲と判断した場合、内閣はその法律を誠実に執行する義務を負うのだろうか。

確かに、内閣総理大臣や国務大臣には、憲法尊重擁護義務がある（99条）。

しかし、内閣が違憲と判断した法律も、「唯一の立法機関」（41条後段）たる国会が合憲と判断して制定したものである以上、内閣はその法律を誠実に執行する義務を負うと解するべきである（通説）。

なお、最高裁判所が違憲と判断した法律については、内閣の執行義務は免除されると解するべきであろう。

「国務を総理する」とは、国の政治全体が調和を保って円滑に進行するよう配慮することをいい、重要政策の企画立案や総合調整もこれに含まれる（通説）。

イ 外交関係の処理（2号）と条約の締結（3号）

このうち、条約の締結は重要である。

（ア）意義

条約とは、国際法上の権利義務の創設・変更に関する文書による国家間の合意をいう。

73条3号が条約の締結を内閣の権限としているのは、外交関係は政府の専権とされてきたという伝統に加え、実際に相手国との交渉を行うについて最も適しているのは内閣だからである。

（イ）国会の承認

条約の締結自体は内閣の権限であるが、事前または事後に国会の承認を経る

ことが必要である（73条3号ただし書）。この国会の承認には、衆議院の優越が認められる（61条 ➡ 320ページ（イ））。

国会に条約の承認権を与えた趣旨は、条約は国民生活に多大な影響を与えるので、これに国会からの民主的コントロールを及ぼすことにある。

なお、条約という名称の有無にかかわらず、文書による国家間の合意は全て73条3号の「条約」に含まれ、事前または事後の国会の承認を要するのが原則である。

ただし、①条約を執行するために必要な技術的・細目的な協定や、②条約の具体的な委任に基づいて定められる政府間取極め（いわゆる行政協定）は、原則として73条3号の「条約」には含まれず、国会の承認は要しない。

これに対し、98条2項のいう誠実に遵守するべき「条約」は、上記①②を含む広義の条約と解されている。

（ウ）国会の事後の承認を欠く条約の効力　➡論証46

内閣が、条約の締結後に国会の承認を求めたところ、国会が承認しなかったとする。この場合の当該条約の効力をいかに解するべきか。

まず、国会の承認を得られなかった以上、当該条約は国内法的には無効と解される。

では、国際法的効力はどうか。

この点、相手国の信頼を保護する必要があるとして、国際法的には有効とする見解もある。

しかし、国会の承認権の規定の具体的な意味が諸外国にも周知の要件と解されているような場合には、相手国の信頼は害されない。そこで、かかる場合には国際法的にも無効になる、とする条件付無効説が妥当であろう。

> ただし、日本国憲法では、国会の承認を必要とする「条約」（73条3号）の範囲は、必ずしも明確ではありません（➡上記（イ））。したがって、この条件付無効説からは、国会の承認を欠く条約の多くは、国際法的には有効ということになるでしょう。

（エ）国会の条約修正権の有無

国会が承認権を行使するに際し、条約に修正を加えることは許されるのだろうか。

この点については、条約に対して国会からの民主的コントロールを及ぼそう

という憲法の趣旨に照らし、国会が条約に修正を加えることも許されるとする見解が有力である。

　ただし、条約は相手国との合意によって成立するものであるから、国会による修正は、直接的には内閣に相手国との再交渉を義務付ける効果を有するにとどまると解されている。

（オ）条約締結の手続

　最後に、条約締結の手続について説明する。

　条約の締結は、①内閣が相手国と交渉した後、②内閣の任命する全権委員が調印（署名）し、③内閣が批准することによって完了するのが原則である。批准とは、国家として条約を締結する旨の意思を最終的に確認する行為をいい、文書によって行われる。批准書は天皇が認証する（7条8号）。

　そして、すでに学んだとおり、かかる条約の締結の事前または事後に国会の承認を経ることが必要である（73条3号ただし書）。この国会の承認には、衆議院の優越が認められる（61条）。

　条約が成立すると、天皇がこれを公布する（7条1号）。

ウ　官吏に関する事務の掌理（4号）

　掌理の基準は法律で定めることを要する。現在、国家公務員法が制定されている。

エ　予算の作成・国会提出（5号）

　予算は内閣が作成し、国会に提出する。初めから国会が作成することはできない。国会に提出された予算は、国会の審議を受け、議決を経なければならない（86条）。

　専門性・技術性に富む内閣に予算作成・提出権を専属させた73条5号の趣旨との関係で、国会に予算修正権があるかが論点となっている（➡384ページ**4**）。

オ　政令の制定（6号）

　内閣は、「この憲法及び法律の規定を実施するため」に政令を制定することができる。

　ただし、憲法を直接実施する権限をもつのは国会のみであるから、内閣が憲

法を直接実施する政令を制定することはできない。政令は、あくまでも法律を実施するために制定されるにとどまる。

> つまり、73条6号の「憲法及び法律」という文言は、これを一体的にとらえて、「憲法を実施するために制定された法律」という意味だと解していくわけです。

罰則は、罪刑法定主義により法律で定めるのが原則であるが、法律の委任（立法の委任）がある場合は、政令で定めることができる（73条6号ただし書）。

カ　恩赦の決定（7号）

恩赦とは、犯罪者を赦免する制度である。その詳細は、恩赦法に定められている。

2　その他の権限　B⁺

73条以外で定められた内閣の権限としては、以下のものが重要である。

　①天皇の国事行為に対する助言承認権（3条、7条）
　②国会の召集権（52条、53条、7条2号）
　③衆議院の解散権（7条3号、69条）
　④緊急集会の要求権（54条2項ただし書）
　⑤最高裁判所長官の指名権（6条2項）
　⑥最高裁判所裁判官の任命権（79条1項）
　⑦下級裁判所裁判官の任命権（80条1項本文前段）
　⑧予備費の支出権（87条）

これらの権限のうち、衆議院の解散権はとりわけ重要である。次の **3** で説明する。

3　衆議院の解散権　A

ア　意義

解散とは、議員の全てについて、その任期満了前に議員としての身分を失わせることをいう。

憲法は、衆議院についてのみ、解散を定めている（7条3号、69条）。

衆議院の解散は、解散に続く総選挙（54条1項）によって主権者たる国民の

審判を求めるという民主的機能を有する。しっかりと覚えておこう。

イ　解散の実質的決定権の所在　➡論証47

　衆議院の解散の実質的決定権（解散権）が内閣にあると解することについて、特に争いはない。

　しかし、その根拠については、見解が対立している。

（ア）69条説

　まず、69条に解散権の根拠を求める見解がある。

　この見解からは、内閣が衆議院を解散できるのは69条所定の場合に限られることになる。

（イ）7条説（通説）

　しかし、解散権を行使できる場合をそのように限定的に解すると、解散に続く総選挙（54条1項参照）によって国民の審判を求めるという解散の民主的機能を没却してしまい、妥当でない。

　そこで、通説は、7条3号に解散権の根拠を求める。

　すなわち、衆議院の解散は、本来政治性の強い行為である。にもかかわらず、国政に関する権能を有しない天皇（4条）がこれを行うことができる（7条3号）のは、内閣が「助言と承認」（3条、7条柱書）を行う際に実質的に解散の決定を行うからであると解される。そこで、7条3号が内閣の解散権の根拠条文であると解していくのである。

　そして、この見解に立つと、69条所定の場合以外であっても、内閣は解散権を行使できることになる。

（ウ）65条説と制度説

　なお、細かい見解として、①衆議院の解散は国家作用のうち立法作用でも司法作用でもない以上行政作用であるとして、65条に解散権の根拠を求める65条説や、②議院内閣制という制度に解散権の根拠を求める制度説があるが、これらの見解は妥当でない。

　なぜなら、①の65条説が前提とする行政権の意義についての控除説（➡327ページ2）は、国民に対する関係での議論であり、解散権のような国家機関相互の関係を想定した議論ではないし、②の制度説が前提とする均衡本質説（➡330ページ3）は、議院内閣制は国や時代により多様である以上、妥当でないからで

ある。

ウ　69条所定の場合以外の解散の可否

　内閣が有する衆議院の解散権の根拠について、7条説に立脚する限り、69条所定の場合以外であっても、内閣は解散権を行使しうる。

　ただし、解散が認められるのは、解散の民主的機能（➡上記ア）が期待される場合に限られるとするのが通説である。

　具体的には、①衆議院で内閣の重要案件（法律案、予算案）が否決され、または審議未了になった場合、②総選挙の争点ではなかった新しい重大な政治的課題に対処する場合、③内閣が基本政策を根本的に変更する場合、④議員の任期満了時期が接近している場合などに限られると解するべきである。

エ　衆議院の自律解散の可否

　衆議院自らの決議による自律解散が認められるかという問題があるが、通説はこれを否定する。

　かかる自律解散を認めると、憲法に明文がないにもかかわらず、多数派の議員の意思によって少数派の議員たる地位をはく奪できることになるが、それは議員の任期を保障した憲法の趣旨（45条）に反する。自律解散を否定する通説は妥当であろう。

4　内閣の権限行使の手続　Ａ

　以上で説明した内閣の各権限の行使は、閣議によって決定される（内閣法4条1項）。

　閣議は、慣習上、全員一致によるものとされている。

5　内閣の責任　Ａ

ア　国会に対する連帯責任

　内閣は、およそ「行政権の行使」について、国会に対して連帯して責任を負う（66条3項）。

　明治憲法では、「国務各大臣ハ天皇ヲ輔弼シ其ノ責ニ任ス」（明憲55条1項）とされ、各国務大臣が天皇に対して単独で責任を負うものとされていた。

これに対し、日本国憲法では、国会から内閣へ民主的コントロールを及ぼし、もって民主的責任行政を実現するべく、内閣は、行政権全般について国会に対して連帯責任を負うとされているのである。

イ　責任の内容

　66条3項の「責任」は、政治責任を意味する。

　内閣の政治責任を問う方法としては、内閣に対する質問のほか、内閣不信任決議がある。

　ただし、衆議院における内閣不信任決議（69条）については、内閣に解散か総辞職かの二者択一を迫り、解散しない場合には総辞職を義務付ける点で、法的責任の追及という要素が強い。

ウ　個別責任の追及

　66条3項は内閣の連帯責任を定めているが、特定の国務大臣が単独の責任（個別責任）を負うことは、憲法上特に否定されていない。

　したがって、各議院は、法的な効力は認められないものの、個別の国務大臣に対する不信任決議をすることができる。

第 4 章

裁判所

---

1. 司法権の意味

1　総論　Ⓐ

　全て司法権は、最高裁判所および法律の定めるところにより設置する下級裁判所に属する（76条1項）。

　明治憲法では、司法権は天皇に属し、裁判所は「天皇ノ名ニ於テ」司法権を行うとされていたが（明憲57条1項）、日本国憲法では、名実ともに司法権は裁判所に帰属する。

　また、明治憲法では、「司法権」を担当する通常裁判所（明憲57条1項）は民事裁判と刑事裁判のみを行い、行政事件の裁判（行政処分によって違法に権利・利益を侵害された者と行政機関との間の公法上の権利義務に関する争いについての裁判）は、通常裁判所とは別系列の行政裁判所の所管とされていた（明憲61条）。

　これに対して、日本国憲法では、ごく限られた例外（➡ 347ページ2.）を除き、「司法権」を担当する通常裁判所が行政事件の裁判を含む全ての裁判を行うものとされている（76条2項参照 ➡ 358ページ**2**、**3**）。

> 　つまり、明治憲法の「司法権」には行政事件の裁判権が含まれていなかったのに対し、日本国憲法の「司法権」には行政事件の裁判権も含まれています。このように、「司法権」という概念は、時代により、さらには国により異なりうる、歴史的な概念なのです。

2　司法権と具体的な争訟　A+

では、「司法権」(76条1項)とは、いかなる意味なのだろうか。

通説によれば、「司法権」とは、具体的な争訟について、法を適用し、宣言することによって、これを裁定する国家の作用をいう。

そして、この司法権の定義の中核をなしているのが、具体的な争訟という概念である。

この具体的な争訟は、「法律上の争訟」(裁判所法3条1項)と同義である。

「法律上の争訟」とは、①当事者間の具体的な権利義務ないし法律関係の存否に関する紛争であって、かつ、②それが法令の適用により終局的に解決することができるものをいう（**最判昭和56・4・7**)。この定義はしっかりと覚えておこう。

以上の具体的な争訟ないし法律上の争訟という要件は、事件性の要件ともよばれる。

> たとえば、AがBにお金を貸したところ、Bが約束の日になってもお金を返してくれないとして、AがBを被告として貸金返還請求訴訟を提起したとします。この訴訟は、AのBに対する貸金返還債権（＝BのAに対する貸金返還債務）という具体的な権利義務の存否に関する紛争です（①)。また、このAB間の紛争は、民法を適用することによって、終局的に解決することができます（②)。したがって、このAB間の貸金返還請求訴訟は、法律上の争訟にあたり、司法権の対象となります。

3　法律上の争訟にあたらない紛争　A

具体的な争訟ないし法律上の争訟（以下、原則として単に「法律上の争訟」と表記する）にあたらない紛争、いいかえれば事件性の要件を満たさない紛争は、司法権の対象ではない。よって、裁判所の審査権は及ばない。

仮に法律上の争訟にあたらない紛争について訴えが提起されたとしても、裁判所は、訴えを却下して審理を打ち切ることになる。

以下、法律上の争訟にあたらない例について説明しよう。

ア　抽象的に法令の解釈・効力について争うこと

まず、抽象的に法令の解釈の当否や法令の効力について争うことは、法律上の争訟にあたらない。

警察予備隊違憲訴訟（➡52ページ（ア））が、その典型的な例である。

イ　単なる事実の存否、学問上・技術上の論争など

次に、単なる事実の存否、個人の主観的意見の当否、学問上・技術上の論争なども、法律上の争訟にあたらない。

国家試験における合格・不合格の判定も、「学問または技術上の知識、能力、意見等の優劣、当否の判断を内容とする行為であるから、その試験実施機関の最終判断に委せられるべきものであって、その判断の当否を審査し具体的に法令を適用して、その争を解決調整できるものとはいえない」ことから、法律上の争訟にはあたらないとするのが判例である（最判昭和41・2・8）。

ただし、合格・不合格の判定に手続的な瑕疵があった場合や、他事考慮などがあった場合は、法律上の争訟にあたると解してよいだろう（通説）。

ウ　宗教問題　➡論証48

宗教問題が法律上の争訟にあたるか否かの判断基準は、やや複雑だが重要である。

（ア）基準

まず、当事者間の具体的な権利義務ないし法律関係の存否に関する紛争にあたる場合（すなわち事件性の第1要件［➡上記2］を満たす場合）であっても、①紛争の実体ないし核心が宗教上の争いであって紛争が全体として裁判所による解決に適しない場合には、なお法令の適用による終局的解決に適しない（すなわち事件性の第2要件を満たさない）といえ、法律上の争訟にあたらないと解するべきである。

他方、②全体として裁判所による解決に適しないとはいえない場合には、法律上の争訟にあたると解するべきである。ただし、宗教団体の自律的判断を尊重し、宗教問題についての実体的な審理判断は行えないと解されている。

（イ）板まんだら事件

宗教問題と法律上の争訟性についての判例としては、板まんだら事件が重要である。

この事件は、宗教団体である創価学会の信者が、宗教施設の建立のための寄付をしたところ、当該宗教施設に安置すべき本尊たる「板まんだら」が偽物で

あったとして、寄付金の返還を求めて提起した民事訴訟である。

　最高裁は、①「本件訴訟は、具体的な権利義務ないし法律関係に関する紛争の形式」をとっており、「信仰の対象の価値又は宗教上の教義に関する判断は請求の当否を決するについての前提問題であるにとどまる」が、②本件において信仰の対象の価値または宗教上の教義に関する判断は「本件訴訟の帰すうを左右する必要不可欠のもの」であり、また、「本件訴訟の争点及び当事者の主張立証も右の判断に関するものがその核心となっている」から、「結局本件訴訟は、その実質において法令の適用による終局的な解決の不可能なものであって、裁判所法３条にいう法律上の争訟にあたらない」と判示した（**最判昭和56・4・7**）。

　板まんだら事件で原告が提起した訴訟は、寄付金の返還請求権という具体的な権利の存否の紛争ですから、事件性の第１要件は満たしています。
　しかし、寄付金の返還請求権が認められるには、寄付に錯誤があったことが必要です（民法95条）。そして、錯誤があったか否かを判断するためには、本件の「板まんだら」が本物か偽物かの判断が必要不可欠です。そのため、原告・被告の主張立証も、「板まんだら」が本物か偽物かという点に集中することになりました。
　ところが、「板まんだら」が本物か偽物かの判断は、純然たる宗教的な判断であり、裁判所がどうこう言うべき筋合いのものではありません。
　そのため、最高裁は、事件性の第２要件を満たさず、法律上の争訟にあたらないとジャッジしたわけです。

（ウ）日蓮正宗管長事件

　以上の板まんだら事件判決の趣旨は、その後の日蓮正宗管長事件でも受け継がれた。

　この事件は、宗教法人Ａの代表役員の地位の存否が争われた事件である。なお、宗教法人Ａの内部規則では、宗教団体Ａの宗教活動上の地位である法主の地位にある者を、宗教法人Ａの代表役員にあてる旨規定されていた。

　最高裁は、「特定の者が宗教団体の宗教活動上の地位にあることに基づいて宗教法人である当該宗教団体の代表役員の地位にあることが争われている場合には、裁判所は、原則として、右の者が宗教活動上の地位にあるか否かを審理、判断すべきものである」ところ、「特定の者の宗教活動上の地位の存否を審理、判断するにつき、当該宗教団体の教義ないし信仰の内容に立ち入って審理、判断することが必要不可欠である場合には、裁判所は、その者が宗教活動上の地位にあるか否かを審理、判断することができず、その結果、宗教法人の

代表役員の地位の存否についても審理、判断することができない」として、かかる場合は「法律上の争訟」にあたらないとした。

そして、本件はかかる場合にあたるとして、本件の訴えを却下した（**最判平成5・9・7**）。

4 「その他法律において特に定める権限」 B+

裁判所は、およそ「司法権」を行使する（76条1項）。

しかし、裁判所法3条1項は、法律上の争訟の裁判、すなわち司法権の行使に加えて、「その他法律において特に定める権限」を裁判所は行使できると定めている。

ア 客観訴訟

この「その他法律において特に定める権限」の典型は、客観訴訟の裁判である。

【客観訴訟】

民衆訴訟
- 選挙訴訟（公職選挙法）
  ：選挙や当選の効力を争う
- 住民訴訟（地方自治法）
  ：地方公共団体の公金支出の適法性を争う

機関訴訟（地方自治法）
：機関相互間の権限の存否等を争う

客観訴訟とは、法規の適用の客観的適正を争う訴訟をいう。この客観訴訟では、事件性の要件は不要なわけである。

客観訴訟は、①民衆訴訟と②機関訴訟からなる。

①民衆訴訟とは、国または公共団体の機関の法規に適合しない行為の是正を求める訴訟で、選挙人たる資格その他自己の法律上の利益にかかわらない資格で提起するものをいう（行政事件訴訟法5条）。

具体的には、選挙や当選の効力を争う選挙訴訟（選挙無効訴訟と当選無効訴訟がある。公職選挙法202条から204条、206条、207条）や、地方公共団体の住民が地方公共団体の公金支出の適法性を争う住民訴訟（地方自治法242条の2）などがある。

　②機関訴訟とは、国または公共団体の機関相互間における権限の存否またはその行使に関する紛争についての訴訟をいう（行政事件訴訟法6条）。

　地方公共団体の議会と長との間の訴訟（地方自治法176条5項から8項）がその例である。

イ　客観訴訟の合憲性

　以上のように、法律上の争訟の裁判以外の権限を裁判所に付与する各法律の規定は、76条1項に反するのではないかという問題がある。

　この点については、司法権の中核は法律上の争訟にあるという通説（➡ 343ページ **2**）を維持しつつ、現行法上の客観訴訟は実質的には法律上の争訟にかなり近い紛争であることから、76条1項に反しないとする見解が有力である。

　他方で、司法権の概念から事件性の要件を外し、司法権を「適法な提訴を待って、法律の解釈・適用に関する争いを、適切な手続の下に、終局的に裁定する作用」と定義する見解もある。この見解からは、客観訴訟は法律によって出訴権が認められた場合として合憲となろう。

2. 司法権の限界

　裁判所は、一切の法律上の争訟を裁判する権限を有する。

　しかし、法律上の争訟にあたるにもかかわらず、事柄の性質上、裁判所の審査に適さないと認められる場合がある。それが、司法権の限界の問題である。

1　憲法に明文があるもの　A

　まず、議院による国会議員の資格争訟裁判（55条）や、弾劾裁判所による裁

判官の弾劾裁判（64条）は、明文で定められた司法権の限界である。

すなわち、これらの裁判は、裁判所による司法審査の対象から除外されており、裁判所は、これらの裁判を行うことはできない。

2　自律権に属する行為) B

次に、議院や内閣の自律権に属する行為は、権力分立の観点から、司法権の限界にあたり、裁判所による司法審査の対象から除外されると解されている。

この点に関する判例として、警察法無効事件がある。その事案の概要は次のとおりである。

国会で警察法の改正案が審議されていたところ、当該国会の会期を延長するか否かに絡んで、衆議院議場内が大混乱に陥った。議長は議場に入れず、議長席後方のドアをわずかに開けて指を2本出し「2日間延長」と叫ぶにとどまったが、与党はこれで会期延長決議が成立したとし、延長後の国会で警察法の改正案を可決した。この改正警察法にもとづき、大阪府議会が、警察費を計上した追加予算を可決したところ、府の住民が、国会の会期延長の議決は無効であって、かかる延長後の改正案の議決も無効であり、したがって改正警察法は無効であるとして、改正警察法にもとづく警察費の支出の差止めを求める住民訴訟を提起した。

この事件で、最高裁は、改正警察法は「両院において議決を経たものとされ適法な手続によって公布されている以上、裁判所は両院の自主性を尊重すべく同法制定の議事手続に関する……事実を審理してその有効無効を判断すべきでない」と判示した（**最大判昭和37・3・7**）。

議院での議事手続については、議院の自律権の尊重の見地から、裁判所の司法権は及ばないとしたわけである。

3　立法裁量・行政裁量に属する行為) B+

憲法・法律・行政の3者は、憲法を法律が具体化し、その法律を行政が具体化するという関係にある。

そして、かかる具体化に際しては、複数の選択肢が許容されていることが多い。そのうち、どの選択肢を選択するかは、原則として立法権や行政権に裁量権が認められる。

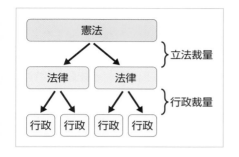

したがって、そうした立法権や行政権の裁量権に属する行為については、裁量権の濫用・逸脱があった場合のみ、裁判所はこれを違法と判断することができると解されている（行政事件訴訟法 30 条参照）。

4 統治行為 ） A ➡論証 49

ア 意義

統治行為とは、直接国家統治の基本に関する高度に政治性のある国家行為をいう。たとえば、日米安保条約の締結がその例である。

この統治行為については、法律上の争訟にあたる場合であっても、司法権の限界にあたり、司法審査の対象から除外されると解されている。これを、統治行為論という。

イ 砂川事件

統治行為論が最初に判例に登場したのは、日米安保条約の合憲性が争われた砂川事件（➡ 55 ページ 1 ）においてである。

この事件で、最高裁は、日米安保条約は高度の政治性を有するものであって、「一見極めて明白に違憲無効であると認められない限りは、裁判所の司法審査権の範囲外」のものであり、その合憲違憲の判断は「第 1 次的には……内閣および……国会の判断」に従い、「終局的には、主権を有する国民の政治的批判に委ねらるべきもの」であると判示した（**最大判昭和 34・12・16**）。

ただし、この砂川事件判決における統治行為論は、日米安保条約が一見極めて明白に違憲無効であると認められる場合には裁判所の司法審査が可能であるとしている点で、純粋な統治行為論ではなかった。

ウ 苫米地事件

ところが、その後に最高裁は、内閣による衆議院の解散の合憲性が争われた苫米地事件において、純粋な統治行為論を採用するに至った。

同事件において、最高裁は、「直接国家統治の基本に関する高度に政治性のある国家行為」は、「たとえそれが法律上の争訟となり、これに対する有効無効の判断が法律上可能である場合であっても、かかる国家行為は裁判所の審査権の外」にあり、その有効無効の判断は「主権者たる国民に対して政治的責任を負うところの政府、国会等の政治部門の判断に委され、最終的には国民の政治判断に委ねられている」としたのである。

　そして、「この司法権に対する制約は、結局、三権分立の原理に由来し、当該国家行為の高度の政治性、裁判所の司法機関としての性格、裁判に必然的に随伴する手続上の制約等にかんがみ、特定の明文による規定はないけれども、司法権の憲法上の本質に内在する制約と理解すべきものである」とした（**最大判昭和35・6・8**）。

　　苫米地事件判決は、権力分立ないし民主政の下における司法権の内在的制約として、統治行為論を説明しています。この点について、少し敷衍しておきましょう。
　　まず、国会は、国民による直接選挙で選ばれた国会議員によって構成されています（43条1項）。よって、国会には強固な民主的基盤があります。
　　また、内閣は、国会議員の中から国会の議決で指名された内閣総理大臣と、その内閣総理大臣が任命した国務大臣（しかもその過半数は国会議員です）とによって構成されています（67条、68条1項）。この点で、内閣も、やはり民主的基盤を有しているといえます。
　　そして、このように民主的基盤を有する国会や内閣は、高度の政治性を有する統治行為を担当する適任者といえます。
　　これに対し、裁判所は、民主的基盤が非常に弱い組織です。最高裁の裁判官は内閣が選び（6条2項、79条1項）、それ以外の裁判官は実質的に最高裁が選ぶことになっており（80条1項）、国民も国会も裁判官の選任には関与していないからです。
　　そして、このように民主的基盤が弱く、国民に対して政治責任を負わない裁判所は、統治行為という高度の政治性を有する行為の有効無効を判断する適任者とは到底いえません。かかる行為の有効無効の判断は、強い民主的基盤を有し、国民に対して政治責任を負っている国会・内閣という政治部門が担当し、最終的には主権者たる国民自身がその当否を選挙などを通じて判断するというのが、憲法の権力分立や民主政の理論からの要請といえます。それゆえ、統治行為は司法権の限界と解されているわけです。

エ　適用範囲（学説）

　以上の統治行為論については、統治行為の概念は不明確であり、それをみだりに認めることは法の支配に反するとの批判が強い。

　そこで、統治行為論をあくまでも例外中の例外として位置づけ、その適用範囲は限定的に解するのが妥当である（通説）。

　具体的には、①他の理論で司法権の限界を説明できる場合については、統治

行為論は用いるべきではない。たとえば、苫米地事件で問題となった内閣による衆議院の解散は、解散事由については内閣の裁量論、閣議決定については内閣の自律権の問題として説明するのが妥当である。

また、②統治行為論は民主政の理論をその論拠とするものである以上、民主政を支える人権である精神的自由権や選挙権の侵害を争点とする事件については、統治行為論は適用できないと解するべきである。

5 団体の内部事項) B+ →論証50

大学、政党、労働組合、地方議会などといった団体の内部紛争については、それが法律上の争訟にあたる場合であっても、司法権の限界にあたり、裁判所の司法審査の対象から除外されるのではないかという問題がある。

ア 部分社会の法理

この問題について、かつては、これらの団体を「一般市民社会の中にあってこれとは別個に自律的な法規範を有する特殊な部分社会」であると解し、「一般市民法秩序と直接関連しない純然たる内部紛争」は司法審査の対象から除外されるとする見解が有力だった。

この見解の法理を、部分社会の法理という。

イ 検討

かかる部分社会の法理は、「法秩序の多元性」をその根拠としている。

しかし、その実は、多元的な法的性質を有する団体を「部分社会」としてひとまとめにし、憲法上の根拠を明示することもなく、そこで発生する多様な紛争について司法審査を一般的・包括的に否定する理論であり、特別権力関係論（→89ページ **1**）がその装いを新たにして復活したものに等しいとの批判が強い。また、国民の裁判を受ける権利（32条）との関係でも問題がある。

そこで、今日の通説は、一般的・包括的な部分社会の法理を否定し、それぞれの団体の目的・性質（たとえば強制加入か任意加入かの区別）・機能や、その自律性・自主性を支える憲法上の根拠（たとえば地方議会は93条、大学は23条、政党は21条1項、労働組合は28条）などの相違に即し、かつ、紛争や争われている権利の性質などを考慮して、個別具体的に、司法審査の対象となるか、また

いかなる司法審査が求められるかを検討するべきと解している。

ウ　判例

最高裁は、かつては部分社会の法理を正面から採用していた（➡下記（ア）、（イ））。

しかし、最高裁は、政党の内部紛争について部分社会の法理を一部修正し（➡下記（ウ））、さらに近時では、地方議会の内部紛争について部分社会の法理を採用したかつての判例を変更するに至った（➡下記（カ））。

以下、重要な判例を見ていこう。

（ア）富山大学単位不認定事件

国立大学の単位不認定処分が争われた事件。

最高裁は、大学は「国公立であると私立であるとを問わず、……一般市民社会とは異なる特殊な部分社会を形成している」のであるから、「一般市民法秩序と直接の関係を有しない内部的な問題は……司法審査の対象から除かれるべきものである」とした。

そして、「単位の授与（認定）という行為は、学生が当該授業科目を履修し試験に合格したことを確認する教育上の措置であり、卒業の要件をなすものではあるが、当然に一般市民法秩序と直接の関係を有するものでないことは明らか」であるとし、「特段の事情のない限り、純然たる大学内部の問題として大学の自主的、自律的な判断に委ねられるべきものであって、裁判所の司法審査の対象にはならない」と判示した（**最判昭和52・3・15**）。

（イ）専攻科修了不認定事件

学生が専攻科修了の要件を充足したにもかかわらず、国立大学が専攻科修了の認定をしなかったことが争われた事件。判例の年月日は同じだが、上記（ア）の事件とは別の事件である。

最高裁は、「学生が専攻科修了の要件を充足したにもかかわらず大学が専攻科修了の認定をしないときは、学生は専攻科を修了することができず、専攻科入学の目的を達することができないのであるから、国公立の大学において右のように大学が専攻科修了の認定をしないことは、実質的にみて、一般市民としての学生の国公立大学の利用を拒否することにほかならないものというべく、その意味において、学生が一般市民として有する公の施設を利用する権利を侵

害するものである」とし、「本件専攻科修了の認定、不認定に関する争いは司法審査の対象になる」とした（最判昭和52・3・15）。

（ウ）共産党袴田事件

政党による党員に対する除名処分が争われた事件。

最高裁は、「政党は、政治上の信条、意見等を共通にする者が任意に結成する政治結社」であり、「国民がその政治的意思を国政に反映させ実現させるための最も有効な媒体であって、議会制民主主義を支える上においてきわめて重要な存在」であるから、「政党に対しては、高度の自主性と自律性を与えて自主的に組織運営をなしうる自由を保障しなければならない」とした。

そして、かかる政党の自主性にかんがみると、①「政党が党員に対してした処分が一般市民法秩序と直接の関係を有しない内部的な問題にとどまる限り、裁判所の審判権は及ばない」というべきであり、他方、②「右処分が一般市民としての権利利益を侵害する場合であっても、右処分の当否は、当該政党の自律的に定めた規範が公序良俗に反するなどの特段の事情のない限り右規範に照らし、右規範を有しないときは条理に基づき、適正な手続に則ってされたか否かによって決すべきであり、その審理も右の点に限られる」と判示した（**最判昭和63・12・20**）。

通常の部分社会の法理では、①「一般市民法秩序と直接関連しない純然たる内部紛争」は司法審査の対象から除外する一方で、②「一般市民法秩序と直接関連しない純然たる内部紛争にとどまらない」場合については、全面的に司法審査を及ぼしていきます。たとえば、大学の専攻科修了認定については、②の場合として、全面的に司法審査を及ぼしていくわけです（➡上記（イ））。

ところが、共産党袴田事件判決は、政党による党員に対する処分が「一般市民としての権利利益を侵害する場合」、すなわち②「一般市民法秩序と直接関連しない純然たる内部紛争にとどまらない」場合であっても、裁判所は処分の手続面についてしか審査しないとしています。この点はきわめて重要です。

たとえば、「党員に対して除名処分を出すには、当該党員に対して、事前に告知・聴聞の機会を与えなければならない」という内部ルールを定めている政党 X が、素行不良を理由として党員 A に対して除名処分を出したとしましょう。この場合であっても、裁判所は、事前に告知・聴聞の機会を与えたか否かという手続面は審理するものの、党員 A に素行不良があったか否かという実体面については審理しないというわけです。

この共産党袴田事件判決は、部分社会の法理を、政党の性質・役割に照らして修正したものと理解することができます。

（エ）地方議会議員発言取消命令事件（愛知県議会事件）

県議会議員 A の県議会での発言に対し、議長が発言の取消しを命じたため、

その命令の対象となった A の発言が議員等に配布される配布用会議録に掲載されなかった。そのため、A が、発言が配布用会議録に記載される権利を侵害されたとして、本件命令の取消訴訟を提起した事件。

最高裁は、「裁判所法 3 条 1 項にいう一切の法律上の争訟とは，あらゆる法律上の係争を意味するものではな」いとし、部分社会の法理を述べたうえで、発言が配布用会議録に記載される権利利益を否定し、「県議会議長により取消しを命じられた発言が配布用会議録に掲載されないことをもって，当該発言の取消命令の適否が一般市民法秩序と直接の関係を有するものと認めることはできず」、発言の取消命令の適否は「司法審査の対象とはならない」とした（最判平成 30・4・26）。

（オ）地方議会議員厳重注意処分事件（名張市議会事件）

公務である視察旅行に欠席した市議会議員 A に対し、市議会運営委員会が厳重注意処分を行ったところ、A が国家賠償法に基づき慰謝料を請求した事件。

最高裁は、「本件訴えは……法律上の争訟に当たり，適法」としつつも、「普通地方公共団体の議会の議員に対する懲罰その他の措置が当該議員の私法上の権利利益を侵害することを理由とする国家賠償請求の当否を判断するに当っては，当該措置が議会の内部規律の問題にとどまる限り，議会の自律的な判断を尊重し，これを前提として請求の当否を判断すべき」であるとしたうえで、国家賠償法上の違法性をみたさないとした（最判平成 31・2・14）。

（カ）地方議会議員出席停止事件（岩沼市議会事件）

市議会議員 A が，市議会から科された 23 日間の出席停止の懲罰が違憲，違法であるとして，その取消しを請求するとともに，議員報酬のうち本件処分による減額分の支払を請求した事件。

従来の判例は、部分社会の法理に立脚し、地方議会による議員に対する出席停止の懲罰は司法審査の対象外であるとしていた（**最大判昭和 35・10・19**）。

ところが、最高裁は、出席停止の懲罰が科されると「議事に参与して議決に加わるなどの議員としての中核的な活動をすることができず，……議員としての責務を十分に果たすことができなくなる」とし、このような出席停止の懲罰の性質や議員活動に対する制約の程度に照らすと、「出席停止の懲罰は，議会の自律的な権能に基づいてされたものとして，議会に一定の裁量が認められるべきであるものの，裁判所は，常にその適否を判断することができるというべ

きである」として、「普通地方公共団体の議会の議員に対する出席停止の懲罰の適否は，司法審査の対象となる」と判示し、従来の判例を変更した（最大判令和2・11・25）。

　なお、上記の従来の判例でも、地方議会による議員の除名処分については、「議員の身分の喪失に関する重大事項で、単なる内部規律の問題に止らない」とされ、司法審査が及ぶとされていた。この点は、現在でも妥当するものと解される。

【判例のまとめ】

①大学
・単位不認定　➡対象とならない
・専攻科修了認定　➡対象となる

②政党による党員の処分
・一般市民法秩序と直接の関係を有しない内部的な問題の場合　➡対象とならない
・一般市民としての権利利益を侵害する場合　➡当該処分が当該政党の規範または条理に照らして適正な手続に則ってされたか否かという手続面についてのみ対象となる

③地方議会
・発言の取消命令　➡対象とならない
　∵一般市民法秩序と直接の関係を有するものと認めることはできない
・厳重注意処分　➡対象となる
　※ただし、議会の自律的判断を尊重し、これを前提として請求の当否を判断する
・出席停止　➡対象となる（令和2年判例変更）
　※ただし、議会には一定の裁量が認められる
・除名処分　➡対象となる

---

3. 司法権の独立

1　意義　A

　公正な裁判を実現し、もって人権を保護するためには、司法権の独立が必要不可欠である。そのため、司法権の独立は、近代立憲主義の大原則として、日

本国憲法はもとより、諸外国の憲法においても広く認められている。

この司法権の独立には、2つの意味がある。

1つは、司法権が立法権・行政権から独立していることである（広義の司法権の独立、司法府の独立）。

もう1つは、裁判官が裁判をするにあたって独立して職権を行使することである（狭義の司法権の独立）。これは、裁判官の職権の独立ともいわれる。

そして、後者の裁判官の職権の独立こそが、司法権の独立の核心と解されている。

司法権の独立
- ①立法権・行政権からの独立（76Ⅰ）
- ②裁判官の職権の独立（76Ⅲ）
  ↑これが司法権の独立の核心

日本国憲法は、権力分立を採用して広義の司法権の独立を定めているのはもちろん（76条1項）、76条3項において「すべて裁判官は、その良心に従ひ独立してその職権を行ひ、この憲法及び法律にのみ拘束される」と定め、裁判官の職権の独立を宣言している。

2　内容　B⁺

76条3項のいう「良心」とは、裁判官個人の主観的な良心ではなく、裁判官としての客観的良心であると解されている（**最大判昭和23・11・17**参照）。

また、同項の「独立してその職権を行ひ」とは、他の何ものの指示・命令をも受けずに、自らの判断に基づいて裁判を行うという意味である。したがって、裁判官が裁判を行うに際しては、立法権や行政権からの指示・命令が排除されるのはもとより、裁判所内部の指示・命令も排除される。

> たとえば、上司たるベテラン裁判官が新米の裁判官を呼び出して、「あの事件については、これこれこういう判断をしなさい」などと指示することは、絶対に許されません。裁判官は、こと裁判という仕事に関しては、ベテランも新米も完全に対等なのです。
> ただし、特定の事件について上級審が下した判断は、下級審を拘束します（裁判所法4条）。たとえば、最高裁が原審たる高裁の判決を破棄し、高裁に事件を差し戻した場合は、高裁は、最高裁の判断に従って裁判をやり直さなければなりません。この点については、裁判官は裁判所法という「法律」（憲法76条3項）に拘束されているのであり、したがって裁判官の職権の独立には反しないと考えていいでしょう。

3　裁判官の職権の独立を確保するための制度　B+

　裁判官の職権の独立（76条3項）を確保するための制度としては、次の3つが重要である。

　　①罷免事由の限定（78条前段）
　　②相当額の報酬の保障と減額の禁止（79条6項、80条2項）
　　③行政機関による裁判官の懲戒の禁止（78条後段）

　①は、裁判官の罷免事由を限定し、裁判官の身分を保障することによって、職権行使の独立を確保する趣旨の規定である。

　具体的には、裁判官の罷免事由は、心身の故障による職務執行不能と、弾劾裁判所による弾劾裁判（➡313ページ**3**参照）に限定されている（78条前段）。この2つは覚えておこう。

　②も、裁判官の身分保障に関する規定である。ただし、行政公務員の給与の引き下げにあわせて、全裁判官の報酬を一律に減額することは許されると解されている。

　③について、裁判所による裁判官の懲戒は認められているが、懲戒の内容は、戒告または1万円以下の過料に限られる（裁判官分限法2条）。この懲戒処分は、裁判官分限法の定めに従い、裁判所による分限裁判によってなされる。

　なお、裁判官に対する懲戒処分が争われた事件として、寺西判事補事件と岡口判事ツイッター事件がある（➡212ページ**2**）。

4. 裁判所の組織

1　裁判所の種類　B

　憲法は、司法権を行使する裁判所を、最高裁判所と下級裁判所の2つに大別している（76条1項）。

現在、法律で定められた下級裁判所には、高等裁判所、地方裁判所、家庭裁判所、簡易裁判所の4種がある（裁判所法2条）。

事件は、一般的には、地方裁判所、高等裁判所、最高裁判所の順に上訴される（三審制）。

家庭裁判所は、家庭事件や少年事件の審判などを行うために特に設けられた裁判所であり、地方裁判所と同等の位置に立つ。

簡易裁判所は、少額軽微な事件を簡易かつ迅速に裁判する第1審裁判所である。

2 特別裁判所の禁止　B⁺

特別裁判所は、これを設置することができない（76条2項前段）。

この「特別裁判所」とは、特定の人または事件について裁判するために、通常の裁判所の系列から独立して設けられる裁判機関をいう。戦前の軍法会議がその典型である。

家庭事件や少年事件の審判などを行う家庭裁判所や、特許権などの知的財産に関する事件を専門に扱う知的財産高等裁判所（東京高等裁判所の特別の支部）は、その判断に不服がある場合は通常の裁判所に上訴することが可能であり、通常の裁判所の系列から独立しているわけではない。よって、「特別裁判所」にあたらない。

3 行政機関による終審裁判の禁止　B⁺

行政機関は、終審として裁判を行うことができない（76条2項後段）。

ア　前審としての行政審判

この規定により禁止されているのは、行政機関が「終審」として裁判を行うことだけである。

したがって、行政機関が前審として裁判を行うこと、すなわち、司法裁判所が事後的に行政機関の裁判を覆すことができるというかたちで行政機関が裁判を行うこと（行政審判）は、許される。

イ　行政機関による事実認定の拘束力

　この点に関して問題となるのが、「行政機関が認定した事実は裁判所を拘束する」という内容の法律の規定の合憲性である。

　たとえば、平成25年改正前の独占禁止法80条1項は、「公正取引委員会の認定した事実は、これを立証する実質的な証拠があるときは、裁判所を拘束する」と定めていた。このような規定が、憲法76条1項、同2項および32条に反し、違憲なのではないかが問題となるのである。

　この問題について、通説は、次のように解している。

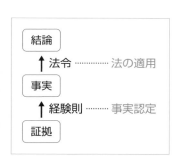

　まず、事実認定は法の適用の不可欠の前提であるから、司法権の作用には事実認定も含まれると解するべきである。

　したがって、行政機関の事実認定に裁判所が無条件に拘束されるとする法律の規定は、76条1項、同条2項および32条に反し、違憲である。

　もっとも、福祉国家の理念（25条以下）の下、専門技術的事項や迅速性が要求される事項については、行政機関による事実認定を尊重するのが適切である。

　そこで、①実質的証拠の有無の判断を裁判所が行うことを前提として、②実質的証拠が存する場合にのみ行政機関による事実認定に裁判所が拘束されると定める法律の規定（いわゆる実質的証拠法則）は、76条1項、同条2項および32条に反せず、合憲と解する。

　上記の旧独占禁止法80条1項についてみれば、同項では「実質的な証拠があるときは」裁判所を拘束すると定められており（②）、さらに同法80条2項では「前項に規定する実質的な証拠の有無は、裁判所がこれを判断するものとする」と定められていた（①）。したがって、同法80条1項は合憲といえよう。

4　最高裁判所の構成と国民審査　B+

ア　構成

　最高裁判所は、長官1名と判事14名から構成され（79条1項、裁判所法5条）、通常は5名からなる小法廷（第1から第3まで3つの小法廷がある）で審理・

裁判する。

　ただし、憲法適合性を判断するときや、判例を変更するときなど、一定の場合には、15名全員で構成する大法廷での裁判が必要である（裁判所法10条）。

　最高裁判所長官は、内閣の指名に基づいて、天皇が任命する（6条2項）。

　最高裁判所判事は、内閣が任命し、天皇が認証する（79条1項、裁判所法39条）。

　およそ最高裁判所裁判官には任期はないが、定年はあり、法律で定める年齢（現行法では70歳。裁判所法50条）に達したときに退官する（憲法79条5項）。また、次に説明する国民審査により、罷免されうる。

イ　最高裁判所裁判官の国民審査

（ア）時期と効果

　およそ最高裁判所裁判官は、①任命後に初めて行われる衆議院議員総選挙の際に国民によって審査され、②それから10年が経過した後に初めて行われる衆議院議員総選挙の際に再び国民によって審査され、③その後も同様に審査され続ける（79条2項）。

　この国民審査において、投票者の多数が裁判官の罷免を可とするときは、その裁判官は罷免される（79条3項）。なお、実際に罷免された最高裁判所裁判官は、未だ存在していない。

（イ）法的性質

　この国民審査の法的性質については、争いがある。

　国民審査は任命後に直ちに行われる場合もあることから、裁判官の任命を完成させる制度とする見解もあるが、すでに任命された裁判官に対するリコール制（解職制）と解するのが判例（**最大判昭和27・2・20**）・通説である。

（ウ）現行法の方式

　国民審査の方式については、現行法上、罷免を可とすべき裁判官に×印を付し、そうでない場合には何も記入しないという投票方式が採用されている（最高裁判所裁判官国民審査法15条1項）。

　国民審査をリコール制と解する判例・通説からは、積極的に罷免を可とする投票の数こそが最重要となることから、この現行法の制度は適当ということになろう。

5 最高裁判所の規則制定権) B⁺

ア 趣旨

最高裁判所は、訴訟に関する手続、弁護士、裁判所の内部規律および司法事務処理に関する事項について、規則を定める権限を有する（77条1項）。

この規則制定権に基づいて、民事訴訟規則や刑事訴訟規則、下級裁判所事務処理規則、裁判所傍聴規則などが定められている。

憲法が規則制定権を最高裁判所に認めた趣旨は、①権力分立の見地から裁判所の自主性を確保し、司法部内における最高裁判所の統制権と監督権を強化すること、および②実務に通じた最高裁判所の専門的な判断を尊重することにある。

ちなみに、77条1項は「弁護士……に関する事項」も規則で定めることができるとしているが、弁護士の資格に関するルールは、職業選択の自由（22条1項）にかかわるものであるから、法律で定めなければならない（➡58ページア）。したがって、「弁護士……に関する事項」とは、すでに弁護士となった者が、裁判所および訴訟事件にかかわる場合に関する事項をいうにとどまる（通説）。

イ 法律との関係 ➡論証51

最高裁判所規則と法律との関係については、まず、77条1項において規則で定めることができるとされている事項（規則事項）を、国会が法律で定めることができるのかが問題となるが、法律で定めることができると解するのが通説である。

そうすると、最高裁判所規則と法律とが競合し、かつ、両者が矛盾抵触するという事態が起こりうる。では、最高裁判所規則と法律が矛盾抵触する場合、いずれが優先されるのだろうか。

この点については、①41条の趣旨や、②法律が民主的な手続で定められた法規範であるのに対し最高裁判所規則は民主的な基盤のない法規範であることに照らし、法律が優先されると解するのが通説である。

6 最高裁判所の司法行政監督権) B

最高裁判所は、下級裁判所および裁判所職員を監督する（裁判所法80条1号）。

ただし、裁判官の職権の行使に対して干渉することは、もちろんできない（憲法76条3項 ➡ 356ページ **2**）。

7 下級裁判所の裁判官) B

　下級裁判所の裁判官は、最高裁判所の指名した者の名簿によって、内閣が任命する（80条1項本文前段）。なお、内閣が最高裁判所の意思に反して裁判官を任命しなかった例はないといわれている。

　下級裁判所の裁判官の任期は10年であり、再任されることができる（80条1項本文後段）。

　この「再任されることができる」という文言の意味については争いがあるが、裁判官に再任される権利があるという意味ではなく、再任は任命権者の裁量に委ねられていると解するのが実務の取扱いである。

　法律の定める年齢（現行法では、高裁・地裁・家裁の裁判官は65歳、簡裁の裁判官は70歳。裁判所法50条）に達した時は、定年により退官する（憲法80条1項ただし書）。

5. 裁判の手続

1 裁判の公開) B⁺

ア　公開の原則

　裁判の対審および判決は、公開法廷でこれを行う（82条1項）。

　「対審」とは、当事者を対立関与させて行う審理の場面のことである。この対審は、刑事訴訟においては公判手続、民事訴訟においては口頭弁論手続とよばれる。

　「判決」とは、対審を経た後に、当事者の申立てに対して裁判所が行う最終的判断のことである。刑事訴訟における有罪判決・無罪判決や、民事訴訟における請求認容判決・請求棄却判決などが、その典型である。

「公開」とは、一般人の自由な傍聴を認めるということである。

対審や判決の公開を定めた趣旨は、「裁判を一般に公開して裁判が公正に行われることを制度として保障し、ひいては裁判に対する国民の信頼を確保しようとすること」にある（レペタ事件判決 ➡下記**ウ**）。

イ 対審の非公開

以上の公開の原則には、例外がある。

すなわち、対審については、裁判所が、裁判官の全員一致で、公の秩序または善良の風俗を害するおそれがあると決した場合には、公開しないでこれを行うことができるのである（82条2項本文）。

ただし、この例外にはさらなる例外があり、「政治犯罪、出版に関する犯罪又はこの憲法第三章で保障する国民の権利が問題となつてゐる事件」の対審は、常にこれを公開しなければならない（82条2項ただし書）。この規定のいう「事件」とは、「政治犯罪、出版に関する犯罪」と並べて規定されていることから、刑事事件をいうと解されている。これらの事件の対審は、原則に戻って、必ず公開されるわけである。

なお、以上の対審と異なり、判決は、一切の例外がなく必ず公開される。

ウ 傍聴の自由と筆記行為の自由──レペタ事件

対審と判決の公開の原則（82条1項）に関連して問題となるのが、傍聴の自由や、法廷においてメモをとる行為に代表される筆記行為の自由が、人権として保障されているのかである。

最高裁は、傍聴人が法廷でメモをとるには裁判長の許可が必要とされていたことの合憲性が争われたレペタ事件において、次のように述べ、傍聴の自由や法廷においてメモをとる権利の保障を否定した。

ただし、知る権利が保障されることを認めたうえで、知る権利との関係において、筆記行為ないし法廷におけるメモ採取は、尊重されるべきであると判示した（**最大判平成1・3・8**）。

① 傍聴の自由・メモをとる自由の保障の否定

「憲法82条1項の規定は、裁判の対審及び判決が公開の法廷で行われるべきことを定めているが、その趣旨は、裁判を一般に公開して裁判が公正に行われ

ることを制度として保障し、ひいては裁判に対する国民の信頼を確保しようとすることにある。……右規定は、各人が裁判所に対して傍聴することを権利として要求できることまでを認めたものでないことはもとより、傍聴人に対して法廷においてメモを取ることを権利として保障しているものでない」。

② 知る権利の保障の肯定

「憲法21条1項の規定は、表現の自由を保障している。そうして、各人が自由にさまざまな意見、知識、情報に接し、これを摂取する機会をもつことは、その者が個人として自己の思想及び人格を形成、発展させ、社会生活の中にこれを反映させていく上において欠くことのできないものであり、民主主義社会における思想及び情報の自由な伝達、交流の確保という基本的原理を真に実効あるものたらしめるためにも必要であって、このような情報等に接し、これを摂取する自由は、右規定の趣旨、目的から、いわばその派生原理として当然に導かれる」。

③ 筆記行為ないし法廷におけるメモ採取の尊重

「筆記行為は、……さまざまな意見、知識、情報に接し、これを摂取することを補助するものとしてなされる限り、筆記行為の自由は、憲法21条1項の規定の精神に照らして尊重されるべきである」。

「傍聴人が法廷においてメモを取ることは、その見聞する裁判を認識、記憶するためになされるものである限り、尊重に値し、故なく妨げられてはならない」。

④ メモ採取の制限

「もっとも、……右の筆記行為の自由は、憲法21条1項の規定によって直接保障されている表現の自由そのものとは異なるものであるから、その制限又は禁止には、……厳格な基準が要求されるものではない」。「メモを取る行為がいささかでも法廷における公正かつ円滑な訴訟の運営を妨げる場合には、それが制限又は禁止されるべきことは当然である」。

しかし、「傍聴人のメモを取る行為が公正かつ円滑な訴訟の運営を妨げるに至ることは、通常はあり得ないのであって、特段の事情のない限り、これを傍聴人の自由に任せるべきであり、それが憲法21条1項の規定の精神に合致する」。

ただし、「事件の内容、傍聴人の状況その他当該法廷の具体的状況によって

は、傍聴人がメモを取ることをあらかじめ一般的に禁止し、状況に応じて個別的にこれを許可するという取扱いも、傍聴人がメモを取ることを故なく妨げることとならない限り、裁判長の裁量の範囲内の措置として許容される」。

2 裁判員制度) **B**

平成21 (2009) 年から実施されている裁判員制度では、一定の重罪事件について、一般の有権者の中からくじで選ばれた6名の裁判員と3名の職業裁判官とで裁判所を構成し、共同して有罪決定と量刑を行うこととされている。

この裁判員制度については、職業裁判官の職権行使の独立（76条3項）などに反し違憲とする見解もあるが、最高裁はこれを合憲としている（**最大判平成23・11・16**）。

【司法権に対する民主的コントロール】

裁判員制度は、司法権に対して国民からの民主的コントロールを及ぼすための手段の1つです。司法権といえども国家権力の作用の1つである以上、主権者たる国民からの民主的コントロールが認められるのは当然です。裁判員制度以外でも、最高裁判所裁判官の国民審査（79条2項）や、裁判の公開（82条）、国民からの批判（21条1項）などを通じて、司法権に対する国民からの民主的コントロールないし司法の民主化が図られることになります。

他方で、司法権の独立（76条1項、3項）を確保するべく、司法権に対する他の国家機関からのコントロールは、最低限のコントロールだけが許されています。具体的には、弾劾裁判所による弾劾裁判（64条参照）と、内閣による裁判官の指名・任命（6条2項、79条1項、80条1項）が許されているにとどまります。

第 5 章

憲法訴訟

1. 違憲審査制

1 意義 B

　違憲審査制とは、法令ないし国家行為が憲法に適合するかどうかを、特定の国家機関、とりわけ裁判所が審理判断する制度をいう。

　裁判所による違憲審査制の母国はアメリカであるが、実はアメリカ合衆国憲法には、裁判所の違憲審査権を明文で認めた規定はない。アメリカにおいては、1803 年のマーベリー対マディソン事件におけるマーシャル判事の判決を嚆矢とし、それ以降の判例の積み重ねによって、裁判所の違憲審査権が確立されていったのである。

　これに対し、日本国憲法は、裁判所の違憲審査権を明文で規定している（81条）。

2 違憲審査制の性格 A

　各国の憲法における違憲審査制には、大別して、①抽象的審査制と②付随的審査制の 2 つがある。

　①抽象的審査制とは、特別に設けられた憲法裁判所が、具体的な争訟と関係なく、抽象的に違憲審査を行う方式をいう。

　②付随的審査制とは、通常の裁判所が、具体的な訴訟事件を裁判する際に、その前提として事件の解決に必要な限度で、適用法条の違憲審査を行う方式をいう。

主として、ヨーロッパ大陸諸国では①が、アメリカでは②が採用されている。

3 違憲審査制の役割) B

　違憲審査制の役割には、各人の人権を裁判を通じて保障・実現するという個人の人権保障と、憲法に反する法令を否定することによって最高法規たる憲法を保全するという憲法保障とがある。

　このうち、①抽象的審査制は憲法保障との親和性が高く、②付随的審査制は個人の人権保障との親和性が高い。

	裁判所	違憲審査の場面	違憲審査制の役割との関係
抽象的審査制	特別の憲法裁判所	具体的な争訟と無関係に	憲法保障と親和的
付随的審査制	通常の裁判所	具体的な争訟において	個人の人権保障と親和的

4 日本国憲法の違憲審査制の性格) A+ ➡論証52

　では、日本国憲法81条は、抽象的審査制と付随的審査制のいずれを定めた規定なのだろうか。

　まず、裁判所の違憲審査権を定めた81条は、「第六章　司法」に規定されている。そして、司法権とは、具体的な争訟を裁定する国家の作用をいう（➡343ページ2）。

　したがって、81条は、付随的審査制を定めた規定であると解するのが妥当である。

　最高裁も、警察予備隊違憲訴訟において、同様の結論に立っている（➡52ページ（ア））。

　付随的審査制の下では、憲法保障という面は弱くなりがちですが、憲法保障を軽視していいわけではもちろんありません。そこで今日では、付随的審査制を前提としつつも、裁判所の審査範囲を拡大するという解釈（たとえば369ページ7や372ページ4など）を採用することなどによって、憲法保障をも実現しようと試みられています。

5 違憲審査の主体 B+ ➡論証53

最高裁判所が違憲審査権を有することは、81条から明らかである。

では、下級裁判所にも、違憲審査権が認められるのだろうか。

確かに、81条が「最高裁判所は」としていることからすれば、下級裁判所には違憲審査権は認められないとも思える。

しかし、およそ裁判官は、憲法と法律に拘束され（76条3項）、憲法を尊重し擁護する義務を負っている以上（99条）、法令が憲法に適合するか否かを判断することは、全ての裁判官の職責というべきである。

また、81条は「第六章　司法」の章にあるところ、司法権は最高裁判所のみならず下級裁判所にも属している（76条1項）。

よって、下級裁判所にも、違憲審査権が認められると解するのが妥当であろう。

判例も、同様の結論である（最大判昭和25・2・1）。

6 違憲審査の対象 A

81条は、違憲審査の対象として、「一切の法律、命令、規則又は処分」を挙げている。

では、この中に含まれていないものは、違憲審査の対象ではないのだろうか。

ア 条例

まず、地方公共団体がその自治権にもとづいて制定する自主法である条例（94条）は、「法律」に準ずるものとして、違憲審査の対象となると解されている。

イ 条約 ➡論証54

では、条約はどうか。前提問題を含めて検討しよう。

（ア）条約の国内法的効力

まず、そもそも条約に国内法的効力があるのかという問題がある。

この点について、国内法的効力を否定する見解もあるが、98条2項で条約尊重義務が定められていることや、条約には国会からの民主的コントロールも及んでいること（61条、73条3号ただし書）に照らせば、条約は、原則として特

別の立法処置を講ずることなしに国内法的効力を有すると解するべきである。

したがって、条約と憲法との矛盾抵触が生じうることになる。

（イ）憲法との形式的効力の優劣

では、条約と憲法の形式的効力は、どちらが優先するか。憲法の形式的最高法規性を定める98条1項に条約があげられていないことから問題となる。

この点について、98条2項ないしその精神などを根拠にして、条約が憲法に優位するとする見解もある。この見解からは、条約に対する違憲審査は、当然認められないことになる。

しかし、条約締結権は、憲法にその根拠を有する（73条3号）。とすれば、条約締結と国会の承認は、憲法の枠内でのみ許されると解するべきである。

また、条約が憲法に優位すると解すると、憲法改正の厳格な手続によらないで憲法改正が認められることになりかねず、国民主権原理（前文1項、1条）ないし硬性憲法（96条）の趣旨に反するおそれがある。

したがって、憲法が条約に優位すると解するべきである。

（ウ）違憲審査の対象か

では、条約は、違憲審査の対象となるか。

確かに、条約は81条に列挙されていない。

しかし、条約は、国内ではそのまま国内法として通用する以上、条約の国内法としての側面については、81条の「法律」に準ずるものといえる。

よって、条約の国内法としての側面については、違憲審査の対象となると解するべきである。

最高裁も、砂川事件判決（**最大判昭和34・12・16**）において、条約が違憲審査の対象となる余地を認めている（➡349ページ**イ**）。

7 客観訴訟における違憲審査 ）B

法律上の争訟性を前提としない客観訴訟（➡346ページ**ア**）において、裁判所が違憲審査権を行使することができるのかという問題がある。

客観訴訟は、具体的争訟ではない。そうだとすれば、客観訴訟における違憲審査は抽象的審査にあたり、憲法が採用している付随的審査制に反するのではないかが問題となるのである。

この点についての学説は多岐にわたるが、現行法上の客観訴訟は、国や地方

公共団体による具体的な行為を前提としている点で、実質的には法律上の争訟にかなり近い紛争といえる。そのため、客観訴訟において違憲審査権を行使することも許されると解しておけば足りよう。

2. 憲法判断の方法

1 憲法判断回避のルール B

ア 意義

付随的審査制の下では、基本的原則として、憲法判断回避のルールが適用されると解されている。

憲法判断回避のルールとは、憲法判断が回避できるときは、憲法判断を回避するべきだという準則をいう。

イ 恵庭事件札幌地裁判決

恵庭事件における札幌地裁判決（➡52ページ（イ））は、この憲法判断回避のルールを適用した例とされている。

前述のとおり、この事件は、恵庭町（北海道）に在住する被告人が、自衛隊演習用の通信線を切断したとして、自衛隊法121条の「武器、弾薬、航空機その他の防衛の用に供する物」の損壊罪で起訴された刑事事件である。

この事件で、被告人側は、自衛隊法121条が違憲無効であり、したがって被告人は無罪であると主張した。

しかし、札幌地裁は、被告人が切断したとされる演習用の通信線は、自衛隊法121条の客体にあたらず、よって被告人は無罪であるとし、自衛隊法121条の合憲性判断を回避した（札幌地判昭和42・3・29）。

つまり、自衛隊法 121 条という法律の解釈・あてはめという法律問題のレベルで被告人は無罪という結論が出る以上、自衛隊法 121 条の合憲性という憲法問題には立ち入らないという態度をとったわけである。

ウ　検討

　憲法判断回避のルールは、日本と同じ付随的審査制をとるアメリカの判例において形成されてきた理論であり、むげにこれを否定するべきではない。

　しかし、憲法判断回避のルールを絶対的なルールとしてとらえると、違憲審査制の憲法保障機能に反する場合が生じる。

　そこで、裁判所は、事件の重大性や違憲状態の程度、その及ぼす影響の範囲、事件で問題にされている権利の性質などを総合的に考慮し、十分理由があると判断した場合は、憲法判断回避のルールによらず、憲法判断に踏み切ることができると解するのが妥当である（通説）。

2　合憲限定解釈　Ａ

ア　意義

　合憲限定解釈とは、字義どおりに解釈すれば違憲になるかもしれない広汎な法文の意味を限定し、違憲となる可能性を排除することによって、法令の効力を救済する解釈をいう。

　憲法判断回避のルールは、憲法判断自体を回避するものであるのに対し、この合憲限定解釈は、憲法判断自体は行うものの、違憲判断を回避するものである。

イ　税関検査事件判決

　最高裁は、この合憲限定解釈をしばしば用いている。たとえば、税関検査事件判決（➡ 189 ページ（ア））が、その典型である。

　この事件では、税関検査が「検閲」（21 条 2 項前段）にあたるかが問題となったのに加え、関税定率法 21 条 1 項 3 号（当時）が『公安又は風俗を害すべき書籍、図画、彫刻物その他の物品』の輸入を禁じていたところ、かかる規定の中の『風俗』という文言が不明確であり、憲法 21 条 1 項に違反するのではないかが問題となった。

しかし、最高裁は、『風俗』という用語そのものの意味内容は、「性的風俗、社会的風俗、宗教的風俗等多義にわたり、その文言自体から直ちに一義的に明らかであるといえない」としつつも、「合理的に解釈すれば、右にいう『風俗』とは専ら性的風俗を意味し、右規定により輸入禁止の対象とされるのは猥褻な書籍、図画等に限られるものということができ、このような限定的な解釈が可能である」から、「右規定は、何ら明確性に欠けるものではなく、憲法21条1項の規定に反しない合憲的なもの」であると判示した（**最大判昭和59・12・12**）。

3　立法事実と司法事実　Ａ

　裁判所が、ある法律に関する憲法判断に立ち入る場合には、その法律の立法事実を検証することになる（その例外については ➡ 374 ページ **2**）。

　立法事実とは、法律の合理性を支える社会的・経済的事実をいう。

　国会は、立法事実にもとづいて法律を制定します。しかし、実はこの**立法事実の確証度**は、場合によって実にまちまちです。確実な社会科学データによって根拠づけられているものから、単なる憶測にすぎないものまで、様々なレベルの立法事実がありうるのです。

　そして、違憲審査の際に、厳格な違憲審査基準を用いる場合は、法律の根拠をなしている立法事実に高い確証度が要求されるのに対し、緩やかな違憲審査基準を用いる場合は、法律の根拠をなしている立法事実が推定されるものであればよいということになります。つまり、違憲審査基準は、①いかなる立法目的であり、またいかなる手段が採用されているのか、という点（➡ 98 ページ **2**）に加えて、②立法目的や手段の根拠となる立法事実に要求される確証度の程度、という2点において、分類することができるのです。

　また、たとえば女性再婚期間制限違憲判決（➡ 143 ページ **6**）において、女性の再婚禁止期間を定めた規定は、100 日を超える部分についてもその制定当時は合理性があったとしつつ、現在においては合理性がなくなったと判断されていることからもわかるとおり、立法事実というのは、**時代によって変化**することがあります。かつて合理的だった法律も、今日では合理性を失うということはありうるわけです。この点は重要ですから、しっかりと理解しておきましょう。

　なお、この立法事実と対になる概念として、司法事実がある。

　司法事実とは、当該事案において、誰が、誰に対して、何を、いつ、どこで、どのようになしたか、ということに関する事実をいう。

4　第三者の憲法上の権利の援用　Ｂ

　具体的な事件において、当事者は、特定の第三者の権利の侵害を理由として違憲を主張することができるのだろうか。

　この問題についての重要な判例として、第三者所有物没収事件がある。

この事件は、密輸した貨物を没収する旨の判決を受けた被告人が、その貨物の中に被告人以外の第三者Aの所有物がまじっていたため、貨物を没収する旨の判決は第三者Aの財産権（29条1項）を侵害し違憲であるとして争った刑事事件である。

　最高裁は、「被告人に対する附加刑である以上、没収の裁判の違憲を理由として上告をなしうることは、当然である。のみならず、被告人としても没収に係る物の占有権を剥奪され、またはこれが使用、収益をなしえない状態におかれ、更には所有権を剥奪された第三者から賠償請求権等を行使される危険に曝される等、利害関係を有することが明らかであるから、上告によりこれが救済を求めることができる」と判示した（**最大判昭和37・11・28**）。

　通説も、原則として特定の第三者の権利を援用することはできないとしつつも、①当事者の訴訟における利益の程度、②援用される憲法上の権利の性質、③援用者と第三者との関係、④第三者が独立に憲法上の権利侵害を主張する実際的可能性などを考慮して、援用が許される場合があると解している。

　なお、不特定の第三者の権利の援用については、①表現の自由に対する不明確または過度に広汎な制約の場合と、②刑罰法規が不明確な場合のみ、許されると解されている。

3. 違憲判断の手法と効力

1　法令違憲と適用違憲　　B

　裁判所が違憲と判断する場合の手法として、①法令違憲と②適用違憲がある。

　①法令違憲とは、法令に焦点を当て、法令それ自体を違憲とする手法をいう。

　この法令違憲には、法令の規定の全部を違憲・無効とする場合（たとえば、尊属殺重罰規定違憲判決 ➡ 137ページ **1**）と、法令の規定の一部だけを違憲・無効とする場合（たとえば、国籍法違憲訴訟判決 ➡ 139ページ **4**）とがある。

　②適用違憲とは、法令の適用を受ける当該事案における行為そのものに焦点

を当て、それが憲法上の保護の枠内であるのに法令は禁圧しようとしている場合、当該法令の適用を違憲とする手法をいう。

たとえば、猿払事件の第1審判決（旭川地判昭和43・3・25）は、問題となった郵便局員の行為（➡210ページ（ア））は憲法上の保護の枠内であると判断したうえで、そうであるにもかかわらずかかる行為に国家公務員法上の刑罰規定が適用されるため、その適用が違憲であると判断したものと考えられる。これが、適用違憲の典型である。

> 適用違憲について、少し補足しておきます。
> 法令の合憲・違憲が問題となった場合、裁判所は、まず①法令違憲か否かを審査します。そして、その審査の結果、法令の目的が合憲であり、手段も大部分において合憲的な範囲に属するという場合は、法令は違憲とせずに（すなわち法令違憲という判断を回避して）、②当該事案への適用が違憲なのではないかが審査されることがあるのです。これが、適用違憲という手法です。つまり、法令が違憲だというロジックを挟むことなく、しかも当該事案における当事者の人権を守るというオトナの手法が、適用違憲という手法なのです。
> そして、適用違憲という結論を導く場合は、まず、問題となっている行為が、憲法によって保障される範囲内にある行為であると認定します。次いで、かかる保障されるべき行為について、これを禁じるような法律の規定を適用することは許されない、と判断していくことになります。

2　文面上無効の判決　B

違憲判断の特殊な類型として、文面上無効の判決がある。

これは、立法事実を特に検出し論証することをせず、法律の文面を検討するだけで違憲の結論を導き出す場合をいう。

たとえば、ある法律の定める事前抑制の措置が「検閲」（21条2項前段）にあたるかどうかが争われる事件において、それが「検閲」にあたる場合には、当該法律の立法事実が何であるかを問わず、文面上無効の判決が出される。「検閲」は、絶対的に禁止されているからである（➡189ページ（ア））。

また、たとえば刑罰法規の明確性が争われる事件において、その刑罰法規が不明確である場合には、不明確性が合理的な合憲限定解釈によって除去されない限り、文面上無効の判決が出されることになる。

3　法令違憲の判決の効力　A+　➡論証55

最高裁判所による適用違憲の判決は、その事案における法令の適用が違憲と

して否定されるだけである。よって、その判決の効力は、当然、当該事案に限られる。

では、最高裁判所による法令違憲の判決は、どのような効力を有するのだろうか。

ア　一般的効力説

この点について、当該法令の効力を一般的に失わせる効力を有するとする見解がある。

すなわち、法令違憲の判決によって、その法令は一般的に無効となり、いわば法令集から削除されると解するわけである。

イ　個別的効力説（通説）

しかし、そのように解しては、裁判所が消極的な立法権をもつことになり、憲法が国会を「唯一の立法機関」（41条後段）としている趣旨に反する。

また、付随的審査制（➡366ページ**2**、367ページ**4**）においては、当該事件の解決に必要な限りで違憲審査が行われるにとどまる。

そこで、法令違憲の判決の効力は、当該事件に限って及ぶものと解するのが通説である。

たとえば尊属殺重罰規定である刑法200条を違憲とした判決（➡137ページ**1**）は、当該事件においてだけ刑法200条を無効とするにとどまります。かかる法令違憲判決の後でも、別の尊属殺事件との関係では、刑法200条は法律として有効なままなのです。国会が刑法200条を削除したのは、最高裁の違憲判決から実に20年以上を経た平成7年なのですが、それまでの間、刑法200条は、理論的には有効な規定として生き残り続けていたわけです。

このような個別的効力説の考え方は、私たちの素朴な感覚とはズレているのではないかと思います。こういう箇所については、答案でも間違えないように、特にしっかりと覚えておくことが必要です。

なお、いくら個別的効力説に立つといっても、最高裁が違憲と判断した以上、他の国家機関は、その最高裁の判断を十分尊重するのが望ましいということは、いうまでもありません。したがって、国会は、最高裁が違憲と判断した法律を速やかに改廃し、また、政府は、その法律の執行を差し控えるなどの措置をとることを、憲法は期待していると解されています。こうした観点からは、刑法200条を20年以上も削除しなかった国会の態度は論外であり、きわめて強い非難に値するというべきでしょう。

4. 判例の拘束力と変更

1 判決理由と傍論

　判例とは、広義ではおよそ裁判例のことをいうが、狭義では、判決の結論を導くうえで意味のある法的理由づけ、すなわち判決理由（レイシオ・デシデンダイ）のことをいう。

　判決文中、かかる判決理由と関係のない部分は、傍論（オビタ・ディクタム）とよばれる。

　最高裁による憲法判断には、先例として後の裁判所に対する事実上の拘束力があると解されているが、かかる拘束力を有するのは、判決理由の部分であると解されている。

2 判例の変更

　判例の変更も、十分な理由がある場合には可能である。

　判例を変更するには、大法廷によらなければならない（裁判所法10条）。

5. 立法行為を理由とする国家賠償請求訴訟 →論証56

1 問題の所在

　ある憲法上の権利を実現するために法律が必要であるのに、国会がそのような法律を制定しない場合がある。たとえば、外国に在住している日本国民が、日本の国政選挙において選挙権を行使するための法整備を、国会が行わないような場合がその典型である。

　このような立法の不作為によって権利の実現が妨げられている者が、権利の

救済を求める方法として、国会の立法不作為を理由とする国家賠償請求訴訟を提起するという方法が考えられる。

　また、国会が権利を侵害するような法律を制定し、そのために権利が侵害されている者が、その法律の制定行為、すなわち立法の作為を理由とする国家賠償請求訴訟を提起することも考えられる。

　以上のような、立法行為（作為または不作為）を理由とする国家賠償請求訴訟で原告が勝訴するためには、立法行為が「違法」（国家賠償法1条1項）といえなければならない。

　では、国会議員の立法行為は、いかなる場合に国家賠償法上「違法」となるのだろうか。

2　在宅投票制廃止事件

　この問題に関するリーディングケースは、在宅投票制廃止事件である。

　この事件は、国会が公職選挙法に定められていた在宅投票制度を廃止した後、在宅投票制度を設ける法改正をしなかったところ、身体の障害によって選挙権を行使できなかった原告が、かかる立法行為（廃止行為および不作為）は憲法15条1項などに違反し違法であるとして、国に対し精神的損害の賠償を求めた国家賠償請求事件である。

　この事件で、最高裁は、立法行為を国家賠償請求訴訟で争う途を事実上閉ざすような判決を出した。

　すなわち、「国会議員の立法行為……が同項〔国家賠償法1条1項〕の適用上違法となるかどうかは……当該立法の内容の違憲性の問題とは区別されるべきであり、仮に当該立法の内容が憲法の規定に違反する廉（かど）があるとしても、その故に国会議員の立法行為が直ちに違法の評価を受けるものではない」としたうえで、「国会議員の立法行為は、立法の内容が憲法の一義的な文言に違反しているにもかかわらず国会があえて当該立法を行うというごとき、容易に想定し難いような例外的な場合でない限り、国家賠償法1条1項の規定の適用上、違法の評価を受けない」と判示したのである（**最判昭和60・11・21**）。

3　在外国民選挙権事件

　ところが、その後の在外国民選挙権事件で、最高裁は態度を若干軟化させる。

この事件は、衆議院議員選挙の際、国外に居住していたため、当時の公職選挙法により選挙権を行使できなかった原告らが、国に対して精神的損害の賠償などを求めた事件である。

　最高裁は、①「立法の内容又は立法不作為が国民に憲法上保障されている権利を違法に侵害するものであることが明白な場合」や、②「国民に憲法上保障されている権利行使の機会を確保するために所要の立法措置を執ることが必要不可欠であり、それが明白であるにもかかわらず、国会が正当な理由なく長期にわたってこれを怠る場合」などには、「国会議員の立法行為又は立法不作為は、国家賠償法1条1項の規定の適用上、違法の評価を受ける」と判示し、国家賠償請求訴訟で争う途を若干拡大したのである（**最大判平成17・9・14**）。

　なお、最高裁は、以上の判旨は上記**2**の在宅投票制廃止事件判決と「異なる趣旨をいうものではない」としており、判例変更ではないとの立場をとっている。しかし、実質的な判例変更ととらえる見解が有力である。

4　女性再婚禁止期間違憲訴訟

　さらに、その後の女性再婚禁止期間違憲訴訟（➡143ページ**6**）において、最高裁は、「法律の規定が憲法上保障され又は保護されている権利利益を合理的な理由なく制約するものとして憲法の規定に違反するものであることが明白であるにもかかわらず，国会が正当な理由なく長期にわたってその改廃等の立法措置を怠る場合」は違法と判示した（**最大判平成27・12・16**）。

　すなわち、権利侵害が明白な場合（上記**3**の①の場合）についても、「正当な理由なく長期にわたって改廃等の立法措置を怠る」という要件を要求したわけである。

> 　以上の判例をまとめれば、「①立法の内容または立法不作為が**憲法上保障されている権利を侵害するものであることが明白**であり、または憲法上保障されている権利行使の機会を確保するために所要の**立法措置を執ることが必要不可欠でありそれが明白**であるにもかかわらず、②国会が**正当な理由なく長期にわたって所要の立法措置（改正・廃止・定立）を怠る**場合は、国家賠償法上違法となる」と表現することになるでしょう（私見）。

第 6 章

財政

1. 財政民主主義・財政国会中心主義　**B⁺**

1　意義

　財政とは、国家がその任務を行うために必要な財力を調達し、管理し、使用する作用をいう。

　国家が活動していくのに必要な金員は、結局、国民が負担しなければならない。そのため、国家の財政の運営は国民の重大な関心事であり、これに対して強い民主的コントロールを及ぼす必要がある。

　そこで、日本国憲法は、「第七章　財政」の冒頭である 83 条において、「国の財政を処理する権限は、国会の議決に基いて、これを行使しなければならない」と定め、国民代表機関である国会が中心となって財政処理にあたるという財政の基本原則を示している。この財政の基本原則を、財政民主主義または財政国会中心主義という。

2　具体化

　この財政民主主義・財政国会中心主義の原則は、歳入面については次に学ぶ租税法律主義（84 条）に、また歳出面については国費の支出や債務負担行為が国会の議決にもとづくことを要求する 85 条に、それぞれ具体化されている。

2. 租税法律主義

B⁺

1　意義

あらたに租税を課し、または現行の租税を変更するには、法律または法律の定める条件によることを必要とする（84条）。これを、租税法律主義という。

この84条は、「国民に対して義務を課し又は権利を制限するには法律の根拠を要するという法原則を租税について厳格化した形で明文化したもの」であり（後掲**最大判平成18・3・1**）、その趣旨は、「代表なければ課税なし」（アメリカ独立戦争のスローガン）という政治原理にある。

2　固有の意味の租税

租税とは、その固有の意味としては、「国又は地方公共団体が、課税権に基づき、その経費に充てるための資金を調達する目的をもって、特別の給付に対する反対給付としてでなく、一定の要件に該当するすべての者に対して課する金銭給付」をいう（後掲**最大判平成18・3・1**）。

そして、この固有の意味の租税は、その形式を問わず、84条の「租税」にあたる。

> 固有の意味の租税の一番のポイントは、「反対給付としてでなく」という部分です。
> 普段私たちは、なんらかの給付を受けた（または受ける）ことに対する対価としてお金を支払うのが通常です。たとえば、コンビニでおにぎりを譲ってもらうとか、予備校で講義を受けさせてもらうことの対価（すなわち反対給付）として、お金を支払っているわけです。
> これに対し、固有の意味の租税というのは、国から特定のサービスを受けたから支払う、という性質のものではありません。特定のサービスを受ける・受けないに関係なく、強制的に賦課徴収されてしまうのです。これが、「反対給付としてでなく」という文言の意味なのです。

他方、たとえば専売品の価格や各種の検定手数料は、特定の給付に対する反対給付の性格を有するため、固有の意味の租税にあたらず、また、84条の「租税」にもあたらない。

したがって、専売品の価格や各種の検定手数料は、必ずしも「法律又は法律

の定める条件によること」(84条) を要しない。

財政法3条は、専売品の価格や各種の検定手数料などについて、「法律又は国会の議決に基いて定めなければならない」と規定しているが、この財政法の規定は、憲法84条ではなく83条を踏まえたものと解されている。

3 国民健康保険税

では、税金の形式で賦課徴収される国民健康保険税は、84条の「租税」にあたるか。

確かに、国民健康保険税は、被保険者において保険給付を受け得ることに対する反対給付として徴収されるものであるから、固有の意味の租税にはあたらない。

しかし、最高裁は、「形式が税である以上は、憲法84条の規定が適用される」としている (後掲**最大判平成18・3・1**)。

> つまり、最高裁は、84条の「租税」には、①固有の意味の租税と、②固有の意味の租税ではないものの形式が税のもの、の2種類があると解していると考えていいでしょう。

4 租税法律主義の内容

租税法律主義からは、①課税要件および租税の賦課徴収の手続の法定と、②課税要件および租税の賦課徴収の手続の明確性が要求される。

このうち、①の法定主義に関する判例として、パチンコ球遊器事件がある。その事案の概要は次のとおりである。

まず、法律で「遊戯具」に対する課税が定められていたところ、パチンコ球遊器は、長らく「遊戯具」にあたらないと解されており、課税されてこなかった。ところが、通達 (上級行政庁が法令の解釈や行政の運営方針などについて下級行政庁に対してなす命令) によって、パチンコ球遊器も「遊戯具」にあたるとされ、課税対象とされるに至った。そのため、かかる課税処分は通達による課税として84条に反するのではないかが争われた。

しかし、最高裁は、「通達の内容が法の正しい解釈に合致するものである以上、本件課税処分は法の根拠に基く処分」であるとして、違憲ではないと判示した (**最判昭和33・3・28**)。

また、②の明確主義に関する判例としては、旭川市国民健康保険条例事件が重要である。項を改めて説明する。

5 旭川市国民健康保険条例事件

この事件は、旭川市が国民健康保険の保険料率を条例で定めず、市長の決定および告示に委任していることの合憲性が争われた事件である。

最高裁は、まず、国民健康保険税については、それが税の形式である以上84条の適用を受けるとしつつ（➡上記**3**）、国民健康保険料については、「憲法84条の規定が直接に適用されることはない」とした。

> 国民健康保険に関する金員は、保険税のかたちで賦課徴収される場合と、保険料のかたちで賦課徴収される場合があります。旭川市では、後者が採用されていました。
> そして、国民健康保険料は、特定の給付に対する反対給付ですから（➡上記**3**）、固有の意味の租税にはあたりません。また、税のかたちでもありませんから、およそ84条の「租税」にはあたりません。
> よって、84条が直接適用されることはないとされたわけです。

しかし、「国民健康保険は、保険料を徴収する方式のものであっても、強制加入とされ、保険料が強制徴収され、賦課徴収の強制の度合いにおいては租税に類似する性質を有するものであるから、これについても憲法84条の趣旨が及ぶと解すべきである」とした。

もっとも、「他方において、保険料の使途は、国民健康保険事業に要する費用に限定されているのであって、［国民健康保険］法81条の委任に基づき条例において賦課要件がどの程度明確に定められるべきかは、賦課徴収の強制の度合いのほか、社会保険としての国民健康保険の目的、特質等をも総合考慮して判断する必要がある」と判示した（**最大判平成18・3・1**）。

3. 予算

1 意義

　予算とは、一会計年度（憲法に明文はないが1年とするのが通説）における国の歳出歳入の予定的見積りを内容とする国の財政行為の準則をいう。

　この予算に従って、国の財政が運営されるわけである。

　憲法は、予算について、「内閣は、毎会計年度の予算を作成し、国会に提出して、その審議を受け議決を経なければならない」と定めている（86条）。この手続の流れは必須の知識である。

　国会の審議・議決については、衆議院に先議権や優越が認められている（60条 ➡ 319ページ**ア**、320ページ（**イ**））。

2 予算の法的性格　➡論証57

　予算の法的性格については争いがある。この論点は、国会の予算修正権（➡下記**4**）と関連する重要論点である。

　まず、明治憲法の下では、予算は歳入歳出の単なる見積もりであり、政府に対する法的拘束力を有しないとする見解（予算行政説）が支配的だった。

　これに対し、日本国憲法の下では、予算は政府に対して法的拘束力を有する法規範であると解されている。

　ただし、この見解の内部において、さらに①予算を法律の一種とみる予算法律説と、②予算を独自の法形式とみる予算法形式説が対立している。

　では、どちらの見解が妥当だろうか。

　まず、予算は、政府を拘束するのみで一般国民を拘束しない。また、予算の効力は一会計年度に限られる。これらの点で、予算は法律とは内容が異なる。

　また、予算の提出権は内閣に属し（73条5号、86条）、衆議院に先議権があり（60条1項）、衆議院の再議決制が認められていない（60条2項）など、予算は法律とは手続面も異なる。

　したがって、予算を法律と解する予算法律説は妥当でない。②の予算法形式

説が妥当であろう。

3　予算と法律の不一致

　予算と法律は、その成立までの手続が異なる。そのため、予算と法律との間に不一致が生じる場合がある。

　すなわち、①予算を必要とする法律が成立しているが、その法律の執行に必要な予算が不成立の場合や、②ある目的のために予算は成立しているが、その予算の執行を命ずる法律が不成立の場合がありうるのである。

> 　たとえば、政府が、自衛隊を強化するべく、現在の自衛隊法では認められていない新たな装備をアメリカから購入したいと考えたとします。その場合、装備の購入を実際に行うためには、自衛隊法の改正と、装備を購入するための予算が必要です。ところが、法改正と予算とでは、それぞれの成立に至るための手続が異なることから、一方は成立しているのに他方は成立していない、ということがありうるわけです。

　では、予算と法律の間に不一致が生じた場合、内閣はいかに対処するべきだろうか。

　まず、①法律成立・予算不成立の場合、内閣は法律を誠実に執行する義務を負っている以上（73条1号）、予備費の支出（➡次ページ **5**）などにより対処しなければならない。

　次に、②予算成立・法律不成立の場合は、内閣は法律が存在しない以上、支出を行うことができない。内閣としては、法律案を作成して国会に提出することになろう。ただし、国会は、その法律案を可決し法律を成立させる義務は負わないと解するべきである（通説）。

4　国会の予算修正権の有無・限界　　➡論証 58

　予算の議決権を有する国会が、予算に対して修正権をもつか、またもつとして限界があるか、という問題がある。

　減額修正と増額修正に分けて検討しよう。

ア　減額修正

　まず、減額修正については、①日本国憲法には予算の減額修正を制限する規定（明憲67条参照）がないことや、②財政国会中心主義（憲法83条）の趣旨、

さらに③「承認」（61条、73条3号ただし書）と比べて強い表現である「議決」（60条2項、86条）という文言が用いられていることに照らし、国会は減額修正をすることができ、かつその減額修正権に限界はないと解するべきである。

イ　増額修正

では、増額修正についてはどうか。

この点については、予算の法的性格をいかに解するかと関連する。

まず、予算を法律と解する予算法律説からは、国会は増額修正をすることができ、かつその増額修正権に限界はないことになる。

しかし、前述のとおり、予算法律説は妥当でない。法律と異なる独自の法形式として予算をとらえる予算法形式説が妥当である。

では、この予算法形式説からは、増額修正についていかに解するべきか。

まず、財政国会中心主義（83条）や「議決」（60条2項、86条）という強い表現に照らし、国会は増額修正をすることもできると解するべきである。

ただし、専門性・技術性に富む内閣に予算作成・提出権を専属させた73条5号の趣旨に照らし、かかる内閣の予算作成・提出権を損なうような増額修正、すなわち予算の同一性を損なうような大きな増額修正はできないと解するのが妥当である。

政府見解も、同様の立場である。

　　減額修正には限界がないのに、増額修正には限界があるというのは、一貫性に欠けるように思うかもしれません。
　　しかし、増額修正というのは、その程度が大きすぎると、実質的には新たな予算を作成したのと同じことになります。そして、そのような大きな増額修正＝新たな予算の作成を国会に認めると、憲法が内閣に予算の作成・提出権を専属させている趣旨を没却してしまいます。そのため、増額修正には一定の限界を認める見解が通説となっているのです。
　　他方、減額修正については、そもそも国会は内閣の作成した予算を否決する＝予算をゼロにすることもできるわけですし、また、使うお金を減らすというのは財政に対する民主的コントロールを重視する財政国会中心主義の趣旨に合致します。そのため、減額修正については、特に限界はないと解されているわけです。

5　予備費

予算と関連するものとして、予備費がある。

予備費は、予見しがたい予算の不足にあてるため、国会の議決にもとづいて

これを設けることができる（87条1項前段）。

予備費が設けられている場合、内閣は、内閣の責任で予備費を支出することができる（87条1項後段）。

そして、内閣が予備費を支出した場合、内閣は、事後に国会の承諾を得なければならない（87条2項）。

ただし、この国会の事後承諾を得られなくても、すでになされた支出の法的効果に影響はなく、内閣の政治責任の問題が生じるにとどまる（通説）。

4. 決算審査と財政状況の報告　B-

1　決算審査

決算とは、一会計年度における国の収入支出の実績を示す確定的係数書をいう。

かかる決算は、全て毎年会計検査院がこれを検査する（90条1項前段）。つまり、予算が執行された後に、違法な支出がなされていないかを会計検査院が毎年チェックするわけである。

そして、内閣は、次の年度に、決算と会計検査院の検査報告の両方を、国会に提出しなければならない（90条1項後段）。

これを受け、国会は決算を審査するが、国会が決算を承認しない場合でも、決算の効力には影響はなく、内閣の政治責任の問題が生じるにとどまる（通説）。

2　財政状況の報告

内閣は、国会および国民に対し、定期に、少なくとも毎年1回、国の財政状況について報告しなければならない（91条）。

5. 公金支出制限

憲法は、89条において、公金の支出を制限している。

1 89条前段

まず、89条前段は「宗教上の組織若しくは団体の使用、便益若しくは維持のため」の公金の支出を禁止している。

これは、政教分離の原則の財政面におけるあらわれである（➡162ページ **1**）。

2 89条後段

次に、89条後段は、「公の支配に属しない慈善、教育、若しくは博愛の事業」への公金の支出を禁じている。

したがって、たとえば私立大学という「教育……の事業」への助成金の支出は、私立大学が「公の支配」に属していないのであれば、89条後段に反し許されない。

他方、「公の支配」に属している慈善、教育、博愛の事業に対する公金の支出は、89条後段に反せず許される。

3 「公の支配」の意義 ➡論証59

では、89条後段における公金支出の要件である「公の支配」とは、いかなる意味なのだろうか。

この点については、89条後段の趣旨をいかに解するかと関連して、見解が対立している。

ア 自主性確保説

まず、89条後段の趣旨を、団体の自主性の確保にあると解したうえで、「公の支配」とは、当該団体の自主性を確保する必要がないほどの強度の支配をいうと解する見解がある。具体的には、人事権を公権力が有していることなどが必要と解するのである。

この見解からは、たとえば私立大学にはかかる強度の支配が及んでいるとはいえない以上、私立大学への助成金の支出は89条後段に反し、許されないことになる。

> 自主性確保説は、「金を出したら口も出したくなる」ということを前提として、「口を出さないようにする（＝団体の自主性を確保する）ために、そもそも金を出さない」というのが89条後段の趣旨なのだと解する見解です。
> したがって、「公の支配」に属しているということは、そうした89条後段の趣旨が妥当しない場合、すなわち「口を出してもいい」（＝団体の自主性を確保しなくてもいい）くらいに強く公権力が支配しているという場合を意味していると解することになるわけです。

イ 公費濫用防止説

しかし、公金支出の要件をそのように厳格に解しては、福祉国家の理念（25条以下）に反する。

そこで、89条後段の趣旨は、公費の濫用を防止することにあると解したうえで、「公の支配」とは、公費の濫用を防止しうる程度の支配をいうと解するのが妥当である。

具体的には、公権力が業務や会計の状況に関し報告を求めたり、予算について必要な変更をすべき旨を勧告したりする程度の監督権をもっていれば、「公の支配」が及んでいると解するわけである。

この見解からは、私立大学に対してもかかる程度の監督権は及んでいる以上、私立大学への助成金の支出は89条後段に反さず、許されることになる。

第 7 章

地方自治

1. 地方自治の意義　　　　　　　　　　　　　B⁺

　明治憲法には、地方自治に関する規定はなく、法律や勅令のレベルで地方自治が定められていたにとどまる。

　これに対し、日本国憲法は、第8章で地方自治を定め、地方自治を厚く保障している。

1　法的性質

　地方自治の法的性質については、①地方自治は国法に由来する法律上の制度にすぎず、法律によって地方自治制度を廃止することも可能とする見解（国法伝来説・承認説）や、②自然人に自然権・固有権としての人権があるのと同様に、地方公共団体には自然権・固有権としての自治権があり、憲法の地方自治の規定はこれを確認したものとする見解（固有権説）もある。

　しかし、通説は、③地方自治を制度的保障と解している。判例も同様である（前掲**最判平成 7・2・28 ➡** 76 ページ b）。

2　地方自治制度の核心──地方自治の本旨

　地方自治を制度的保障と解した場合、法律によっても侵すことのできない核心（➡ 70 ページ **1**）が何かが問題となるが、通説は、92条のいう「地方自治の本旨」が地方自治制度の核心であると解している。

　この「地方自治の本旨」は、住民自治と団体自治という2つの要素からなる。住民自治とは、地方自治が住民の意思に基づいて行われるという民主主義的

要素をいう。

　団体自治とは、地方自治が国から独立した団体に委ねられ、団体自らの意思と責任の下でなされるという自由主義的・地方分権的要素をいう。

> 　この2つの要素は、団体自治→住民自治の順で考えると理解しやすいと思います。
> 　まず、地方自治は、国ではない団体に委ねられます。国からの手出し・口出しを排除するわけです。これが団体自治です。
> 　もっとも、かかる団体自治を前提としても、国以外の誰の意思にもとづいて団体が行動するのかという問題がさらに生じます。この点について、たとえばその地方の有力者などの意思にもとづいて行動するのではなく、その地方に住む住民たちの意思にもとづいて行動するのだというのが、住民自治なのです。

2. 地方公共団体の組織　　B

1　議会と長

　「地方公共団体」には、議会が設置される（93条1項）。

　ただし、地方自治法では、町と村は、条例で、議会をおかず、選挙権を有する者の総会を設けることができるとされている（地方自治法92条）。より住民自治に資することから、この地方自治法の規定は合憲と解してよい。

　「地方公共団体」の長、議会の議員などは、住民の直接選挙によって選ばれる（憲法93条2項）。

　議員だけでなく、行政権の担い手である長も直接選挙によって選ばれることから、地方自治では大統領制・首長制（➡329ページ1）が採用されているといえる。ただし、地方自治法では、議院内閣制的な仕組みも一部導入されている（地方自治法178条）。

2　憲法上の「地方公共団体」

ア　二段階制の保障

　現在の地方自治法では、市町村と都道府県という二段階の地方公共団体が定

められているが、こうした二段階の地方公共団体が憲法上保障されているのか
については争いがある。

　通説は、憲法制定当時に存在していた市町村と都道府県という二段階の地方
公共団体を前提として憲法が地方自治を保障したという歴史的背景に照らし、
憲法は、二段階の地方公共団体を保障していると解したうえで、現行の都道府
県を維持するか、それとも都道府県を廃止してより広域的な「道州」へと再編
するかは、立法政策の問題と解している。

　いいかえれば、現行の市町村と都道府県は、ともに憲法上の「地方公共団
体」にあたるものの、市町村を維持しつつ、都道府県をより広域な道州へと再
編することも、その道州において住民自治・団体自治が保障されている限り、
憲法上可能と解しているわけである。

イ　東京都特別区

　東京都特別区（いわゆる23区）が、憲法上の「地方公共団体」にあたるかに
ついては争いがある。

　仮に憲法上の「地方公共団体」にあたるのであれば、特別区の区長は、住民
の直接選挙によって選ばれなければならない（93条2項）。

　ところが、最高裁は、法改正により区長の公選制を廃止したことの合憲性が
争われた事件において、憲法上の「地方公共団体」といえるためには「単に法
律で地方公共団体として取り扱われているということだけでは足らず、事実上
住民が経済的文化的に密接な共同生活を営み、共同体意識をもっているという
社会的基盤が存在し、沿革的にみても、また現実の行政の上においても、相当
程度の自主立法権、自主行政権、自主財政権等地方自治の基本的権能を附与さ
れた地域団体であることを必要とする」としたうえで、東京都特別区はこの基
準にあたらないから憲法上の「地方公共団体」にあたらないとして、区長の公
選制を廃止しても違憲ではないと判示した（**最大判昭和38・3・27**）。

　しかし、今日では東京都特別区もこの判決のいう要件を満たしており憲法上
の「地方公共団体」にあたる、とする見解が有力である。

3　直接民主制的制度

　「地方自治は民主主義の学校」ともいわれるように、地方自治においては、住

民による長や議員の直接選挙（93条2項）に加え、直接民主制的制度が広く認められている。

ア　地方特別法の住民投票

　まず、95条は、「一の地方公共団体のみに適用される特別法は、法律の定めるところにより、その地方公共団体の住民の投票においてその過半数の同意を得なければ、国会は、これを制定することができない」とし、国会単独立法の原則の例外を定める。

　その主たる趣旨は、地方公共団体の自治権の侵害の防止にある。

（ア）「一の地方公共団体」

　「一の地方公共団体」とは、1つの地方公共団体という意味ではなく、特定の地方公共団体という意味である。

　よって、特定複数の地方公共団体に適用される法律にも、95条は適用されうる。

（イ）特定の地方公共団体を有利に扱う法律

　95条の趣旨に照らし、特定の地方公共団体を有利に扱う法律には、95条は適用されず、住民投票は不要と解されている。

（ウ）地方公共団体の組織・運営・権能とは関係がない法律

　また、特定の地方公共団体の地域を対象とする法律であっても、国の事務や組織について規定し、地方公共団体の組織、運営、権能に関係がないものは、95条は適用されないと解されている。

　たとえば、北海道開発法は、国の施策や国の機関についての法律であるから、95条は適用されず、住民投票は不要である。

（エ）単なる地域

　国法（憲法・法律）上の地方公共団体にあたらない単なる地域は、95条の「地方公共団体」にあたらない。

　たとえば、秋田県の八郎潟の干拓によって新たに設置された大潟村について村長および村議会を暫定的におかないことを定めた「大規模な公有水面の埋立てに伴う村の設置に係る地方自治法等の特例に関する法律」には、95条は適用されず、住民投票は不要である。

イ　地方自治法上の直接民主制的制度

　地方自治法では、住民による条例の制定・改廃の請求（74条）、監査の請求（75条）、議会解散の請求（76条）、議員・長の解職の請求（80条、81条）が定められている。

ウ　法律による住民投票制の導入

　近時、原発施設や米軍基地の受入れの是非などについて、地方公共団体が住民投票を実施する例が増えている。

　現在の地方自治法では、かかる住民投票の結果に法的拘束力は認められていない。しかし、これを改正して、長・議会に対する法的拘束力を認めることも、住民自治の見地から、憲法上許されると解されている。

3. 地方公共団体の権能　A

1　事務の処理等

　地方公共団体は、その財産を管理し、事務を処理し、行政を執行する権能を有する（94条前段）。

2　条例の制定

　地方公共団体は、法律の範囲内で条例を制定することができる（94条後段）。

ア　意義

　条例とは、地方公共団体がその自治権に基づいて制定する自主法をいう。議会の議決した条例のほか、長や各種委員会の制定する規則もこれに含まれる。

　条例の制定には、国の法令による委任は不要である。

イ 条例で制定できる事項

条例で制定できる事項は、地方公共団体の事務に関する事項に限られる。

ウ 法律留保事項 →論証 29 参照

財産権の制限（29 条 2 項）、罰則（31 条）、租税（84 条）については、明文で「法律」に委ねられている。そのため、これらの法律留保事項を条例で制定することができるのかという問題がある。

最高裁は、罰則の制定について、条例で罰則を制定するには法律からの委任が必要という立場を前提としつつ、その委任は、命令への委任の場合（73 条 6 号ただし書）とは異なり、「相当な程度に具体的であり、限定されておればたりる」としている（**最大判昭和 37・5・30**）。

これに対し、通説は、議会の議決した条例は民主的立法であり、法律に準ずるものである以上、法律留保事項も、法律の委任なくして条例で制定することができると解している（財産権について →233 ページ**ア**）。通説が妥当であろう。

エ 「法律の範囲内」の判断基準——上乗せ・横出し条例の有効性 →論証 60

条例は、「法律の範囲内」で制定できるにとどまる（94 条後段）。

これは、条例の制定に法律の委任が必要という趣旨ではなく、条例と法律が矛盾抵触した場合に、法律が優先されるという趣旨である。

この点に関して重要な論点となるのが、いわゆる上乗せ・横出し条例の有効性である。

上乗せ条例とは、国が法令で定める規制基準よりも厳しい基準を定める条例をいい、横出し条例とは、国が法令で規制している対象事項以外の事項について規制する条例をいう。

これらの上乗せ・横出し条例は、「法律の範囲内」といえるのだろうか。その判断基準が問題となる。

最高裁は、徳島市公安条例事件（→187 ページ**イ**）において、「条例が国の法令に違反するかどうかは、両者の対象事項と規定文言を対比するのみでなく、それぞれの趣旨、目的、内容及び効果を比較し、両者の間に矛盾抵触があるかどうかによってこれを決しなければならない」という基準を示した。この基準はぜひ覚えておこう。

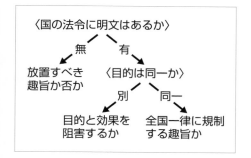

そして、①「ある事項について国の法令中にこれを規律する明文の規定がない場合でも、当該法令全体からみて、右規定の欠如が特に当該事項についていかなる規制をも施すことなく放置すべきものとする趣旨であると解されるときは、これについて規律を設ける条例の規定は国の法令に違反することとなりうる」し、逆に、②「特定事項についてこれを規律する国の法令と条例とが併存する場合でも、後者が前者とは別の目的に基づく規律を意図するものであり、その適用によって前者の規定の意図する目的と効果をなんら阻害することがないときや、両者が同一の目的に出たものであっても、国の法令が必ずしもその規定によって全国的に一律に同一内容の規制を施す趣旨ではなく、それぞれの普通地方公共団体において、その地方の実情に応じて、別段の規制を施すことを容認する趣旨であると解されるときは、国の法令と条例との間にはなんらの矛盾牴触はなく、条例が国の法令に違反する問題は生じえない」とした（**最大判昭和 50・9・10**）。

オ　平等原則との関係

最後に、条例によって他の地域との取扱いに差異が生じることが、平等原則（14 条 1 項）に反するのではないかという問題がある。

最高裁は、「憲法が各地方公共団体の条例制定権を認める以上、地域によって差別を生ずることは当然に予期されることであるから、かかる差別は憲法みずから容認するところであ」るとし、取扱いに差異が生じても違憲ではないと判示している（**最大判昭和 33・10・15**）。

第 8 章

憲法保障と憲法改正

1. 憲法保障の諸類型 　　　　　　　　　　　　　　 B

　憲法の崩壊を招く政治の動きを事前に防止し、またはこれを事後に是正して、憲法の最高法規性を確保するしくみを、憲法保障という。

　明文のある憲法保障制度として、硬性憲法（96条）や公務員の憲法尊重擁護義務（99条）、違憲審査制（81条）がある。

　また、明文のない憲法保障制度として、抵抗権（➡22ページ ア）や国家緊急権があげられることがある。

　国家緊急権とは、戦争・内乱・恐慌・大規模な自然災害など、平時の統治機構をもっては対処できない非常事態において、国家の存立を維持するために、国家権力が立憲的な憲法秩序を一時停止して非常措置をとる権限をいう。抵抗権は国民の権利であるのに対し、国家緊急権は国家権力の権限である。

　明治憲法では、緊急命令の権（明憲8条）、戒厳宣告の権（明憲14条）、非常大権（明憲31条）が定められていたが、日本国憲法には、国家緊急権に関する規定はない。

　この国家緊急権は、国家存亡の危機において憲法の保持を図るものであるという点では憲法保障の面を有するが、逆に緊急事態を名目として憲法秩序を破壊する方向で濫用される危険を常にはらんでいる。そのため、仮に憲法を改正し、国家緊急権を認めるとしても、実効的な統制の方策を定めることが必要不可欠と解されている。

2. 憲法改正

B

1 憲法改正の手続

憲法改正の手続は、大きくいえば、①国会による発議→②国民投票での国民の承認→③天皇による公布、という3つの手続からなる（96条）。

ア 国会による発議

国会による「発議」とは、国民に提案される憲法改正案を国会が決定することをいう。

かかる国会の発議には、各議院において、その総議員の3分の2以上の賛成が必要である（96条1項前段）。出席議員ではなく、総議員の3分の2以上の賛成が必要とされている点に注意しよう。

「総議員」の意味については、法定議員数とする見解と、法定議員数から欠員を引いた現在議員数とする見解が対立しているが、手続に慎重さを求める見地から、法定議員数とする見解が有力である。

各議院の議員は、議院への発案（原案あるいは修正案の提出）をすることできる。ただし、国会法では、議院への発案の要件として、衆議院においては議員100人以上、参議院においては議員50人以上の賛成が必要と定められている（国会法68条の2、68条の4）。

内閣が議院への発案をすることができるかについては争いがあるが、法律案とは異なり、これを否定する見解が有力である。

イ 国民投票での国民の承認

国民による承認には、「特別の国民投票又は国会の定める選挙の際行はれる投票において、その過半数の賛成を必要とする」（96条1項後段）。

「過半数」の意味については、有権者総数の過半数、投票総数の過半数、有効投票総数の過半数のいずれかが争われてきたが、平成19年に成立した「日本国憲法の改正手続に関する法律」では、有効投票総数の過半数とされている

（同法126条1項、98条2項）。

　また、同法は、国民投票の投票権者を「日本国民で年齢満18年以上の者」としている（同法3条）。

ウ　天皇による公布

　かかる国民の承認を経たときは、「天皇は、国民の名で、この憲法と一体を成すものとして、直ちにこれを公布する」（96条2項、7条1号）。

2　憲法改正の限界

　通説は、憲法改正には限界があると解している。

　問題は、具体的に何が憲法改正の限界にあたるのかであるが、通説は次のように解している。

　まず、①国民主権は憲法改正の限界にあたり、君主主権に変更することはできない。なぜなら、憲法改正により、憲法改正権の基盤である国民主権を変更することは、いわば憲法改正権の自殺行為だからである。

　次に、②憲法改正国民投票制も憲法改正の限界にあたり、これを廃止することはできない。なぜなら、これを廃止すると国民主権の原理をゆるがすことになるからである（➡35ページ**ウ**参照）。

　また、③人権宣言の基本原則は、憲法の中の根本規範というべきものであるから、やはり憲法改正の限界にあたり、これを改変することはできない。

　さらに、④平和主義の原則も、人権保障や国民主権と不可分に結びついていることから、憲法改正の限界にあたる。したがって、たとえば侵略戦争を許容する憲法改正は許されない。ただし、戦力の不保持を定める9条2項を改正することは、必ずしも平和主義の原則と矛盾しないため、可能と解されている。

論証カード

1　法の支配とは、専断的な国家権力の支配（人の支配）を排斥し、権力を法で拘束することによって、国民の権利・自由を擁護することを目的とする原理であって、英米法の根幹をなすものである。

　　その内容としては、①憲法の最高法規性の観念、②権力によって侵されない個人の人権、③法の内容・手続の公正を要求する適正手続、④権力の恣意的行使をコントロールする裁判所の役割に対する尊重があげられる。

2　日本国憲法は、かかる法の支配を採用しているものと解される。なぜなら、①第10章において憲法の最高法規性を定め、②11条・97条において不可侵の人権を保障し、③31条において適正手続を要求し、④第6章（特に81条）において裁判所の役割を尊重しているからである。

3　この法の支配と、大陸法系の形式的法治国家の原理とは、法によって権力を制限しようとする点においては共通するが、以下の2点において、両者は本質的に異なる。

　　まず、①法の支配における「法」には内容の合理性が要求され、人権の観念とも密接に結びついているのに対し、形式的法治国家にいう「法」は、内容とは関係のない形式的な法律にすぎない。

　　また、②法の支配は、民主主義と結合するのに対し、形式的法治国家は、いかなる政治体制とも結合しうる形式的な観念にすぎない。

備考：戦前のドイツは、形式的法治国家の原理を採用していたが、現在では、法の合理性を要求する実質的法治国家の原理を採用している。かかる実質的法治国家の原理は、法の支配とほぼ同じといえる。

論証 2　外国人の人権享有主体性　　A　➡74ページ1

　外国人にも人権の保障が及ぶか。

　確かに、憲法第3章の表題は「国民の」となっている。

　しかし、人権は通常、前国家的・前憲法的性格を有する（11条、97条）。また、憲法は、国際協調主義（前文3項、98条2項）を採用している。

　そこで、権利の性質上日本国民のみをその対象としていると解されるものを除き、外国人にも人権の保障が及ぶと解する。

備考：①具体的には、➡75ページ2以下を参照。
　　　②未成年者については、日本国民である以上当然に人権は保障されるが、心身ともに未だ発展の途上にあり判断能力が未熟であるため、心身の健全な成長を図るための特別の制約に服すると解されている(15条3項参照)。

永住資格を有する外国人に地方レベルの選挙権を付与する法律の合憲性が問われた事案　**B**⁺

1　仮に、憲法上、外国人に地方レベルの選挙権（15条1項）が保障されているのであれば、本件法律はかかる権利を具体化するものにすぎず、当然に合憲である。

　　では、憲法上、外国人に地方レベルの選挙権が保障されているか。

〔論証2　外国人の人権享有主体性〕入る

　　しかし、国民主権原理（前文1項、1条）に照らせば、選挙権は権利の性質上日本国民のみをその対象としていると解するべきであり、したがってまた、93条2項の「住民」は日本国民たる住民を意味すると解するべきである。

　　よって、憲法上、外国人に地方レベルの選挙権は保障されていないと解する。

2　では、外国人に地方レベルの選挙権を付与する本件法律は違憲か。

　　確かに、国民主権原理に照らせば、かかる法律は違憲とも思える。

　　しかし、主に外交・国防・幣制などを担当する国政と、住民の日常生活に密接な関連を有する公共的事務を担当する地方公共団体の政治・行政とでは、国民主権原理とのかかわりの程度に差異があるというべきである。

　　そして、憲法が地方自治を制度として保障し（第8章）、その本旨として住民自治・団体自治を保障していることに照らせば（92条）、永住者等に法律で地方レベルの選挙権を付与することは、憲法上許容されていると解する。

　　よって、本件法律は合憲である。

備考：国政レベルの選挙権については、国民主権の原理に照らし、憲法上保障されず、かつ法律による付与も禁止されていると解される。

論証 4　外国人の政治活動の自由　A　➡ 80 ページイ

【外国人の人権享有主体性を論述したうえで】
　では、政治活動の自由は、権利の性質上外国人にも保障されるか。
　まず、政治活動の自由は、精神的自由権たる表現の自由（21条1項）の一環をなすものであるところ、精神的自由権は、前国家的・自然権的権利である。また、外国人による政治的見解も、日本の民主主義において有益な場合がある。
　よって、その性質上、外国人にも保障されうると解する。
　ただし、政治活動の自由は参政権の行使にかかわるものであるところ、参政権は国民主権原理（前文1項、1条）にもとづき日本国民にのみ認められる。
　そこで、外国人の政治活動の自由は、わが国の政治問題に対する不当な干渉にならない範囲で認められるにとどまると解する。

備考：政治活動をしたことが、在留期間の更新の際に消極的な事情としてしんしゃくされないことまでの
　　　保障は与えられない(マクリーン事件判決)。

論証 5　団体の人権享有主体性　A　➡ 82 ページ 1

　法人にも人権の保障が及ぶか。
　確かに、本来人権は個人の権利である以上、その主体は自然人に限られるとも思える。
　しかし、法人は、社会において自然人と同じく活動する実体であり、特に現代社会における重要な構成要素である。
　そこで、権利の性質上可能な限り、法人にも人権の保障が及ぶと解する。

備考：具体的には、➡ 83 ページ 2 を参照。

論証 6 　被収容者の人権制限 　B⁺ 　➡ 90 ページ **2**

　刑事収容施設の被収容者も「国民」であるから、人権が保障される。

　もっとも、憲法は、刑事収容施設被収容関係の存在と自律性を認めている（18 条、31 条参照）。

　よって、被収容者に対しては、特別の人権制約が許されうると解する。

備考：①被収容者の居住・移転の自由(22 条 1 項)に対する制限は、法律の根拠を要しない。
　　　②被収容者の人権に対する特別の制約は、拘禁の確保、戒護、受刑者に対する矯正教化といった
　　　　目的を達成するためのものでなければならない。

論証 7 　私人間効力 　A 　➡ 104 ページ **3**

　憲法の人権規定が私人間にも適用されるか。

　確かに、憲法は対国家原理であり、また、私人間では私的自治の原則が妥当する以上、憲法の人権規定が私人間に直接適用されることはないと解される。

　しかし、現代社会においては、強大な社会的権力を有する私人による人権侵害の危険がある。

　そこで、私法の一般条項を憲法の趣旨を取り込んで解釈・適用することにより、間接的に私人間の行為を規律するべきである。

備考：①理由付けは「私的自治の要請と人権保障の要請との調和」といった程度で十分な場合が多い。
　　　②近時では無適用説(非適用説)も有力である(➡ 106 ページ **4**)。

論証 8　新しい人権（一般的行為自由説）　B　➡118ページア

　〔明文なき自由〕は、憲法上の人権として保障されるか。新しい人権を認める根拠および要件を
いかに解するべきかが問題となる。
　そもそも、個人の自由は広く保護されなければならない。
　そこで、13条後段は、広く生活領域に関する一般的行為の自由を保障しているものと解する。
　そして、かかる自由の行使の態様として、〔明文なき自由〕も保障されると解する。

論証 9　新しい人権（人格的利益説）　A　➡118ページイ

　[明文なき自由] は、憲法上の人権として保障されるか。
　この点については、社会・経済の変動に法的に対応する必要性や、人権の固有性（11条、97
条）に照らし、人格的生存に不可欠な利益については、13条後段により新しい人権として認めら
れると解する。
　本件でみるに…［以下、あてはめ］。

備考：人権とはいえない場合は、平等原則違反と構成して争うことが多い。

論証 10　プライバシー権　A　→ 119 ページ 1

　いわゆるプライバシー権が憲法上保障されるか。

　まず、社会・経済の変動に法的に対応する必要性および人権の固有性（11条、97条）に照らし、人格的生存に不可欠な利益は、13条後段により人権として保障されると解する。

　そして、個人情報が行政機関に集中的に管理されている現代社会においては、個人情報を自己の意思に反して取得・利用・開示されない利益、および個人情報の閲読・訂正・抹消を求める利益も、人格的生存に不可欠といえる。

　そこで、かかる2つの利益を包含する趣旨で、自己に関する情報をコントロールする権利としてのプライバシー権が、13条後段により保障されると解する。

備考：個人の道徳的自律に直接かかわる情報（プライバシー固有情報）に加え、個人の道徳的自律に直接
　　　かかわらない個別的情報（プライバシー外延情報）も、マスターキーないし索引情報として機能しう
　　　る以上、プライバシー権の保障範囲に含まれる（→ 120 ページ 2）。

論証 11　「法の下に平等」の意義　A　→ 131 ページ 1、133 ページイ

　本件法律は、平等原則（14条1項）に反し、違憲ではないか。

　まず、「法の下に」とは、法適用の平等だけでなく、法内容の平等をも意味すると解する。なぜなら、法内容が平等でなければ、個人の尊重（13条前段）が無意味に帰するからである。

　次に、13条前段を受けて14条が規定されていることから、「平等」とは、各人の事実的・実質的差異を前提として、同一の事情と条件の下では均等に取り扱うという相対的平等を意味すると解する。

　したがって、合理的な差別は14条1項に反せず、許される。

備考：合理的な「差別」という用語に違和感を覚える場合は、合理的な「区別」と表記してもよい。

性別による差別を定めた法律の合憲性　　　　　　Ａ

　本件法律は、性別による差別を定めている。そこで、14 条 1 項に反し、無効なのではないか。

〔論証 11　「法の下に平等」の意義〕入る

　したがって、合理的な差別は許される。

　では、合理的な差別か否かをいかに判断すべきか。

　14 条 1 項後段は、民主主義や個人主義の理念に照らし原則として不合理な差別の事由を例示列挙したものと解される。

　したがって、かかる列挙事由による差別については、違憲性を推定し、①目的がやむにやまれぬ必要不可欠な公共の利益であり、②手段が必要最小限度である場合に限って合憲と解するべきである。

　本件法律は、「性別」による差別を定めているから、上記の基準で検討するに、… [以下、あてはめ]。

備考：①後段列挙事由にあたる場合でも、アファーマティブ・アクションの場合は、審査基準を緩める場合がある(➡ 146 ページのコラム)。
　　　②後段列挙事由にあたらない場合は、区別事由や、区別がかかわる権利等を総合的に考慮して、審査基準をセレクトする。
　　　③判例は、後段列挙事由は単なる例示と解している。また、区別事由と区別がかかわる権利等を総合的に考慮して、審査密度のレベルを設定するという態度をとっている。

A に謝罪広告を強制する判決の合憲性　　　　　　　　**B**⁺

　A に謝罪広告を強制する本件判決は、A の思想・良心の自由（19 条）を侵害し、違憲なのではないか。謝罪広告を強制されない自由が、19 条によって保障されるかが問題となる。

　まず、19 条のもつ高位の価値を維持するべく、19 条の保障する思想・良心とは、個人の人格形成活動に関連のある内心の活動をいい、一般道徳上・常識上の事物の是非・善悪の判断はこれに含まれないと解するべきである。

　よって、単に事態の真相を告白し陳謝の意を表明するに止まる程度であれば、19 条の保障の範囲外であり、判決でこれを強制しても合憲と解する。

　本件でみるに… [以下、あてはめ]。

A 市が体育館を建設するに際して、公金を使って神主をよび神道式の地鎮祭を行った事案　　　　**A**⁺

　A 市の行為は、憲法上禁止されている「宗教的活動」（20 条 3 項）にあたり、違憲なのではないか。

　同項は、20 条 1 項後段とともに政教分離の原則を定めた規定である。そして、同原則の趣旨は、国家と宗教との分離を制度として保障することにより、間接的に信教の自由（20 条 1 項前段、2 項）の保障を確保しようという点にある。

　この趣旨に照らせば、憲法は国家と宗教の完全な分離を理想としているものと解するべきである。

　もっとも、国家と宗教とのかかわり合いを一切排除することは不可能に近く、また様々な不都合が生じうる。

　そこで、「宗教的活動」とは、①行為の目的が宗教的意義をもち、②その効果が宗教に対する援助・助長・促進または圧迫・干渉等になる行為をいうと解する。

　本件でみるに… [以下、あてはめ]。

備考：①あてはめでは、行為者の主観だけでなく、一般人の評価や一般人に与える影響などをも考慮して、社会通念に従って客観的に判断する。
　　　②空知太神社事件判決のように、89 条前段に反するかというフレームの中で、「諸般の事情を考慮し、社会通念に照らして総合的に判断」してもよい。

論証 15　教師の教育の自由　B⁺　➡ 171 ページ **3**、280 ページ **4**

　教育は、生徒等の心身の発達に応じて行われる学問的実践であるから、23 条により、初等中等教育機関の教師にも、一定の教育の自由が認められると解される。

　もっとも、①児童生徒には教育内容を批判する能力が欠如していること、②学校や教師を選択する余地が乏しいこと、③教育の機会均等の見地からも全国的に一定の水準を確保すべき要請があることに照らし、国も、必要かつ相当な範囲で教育内容を決定できるというべきである。

　ただし、子供が自由かつ独立の人格として成長することを妨げるような国家的介入は、26 条、13 条の規定からも許されないと解する。

備考：教育の自由の根拠条文については、26 条説や、23 条+ 26 条説などもある。

論証 16　営利広告の自由　➡ 179 ページ **1**

法律により、営利広告が制限されている事案　A

　本件法律は、営利広告の自由を侵害し、違憲ではないか。

　まず、営利広告の自由が保障されるかが問題となるが、国民一般が営利広告を通じて様々な情報を受け取る重要性に照らし、21 条 1 項により保障されると解する。

　そして、本件の法律は、かかる営利広告の自由に対する制約にあたる。

　では、本件制約は許されるか。

　営利広告の自由は、自己統治の価値を有さないのに加え、虚偽・誇大な広告に流れやすい、その内容の真偽の判定が容易である、萎縮効果が働かない、などの特徴がある。

　そこで、通常の表現の自由とは異なり、厳格性をやや緩和した基準で審査するべきである。具体的には、①目的が十分に重要で、②目的と手段との間に実質的関連性がある場合には合憲と解する。

　本件でみるに… ［以下、あてはめ］。

政府の原子力政策に抗議する意図で首相官邸前の路上に座り込んでいるＡが、公道上に座り込む行為を禁止する道路交通法 76 条 4 項 2 号・120 条 1 項 9 号に違反したとして起訴された事案　　**A**

1　本件法律は、Ａの表現の自由（21 条 1 項）を侵害するものとして、違憲ではないか。

(1)　まず、Ａの行為が表現の自由として保障されるかが問題となるが、①それが意見表明のために行われ、②受け手もそのように理解している場合には、表現の自由として保障されると解する。

　　本件でみるに、Ａは、政府の原子力政策に抗議するという意見表明のために本件行為を行っている（①）。また、受け手もそのように理解していたものと思われる（②）。

　　よって、表現の自由として保障される。

(2)　そして、本件法律は、Ａとの関係では、表現の自由の制約にあたる。

(3)　では、かかる制約は許されるか。

　　確かに、表現の自由は、自己実現・自己統治の価値を有する。また、思想の自由市場を支える人権であるところ、規制により萎縮効果が生じやすい。したがって、厚い保護が必要なのが原則である。

　　しかし、本件法律は、交通の安全の確保をその目的とするものであり、表現の自由に対する制約としては付随的・間接的制約にとどまる。

　　そこで、厳格性をやや緩和した基準で審査するべきである。具体的には、①目的が十分に重要で、②目的と手段との間に実質的関連性がある場合には合憲と解する。

　　本件でみるに…［以下、あてはめ］。

ヘイト・スピーチを処罰する法律の合憲性。なお、明確性には触れなくてよい　　B⁺

1　本件法律は、表現の自由（21 条 1 項）を侵害するものとして、違憲ではないか。

(1)　まず、本件法律が規制する言論が、表現の自由として保障されるか。

　　仮に、これを表現の自由の保障範囲に属さない無価値表現と解すると、本来憲法上保障されるべき表現まで憲法の保障の外におかれてしまう可能性があり、また、かかる表現に対して萎縮効果が生じるおそれもある。

　　そこで、本件法律が規制する言論も、表現の自由として保障されると解する。

(2)　そして、本件法律は、かかる表現の自由の制約にあたる。

(3)　では、かかる制約は許されるか。

　　確かに、表現の自由は、自己実現・自己統治の価値を有する。また、思想の自由市場を支える人権であるところ、規制により萎縮効果が生じやすい。

　　しかし、本件法律が規制するようないわゆるヘイト・スピーチは、①マイノリティの構成員の尊厳を傷つける、②差別を助長するおそれがある、③マイノリティからの反論を封じ込める効果があるため思想の自由市場による是正も機能しづらい、という特徴を有する。

　　そこで、厳格性をやや緩和した基準で審査するべきである。具体的には、①目的が十分に重要で、②目的と手段との間に実質的関連性がある場合には合憲と解する。

　　本件でみるに… ［以下、あてはめ］。

備考：性表現や名誉毀損、プライバシー侵害なども、同様に表現の自由によって保障されると解してよい。

表現の自由を規制する法律の内容が不明確な事案　A

【21 条 1 項により保障される行為が、本件法律によって制限されていることを認定】

　では、本件法律は合憲か。

　表現の自由を規制する法律の内容が不明確な場合、その不明確性は、表現行為に対して萎縮効果を生じさせ、思想の自由市場に反することになる。

　そこで、表現の自由を規制する法律が明確性に欠ける場合は、その法律は文面上無効と解するべきである（漠然ゆえに無効の法理）。

　そして、明確か否かは、通常の判断能力を有する一般人の理解において、具体的場合に当該行為がその適用を受けるものかどうかの判断を可能ならしめるような基準が読みとれるかどうかによって判断すべきである。

　禁止される事前抑制のうち、憲法は、「検閲」について特に明文でこれを禁止している（21 条 2 項前段）。

　では、本件措置は「検閲」にあたるか。

　憲法は、21 条 1 項とは別にあえて 2 項前段を設けている。このことからすれば、1 項から当然に導かれる広い意味での事前抑制の禁止と、2 項前段が特に禁止する「検閲」とを区別するのが妥当である。

　そこで、「検閲」とは、行政権が主体となって、思想内容等の表現物を対象とし、その全部または一部の発表の禁止を目的として、対象とされる一定の表現物につき網羅的一般的に、発表前にその内容を審査した上、不適当と認めるものの発表を禁止することをいい、例外なく絶対的に禁止されているものと解する。

　本件でみるに…［以下、あてはめ］。

備考：あてはめについては、189 ページのコラムを参照。

北方ジャーナル事件の事案　　　　　　　　　　　　　　Ａ

　裁判所による本件差止めは、21 条 2 項前段が禁止する「検閲」にはあたらない。

　もっとも、表現行為に対する事前抑制そのものにあたる。そこで、21 条 1 項の表現の自由を侵害するものとして、違憲なのではないか。

　まず、およそ表現行為に対する事前抑制は、①思想の自由市場に反するのに加え、②事後制裁の場合よりも規制の範囲が広汎にわたりやすく、③実際上の抑止的効果も事後制裁の場合より大きい。よって、厳格かつ明確な要件のもとにおいてのみ許容されると解する。

　そして、本件のごとき公職選挙の候補者に関する表現行為は、一般に公共の利害に関する事項についての表現であり、私人の名誉権に優先する社会的価値を含むものといえる。

　よって、かかる表現行為に対する事前差止めは、原則として許されないと解する。

　もっとも、①表現内容が真実でなく、またはそれがもっぱら公益を図る目的のものでないことが明白であって、かつ、②被害者が重大にして著しく回復困難な損害を被るおそれがあるときは、例外的に事前差止めが許されると解する。

　そして、①②の要件の充足が明らかである場合を除き、原則として、③口頭弁論または債務者の審尋を行い、表現内容の真実性等の主張立証の機会を与えなければならないと解する。

　本件でみるに…［以下、あてはめ］。

　いわゆる知る権利は、憲法上保障されるか。明文がなく問題となる。

　確かに、21 条 1 項は、文言上は情報の送り手を念頭においている。

　しかし、マスメディアの発達・独占によって情報の送り手と受け手が分離し、大多数の国民は情報の受け手に固定化された現代社会にあって、表現の自由を送り手の自由ととらえるだけでは不十分である。

　また、情報がもつ意義も、現代社会においては飛躍的に増大している。

　そこで、21 条 1 項を受け手の側から再構成し、同項は、情報の受け手の自由である「知る権利」をも保障していると解するべきである。

　備考：最高裁も、①よど号ハイジャック新聞記事抹消事件判決において、「新聞紙、図書等の閲読の自由」が憲法 19 条、21 条および 13 条の趣旨により保障されるとし、また、②レペタ事件判決において、「各人が自由にさまざまな意見、知識、情報に接し、これを摂取する」自由が憲法 21 条から当然に導かれる、としている。

論証 23　報道の自由・取材の自由　A　➡ 201 ページア、イ

1　報道の自由も、表現の自由（21 条 1 項）により保障されるか。
　　確かに、報道は事実を知らせるものであり、特定の思想を表明するものではない。
　　しかし、報道の前提として編集という知的作業が行われるし、報道機関の報道は国民の知る権利に奉仕するという重要な意義をもつ。
　　よって、報道の自由は表現の自由の保障に含まれると解する。
2　では、取材の自由は保障されるか。
　　博多駅事件最高裁決定は、報道が正しい内容をもつためには、報道のための取材の自由も、21 条の精神に照らし十分尊重に値すると述べるにとどまる。
　　しかし、報道は取材・編集・発表という一連の行為により成立するものであり、取材は表現の自由として保障される報道にとって不可欠の前提をなすものであるから、取材の自由も報道の自由の一環としてより積極的に保障すべきである。
　　よって、取材の自由は報道の自由に含まれ、21 条 1 項により保障されると解する。

備考：博多駅事件最高裁決定の立場で書いてもよい。

論証 24　取材の自由と公正な裁判　➡ 201 ページウ

刑事事件において、裁判所が報道機関に取材テープの提出命令を出した事案　A

本件の提出命令は、報道機関の取材の自由を侵害し、違憲ではないか。

〔論証 23　報道・取材の自由〕入る

　もっとも、報道・取材の自由も、公正な裁判の実現（32 条、37 条 1 項）という憲法上の要請による必要最小限度の制約に服するものと解する。
　そして、必要最小限度の制約か否かは、①犯罪の性質・態様・軽重、および取材したものの証拠としての価値ひいては公正な裁判を実現するにあたっての必要性と、②取材の自由が妨げられる程度および報道の自由に及ぼす影響等とを比較衡量して判断するべきである。

備考：捜査機関による差押えが行われた事案では、「公正な裁判の実現に不可欠である適正迅速な捜査の遂行という要請」が取材の自由に対する制約の根拠となる。

論証 25　公共施設の利用を要求できる権利　B⁺　➡217ページイ

　　集会は、様々な意見や情報を受領し、また表明するための有効な手段であるから、民主主義においてきわめて重要である。

　　そして、集会には、そのための場所が不可欠であるが、私人が集会に適した場所を所有していることはまれである。

　　そこで、集会の自由（21条1項）は、本来の自由権的側面に加え、公共施設の管理者たる公権力に対して公共施設の利用を要求できる権利をも含んでいるものと解するべきである。

備考：「普通地方公共団体……は、正当な理由がない限り、住民が公の施設を利用することを拒んではならない」と定め、また「普通地方公共団体は、住民が公の施設を利用することについて、不当な差別的取扱いをしてはならない」と定める地方自治法244条は、集会の自由の「公権力に対して公共施設の利用を要求できる権利」たる側面を具体化するものといえる。

集団行進につき許可制を採用している A 市条例の合憲性　　**B**⁺

1　本件条例は、集団行進の自由を侵害し違憲なのではないか。

(1)　まず、集団行進は動く集会といえることから、集団行進の自由は集会の自由（21 条 1 項）により保障されていると解する。

(2)　そして、本件条例は、かかる集団行進の自由に対する制約にあたる。

(3)　では、本件条例は合憲か。

　ア　確かに、集団行進は、純粋な言論と異なり一定の行動を伴うことから、他者の権利と矛盾・衝突する可能性が高い。

　　　しかし、集団行進の自由は、対外的に意見を表明するための有効な手段であり、また、民主政の過程に関与していくという自己統治の価値を有するきわめて重要な人権である。

　　　そこで、かかる自由に対する制約は、①その目的が必要不可欠で、②手段が必要最小限度の場合にのみ合憲と解する。

　イ　これを本件条例でみるに、①その目的は公衆が道路・公園等を利用する利益を確保し、また、集団行進の重複・競合による混乱を回避することにある。かかる目的は必要不可欠といえる。

　　　しかし、②かかる目的を達成しうる手段としては、事前の届出制で足りる。そうだとすれば、許可制を採用する公安条例は、実質的には届出制といえる場合に限って合憲というべきである。

　　　本件条例は、許可基準が明確であり、かつ不許可事由が厳格に限定されている。また、裁判による救済手続も整っている。さらに、許可の推定条項もある。よって、実質的には届出制といえ、最小限度の手段といえる。

2　したがって、本件条例は合憲である。

備考：①中間審査基準を用いてもよい。

　　　②法律の根拠の有無のレベルで、条例による人権制約の可否を論じることがある。

論証 27　営業の自由　A ➡ 224 ページ 2

　自己の選択した職業を遂行する自由、すなわち営業の自由は憲法上保障されるか。
　確かに、22 条 1 項は、文言上は職業選択の自由を保障するのみである。
　しかし、職業は、人が自己の生計を維持する継続的活動であるとともに、社会の存続と発展に寄与する活動でもあり、また、自己のもつ個性を全うすべき場でもある。
　かかる職業の重要性に照らせば、22 条 1 項は、職業選択の自由のみならず、営業の自由をも保障しているものと解するべきである。

備考：この職業の重要性は、規制の態様や目的とともに、違憲審査基準のセレクトにおける 1 つの考慮事由となる。

論証 28　29 条 1 項の保障内容　A ➡ 232 ページ 1

　日本国憲法は、29 条 1 項において「財産権は、これを侵してはならない」としつつも、2 項においては「財産権の内容は……法律でこれを定める」としている。そこで、1 項は何を規定したものなのかが問題となる。
　この点については、29 条 1 項の憲法規範としての意義に照らし、同項は①個人が現に有する具体的な財産上の権利を人権として保障し、また、②個人が財産権の主体となりうるという私有財産制を制度として保障したものと解する。

論証 29　財産権の条例による制約　A ➡ 233 ページア

　条例により財産権（29 条 1 項）を制限することはできるか。
　確かに、29 条 2 項は、「法律」による制限を予定している。
　しかし、①議会が制定した条例は民主的立法であり（93 条 2 項、94 条参照）、法律に準ずるものといえること、および②地域の特性に応じた財産権規制が必要な場合もあることに照らし、議会が制定した条例による制限は許されると解する。

備考：罰則の制定(31 条)や租税(84 条)についても、法律の委任なく条例で制定することができると解するのが通説である(➡ 394 ページウ)。

論証 30　損失補償　B⁺　➡ 236 ページウ

1　「正当な補償」の要否を判断する基準をいかに解するべきか。

　　29 条 3 項の趣旨は、財産権保障の帰結としての財産価値の保障、および平等原則にある。

　　かかる趣旨に照らし、公用収用の場合であると財産権規制の場合であるとを問わず、特別の犠牲にあたる場合には、「正当な補償」が必要と解する。

　　具体的には、①特定の個人ないし集団に対する、②受忍すべき限度を超えた財産権の本質的内容を侵すほど強度な侵害の場合は、特別の犠牲にあたり、「正当な補償」が必要と解する。

2　そして、かかる 29 条 3 項の趣旨に照らし、「正当な補償」とは、客観的な市場価格の完全補償をいうものと解する。

3　なお、補償は、必ずしも財産の収用等に先立ち、またはこれと同時的に支払われる必要はないものと解する。

4　では、法律に補償規定が設けられていない場合、憲法 29 条 3 項を直接根拠にして補償を請求することができるか。

　　29 条 3 項は、私有財産を公共のために用いた場合の救済規定である。

　　したがって、当然に 29 条 3 項を直接の根拠として、補償を請求することができると解する。

備考：①土地の公共性から、土地の利用規制（cf. 剥奪）は補償は不要とされることが多い。

　　　②「公共のために用いる」とは、不特定多数人に利益をもたらすために、私有財産の収用等を行うことをいう。したがって、収用された土地が特定の私人に移転する場合でも「公共のために用いる」にあたりうる。

論証 31　31 条の保障内容　B⁺　➡ 241 ページア

　　31 条の保障内容をいかに解するべきか。

　　確かに、31 条は、文言上は手続の法定を要求するにとどまる。

　　しかし、アメリカの適正手続条項の解釈、および人権の手続的保障の強化という見地に照らし、31 条は、手続の法定・適正および実体の法定・適正の 4 つを要求していると解するべきである。

　　そして、手続の適正として、刑罰を受ける者に対し事前の告知・弁解・防御の機会を与えることが、また、実体の法定・適正として、刑罰法規の明確性が、それぞれ要求されると解する。

事前の告知、弁解、防御の機会を与えずに、行政処分をすることが
できる旨を規定する法律の合憲性が問われた事案　　**B⁺**

―――――――――――――――――――――――――――――――――

　本件法律は、憲法 31 条に反し、違憲ではないか。

　確かに、同条の「刑罰」という文言からして、同条は直接には刑事手続についての規定である。

　しかし、行政手続によっても人権侵害のおそれはある以上、行政手続にも 31 条による保障が及ぶ場合があるというべきである。

　もっとも、行政手続は、刑事手続とその性質において差異があり、また、行政目的に応じて多種多様である。

　そこで、同条による保障が及ぶ場合であっても、行政処分の相手方に事前の告知、弁解、防御の機会を与えるかどうかは、①行政処分により制限を受ける権利利益の内容、性質、制限の程度、②行政処分により達成しようとする公益の内容、程度、緊急性等を総合較量して決定すべきと解する。

　本件でみるに…［以下、あてはめ］。

備考：①現在では行政手続法 13 条 1 項が定められているが、その適用が除外された手続（行政手続法 1
　　　条 2 項、3 項、4 条）において、憲法 31 条の保障が及ぶかという問題が残っている。
　　　②憲法 35 条や 38 条 1 項が行政手続に準用されるかも問題となる（➡ 245 ページ **6**）。

　選挙権は、15 条 1 項により保障されていると解される。

　かかる選挙権は、国民の国政への参加の機会を保障する基本的権利として、議会制民主主義の根幹をなすものであり、きわめて重要な権利である。

　そこで、15 条 1 項は、形式的な選挙権の保障だけでなく、選挙権を行使する機会を実質的に保障していると解するべきである。

　そして、選挙権の行使を制限することは、そのような制限をすることなしには選挙の公正を確保しつつ選挙権の行使を認めることが事実上不能ないし著しく困難であると認められる場合でない限り、15 条 1 項に違反すると解する。

備考：被選挙権ないし立候補の自由も、選挙権と表裏をなすものとして、15 条 1 項により保障されると解
　　　される（➡ 263 ページ **1**）。

論証 34　生存権の法的性格　A ➡ 272 ページ 1

　25 条 1 項の法的性格が問題となる。

　この点、同項は政治的・道義的義務を国家に課したプログラム規定にすぎないとする見解がある。

　しかし、「権利」と規定されている以上、生存権は法的権利であると解するべきであり、25 条 1 項は、国に対して生存権を実現すべき法的義務を課しているものと解する。

　ただし、生存権の内容は抽象的で不明確であるから、生存権は抽象的権利にとどまり、それを具体化する法律が制定されてはじめて裁判規範性を有する具体的権利となると解する。

備考：生存権の処理手順については、➡ 276 ページ 4 を参照。

論証 35　41 条後段の「立法」の意義　A ➡ 303 ページア

　41 条後段は、国会を「唯一の立法機関」と定めるが、かかる「立法」とはいかなる意味か。

　この点、国民の権利を制限しまたは義務を課す法規範の定立をいうとする見解がある。

　しかし、国民主権原理（前文 1 項、1 条）に照らせば、より広く解するのが妥当である。

　そこで、「立法」とは国民の権利・義務に関する一般的抽象的法規範の定立をいい、かかる法規範は必ず法律によって規定されなければならないものと解する。

備考：①一般的とは不特定多数の人、抽象的とは不特定多数の事案という意味である。
　　　②任意的立法事項には、さらに多くの事項が含まれる。

　　本件法律は、特定の人ないし事件について規律するものであり、いわゆる措置法にあたる。

　　かかる措置法は、権力分立（41 条、65 条、76 条 1 項）ないし平等原則（14 条 1 項）に反するのではないか。

　　まず、福祉国家の理念（25 条以下）の下、行政権が肥大化した現代社会にあっては、権力分立の主眼は行政権の抑制にあると解される。

　　そこで、権力分立の核心が侵され議会・政府の憲法上の関係が決定的に破壊されることがない限り、措置法は権力分立には反しないと解する。

　　次に、福祉国家の理念（25 条以下）のもとでは、措置法が福祉国家にふさわしい実質的・合理的な取扱いの違いを設定する趣旨のものであれば、かかる措置法は平等原則に反しないと解する。

　　これを本件法律についてみるに、… ［以下、あてはめ］。

　　立法の委任とは、本来法律で定めるべき事項を他の機関による下位の法形式に委ねることをいう。

　　かかる立法の委任は、国会を「唯一の立法機関」とする 41 条後段に反しないか。

　　41 条後段が国会を「唯一の立法機関」とした趣旨は、国民代表機関たる国会（43 条 1 項）に立法権を独占させ、立法に民主的コントロールを及ぼすことによって、国民の権利・自由を可及的に保障することにある。

　　かかる趣旨に照らせば、41 条後段は、国会以外の機関が立法をなすことを禁止する国会中心立法の原則を定めたものと解される。

　　そして、立法の委任は、かかる国会中心立法の原則に反し、許されないとも思える。

　　しかし、現代の福祉国家（25 条以下）においては、専門的・技術的事項や、迅速性を要する事項、政治的中立性が特に要求される事項などに関する立法の要請が増大している。そして、かかる事項に関する立法は、官僚機構を有する内閣等に委ねるのが適切である。

　　また、73 条 6 号ただし書は、立法の委任を前提としている。

　　そこで、委任の目的と規律対象・範囲を定めた個別・具体的な委任であれば、41 条後段に反せず、合憲と解する。

備考：条例への委任の場合は、地方的な特殊事情に関する立法の必要性を指摘するとよい。

論証 38　内閣の法律案提出権　A ➡ 307 ページ（ア）

　　内閣による法律案の提出は、41 条後段の定める国会単独立法の原則に反しないか。

　　まず、議院内閣制（66 条 3 項参照）の下では、国会と内閣の協働が要請されると解される。

　　また、72 条前段の「議案」には法律案も含まれると解される。

　　さらに、国会は法律案を自由に修正・否決できるから、内閣による法律案の提出を認めても、特に不都合はない。

　　よって、内閣による法律案の提出は、国会単独立法の原則に反せず、許されると解する。

備考：最高裁判所による法律案の提出は、それを認める手がかりとなる規定がないのに加え、司法権の独
　　　立(76 条 3 項)の確保の点から、認められない(通説)。

論証 39　党議拘束の合憲性　B⁺ ➡ 309 ページウ

　　党議拘束は合憲か。

　　確かに、43 条 1 項は国会議員を「全国民の代表」とし、自由委任の原則を定めていると解されるところ、党議拘束はかかる 43 条 1 項に反するとも思える。

　　しかし、政党は、議会制民主主義を支える不可欠の要素であり、国民の政治意思を形成する最も有力な媒体である。そうだとすれば、議員は所属政党の決定に従って行動することによって、はじめて代表者としての実質を発揮できるといえる。

　　そこで、党議拘束は自由委任の枠外にあるものとして、合憲と解する。

「国会は、必要があると認めるときは、議決により法律案を国民投票に付することができる。その場合、投票の過半数の賛成があるときは、右法律案は法律として成立する」という趣旨の法律の合憲性　A

本件法律は、合憲か。

憲法は、代表民主制を原則としているところ（前文 1 項、43 条 1 項）、その趣旨は、①近代国家においては直接民主制の実行が不可能ないし困難であることだけでなく、さらに②十分な審議・討論を通じた統一的国家意思の形成のためには代表民主制が適切であること、および③いわゆるプレビシットの危険を回避することにもあると解される。

そうだとすれば、直接民主制的制度は、憲法に明文がある場合（79 条 2 項、95 条、96 条）に限って認められるというべきである。

ただし、国家意思形成の参考にする趣旨で行われる諮問的な国民投票制については、上記の代表民主制の趣旨と矛盾するものではないため、例外的に許されると解する。

これを本件でみるに、本件法律は、国民投票の結果に対して法律の成立という法的拘束力を認めるものであり、諮問的な国民投票制を定めたものではない。

よって、本件法律は違憲である。

備考：国会単独立法の原則(41 条後段)には反しないと解される。

議院規則と法律が競合した場合、効力上の優劣関係をいかに解するべきか。

この点、法律の成立には原則として両議院の議決が必要であるのに対し（59 条 1 項）、議院規則の制定には一院の議決で足りることから（58 条 2 項）、法律が規則に優先するとする見解がある。

しかし、そのように解しては、法律の制定に関して衆議院の優越が定められている（59 条 2 項）こととの関係上、参議院の自律権が害されるおそれがある。

そこで、法律と議院規則とが矛盾抵触する場合は、議院規則が法律に優先すると解する。

　　本件の事項につき、国政調査権（62条）は及ぶか。国政調査権の及ぶ範囲が、国政調査権の法的性質と関連して問題となる。

　　この点、国政調査権は、国会が国権の最高機関であること（41条前段）にもとづく、国権統括のための独立の権能であるとする見解がある。この見解からは、国政調査権の及ぶ範囲には原則として制限がないこととなろう。

　　しかし、内閣に衆議院の解散権が認められ（7条3号参照）、裁判所に違憲審査権が認められている（81条）以上、41条前段の最高機関性は政治的美称にすぎないというべきである。

　　そこで、国政調査権は、議院に与えられた権能を実効的に行使するために認められた補助的な権能にとどまり、したがって、議院に与えられた権能の及ぶ範囲にのみ及ぶものと解する。

　　もっとも、議院に与えられた権能はきわめて広汎な事項に及ぶため、国政調査権も、純粋に私的な事項を除き、国政のほぼ全般に及ぶと解される。

備考：具体的な限界については、➡317ページエを参照。

　　独立行政委員会は、特定の行政につき、内閣から独立の地位において職権を行う合議制の行政機関である。

　　かかる独立行政委員会は、行政権が内閣に属するとする 65 条に反しないか。

　　まず、政治的中立性が要求される事項を担当する機関として、独立行政委員会を認める必要がある。

　　また、65 条の趣旨は、① 41 条・76 条 1 項と共に権力分立を定めるとともに、②国民代表機関たる国会（43 条 1 項）に対して連帯責任を負う内閣（66 条 3 項）に行政権を委ねることによって民主的責任行政を実現する点にある。

　　そして、行政国家現象が進んだ現代にあっては、権力分立の主眼は内閣の権限の抑制にあると解される。よって、内閣以外の行政機関が行政権を行使しても、①権力分立には反しないと解する。

　　また、ⓐ独立行政委員会に対して国会のコントロールが直接に及ぶ場合には、②民主的責任行政にも反しないと解する。

　　さらに、ⓑ独立行政委員会の職務がその性質上民主的コントロールになじまない場合には、内閣からの独立性を積極的に正当化することができ、②民主的責任行政に反しないと解する。

　　よって、ⓐまたはⓑの場合は、独立行政委員会は 65 条に反しないと解する。

備考：①合憲とする理由として、条文上「すべて行政権は」としていない点もあげることができる(76 条 1
　　　　項対照)。
　　　②内閣に独立行政委員会の委員の任命権や予算の編成権がある以上、内閣のコントロール下にあるとして合憲とする見解があるが、そうだとすれば裁判所も内閣のコントロール下にあることになり、妥当でない。

論証 44　内閣総理大臣による行政各部の指揮監督　　B⁺　➡ 333ページエ

　　内閣総理大臣は、内閣を代表して行政各部を指揮監督する権限を有する（72条）。

　　具体的には、内閣総理大臣は、閣議にかけて決定した方針にもとづいて、行政各部を指揮監督する（内閣法6条）。この場合の閣議決定は、全員一致が慣習である。

　　では、閣議にかけて決定した方針がない場合、内閣総理大臣には指揮監督権が認められないのか。明文なく問題となる。

　　憲法は、内閣の一体性と統一性を確保し、内閣の国会に対する連帯責任（66条3項）を強化するために、内閣総理大臣を「首長」とし（66条1項）、内閣総理大臣の地位と権限を強化している。

　　かかる法の趣旨に照らし、内閣総理大臣は、閣議にかけて決定した方針がなくとも、内閣の明示の意思に反しない限り、行政各部に対し指導、助言等の指示を与える権限を有すると解する。

備考：憲法72条は、内閣総理大臣に内閣を代表する権限を与えているにとどまる（通説）。

論証 45　違憲と判断した法律の執行　　B⁺　➡ 335ページア

　　内閣は、法律を誠実に執行する権限を有し、またその義務を負う（73条1号前段）。

　　では、内閣がある法律を違憲と判断した場合にも、内閣はその法律を誠実に執行する義務を負うのか。

　　確かに、内閣総理大臣や国務大臣には、憲法尊重擁護義務がある（99条）。

　　しかし、内閣が違憲と判断した法律も、「唯一の立法機関」（41条後段）たる国会が合憲と判断して制定したものである以上、内閣はかかる法律を誠実に執行する義務を負うと解する。

備考：最高裁判所が違憲と判断した法律については、内閣の執行義務は免除されると解される。

論証 46　国会の事後の承認を欠く条約の効力　B+　➡ 336 ページ（ウ）

　　内閣が、条約の締結後に国会の承認を求めたところ（73 条 3 項ただし書）、国会が承認しなかった場合、当該条約の効力をいかに解するべきか。

　　まず、国会の承認を得られなかった以上、当該条約は国内法的には無効と解される。

　　では、国際法的効力はどうか。

　　この点、相手国の信頼を保護する必要があるとして、国際法的には有効とする見解もある。

　　しかし、国会の承認権の規定の具体的な意味が諸外国にも周知の要件と解されているような場合には、相手国の信頼は害されない以上、かかる場合には国際法的にも無効と解する。

備考：①日本国憲法では、国会の承認を必要とする「条約」(73 条 3 号)の範囲が必ずしも明確ではないため、多くの場合、国際法的には有効となる。

　　　②条約に対して国会からの民主的コントロールを及ぼそうという憲法の趣旨に照らし、国会が条約に修正を加えることも許されるが、国会による修正は直接的には内閣に相手国との再交渉を義務付ける効果を有するにとどまる。

衆議院による内閣不信任決議がないのに、内閣が衆議院を解散した事案　**A**

　内閣による本件解散は合憲か。内閣が解散権を行使することができる場合をいかに解するべきかが、解散権の根拠をどこに求めるべきかと関連して問題となる。

　この点、解散権の根拠を 69 条に求める見解がある。この見解からは、内閣が解散権を行使できるのは 69 条の場合に限られることになり、本件解散は違憲となろう。

　しかし、解散権を行使できる場合をそのように狭く解しては、解散に続く総選挙（54 条 1 項参照）によって国民の審判を求めるという解散の民主的機能を没却してしまい、妥当でない。

　そもそも、衆議院の解散は本来政治性の強い行為である。にもかかわらず、国政に関する権能を有しない天皇（4 条）がこれを行うことができる（7 条 3 号）のは、内閣が「助言と承認」（3 条、7 条柱書）を行う際に実質的に解散の決定を行うからである。

　そこで、7 条 3 号が解散権の根拠条文であり、したがって、69 条の場合以外であっても内閣は解散権を行使できると解する。

　もっとも、解散が認められるのは、解散の民主的機能が期待される場合に限られると解する。

　具体的には、①衆議院で内閣の重要案件（法律案、予算案）が否決され、または審議未了になった場合、②総選挙の争点ではなかった新しい重大な政治的課題に対処する場合、③内閣が基本政策を根本的に変更する場合、④議員の任期満了時期が接近している場合などに限られると解する。

　本件でみるに… ［以下、あてはめ］。

宗教団体の信者が、宗教施設の建立のための寄付をしたところ、
当該宗教施設に安置すべき本尊たる「板まんだら」が
偽物であったとして、寄付金の返還を求めて訴訟を提起した。
この訴訟は法律上の争訟にあたるか　　　　　　　　　　　　**A**

　法律上の争訟（裁判所法 3 条 1 項）とは、当事者間の具体的な権利義務ないし法律関係の存否に関する紛争であって、かつ、それが法令の適用により終局的に解決することができるものをいう。

　では、本件訴訟は、法律上の争訟にあたるか。

　確かに、本件訴訟は、当事者間の具体的な権利義務ないし法律関係の存否に関する紛争にあたる。

　しかし、かかる紛争であっても、①紛争の実体ないし核心が宗教上の争いであって紛争が全体として裁判所による解決に適しない場合には、法令の適用による終局的解決に適しないといえ、法律上の争訟にあたらないと解する。

　他方、②全体として裁判所による解決に適しないとはいえない場合には、法律上の争訟にあたると解する。

　本件でみるに、本件訴訟では、「板まんだら」という信仰の対象の価値または宗教上の教義に関する判断が必要であり、しかもその判断は訴訟の帰すうを左右する不可欠のものである（①）。

　よって、法律上の争訟にあたらない。

解散、条約、選挙に関する法律上の争訟について訴訟が提起された事案　A

　裁判所は、本件のごとき直接国家統治の基本に関する高度に政治性のある国家行為について、司法審査できるか。

　確かに、本件訴訟は、当事者間の具体的な権利義務ないし法律関係の存否に関する紛争であって、法を適用することによって終局的に解決することができる紛争といえ、法律上の争訟（裁判所法3条1項）にあたる。

　しかし、裁判所は、国民に対して政治的責任を負わない機関である。

　そこで、直接国家統治の基本に関する高度に政治性のある国家行為の当否の判断は、主権者たる国民（前文1項、1条）に対して政治的責任を負う政府・国会等の政治部門の判断に委され、最終的には国民の政治判断に委ねられているというべきである。

　したがって、かかる国家行為については、裁判所は司法審査できないと解する。

備考：学説では、①他の理論で司法権の限界を説明できる場合や、②民主政を支える人権である精神的
　　　自由権や選挙権の侵害を争点とする事件には、統治行為論を適用しないとする見解が有力である。
　　　ただし、苫米地事件最高裁判決は、内閣の自律権ないし裁量権で説明できる衆議院の解散について、統治行為論を適用している。

地方議会、大学、政党、労働組合などの内部紛争について、訴訟が提起された事案　**B**⁺

―――――――――――――――――――――――――――――――

本件のような団体の内部紛争について、裁判所の司法審査（76 条 1 項）は及ぶか。

この点について、これらの団体は一般市民社会の中にあってこれとは別個に自律的な法規範を有する特殊な部分社会であると解し、これらの団体における、一般市民法秩序と直接関連しない純然たる内部紛争には、およそ司法審査は及ばないとする見解がある。

しかし、各団体を一律に解するのは妥当でない。各団体の目的・性質・機能や、各団体の自律性・自主性を支える憲法上の根拠、争われている権利の性質などを検討して、司法審査が及ぶか否かを個別的に判断するべきである。

本件でみるに… ［以下、あてはめ］。

備考：①団体の性質では、強制加入団体か否かなどを考慮する。

　　　②議院の内部紛争は、自律権の問題として処理する。

　　　③判例については、352 ページ**ウ**を参照。

論証 51　裁判所規則と法律の関係　B⁺　➡ 361 ページイ

1　まず、裁判所規則と法律は競合しうるか。77 条 1 項の定める規則事項を法律で定めることができるかが問題となる。

　　この点、裁判所の自主性の確保および専門性の尊重という 77 条 1 項の趣旨を重視し、法律では 77 条 1 項の規則事項を定めることはできないとする見解がある。

　　しかし、国民代表機関である国会（43 条 1 項）に立法権を独占させ、立法に民主的コントロールを及ぼすことによって国民の権利・利益を可及的に保障しようとした 41 条後段の趣旨に照らせば、規則事項を法律で定めることもできると解するべきである。

　　よって、裁判所規則と法律は競合しうる。

2　では、両者が競合した場合、効力上の優劣関係をいかに解するべきか。

　　この点については、前述した 41 条後段の趣旨、および法律は民主的な手続で定められた法規範であることに照らし、法律が裁判所規則に優先すると解する。

論証 52　違憲審査制の性格　A⁺　➡ 367 ページ 4

　　81 条は、具体的な争訟を前提として法令の憲法適合性を審査する付随的審査制と、具体的事件を離れて法令の憲法適合性を一般的抽象的に審査する抽象的審査制の、いずれを定めた規定なのか。

　　この点、憲法保障の観点から、81 条は抽象的審査制を定めた規定とする見解がある。

　　しかし、81 条は、「第六章　司法」に規定されているところ、司法権とは、具体的な法律上の争訟を裁定する国家の作用をいう。

　　したがって、81 条は付随的審査制を定めた規定であると解する。

論証 53　下級裁判所の違憲審査権　B+　➡ 368 ページ 5

　下級裁判所は、違憲審査権（81 条）を行使できるか。

　確かに、81 条が「最高裁判所は」としていることからすれば、下級裁判所は違憲審査権を行使できないとも思える。

　しかし、およそ裁判官は、憲法と法律に拘束され（76 条 3 項）、憲法尊重擁護義務を負っている（99 条）。そうである以上、法令が憲法に適合するか否かを判断することは、全ての裁判官の職責と解される。

　また、81 条は「第六章　司法」の章に規定されているところ、司法権は最高裁判所のみならず下級裁判所にも属している（76 条 1 項）。

　したがって、下級裁判所も違憲審査権を行使できると解する。

論証 54　条約と憲法の関係　B+　➡ 368 ページイ

1　98 条 2 項で条約尊重義務が定められていることや、条約には国会からの民主的コントロールが及んでいること（61 条、73 条 3 号ただし書）に照らし、条約は、原則として特別の立法処置を講ずることなしに、国内法的効力を有すると解される。
2　では、条約と憲法の形式的効力は、どちらが優先するか。98 条 1 項に条約があげられていないことから問題となる。

　まず、条約締結権は、憲法にその根拠を有する（73 条 3 号）。とすれば、条約締結と国会の承認は、憲法の枠内でのみ許されると解するべきである。

　また、条約が優位すると解すると、憲法改正の手続によらないで憲法が改正されることになりかねず、国民主権原理（前文 1 項、1 条）ないし硬性憲法（96 条）の趣旨に反するおそれがある。

　したがって、憲法が条約に優位すると解すべきである。
3　では、条約は違憲審査（81 条）の対象となるか。

　確かに、条約は 81 条に列挙されていない。

　しかし、条約は、国内ではそのまま国内法として通用する以上、条約の国内法としての側面については、81 条の「法律」に準ずるものといえる。

　よって、条約の国内法としての側面については、違憲審査の対象となると解する。

備考：統治行為論がセットで問題となることが多い。

論証 55　法令違憲の判決の効力　**A⁺**　➡ 374 ページ **3**

　　ある法律を最高裁が法令違憲と判断した場合、どのような効力が生じるか。

　　この点について、当該法律は一般的にその効力を失うとする見解がある。

　　しかし、そのように解しては、裁判所に消極的立法作用を認めることになり、憲法が国会を「唯一の立法機関」（41条後段）としていることに反する。

　　そもそも、81条は「第六章　司法」の章にあり、「司法」とは具体的争訟につき法を適用・宣言することによってこれを裁定する国家の作用をいうのであるから、81条は付随的審査制を定めたものと解される。

　　そして、この付随的審査制においては、当該事件の解決に必要な限りで違憲審査が行われるにとどまる。

　　したがって、法令違憲の判決の効力も、当該事件に限って及ぶものと解する。

論証 56　立法不作為と国家賠償請求　➡ 376 ページ5.

立法不作為を理由として国家賠償請求訴訟が提起された事案　**B⁺**

　　本件の国家賠償請求が認められるためには、本件の立法不作為が「違法」（国家賠償法1条1項）といえなければならない。

　　そして、①立法の内容または立法不作為が憲法上保障されている権利を侵害するものであることが明白であり、または憲法上保障されている権利行使の機会を確保するために所要の立法措置を執ることが必要不可欠でありそれが明白であるにもかかわらず、②国会が正当な理由なく長期にわたって所要の立法措置（改正・廃止・定立）を怠る場合は、国会議員の立法行為または立法不作為は、国家賠償法上「違法」の評価を受けるものと解する。

　　本件でみるに… ［以下、あてはめ］。

備考：あてはめにおいて、問題となっている規定の法的性格（プログラム規定か人権規定か）を論じることが多い。

論証 57　予算の法的性格　　B⁺　➡ 383 ページ **2**

　　予算とは、一会計年度における国の財政行為の準則をいう。

　　かかる予算の法的性格をいかに解するべきか。

　　まず、予算は歳入歳出の単なる見積りであり、政府に対する法的拘束力がないとする見解がある（予算行政説）。

　　しかし、この見解は予算の法規範性を無視しており、財政国会中心主義（83 条）に反する。

　　次に、予算を法律とする見解がある（予算法律説）。

　　しかし、予算は政府を拘束するのみで一般国民を拘束しないこと、予算の効力は一会計年度に限られていることなどの点で、予算は法律とは内容が異なる。また、提出権が内閣に属し（73 条5 号、86 条）、衆議院に先議権があり（60 条 1 項）、衆議院の再議決制が認められていない（60条 2 項）など、予算は法律とは手続面も異なる。したがって、予算を法律と解するのは妥当でない。

　　そこで、予算は法律と異なる独自の法形式であると解する（予算法形式説）。

　備考：この論点は、国会の修正権の有無(➡論証 58)との関連で展開することが多い。

論証 58　国会の予算修正権　　B⁺　➡ 384 ページ **4**

　　国会の予算修正権の有無ないし限界をいかに解するべきか。

　　まず、減額修正については、財政国会中心主義（83 条）や、憲法が「議決」（60 条 2 項、86条）という強い表現を用いていることに照らし、限界はないものと解する。

　　では、増額修正についてはどうか。予算の法的性格をいかに解するかと関連して問題となる。

　　この点、予算を法律と解すれば、増額修正についても限界がないことになる。

　　しかし、予算と法律とは内容や手続が異なる（60 条、73 条 5 号、86 条）ことから、予算を法律と解するのは妥当でない。予算は法律と異なる独自の法形式であると解するべきである。

　　そして、財政国会中心主義（83 条）や、憲法が「議決」（60 条 2 項、86 条）という強い表現を用いていることに照らし、国会は予算を増額修正することもできると解する。

　　ただし、専門性・技術性に富む内閣に予算作成・提出権を専属させた 73 条 5 号の趣旨に照らし、内閣の予算作成・提出権を損なうような大きな増額修正はできないと解する。

政府が国庫から私立大学に助成金を支出した事案　　**B**⁺

　私立大学の事業は、「教育……の事業」（89 条後段）にあたる。したがって、当該私立大学が「公の支配」に属していない限り、本件支出は違憲である。

　では、「公の支配」の意義をいかに解するべきか。

　この点について、89 条後段の趣旨を、団体の自主性確保にあるとする見解がある。この見解からは、「公の支配」とは、当該団体の自主性を確保する必要がないほどの強度の支配をいうこととなろう。

　しかし、公金支出の要件をそのように厳格に解しては、福祉国家の理念（25 条以下）に反する。

　そこで、89 条後段の趣旨は、公費の濫用を防止することにあると解し、「公の支配」とは、公費の濫用を防止しうる程度の支配をいうと解するべきである。

　具体的には、公権力が業務や会計の状況に関し報告を求めたり、予算について必要な変更をすべき旨を勧告したりする程度の監督権をもっていれば、「公の支配」が及んでいると解する。

　本件でみるに、私立大学に対しては、かかる程度の監督権は及んでいるため、「公の支配」に属しているといえる。

　よって、本件の助成金の支出は 89 条後段に反しない。

上乗せ条例や横出し条例が制定された事案　　**A**

　条例は、「法律の範囲内」で制定できるにとどまる（94 条後段）。

　では、本件条例は、「法律の範囲内」（94 条後段）の条例といえるか。

　条例が「法律の範囲内」といえるか否かは、法律と条例の対象事項と規定文言を対比するのみでなく、それぞれの趣旨、目的、内容および効果を比較し、両者の間に矛盾牴触があるかどうかによって判断するべきである。

備考：具体的には、①法律に明文の規定がない場合は、法律全体からみていかなる規制をも施すことなく放置する趣旨か否かで判断する。他方、②法律に明文の規定がある場合は、法律と条例の目的が別ならば法律の目的と効果を阻害するか否か、目的が同一ならば法律が全国一律の規制を施す趣旨か否かで判断する。

事項索引

判例索引

呉　明植（ごう　あきお）

　弁護士。伊藤塾首席講師（司法試験科）。慶應義塾大学文学部哲学科卒。2000年の旧司法試験合格直後から、慶應義塾大学法学部司法研究室および伊藤塾で受験指導を開始。「どんなに高度な理解があったとしても、現場で使えなければ意味がない」をモットーとした徹底的な現場至上主義の講義を行い、司法試験予備試験および司法試験において毎年多数の短期合格者を輩出。とりわけ、天王山である論文試験の指導にかけては他の追随を許さない圧倒的人気を博し、伊藤塾の看板講師として活躍を続けている。
　BLOG：「伊藤塾講師　呉の語り得ること。」
　　　　（http://goakio.blog95.fc2.com/）

憲法［第2版］【伊藤塾呉明植基礎本シリーズ6】

2018（平成30）年 5 月15日　　初　版 1 刷発行
2022（令和 4 ）年 4 月15日　　第 2 版 1 刷発行
2024（令和 6 ）年 8 月30日　　同　　4 刷発行

著　者　呉　　明　植

発行者　鯉　渕　友　南

発行所　株式
　　　　会社　弘文堂　　101-0062　東京都千代田区神田駿河台 1 の 7
　　　　　　　　　　　　TEL 03(3294)4801　　振替 00120-6-53909
　　　　　　　　　　　　https://www.koubundou.co.jp

装　丁　笠井亞子

印　刷　三美印刷

製　本　井上製本所

ISBN978-4-335-31437-7

伊藤塾呉明植基礎本シリーズ

愛弟子の呉明植が「伊藤真試験対策講座」の姉妹シリーズを刊行した。切れ味鋭い講義と同様に、必要なことに絞った内容で分かりやすい。どんな試験でも通用する盤石な基礎を固めるには最適である。　　　伊藤塾塾長　**伊藤　真**

▶どこへいっても通用する盤石な基礎を固める入門書
▶必要不可欠かつ必要十分な法的常識が身につく
▶各種資格試験対策として必要となる論点をすべて網羅
▶一貫して判例・通説の立場で解説
▶シンプルでわかりやすい記述
▶つまずきやすいポイントをライブ講義感覚でやさしく詳説
▶書き下ろし論証パターンを巻末に掲載
▶書くためのトレーニングもできる
▶論点・項目の重要度がわかるランク付け
▶初学者および学習上の壁にぶつかっている中級者に最適

弘文堂

＊価格（税別）は2024年8月現在